『중독 재활 총론』

대표 저자: **조근호**

권도훈 · 김대진 · 김선민 · 김한오 · 노성원 · 박애란 · 서정석 · 신성만 · 신재정 · 유채영
윤명숙 · 이계성 · 이해국 · 전영민 · 전용준 · 차진경 · 채숙희 · 최삼욱 · 한우상 공저

학지사

『중독 재활 총론』을 펴내면서

우리가 흔히 중독이라고 부르는 정신보건상의 문제를 개인적인 차원의 절제만으로 극복할 수 있는 시기는 이제 지났습니다. 우리나라 성인의 약 6%에 육박하는 200만 명에 가까운 사람들이 알코올 사용장애를 가지고 있으며, 성인 흡연율 또한 여전히 40% 밑으로 떨어지지 않고 있습니다. 도박 중독의 유병률 역시 3~9%로 상당히 높은 상태로 알려져 있습니다.

이렇듯 중독 문제가 실제적인 사회문제로 부각되고 있지만, 국내에는 아직 이에 대한 기반이 충실히 다져지지 못하였습니다. 중독 문제를 해결하는 데 필요한 여러 요소들 중에서 가장 중요한 문제가 양질의 인력 확보일 것입니다. 양질의 인력을 확보하기 위해서는 또한 양질의 교육이 수반되어야 할 것입니다. 이러한 현실적인 문제를 해결하고자 하는 절박한 시도로 『중독 재활 총론』을 집필하게 되었습니다.

물론, 현재 우리나라에도 중독 관련 서적이 몇 종 발간되어 있습니다. 그러나 외국의 번역 출판물인 경우에는 국내의 상황에 대한 설명이 부족하며, 번역 작업 또한 원활하지 못하여 그 서적을 이용해서 중독을 공부하기에는 여러모로 부적절합니다. 그나마 국내에서 새롭게 발간된 서적의 경우에는 중독 문제에 대한 한국의 실정을 포함하여 다양한 현상이나 치료 방법에 대한 서술이 상당 부분 다루어지고 있으나, 총론적인 차원에서 중독의 다양한 범위에 대해 넓은 시야를 가지고 조망한 서적은 마찬가지로 빈약합니다. 이에 다양한 학문적 및 임상적 경험을 보유하신 저명한 집필진이 공동의 다학제적 접근을 통하여, 중독 영역에 처음 입문한 학생 혹은 실무자에서부터 보다 전문적인 입장에서 중독의 임상 문제를 이해하고자 하는 중견 실무자 혹은 대학원생에 이르기까지 참고할 수 있는 중독 영역 총론서를 출간하게 되었습니다. 집필진에는 중독의 치료 및 재활 분야에서 풍부한 현장 경험과 학문적 역량이 풍부하신 정신과 의사, 내과 의사, 간호사, 임상심리사, 사회복지사 등이 망라되어 있습니다.

중독자의 재활에 관심이 많은 학생, 대학원생, 현장에서 근무하는 실무자들이 이 책을 통하여 중독이라는 거대한 영역에 대해 보다 깊은 이해를 얻을 수 있기를 기대합니다.

2011년 2월

을지대학교 중독재활복지학과

대표 저자 조근호

차례

제1장

중독의 개념

1. 서론

중독이라는 문제가 현재 우리 사회에서 심각한 문제를 야기하기에 우리는 그 문제를 오래전부터 고민해 왔을 것이라 추측할 수 있지만, 실상은 그렇지 못했던 것이 현실이다. 가장 대표적인 중독성 질환이라고 여겨지는 알코올 중독과 니코틴 의존을 포함하여 대부분의 중독성 질환들은 오랫동안 개인의 취향이나 습관적 행동의 범주에서 다루어야 할 사항으로 간주되어 왔으며, 문제가 발생하여도 치료해야 할 대상으로 여기기보다는 개인적인 의지의 부족 혹은 양심이나 도덕의 문제로 치부해 왔다. 술이나 담배를 대량으로 생산하게 되기 이전에는, 혹은 거대한 규모의 도박장에서 엄청난 규모의 판돈이 오가기 전까지는, 이러한 중독의 문제가 개인적인 차원에서 접근하는 것이 가능할 정도로 그 심각성이 적었을 수도 있다. 그러나 현재 우리의 눈앞에 놓여 있는 다양한 중독의 문제는 문제 그 자체만 가지고 보아도 그리 가볍지 않으며, 그 문제를 해결하는 데 있어서도 간단하지 않다.

중독의 문제를 야기할 수 있는 물질 혹은 행위에 있어서, 언제부터 그것들이 시작되었는지는 확실하지 않다. 다만 기독교의 성서는 물론, 그리스·로마 신화에도 술 이야기가 빠지지 않는 것으로 보아, 아마도 술은 우리 인류의 탄생과 함께 시작되었다고 해도 무리가 없을 정도로 그 역사가 오래되었을 것이라 짐작할 수 있다. 담배가 서양에 전래된 것은 콜럼버스의 신대륙 탐험에 따른 결과라고 알려져 있으나, 아메리카 인디언들에게 담배는 다양한 효험이 있는 약초로서 상당히 오래전부터 사용되어 왔던 것으로 알려져 있다. 도박에 있어서 그 시초를 확인한다는 것은 더욱 불가능한 일이다. 신화에 따르면, 제우스, 하디스 그리고 포세이돈은 주사위를 던져 우주를 천국, 지옥 그리고 바다로 나누었다고 하니 인류가 시작되기 이전부터 도박이 있었다는 것이며, 우리나라에서도 삼국시대에 주사위를 이용한 내기가 널리 행하여졌다고 전해진다.

중독이라는 문제가 인류의 역사와 그 시작을 함께한 것에서 알 수 있듯이, 인간에게는 무엇인가에 중독된다고 하는 것이 그리 특이하거나 낯선 일이 아니라 오히려 인간의 특성 중 하나가 아닐까 싶을 정도로 우리와 밀착되어 있다. 인류의 문명이 발달해 갈수록 더 자극적이고 큰 만족감을 주는 중독의 원인이 우리 주위에 점점 더 흔해져 가고 있다. 식사를 하면서 반주를 하고, 차를 마시면서 담배를 피우고, 스포츠 경기를 보면서 내기를 하고, 인터넷으로 게임을 하고, 하루 종일 휴대폰을 손에 달고 다닌다. 많은 사람들이 중독의 사회적 폐해에 대해서 인지하고 있는 것으로 보인다. 그러나 술, 담배, 마약, 도박, 인터넷 게임 등 중독으로 인한 폐해가 상상 이상으로 막대하며 기하급수적으로 증가하고 있다는 사실에 대한 막연한 인식에 그치고 있다.

그러나 우리 사회는 이러한 중독의 문제를 체계적으로 해결하고자 하는 노력이 아직 부족하다. 일부 병·의원이나 상담소에서의 접근으로 해결하기보다는 이제는 사회적 차원에서의 고민이 필요하고, 국가적 차원에서의 시스템 구축과 같은 대책이 필요한 시점이다. 또한 소수의 전문가 집단의 메아리 같은 외침에 그칠 것이 아니라 현장에 뛰어들어 조기에 대상자를 발굴하고, 위기 상황에 신속히 개입하고, 험난한 회복의 과정을 이겨 나갈 수 있도록 조력하고, 재발하지 않도록 지켜 줄 수 있는 다양한 실무자의 양성이 필요한 시점이다.

2. 우리나라 중독 문제의 역사적 변천

주지하다시피, 중독에 대한 문제가 사람들의 관심사가 되기 위해서는 현재의 상식적인 통념을 벗어나야 한다. 즉, 흡연과 음주 및 도박에 대한 문제가 너무나 일반적이거나 혹은 지나치게 특수한 집단에서의 문제라면 사회적인 관심의 대상이 되기 어려울 것이다. 그런 차원에서 우리나라의 중독 문제가 처음 대두된 것은 마약으로 인해서였다.

구한말 만주 지역으로부터 아편이 전해지기 시작했고, 해방이 되기 이전에 우리나라에서는 아편 사용이 주된 중독 문제였으며, 일제 총독부에서는 법령으로 양귀비의 재배 및 유통, 사용 등을 제한하였다. 해방 이후에도 불법적인 아편 및 헤로인의 사용이 지속적으로 증가하여 정부에서는 「마약법」을 제정하여 이를 단속하였다.

1960년대 중반 무렵부터, 우리나라 병사들이 베트남에 파병된 이후 부상자들 중 아편계 진통제인 모르핀에 중독된 사람들이 급증하기 시작하였으며, 아편이나 모르핀을 밀수하는 경우도 증가하였다. 더구나 아편 중독의 치료제로 사용되는 메사돈이 불법적으로 유통되거나 제조되어, 아편이나 모르핀을 대신하여 메사돈을 투약받는 경우도 급증하였고 1965년에는 마약 중독자가 35,000명 이상이 되는 것으로 추산되기도 하였다. 이를 '메사돈 파동'이라고 한다. 이후 군사정부는 강력하게 마약류 단속을 실시하여, 아편류 중독자 수가 감소하게 된다. 반면 필로폰의 경우, 1960년대에 일본에서 유입된 밀제조업자들이 우리나라를 생산기지로 활용하여 일본에 필로폰을 밀수출하였다.

1970년대에는 전세계적인 반전 물결 및 히피 문화와 더불어 대마초가 미군이 주둔한 기지 주변을 중심으로 확산되기 시작하여, 1970년대 중반에는 연예계를 포함한 사회 전반에 널리 퍼졌다. 이에 정부에서는 1976년 「대마관리법」을 제정하여 대대적인 단속을 벌임으로써(대마초 파동) 대마초 유통은 감소하게 되었다. 그러나 이 시기 국내의 필로폰 밀제조량은 급증하게 되었다.

1980년대에는 일본에서의 필로폰 단속 강화의 영향으로 밀제조업자들의 밀수출이 차단되면서, 국내에서의 필로폰 소비가 급증하였다. 이후 필로폰이 우리나라의 주된 마약 관련 물질로 자리 잡게 되었다. 1990년대에도 마약류에 대한 정부의 지속적인 단속으로 필로폰의 국내 제조는 거의 불가능해졌으며, 이에 필로폰 수출국에서 동남아시아 등의 외국에서 제조된 필로폰을 밀수입하는 국가로 바뀌게 되었다. 2000년대가 되면서 국제적인 교류는 훨씬 활발하게 되었다. 인적·물적 교류의 증가는 불법적인 약물의 교류를 증가시켜, 여러 가지 변형된 형태의 마약이 세계 각국으로부터 유입되고 있다.

알코올 문제에 있어서는, 훨씬 늦은 시기에 비로소 사회적인 관심이 태동하였다. 술을 마시는 행위는 그 자체만으로는 불법적인 것이 아니며, 개인적인 취향에 따른 문제라고 여겼기에, 음주 문제를 해결하기 위한 사회적인 접근이 우리사회에서는 익숙한 일이 아니었다. 우리나라에서 최초로 술에 대한 개입을 시작한 것은 1976년이 되어서였다. 당시 아일랜드계 천주교 신부였던 안성도 신부가 미국에서 익명의 알코올 중독자들(Alcoholic Anonymous: A.A.) 모임을 통하여 단주를 시작하고 귀국했으며, 강원도 지역에서 최초로 A.A. 모임을 시작하였다.

알코올 중독에 대한 임상 현장의 접근은 그보다도 훨씬 늦었는데, 1986년 국립 서울병원 정신과의 김경빈 박사께서 입원 중인 알코올 중독자들을 대상으로 미 8군에서 활용하는 A.A. 교본에 따라 치료를 시행한 것이 최초였다. 이후 알코올 중독자들을 치료하기 위한 병·의원이 전국적으로 증가하였으며, 12단계 치료 이외에도 인지행동치료 혹은 동기강화 상담과 같은 정신사회적인 접근과 약물치료 등을 병행하고 있다.

알코올 문제에 대한 지역사회의 접근은 2001년 보건복지부에서 4개소의 알코올 상담센터를 시범적으로 개소하도록 하면서 시작되었다. 지역사회 알코올 사업에 대한 별도의 근거 법령은 부족한 상태였지만, 정부 차원에서 지역사회에서 알코올 문제가 있는 대상자에 대한 재활 사업을 시작하였다는 점에서 특기할 만한 변화였다. 2001년 네 곳이었던 알코올 상담센터는 2009년 현재 전국에 걸쳐 34개소가 개설되어 있다.

니코틴 의존을 유발하는 흡연 문제에 대한 사회적 관심과 정부 정책의 수립은, 앞서 언급한 마약이나 술과는 달리, 과거 전매청을 통하여 국가에서 직접 연초의 재배 및 담배의 제조를 관장하였다는 점에서 독특한 역사를 가지고 있다. 담배 전매를 통해 국가 수입을 창출하던 정부가 흡연 문제를 국민 보건에 해로운 영향을 미치는 대상으로 인식하게 되는 변화는, 1986년 「담배사업법」이 개정되면서 담배갑의 경고문구 표기가 시작된 것을 시초로 볼 수 있으며, 이후 「국민건강증진법」에 기초한 금연 정책이 진행되고 있다. 우리나라에서는 2003년부터 각 지역 보건소에 금연클리닉을 시범 설치하고 금연 상담과 약물치료를 시행하였으며, 이후 전국의 모든 보건소로 확대한 상태다.

흡연 문제의 또 다른 특징은 전 세계적인 차원에서 진행되는 협력이다. 세계보건기구에서는 2003년 총회에서 보건의료 관련 최초의 국제협약인 '담배규제에 관한 기본협약(Framework Convention on Tobacco Control: FCTC)'을 통과시켰으며, 우리나라에서는 2005년 이를 비준하였고, 국제적인 공조를 통하여 가격 정책 및 금연 구역 확대 등의 정책을 추진하고 있다. 또한 금연 사업은 국가 및 임상 현장에서의 접근 이외에, '한국금연운동협의회'와 같은 시민운동 차원의 접근이 있다는 점을 또 다른 특징으로 볼 수 있다.

행위 중독에 있어서는 치료 및 재활의 역사가 더욱 짧다. 인터넷 중독 분야에서는 현재 한국정보문화진흥원에서 인터넷 중독예방상담센터를 개소하여 인터넷 과다 사용자들을 대상으로 한 상담 사업을 진행 중에 있다. 도박 중독에 있어서는 2000년대 초반 대유행을 했던 사행성 게임 '바다 이야기' 이후 사행산업통합감독위원회를 구성하였으며, 산하에 중독예방치유센터를 설립하여 문제성 도박자들의 발생을 예방하고 회복을 돕기 위한 사업을 진행 중이다. 또한 경마장, 경륜장, 카지노 등의 사행사업자 혹은 민간에서 독자적으로 운영하는 몇몇 도박 중독 상담센터들이 운영되고 있다.

심각한 문제를 야기하고 있음에도, 중독 문제에 대한 대부분의 접근은 아직 체계화되어 있지 못하다. 마약 중독에 있어서는 치료보다는 규제와 검거에 치중하고 있으며, 알코올 중독 분야는 지역사회 재활의 활성화 및 의료기관과의 연계체계 구축이 시급한 과제이고, 니코틴 중독의 경우에는 보건소 금연클리닉을 통한 접근의 한계가 드러나고 있다. 또한 행위 중독 부분에 있어서는 초기 치료 · 재활 모델을 수립하는 중에 있다. 중독 분야의 치료 · 재활 사업이 제자리를 찾는 데 장애가 되는 당면한 제 문제들을 해결하기 위해서는 정부 차원의 접근도 필요하겠지만, 보다 체계적으로 훈련된 인력들을 양성하는 것이 필수적일 것이다. 향후 의료 인력, 심리상담 인력 및 사회복지 인력 등 다양한 직역에서 중독에 대한 관심이 높아지고, 지역사회 및 임상 현장에 원활히 투입될 수 있기를 기대한다.

3. 중독 분야의 용어

흔히 혼동되어 사용하고 있지만 사실 '중독(中毒)'이라는 용어에는 크게 두 가지 의미가 있다. 그중 하나는 '생체가 음식물이나 약물의 독성에 의하여 기능장애를 일으키는 일'이라는 의미이고, 다른 하나는 '술이나 마약 따위를 지나치게 복용한 결과, 그것 없이는 견디지 못하는 병적 상태'라는 의미다. 즉, 전자는 연탄가스 중독이나 수은 중독에서와 같이 체내에서 생리적으로 자연스럽게 해결할 수 있을 정도 이상의 농도로 해로운 독성 물질이 존재하는 상태를 의미하며, 영어 표현으로는 'intoxication'이라는 단어를 사용한다. 이 경우 체내에 물질이 들어가는 데 있어 남용하고자 하는 의도는 없는 상태다. 그러나 이 책에서 언급하고 있는 중독은 '술이나 마약 따위를 지나치게 복용한 결과, 그것 없이는 견디지 못하는 병적 상태'라는 사전적 의미를 가진 용어를 가리킨다. 이 경우에 적합한 영어 표현은 'dependence'이며, 이와 유사한 용어로 'addiction'이 있다. 이 용어는 '물질이나 습관적 행동이 해로운 결과를 초래함에도 불구하고 스스로 조절해서 사용하지 못하고 강박적으로 사용하는 경우'를 의미한다. 중독성 질환을 앓고 있는 환자의 임상적인 증상 중 '내성(tolerance)'과 '금단(withdrawal)'이 있다. 정신과적인 질병을 정의하는 대표적인 기준은 APA(American Psychiatric Association)의 『정신장애 진단 및 통계편람 제4판(Diagnositic and statistical manual, 4th ed, text revision, 이하 DSM-IV-TR)』과 세계보건기구(World Health Organization: WHO)의 질병분류(International Statistical Classification of Disease and Related Health Problems, 10th revision, 이하 ICD-10) 두 가지가 있다. 이들 분류에 따른 진단을 하는 경우, 생리적 의존(physiological dependence) 증상인 내성과 금단이 핵심적인 증상으로 간주되며, 이와 더불어 심리적 의존 증상이 존재할 때 비로소 의존성 질환(dependent disorder)의 임상적인 기준을 충족하는 것으로 판단한다.

이 책에서도 임상적인 의미를 강조해서 언급하는 경우에는 혼란을 피하기 위하여 '중독'이라는 용어보다는 '의존'이라는 용어를 사용하여 기술할 것이다. '중독'이라는 용어 이외에도 중독의 영역에서 관용적으로 사용되는 많은 용어는 사전적인 의미와는 차이가 있기에 각 용어의 임상적인 의미에 대해 명확히 재정리할 필요가 있다.

중독과 관련된 용어 중 정의가 필요한 가장 기본적인 용어 중 하나가 '물질(substance)'이다. 사전을 찾아보면 물질이란, '물체의 본바탕' 혹은 '자연계의 구성 요소의 하나'라고 정의되어 있지만, 중독의 영역에서 물질이라는 용어는 '뇌에 영향을 주어 의식이나 마음을 변화시키는 물질'을 의미한다. 이와 같이 중독의 영역에서 사용되는 용어 중 대표적인 단어를 〈표 1-1〉에 정리하였다.

이외에도 '집착'이라는 용어는 약물의 사용으로 인해 중요한 사회적 · 직업적 활동 및 취미 활동의 시간을 포기하는 상태를 의미하며, '강박적 사용'이란 자신의 사회적 · 심리적 · 신체적 문제들이 약물을 사용함으로 인해 점차 악화된다는 사실을 알면서도 계속 사용하는 것을 의미한다.

표 1-1 중독 영역에서의 용어 및 의미

용어	의미
물질(substance)	뇌에 영향을 주어 의식이나 마음을 변화시키는 물질
남용(abuse)	물질을 사용 목적과 다르게 의도적으로 사용하는 비의학적인 행위
내성(tolerance)	물질을 사용했을 때(행위를 반복하였을 때)의 효과가 점차로 감소하거나, 같은 효과를 얻기 위해 점차 용량을 증가시켜야 하는 상태
금단(withdrawal)	물질의 사용 혹은 습관적인 행위를 중단하거나 사용량을 줄였을 때 나타나는 증상
강화(reinforcement)	보상에 의해 반복적으로 물질을 사용하거나 행위를 반복하는 상태
갈망(craving)	양성 강화에 의해 나타나는 현상으로, 약물 혹은 행위 자체, 연관된 기억, 환경적인 자극에 의해 유발되는 조건화되고 지속되는 반응
교차 내성(cross tolerance)	두 약물의 약리 작용 및 약물의 작용 부위가 유사하여, 한 가지 약물에 대해 내성이 생긴 경우, 다른 약물을 투여해도 동일한 효과를 나타내게 되는 현상
공동의존(co-dependence)	가족 구성원 중 한 명이 중독되었을 때, 다른 가족이 심각하게 영향을 받는 행동 양상
이중진단(dual diagnosis)	중독 환자가 한 가지 물질 혹은 행위 중독 이외에 다른 정신과적 문제를 가지고 있을 경우
재발(relapse)	회복된 이후에 병의 증세가 다시 나타나는 것으로, 약을 끊거나 조절해 보려고 하는 지속적인 열망이 있기는 하지만, 실패한 경우를 의미함.

4. 중독의 모델

1) 질병 모델

질병 모델은 중독을 평생 동안 지속되는 생물학적 · 환경적 요인의 상호작용을 통해 발생하는 질병으로 보는 관점이다.

전통적인 질병 모델은 개인에게 불편함이나 기능의 저하를 초래하는 비정상적 상태로 정의되나, 중독의 경우에는 여기에 도파민 보상회로의 이상이라고 하는 뇌의 이상이 포함된다. 질병 모델에서 중독의 원인은 중독성 물질이 인체에 들어와 개인의 정신과 신체의 기능을 역기능적으로 바꾸기 때문이라고 정의한다. 따라서 중독은 단순히 개인의 의지에 따른 나쁜 습관이 아니라, 중독성 물질이 체내에 들어와 개인의 의지로도 어쩔 수 없는 변화를 유발하기 때문에 생기는 병적 현상이다.

따라서 중독은 개인의 의지 부족이나 도덕성의 결여로 인하여 생기는 것이 아니라, 생물학적 · 유전학적으로 병에 걸리기 쉬운 취약성을 가지고 있는 사람이 약물을 사용함으로써 발생한다고 본다. 따라서 개인은 중독이 되었다는 사실에 대하여 도덕적 비판이나 책임을 지지 않고, 정당하게 인간적인 치료를 받을 수 있다.

따라서 치료 또한 개인의 의지나 선택보다는 전적으로 의사 등 전문가에게 의지하여야 하며, 평생 동안 단주상태를 유지하는 것만이 회복에 이르는 방법으로 제시된다. 이 모델에 따르면 치료는 의사에 의하여 제공되는 약물 등의 생물학적 치료와 평생 단주를 유지하기 위한 A.A.와 같은 단주모임의 형태가 제시된다.

이와 같은 질병 모델은 중독에 대한 치료보다는 격리나 단죄 같은 방법을 개입 수단으로 제시한 도덕 모델의 한계를 극복할 수 있게 하였지만, 개인을 스스로 치료할 능력이 없는 수동적 존재로 보았다는 면에서 비판을 받기도 한다.

최근의 질병 모델은 그 정확한 기전과 작용이 완전히 밝혀지지는 않았으나, 생물학적 · 정신사회적 · 환경적 원인이 복합적으로 작용하여 중독이 발생한다고 한다고 설명한다. 이러한 정의는 생물학적 연구뿐만 아니라, 정신사회적 · 환경적 요인에 대한 연구 성과에 의하여 질병 모델이 보다 포괄적인 모델로 변화 · 발전하고 있음을 의미한다.

2) 도덕 모델

도덕(moral) 모델은 중독과 관련하여 가장 오랫동안 존재해 온 관점인데, 이후 절제(temperance) 모델의 모태가 되었다. 도덕 모델은 중독(알코올)을 사회적 규범을 파괴하는 행위로 간주한다. 따라서 중독은 처벌을 받아야 하는 일종의 범죄행위이며, 개인이 자신의 이러한 선택과 행동에 대하여 책임을 져야 한다. 종교적 분위기가 강한 문화권에서는 이러한 관점이 강하였으며, 중독을 범죄행위로 보고 법으로 이 문제를 다루고자 하였다.

도덕 모델에서는 인간적 품성의 결여나 개인의 부도덕적 선택에 의하여 중독이 발생한다고 보았다. 따라서 중독에 대한 개입은 성직자에 의하여 이루어지거나, 도덕적 처벌 혹은 투옥과 같은 법적 처벌이 주된 수단이 되었다.

이러한 도덕 모델의 연장선상에서 19세기 후반에 나타난 절제 모델은 약물 자체가 강한 중독성을 가지는 물질로 보고, 사회적으로 중독물질의 사용 자체를 철저하게 금지하는 것을 그 주요한 개입수단으로 제시하였다. 이러한 절제 모델은 20세기 초 금주법의 근거가 되었다. 마약의 경우는 많은 나라에서 현재도 이 모델에 근거한 법적 규제를 하고 있다. 그러나 상대적으로 중독성이 약한 대마초의 경우, 알코올과 같은 질병 모델을 적용하여야 한다는 주장이 제기되기도 한다.

3) 심리 · 성격 모델

중독에 대한 심리 · 성격 모델은 중독을 개인의 인격, 성격 등의 취약함으로부터 기인하는 문제로 바라보는 관점이다. 이 모델에 의하면, 중독에 쉽게 빠지는 성향을 가지는 중독성격(addiction personality)이 있고, 이러한 기질이 유전될 수 있다는 것이다. 이 중독성격의 특징은 자존감이 낮고, 충동조절이 잘 안 되며, 스트레스 대처 능력이 적고, 자기중심적이며, 주변을 조정하는 경향을 가지는 것이다.

이러한 인격은 영아로부터 인격이 성숙되는 과정 중 특정 시기, 특히 구강기에 심리적 발달이 고착되어 형성되는 것이라고 하였고, 심리 · 성격 모델은 이러한 성격적 미숙함이 개인을 중독에 빠지게 만든다고 제시하였다.

치료는 개인의 성격을 보다 적응적인 것으로 바꾸는 일종의 성격의 재구조화 과정이 필수적이라고 하였다. 따라서 이 모델에서는 정신 치료적 측면의 접근이 치료적으로 매우 중요하며 아울러 가족치료의 중요성도 강조된다.

알코올 중독자의 자녀 및 배우자, 가족에 대한 치료적 개입, 즉, 알코올 중독을 단지 개인뿐 아니라 그가 속한 가족 전체로 바라보고 개입해야 한다는 치료적 관점은 이 모델이 가지는 긍정적인 면이다.

4) 사회적 학습 모델

사회적 학습 모델은 고전적 조건화 및 조작적 조건화 학습이론에서 그 배경을 차용한 모델이다. 이 모델에 의하면 중독은 모델링과 인지적 과정과 같은 일종의 학습에 의하여 발생하는 행동 문제다. 이 모델에서 중독은 인간의 심리적 결함이나 뇌의 취약성과 같은 심리적 · 신체적 결함과 이상에서 오는 것이 아니라, 잘못된 학습과정 혹은 조건화 경험에 의하여 발생하는 나쁜 습관 같은 것이라고 여겨진다.

즉, 중독은 이전의 조건화된 경험에 의한 기대(즉, 중독 물질을 섭취하였을 때 경험된 쾌감)나 조작적 조건화된 행동(A라는 행동을 하면 B라는 효과가 얻어지고, B라는 효과는 스트레스를 줄여 주고 기분을 좋게 한다. 따라서 스트레스를 줄이기 위해 A라는 행동이 강화된다.)에 의하여 강화된다.

초기 동물실험에서 조건화 자극에 의한 강화는 주로 불편함을 피하기 위한 특정 행동이 강화되는 측면과 같이 제한적으로 사용된 반면, 인간의 중독에 적용된 사회적 학습 모델은 보다 다양한 인간의 행동, 심리적 측면, 즉 스트레스를 피하기 위한 약물 사용, 관찰된 행동과 같은 간접적 행동에 대한 모방으로서의 약물 사용, 대인관계의 긴장을 풀기 위한 음주, 경제적 이익에 대한 기대심리 등으로 확대하여 적용되었다.

따라서 사회적 학습 모델에서는 치료적 접근 또한 이러한 인지적 · 학습적 과정을 통해 왜곡된 또는 결여된 대처기술을 새로이 고치고 습득하게 하는 방향에서 이루어진다. 이 경우 개인은 학습을 통하여 충분히 본인의 나쁜 행동습관인 중독을 수정할 수 있는 적극적인 대상으로 간주된다. 다양한 인지행동기법, 교육, 지역사회 자원의 동원을 통한 환경개선 등 현재 사용되고 있는 다양한 정신사회 재활기법 등이 이 모델에 근거하여 제시된 것들이다.

최근 질병 모델의 제한점을 극복하기 위하여 많은 정신사회적 개입 모델이 제시되고 있는데, 이 모델들은 중독의 원인과 개입에 대하여 개인의 인지적 · 심리적 역량을 수정하고 보다 적응적으로 발전시켜 나간다는 점에서 크게 사회적 학습 모델과 일부 심리 모델에 그 근거를 두고 있다(예: 변화의 단계 모델, life process model, nature recovery model, behavioral choice model, etc.).

5. 중독 질환의 역학

1) 역학에 흔히 사용되는 용어

역학이란 한 집단에서 특정 질병이 발생하는 양상과 이러한 양상에 영향을 주는 요인들에 대해 다루는 학문이다. 역학에 대해 설명하기 위해서는 우선 몇 가지 용어에 대해 정리할 필요가 있는데, 그중 하나가 유병률(prevalence)이다. 유병률이란, '일정 시기' 동안 특정한 집단의 총인구를 분모로 하고, 동일한 시기에 해당 집단 내에서 특정 질환에 이환된 사람의 수를 분자로 했을 때의 비율을 의미한다. 일정 시기는 통상적으로 1년 혹은 수명 등을 사용하게 되는데, 그에 따라 1년 유병률 혹은 평생 유병률이라는 표현을 사용하게 된다. 또 다른 중요한 용어로 발병률(incidence)이 있다. 발병률이란 일정 시기에 걸쳐 질환에 노출될 위험이 있는 사람들 중 해당 질병이 새롭게 발생한 사람의 비율을 말한다. 유병률은 특정한 기간 동안 질병에 지속적으로 이환된 사람의 비율을 파악하기 때문에 질병이 회복되는 데까지 소요되는 시간의 영향을 받는다는 점에서 발병률과는 차이가 있다. 일반적으로 발병률은 질병의 위험도를 대표하며, 유병률은 지역사회에 있어 질병으로 인한 사회적 비용을 추정하는 공중보건학적 입장에서 흔히 활용된다.

$$\text{유병률} = \frac{\text{특정 질환에 이환된 사람의 수}}{\text{일정 시기 동안의 특정 집단 총인구}}$$

$$\text{발병률} = \frac{\text{해당 질병이 새롭게 발생한 사람}}{\text{일정 시기 동안 질병에 노출될 위험이 있는 사람}}$$

질병 발생에 대한 특정한 요인과 실제적인 발병 간의 연관성이 얼마나 깊은지를 파악하기 위한 방법으로는 상대위험도(relative risk: RR)를 사용한다. 상대위험도란, 특정한 위험 요인을 가진 사람(예: 알코올 의존의 가족력이 있는 사람) 중 실제로 질병이 발생한 사람(예: 알코올 의존이 발생한 사람)의 비율을 특정한 위험 요인이 없이 질병이 발생한 사람의 비율로 나눈 값을 의미한다. 상대위험도가 1이라면 특정한 인자가 질병의 발생에 아무런 영향을 주지 않은 것을 의미하며, 상대위험도가 1 이상이라면 해당 인자가 질병의 발생에 있어 위험 인자로 작용한다는 것을 의미한다. 반면 상대위험도가 1 미만인 경우 해당 인자가 질병의 발생에 대해 방어 인자로 작용하고 있다는 뜻이 된다.

$$RR = \frac{\text{위험군에서의 위험률(위험군 중 질병 발생군/위험군)}}{\text{대조권에서의 위험률(대조군 중 질병 발생군/대조군)}}$$

이와 같이 역학은 특정 집단에서 특정한 질병의 분포, 유병률, 발병률, 이환기간, 위험도 등에 대한 값을 제공한다. 그 결과는 질병의 원인, 치료, 예방 등에 있어 의미 있는 자료로서의 역할을 한다. 또한 지역사회 혹은 국가, 나아가서 전 세계 차원에서 질병에 대한 공중보건 사업의 전략을 수립하고 이후 사업의 결과를 평가하는 지표로서도 널리 활용된다.

질병의 역학을 파악함에 있어 가장 확실한 방법은, 전체 모집단을 전수 조사하는 것일 수 있다. 그러나 모집단의 규모가 커짐에 따라 전수 조사가 불가능하거나 천문학적인 예산이 소요되는 작업일 수 있다. 그러므로 역학 연구에서는 모집단을 대표할 수 있는 적절한 표본 집단을 구성하는 것이 필수적이다. 역학 연구는 표본 집단 선정 및 조사 방법에 따라 여러 가지 방법으로 시행되는데, 그 예로 특정한 코호트(cohort)를 조직하여 장기간 동안 그 코호트에 포함된 개인들을 주기적으로 조사하는 코호트 연구가 있다. 혹은 특정 질환이 발생한 집단의 과거력에 대해서 거꾸로 추적하는 후향성 연구(restrospective study)가 있으며, 반대로 어떠한 사건 이후에 그 집단의 경과를 주기적으로 파악하는 전향성 연구(prospective study)가 있다. 또한 대부분의 유병률 조사에서 따르는 방식으로, 일정 시점의 질병 이환 상태를 파악하는 횡적 연구(cross-sectional study)가 있다. 각 조사 방법마다 특성이 있고 장단점이 있으므로, 연구를 기획하고 수행함에 있어서는 물론, 연구를 해석함에 있어서도 조사 방법을 고려하여야 한다.

2) 고위험 음주 및 알코올 사용장애

우리나라 전체 국민의 음주 현황 및 알코올 의존에 대한 대표적인 역학 조사에는 2005년도에 시행된 '국민건강영양조사'와 2006년에 시행된 '정신질환실태 역학 조사'가 있다.

국민건강영양조사는 기존의 '국민건강 및 보건의식행태조사'(1989~1995년간 3년 주기로 실시)와 '국민영양조사'(1969~1995년간 매년 실시)를 통합하고 검진 조사를 추가하여 구축된 역학 조사 사업으로, 2005년에 제3기 조사가 진행되어 그 결과가 2006년에 발표되었다. 국민건강영양조사는 우리나라에서 가장 규모가 큰 보건 관련 역학 조사로, 3기 조사에서는 3,444가구에서 총 9,047명이 조사에 참여하였다. 국민건강영양조사는 음주 관련 문제에서 알코올 의존과 같은 심각한 임상적 질환이 있는 환자뿐 아니라 일반 국민들의 음주 행태까지 포괄한다는 점에서 의의가 있으나, 중독에 관한 비전문가가 AUDIT(Alcohol use disorder identification test)라는 자가보고 도구만을 이용하여 알코올 의존 환자를 추정하였다는 한계가 있다. 제3기 국민건강영양조사의 결과, 성인 남성의 87.2%, 성인 여성의 69.8%가 1년에 한 번 이상 음주를 하는 것으로 나타났다. 또한 1회 음주 시 남성은 소주 7잔, 여성은 소주 5잔을 기준으로 고위험 음주군을 추정한 결과, 남성 음주자의 80.0%, 여성 음주자의 37.8%가 고위험 음주자인 것으로 나타났다. 그리고 AUDIT 20점을 기준으로 알코올 의존자를 추산한 결과, 전체 인구 집단의 약 7.7%(남자 13.7%, 여자 1.7%)가 알코올 의존자로 파악되었다.

정신질환실태 역학 조사는 「정신보건법」 제4조 제2항에 근거하여 매 5년마다 전 국민을 대상으로 진행되는 정신질환에 대한 역학 조사로, 2001년 첫 번째 조사 이후 2006년에 두 번째 조사가 시행되었다. 2006년의 정신질환실태 역학 조사에는 최종적으로 전국에 걸쳐 총 6,510명(남성 2,581명, 여성 3,929명)이 조사에 참여하였다. 정신질환실태 역학 조사에서는 세계보건기구(WHO)에서 제안한 구조화된 진단 도구를 한글화한 한국어판 Composite International Diagnostic Interview(K-CIDI)를 사용하였다. 이 조사에서 알코올 사용장애의 1년 유병률은 남자에서 8.7%, 여자에서 2.5%였는데, 그중 알코올 남용은 남자에서는 4.0%, 여자에서는 0.9%였으며, 알코올 의존은 남자에서는 4.7%, 여자에서는 1.7%였다. 전체 인구에서 알코올 사용장애의 평생 유병률은 16.2%였는데, 그중 알코올 남용은 9.2%, 알코올 의존은 7.0%였다.

미국의 경우 세계보건기구 주도의 정신건강 역학 조사의 일환으로 National Comorbidity Survey Replication(NCS-R)이라는 사업이 진행되었으며, 또한 미국 국립 알코올 남용 및 알코올 의존 연구소(National Institute of Alcohol Abuse and Alcoholism: NIA.A.A)에서 주관한 National Epidemiologic Survey on Alcohol and Related Conditions(NESARC) 조사 사업이 있었다. 2002년 시행된 NCS-R 결과 알코올 남용의 경우 1년 유병률은 3.1%이고 평생 유병률은 13.2%로 조사되었으며, 알코올 의존의 경우 1년 유병률은 1.3%, 평생 유병률은 5.4%로 조사되었다. 반면 NESARC에 의하면, 알코올 남용의 경우 1년 유병률은 4.7%(남성 6.9%, 여성 2.6%)이고, 알코올 의존의 경우 1년 유병률은 3.8%(남성

5.4%, 여성 2.3%)로 조사되었다. 두 연구의 차이는 조사 지역 및 표본 추출, 조사 방법 등의 차이에 의한 것으로 사료된다.

유럽의 경우, 2001년에서 2003년에 걸쳐 유럽의 주요 8개국에서 시행된 유럽 정신장애 역학 조사(European Study of the Epidemiology of Mental Disorder: ESEMeD) 결과 알코올 남용의 1년 유병률은 0.7%, 평생 유병률은 4.1%였으며, 알코올 의존의 1년 유병률은 0.3%, 평생 유병률은 1.1%로 조사되었다. 아시아에서 일본의 경우에 2002년 조사 결과 알코올 남용의 1년 유병률은 1.6%이고 알코올 의존의 1년 유병률은 0.4%로 조사되었다.

자료에 따라 차이가 있기는 하지만, 우리나라의 알코올 사용장애의 유병률은 다른 나라에 비해 높다. 이러한 차이가 발생하는 원인은 불분명하지만, 허용적인 음주 문화, 청소년 시기의 이른 음주 노출, 빈번한 폭주, 높은 사회적 스트레스 수준, 유전적인 특성 등 다양한 측면에서 이러한 현상을 해석할 수 있을 것이다.

3) 흡연 및 니코틴 의존

우리나라에서 흡연자의 실태에 대한 조사는 여러 기관에서 다양하게 진행되고 있다. 보건복지부에서는 한국금연운동협의회와 함께 매 분기별로 성인 흡연률을 조사하고 있으며, 앞서 언급한 국민건강영양조사에도 성인 흡연에 관한 내용이 포함되어 있다. 또한 별도로 매년 통계청에서 조사하는 사회통계조사에서도 4년에 한 번씩 흡연에 대한 내용을 포함하고 있다. 금연운동협의회의 성인 흡연 실태 조사에 따르면, 우리나라 성인 남자의 흡연률은 1992년 75.1%에서 감증하다가, 2001년 69.9% 이후 감소하여 2007년 43.4%로 조사되었으며, 여자의 흡연율은 1992년 5.1%에서 감증을 반복하며 2006년 2.8%까지 감소하였으나 2007년 3.7%로 조사되었다. 참고로 2005년의 국민건강영양조사에서는 성인 남성의 흡연률은 56.1%, 성인 여성의 흡연률은 5.7%였으며, 통계청에서 2006년 보고한 사회통계조사에서의 성인 남성 흡연률은 52.2%, 성인 여성의 흡연률은 3.9%였다. 2008년 미국 성인의 흡연률은 28.6%으로(National Survey on Drug

표 1-2 성인 흡연률 및 니코틴 의존 유병률

	성인 흡연률			니코틴 의존 유병률
	성인 흡연 실태조사 (2007)	국민건강영양조사 (2005)	사회통계조사 (2006)	정신질환실태 역학 조사 (2006)
남성	43.4%	56.1%	52.2%	9.2%
여성	3.7%	5.7%	3.9%	0.9%

Use & Health), 이는 향후 금연을 위한 더 많은 노력이 필요한 이유 중 하나가 될 것이다(〈표 1-2〉 참조).

니코틴이 다른 습관성 약물에 비해, 사용자 중 의존자의 비율이 높은 편에 속한다고 알려져 있기는 하지만, 모든 흡연자가 니코틴 의존 수준에 있는 것은 아니다. 미국에서의 연구에 따르면, 흡연자 중 약 40%는 DSM-IV-TR의 니코틴 의존 기준에 도달하지 않는다고 한다(Donny & Dierker, 2007). 2006년의 정신질환실태 역학 조사에 따르면, 우리나라 성인의 니코틴 의존의 유병률은 남성에서 9.2%, 여성에서 0.9%로 조사되었다. 그러나 성인 흡연률은 조사 시점의 흡연률이고, 니코틴 의존 유병률은 1년 유병률 통계이니만큼, 향후 다양한 관점에서 우리나라 흡연자 중 니코틴 의존자의 비율을 재차 파악할 필요가 있다.

4) 마약류 등의 의존 및 남용의 역학

현재까지 우리나라에서 전국의 성인 남녀를 대상으로 마약류 의존 및 남용의 실태 조사는 아직 시행되지 못하였으며, 몇몇 연구자들에 의해 청소년 혹은 마약사범 등 제한된 대상자에게 마약류 등에 대한 사용실태 조사만 시행된 바 있다. 2005년 청소년위원회에서 시행한 청소년 유해환경접촉종합실태조사의 결과에 따르면, 본드 흡입 경험자는 1.5%, 가스 흡입 경험자는 1%로 조사되었으며, 2006년 보건복지부와 질병관리본부에서 시행한 청소년건강행태 온라인조사에서는 흡입제의 경험률이 1.5%였고, 마약 경험률이 1.4%로 조사된 바 있다.

표 1-3 마약류 범죄의 연도별 발생추이(1998~2007) 단위: 빈도(%)

구분 \ 연도		1998	1999	2000	2001	2002	2003	2004	2005	2006	2007
전체		8,350	10,589	10,304	10,102	10,673	7,546	7,747	7,154	7,709	10,646
마약류 유형	대마	1,606 (19.2)	2,187 (20.7)	2,284 (22.2)	1,482 (14.7)	1,965 (18.4)	1,965 (21.3)	1,231 (15.9)	1,032 (14.5)	835 (10.8)	1,170 (11.0)
	마약	892 (10.7)	923 (8.7)	954 (9.3)	661 (6.5)	790 (7.4)	1,211 (16.0)	1,203 (15.5)	768 (10.7)	868 (11.3)	958 (9.0)
	향정	5,852 (70.1)	7,479 (70.6)	7,066 (68.5)	7,959 (78.8)	7,918 (74.2)	4,727 (62.6)	5,313 (68.6)	5,354 (74.8)	6,006 (77.9)	8,521 (80.0)

*출처: 대검찰청, 마약류 범죄백서, 1998-2007.

우리나라의 성인을 대상으로 한 조사로는 대검찰청에서 발행하는 『마약류 범죄백서』가 유일하다. 이 백서에서는 우리나라에서 마약의 생산, 거래, 소지, 사용 등에 따른 범죄자 검거 현황이 정리되어 있는데, 실제 사용자 및 중독자는 이 통계보다 훨씬 많을 것으로 추정된다(〈표 1-3〉 참조).

미국의 경우에는 우리나라와 차이가 있는데, 미국 보건부(Department of Health and Human Services)에서 2007년에 발간한 통계에 따르면, 12세 이상 인구의 약 8% 정도가 대마초, 코카인, 헤로인, 환각제, 흡입제 및 처방 약물 등을 습관적으로 사용하고 있다고 하였다. 그중 가장 흔한 것이 대마초로, 한 달에 1회 이상 대마초를 흡입한 적이 있는 사람이 5.8% 정도였으며, 코카인의 경우는 0.8%였다. 또한 0.4%에서 환각제 사용의 경험이, 0.2%에서 엑스터시 사용의 경험이 있었으며, 0.2%에서 메스암페타민의 사용 경험이 확인되었다. 그리고 2.8%에서 진통제나 진정제와 같은 처방약을 오용하거나 남용하고 있었다.

5) 인터넷 중독

화학적 물질이 아니면서 습관성 문제를 야기하는 대표적인 행위 중독으로 알려져 있는 인터넷 중독은 몇 가지 면에서 독특한 특성을 가지고 있다. 우선, 전

세계의 모든 국가에서 동일하게 일어나는 현상이 아니라는 점이다. 컴퓨터의 보급 정도, 초고속 인터넷망의 보급 정도 및 소득 수준 등에 따라 차이가 난다. 그리고 국가별로 중독자들이 흔히 빠져드는 대상이 상이한데, 우리나라와 중국 등에서는 멀티미디어 온라인 롤플레잉 게임과 같은 유형의 게임에 흔히 중독되는 데 반해, 일본을 비롯한 다른 나라의 경우에는 비디오 게임기에 심취한 사람들이 많기도 하다. 또한 게임 외에 게시판을 통한 커뮤니티 활동에 중독되는 사람들도 있고, 채팅과 같은 대화를 주로 하는 사람들도 있다. 이러한 경향은 연령에 따라 차이가 심하며, 성별에 따른 차이도 크다.

컴퓨터 혹은 게임기나 휴대폰과 같은 유사한 기기를 이용하는 데 있어 나타나는 중독적인 성향에는 다양한 유형이 있어, 이들 모두를 인터넷 중독이라는 용어로 통칭하는 것에 문제가 있기는 하다. 그리고 현재 APA의 진단 기준 및 세계보건기구의 질병 분류에도 인터넷 중독이 정식적인 질환으로 등록되어 있지 않다. 따라서 어떠한 증상이 어느 정도로 심각할 때에 인터넷 중독이라고 정의할 수 있는지에 대한 기준은 연구자나 조사 기관에 따라 커다란 편차를 보인다.

이러한 한계에도 불구하고 인터넷 중독 증후군이 현재 존재하고 있으며 그 문제가 심각하다는 측면에서 우리나라의 고유한 특성을 파악할 필요가 있다. 따라서 2007년 한국정보문화진흥원에서는 최근 한 달간 1회 이상 인터넷을 사용한 적이 있는 9세 이상 39세 이하 국민을 대상으로, 전국적인 범위에서 19세 미만의 청소년 2,500명과 성인 3,000명의 인터넷 사용 실태를 조사한 바 있으며, 향후에도 주기적인 조사를 시행할 예정이다.

그 결과, 전체 응답자 중 고위험 사용자군은 1.7%, 잠재적 위험 사용자군은 7.4%로 나타났으며, 청소년의 2.3%가 고위험 사용자군, 12.1%가 잠재적 위험 사용자군으로 나타났다. 반면 성인의 1.4%가 고위험 사용자군이고, 5.1%가 잠재적 위험 사용자군이었다. 성별로는 남자 고위험 사용자군 비율이 1.9%로 여자 1.4%보다 0.5% 높았다. 또한 고위험 사용자군의 경우, 주중 평균 3.4시간, 주말 평균 4.9시간 동안 인터넷을 사용하고 있으며, 잠재적 위험 사용자군은 주중 평균 2.0시간, 주말 평균 2.6시간 동안 인터넷을 사용하고 있었다.

과도한 인터넷 사용자군이 증가하면서 청소년에 있어 본드와 같은 휘발성 용매의 남용은 오히려 감소한 측면이 있다고 한다. 그러나 인터넷 중독은 안과질환, 근골격계질환, 혈액순환부전 등의 증상을 유발시키기도 하고, 가족관계를 비롯한 대인관계의 문제를 야기하기도 하며, 다양한 정신과적 동반증상을 야기한다는 점에서 여전히 유해한 습관성 질환이다. 현재 청소년의 인터넷 중독 현황은 어느 정도 체계적으로 파악되고 있는 듯하다. 그러나 성인의 인터넷 중독 현황에 대한 조사는 여전히 제한적이다. 향후 진단적 정의가 보다 명확해진 상태에서 다양한 연령군을 대상으로 하는 포괄적인 역학 조사가 지속될 필요가 있다.

6) 도박 중독

도박 중독 또한 인터넷 중독과 마찬가지로 정신과적인 진단 기준에 있어서 명확한 정의가 없다. 현재 사용되는 진단 기준인 APA의 DSM-IV-TR 혹은 세계보건기구의 ICD-10이 설정될 당시에, 행위 중독을 중독성 질환으로 다루는 것에 대한 충분한 동의가 이루어지지 않았기 때문이었다. 그러나 임상적인 증상은 물질 중독에서와 상당히 유사하다는 이유로, 중독의 임상적인 기준을 차용하여 '병적 도박(pathologic gambling)'이라는 명칭으로 진단하게 되었다. 그러나 호주 등의 국가에서는 병적 도박으로 진단하지는 않지만, 도박으로 인한 문제가 있는 인구까지 포함하여 문제성 도박(problem gambling)이라고 구분하기도 한다. 이에 도박 중독의 유병률에 대한 국제적인 보고들에도 차이가 있는 것이 현실이다. 이 책에서는 문제성 도박과 병적 도박의 유병률을 합산한 결과를 도박 중독의 유병률로 간주하고자 한다.

외국에서의 도박 중독 유병률을 살펴보면, 2~6% 수준으로 알려져 있다. 미국 및 캐나다의 경우에는 약 4%, 호주는 약 4.9%, 스웨덴은 약 2%, 홍콩은 약 5.9%에 해당한다. 이에 비해 우리나라에서 시행된 유병률 조사의 결과는 6.5~9.5%로, 외국에 비해 도박 중독자가 상당히 많은 편이다(〈표 1-4〉 참조).

우리나라의 일반 국민을 조사한 유병률 결과도 다른 나라에 비해 높지만, 카

표 1-4 외국의 도박 중독 유병률

<table>
<tr><th colspan="2"></th><th>문제성 도박</th><th>병적 도박</th><th>도박 중독
(문제성 도박+병적 도박)</th></tr>
<tr><td colspan="2">미국 및 캐나다</td><td>2.5%</td><td>1.5%</td><td>4.0%</td></tr>
<tr><td colspan="2">호주</td><td>2.8%</td><td>2.1%</td><td>4.9%</td></tr>
<tr><td colspan="2">스웨덴</td><td>1.4%</td><td>0.6%</td><td>2.0%</td></tr>
<tr><td colspan="2">홍콩</td><td>4.0%</td><td>1.9%</td><td>5.9%</td></tr>
<tr><td rowspan="3">대한민국</td><td>한국심리학회지
(김교헌, 이홍표, 권선중, 2004)</td><td>3.9%</td><td>2.6%</td><td>6.5%</td></tr>
<tr><td>문화관광부(2006)</td><td>4.9%</td><td>1.6%</td><td>6.5%</td></tr>
<tr><td>한국문화관광연구원
(2008)</td><td>7.2%</td><td>2.3%</td><td>9.5%</td></tr>
</table>

지노, 경마 및 경륜과 같은 합법적인 사행산업 시설을 이용한 사람 중 도박 중독의 1년 유병률에 대한 조사 결과는 더욱 심각하다. 연구자에 따라 차이가 있기는 하지만, 한국문화관광연구원의 보고서에 따르면 약 66%의 시설 이용자가 도박 중독자라고 한다. 이는 시설 이용자의 약 30%가 도박 중독자라고 보고되어 있는 호주 빅토리아 주의 약 두 배가 넘는 수치다.

각종 중독성 질환에 대한 역학적 연구는 예방 및 치료, 회복을 위한 재발의 모든 영역에서 가장 기초적인 자료를 제공한다. 문제가 되는 상황과 그 심각성에 대한 객관적인 자료가 있어야만 그에 대한 제도적 접근이 가능하며, 임상적인 관심의 초점이 명확히 드러날 수 있다. 아직 우리나라에서 각종 중독 문제에 관한 역학 조사가 충분히 진행되어 있지 못한 것이 현실이지만, 점진적으로 긍정적인 시도들이 이루어지고 있다.

제2장

중독의 원인

1. 정신사회적 이론

1) 중독의 원인에 대한 개론

중독은 유해한 결과에도 불구하고 강박적으로 그리고 지속적으로 물질을 남용하게 되는 질환이다. 사람들은 왜 물질을 복용하는 것일까? 이에 대하여 미국 국립 약물남용연구소(National Institute of Drug Abuse: NIDA)에서는 네 가지 이유를 제시하였다. 첫째, 좋은 기분을 느끼기 위해서다. 남용되는 물질 대부분은 강한 쾌감을 유발한다. 최초 사용 시 각각의 물질마다 다른 기분을 유발하는데, 코카인은 힘과 자신감, 에너지의 항진을 통한 고양감을 유발하고, 헤로인은 편안함과 만족감을 통한 다행감을 느끼게 한다. 둘째, 기분이 더 좋아지기 위해서다. 우울증이나 불안장애를 가진 사람들은 스트레스 상황에서 불안과 우울을 피하기 위하여 물질을 남용하기도 한다. 지속되는 스트레스는 남용을 지속시키고 중독에서 회복된 환자들을 재발로 유도한다. 셋째, 더 잘하기 위해서다. 체력적인 문제나 인지적인 능력을 더 향상시켜야 한다는 압박감을 느낄 때 물질을 시작하고 지속하게 된다. 넷째, 남이 하기 때문에 따라서 하는 경우가 있다. 예를 들어, 청소년의 경우 또래 집단의 영향을 많이 받고 스릴을 경험하기 위하여 시작하기도 한다.

중독의 원인에 대하여 좀 더 심층적으로 살펴보면 원인에 대한 여러 가설이 있지만 정확한 원인을 밝혀내기는 힘들다. 이는 중독이라는 질환의 특성 때문이다. 중독은 물질에 의하여 신체적인 변화가 일어나는 질환이며 동시에 현실적인 판단 능력의 저하, 강박적인 성향 등 심리적인 요인과 더불어 발현되는 질환이다. 또 물질 남용 과정에서는 사회적 · 문화적인 요인이 중요한 제한 요인과 촉진 요인으로 작용하게 된다. 따라서 이러한 요인들이 복합적으로 상호작용을 한다. 각각의 요인이 가지는 영향력이 복합적으로 나타나는 만큼 원인 또한 복합적이라고 할 수 있다.

현실적으로 중독의 원인을 탐구하는 것은 치료와 밀접한 관련이 있으므로 정확한 원인을 찾기 힘든 연역적인 병태 생리를 탐구하기보다는 치료 방법과 위험 요인을 중심으로 원인을 파악하고자 하는 것이 더 유용하다. 과거에는 생물학적인 요인과 정신사회적인 원인을 각각 나누어 질병 과정을 이분법적으로 설명하고자 하였으나 이제는 상호관련성과 상보적인 원인가설로 설명하는 것이 적합하다.

2) 생물학적 원인과 정신사회적 원인의 관련성

물질을 남용하기 시작한 사람 중 어떤 사람의 경우는 중독에 이르지만 어떤 경우는 중독에 이르지 않으며, 이러한 과정에서 생물학적인 특성이 중요한 역할을 하게 된다. 하지만 생물학적인 특성을 최종 결과인 물질 중독 행동과 직접적으로 연결하기는 어렵고 설명하기도 쉽지 않다. 생물학적인 특성인 충동성은 중독 과정에서 심리적인 변화를 거쳐 행동으로 표출된다. 충동성은 단순히 물질 남용으로 변화되기보다는 다양한 심리적 과정을 통하여 반복되는 물질 남용에 대한 욕구와 생각으로 바뀌어 강박충동적인 중독 행위로 전환된다. 거꾸로 심리적인 원인 중 하나인 스트레스 요인을 계기로 약물을 시작한 사람도 반복되는 약물 투여를 통하여 대뇌의 변화를 일으켜 사고의 유연성이 떨어지고 강한 자극에 노출되어 중독이 만성화되기도 한다. 실제 치료 과정에서 생물학적인 치료를 하기 위해서는 환자의 심리적인 특성을 파악하는 것이 매우 중요하며, 치료 과정에서 나타나는 심리적인 특성이 생물학적인 특성과 연결되어 있다는 것을 인식하는 것이 치료에 매우 도움이 된다. 예컨대, 중독치료에서 약물치료가 중요하지만 단순히 약물을 처방한다고 해서 환자들이 이를 잘 복용하는 경우는 드물다. 때문에 먼저 상담 과정에서 환자의 자존감을 존중하고 적절한 관계 형성을 이루어야 지속적인 약물치료에서 큰 효과를 얻을 수 있으며, 알코올 중독의 단주 모임에서 '왜 술에 무력한가'를 단순한 도그마로 이해하기보다는 생물학적인 질병 모델을 통한 설명으로 중독에 대한 인식을 심화시킬 수 있다. 또한 심층심리적인 정신치료를 통하여 갈등이 상당부분 해결된 상태에서도 중독에 대한 위험성과 생물학적인 위험성이 존재한다는 것을 치료자와 환자가 인식하는 것이 치료 과정에서 매우 중요하다. 이처럼 생물학적인 원인과 정신사회적인 원인은 상호 연관되어 있다는 것을 인식하는 것이 매우 중요하다.

3) 사회적 원인

사회적으로 사용이 용인되는 술이나 담배 같은 경우는 사회적인 환경에 따라서 사용량이 변화될 수 있다. 술이나 담배 등의 가격이 하락할수록 소비량이 증가하게 되며, 나라마다 다른 각각의 제도적인 허용 범위에 따라 소비량과 남용자의 비율이 달라진다. 예컨대, 음주 허용 연령의 제한이나 판매 제한 등은 술 소비량이나 남용에 밀접한 영향을 끼친다. 따라서 이러한 제도적인 변화는 정책 입안자의 정치적인 입장이나 일반인의 사회적인 규범에 따르게 된다. 경제적인 발전에 따라 쓸 수 있는 돈이 늘어나고, 술 생산이 소규모의 지역적인 생산에서 상업적이고 기업적인 대량생산으로 변화됨에 따라 술 소비는 다른 양상을 띠게 된다. 또한 인구밀집도의 증가와 도시화 경향은 중독과 관련된 사람들의 행동에 영향을 미칠 수 있다. 도시화되고 개별화될수록 고립화된 개인들은 좀 더 쉽게 중독에 빠지고, 주변의 시선으로부터 눈에 잘 띄지 않고 심각한 상태에 이를 수 있게 된다.

문화적인 규범 역시 많은 영향을 줄 수 있다. 중독에 따른 사회문화적인 가치관은 나라마다 다르며 지역적으로도 다를 수 있다. 또한 가족이나 지역사회, 직업 환경에 따라서도 다르게 나타난다. 술에 대하여 허용적인 나라에서는 더 많은 알코올성 간질환이 나타나기도 한다. 문화적인 변동에 따라 중독 성향도 달라지는데, 우리나라의 경우 여성에 대하여 비교적 보수적인 태도를 보였던 과거에는 음주나 흡연의 중독 가능성이 적었지만 점차 문화적 변화에 따라 여성의 음주도 보편화되고 있으며, 연령대에 따른 흡연에 대한 사회적인 인식이 달라짐으로써 중독되는 빈도도 변화될 것으로 보인다. 남용에 대한 허용 범위뿐 아니라, 남용 행위에 대해 긍정적인 보상을 주는 사회적인 관습도 중독에 영향을 줄 수 있는데, 우리나라와 같이 친목이나 오락의 목적으로 음주가 많이 사용되는 경우에는 좀 더 술과 관련된 중독 위험성이 있는 사회라고 볼 수 있을 것이다.

4) 심층심리적인 원인

중독의 문제를 개인의 시각으로 보기 위해서는 남용을 통하여 중독에 이르는 심리적인 과정을 살펴보아야 한다. 사람의 마음에는 직접적으로 느껴지는 의식세계가 있는가 하면 눈에 보이지 않은 무의식도 존재한다. 실제로 사람이 판단하고 행동하고 느끼는 것은 무의식적인 과정을 통하여 이루어지는 경우가 많은데, 이를 연구하는 것을 '심층심리학'이라 한다. S. Freud 이후로 많은 정신분석가들이 사람의 심리를 연구하여 무의식에 대한 많은 이론이 정립되었다. 최근에는 인지과학 및 생물학적 발전을 접목하여 무의식에 대한 과학적인 인식과 치료 기법의 발전을 이루게 되었다. 사람의 기억은 명시적 기억과 암시적 기억으로 구분할 수 있다. 사물의 이름이나 자신이 경험했던 사건에 대한 기억은 명시적인 기억에 해당되며, 암시적 기억은 자전거를 타는 방법이나 어떤 사람과 사건에 대한 느낌과 연관성 등을 의미한다. 사람의 주된 행동을 통제하는 감정과 인간관계와의 연관성 등은 암시적 기억과 관련되어 있는데 인간의 일상적인 삶의 기본적인 바탕을 이룬다. 이러한 암시적 기억은 자동적인 사고와 감정 상태로 의식세계에 표현되는데, 이러한 과정과 그 과정을 치료에 사용하는 방법을 연구하는 것을 '정신분석학'이라고 한다.

사람의 마음의 다양성은 우연히 나타나는 것이 아니라 일련의 인과관계에 의하여 나타난다는 것이 정신분석학의 기본 가설이다. 언뜻 우연으로 보이는 의식 작용이 사실은 무의식적인 과정을 통하여 인간관계에 표현되고, 이런 관계는 개인의 심리 상태에서는 갈등으로 표현된다. 인간의 원초적인 욕망과 같은 본능과 내적 갈등은 마음속에서 독립적인 기능을 하는 어떤 구성체계에 의하여 나타난다는 것이 정신분석학의 주요한 가설이다. 이런 가설을 바탕으로 하는 심리학 분야를 자아심리학이라고 하며, 자아심리학에서 다루는 구성체계는 이드(id), 자아(ego), 초자아(superego)로 이루어진다. 이드는 인간의 욕동과 관련된 부분이고, 자아는 이를 통제하고 의식화하는 의식세계의 주체이며, 초자아는 양심과 개인이 추구하는 이상을 의미한다. 이러한 무의식의 구성체계들이 상호간의 힘의 균형을 통하여 개체로 하여금 가장 적절하게 현실에 적응하도록 유도한다. 중독과 같은 병리 현상을 비합리적이고 우연히 발생하는 행동이 아닌 인과적인 과정으로 이해하기 위하여 이러한 정신분석적인 이해가 필요하다.

(1) 중독에 대한 정신분석적 이해 1: 구강기 고착

중독에 대한 정신분석적인 이해는 정신분석이론의 발전과 더불어 같이 발전하였다. 중독의 무의식적인 동기에 대한 연구는 Freud(1905)로부터 시작되는데 그는 술과 흡연을 선호하는 남성의 구강기애적인 성향을 주목하였다. 사람의 무의식은 태어나면서 꾸준히 발전하는데, 어린 시절에는 욕동이 신체를 중심으로 나타난다. 유아는 자신의 생존과 즐거움을 위하여 신체기관 중에서 구강을 중심으로 생활하는데, 예컨대 구강을 통한 음식물의 섭취와 관련된 즐거움과 갈등의 기억이 많을 수 있다. 언뜻 당연하게 보이는 이 과정이 실제로 유아에게는 생존과 삶의 고통에 관련된 최초의 암시적인 기억으로 남아서 이후의 삶에도 반복이 되는데, 이 암시적인 기억에 심한 갈등이 남아 있는 경우 성인으로 성장한 후에도 일상생활에 영향을 주게 되며 이런 성향을 구강기애적인 성향이라고 하였다. 또한 먹고 마시는 즐거움과 갈등이 삶의 많은 부분을 차지하는 성향을 지니는 사람에게 술은 입을 통하여 즐거움과 생존을 추구한다는 암시적인 의미를 가지기 때문에 이런 갈등으로 인하여 술에 쉽게 중독된다고 하였다.

(2) 중독에 대한 정신분석적 이해 2: 자기파괴적 성향

술이 가지는 다른 특징으로 음주 후 파괴적인 행동과 음주로 인한 자기파괴적인 성향이 있는데, 이에 주목하여 알코올 중독자의 공격적인 성향에 대한 연구도 이루어졌다(Glover, 1932). 이처럼 사람의 본능 가운데는 즐거움을 추구하거나 파괴적인 성향을 지닌 공격성이 같이 내재하고 있다. 일견 즐거움은 선을 의미하고 공격성은 악을 의미할 것 같지만, 실제로 즐거움과 공격성은 양면성을 지니므로 선악으로 구분하기 어렵다. 공격성에도 자신을 주장하고 타인에 의하여 자신의 영역이 침범되는 것을 지킨다는 긍정적인 측면이 있고, 즐거움에 탐닉하여 상대에 대한 행복을 침범한다면 부정적인 측면을 가지게 되는 것이다. 실제 선악에 대해 판단하는 것은 발달과정에서 인지적인 발달이 이루어지면서 생성되는 것으로, 이전에 욕동과 현실의 갈등에서 생성되는 심리적인 구성체계가 좀 더 근본적 바탕을 이룬다.

(3) 취한 상태로의 탈출

심리 갈등의 원인과 결과에 대한 논란 중 중독이 처음부터 생기는 문제인지 아니면 심리 갈등에 의하여 이차적으로 생기는 문제인지에 대한 논란은 Hippocrates 때부터 지속되어 왔다. Bleuler(1911/1921)는 음주가 신경증적인 이상의 원인이 될 수 있으므로 심한 중독자들의 '바보 같은 변명'을 받아들여서는 안 된다고 하였다. Ferenczi(1911)와 Freud는 이와 달리 중독을 심리 갈등으로부터 '취한 상태로의 탈출'이라고 보았다. 이와 같이 중독이 심리적 문제를 낳는지, 아니면 갈등으로 인하여 술을 마시게 되는지, 즉 중독과 심리적인 문제는 항상 논란이 되어 왔으나 둘 다 가능하며 상호간의 문제가 더 중요하다고 본다. 중독 원인 연구 이후 정신분석치료가 이루어졌으나 실제 치료는 그다지 성공적이지 않았고 이로 인하여 20여 년간 연구가 별로 진행되지 않았다. 이 무렵 Fenichel(1945)은 중독이 강박충동적인 면을 가진다고 주장하였고, 이러한 의견은 50여 년이 지난 후 Dodes(1996) 등에 의하여 발전된다.

(4) 과거 중요한 사람의 대체물

1960년대 무렵 초기부터 정신분석이론과는 다른 관점에서 중독을 이해하기 시작하였다. 주로 자아 기능과 관련지어서 연구되었는데 중독 물질은 사람의 마음속에 내재된 과거의 중요한 사람의 역할을 대체한다고 하였다. 첫째, 물질을 자기가 마음대로 조절 가능한 사람으로 인식하거나 나의 좋은 면과 좋은 상대방으로 기억하기 위하여(암시적 기억) 사용한다. 둘째, 이상화되고 부풀려진 상대방이나 자기 모습의 결함을 보완하기 위하여 사용한다. 셋째, 자신의 감정에 휩쓸리지 않도록 감정을 분산하거나 자극을 막기 위하여 사용한다. 넷째, 내면적인 갈등을 위로하는 외부의 사람처럼 느끼거나 지나치게 양심적인 초자아의 비난에 대하여 반항하기 위하여 사용한다고 보았다. 이처럼 자아가 무의식세계에서 일어나는 갈등을 조절하는 방법으로 물질을 사용한다고 하였다.

(5) 자아심리학적 관점: 감정 조절의 장애

정신분석의 중요한 이론인 자아심리학적인 관점에서 중독은 자아 기능의 장애와 초자아 기능의 병적인 변화로 이해할 수 있다. 자아 기능 중 중요한 기능은 자신의 감정을 조절하는 것인데, Krystal(1974)은 감정 조절의 장애로 인해 물질 중독이 된다고 하였다. 불안은 다른 위험한 사건이나 감정이 일어나기 전에 무의식의 신호를 자아가 감지하는 감정인데, 감정 조절이 잘 안 되는 중독자는 감정이 몰려오기 전에 불안을 신호로 사용하는 능력이 부족하여 미리 준비되거나 조직화된 감정을 경험하기보다는 구분되지 않은 불쾌한 감정으로 인하여 고통을 받게 된다. 이러한 결함 때문에 심리적 충격에 취약하고 이런 불쾌한 느낌을 극복하기 위하여 물질을 사용한다고 하였다. 이러한 자아 기능의 취약함으로 인해 자아의 형성 과정인 유아 시절에 자신과 남을 분리된 개체로 느끼기 전에 분화되지 않은 심한 즐거움과 불쾌감을 경험하는데, 이 느낌은 신체적으로 느껴지며 자신과 남이 구분되지 않고 분화되지 않은 불쾌감으로 느껴져 고통을 준다. 정상적으로는 아이가 성장하면서 자신과 남을 구분하면서 미분화된 감정이 언어를 통하여 구조화되고, 이를 통하여 감정을 언어로 받아들여 고통을 견디는 능력이 생기고 사물과 사건을 인식하는 정보로 이용할 수 있다. 물질 중독자들은 신체적으로 느껴지는 불안과 우울이 혼합된 감정을 느끼게 되는데, 이러한 느낌은 사람을 압도하고 모호한 불안, 불안정감, 불쾌한 긴장감을 느끼게 한다.

(6) 초자아의 영적 변화

양심을 표현하는 초자아의 병적인 변화도 중독을 일으킨다(Wurmser, 1978, 1984, 1987). 양심이 일관되지 않고 불안정하여 일정한 가치관, 규준 등이 없고 상반된 생각으로 표현되는 것이 병적인 초자아의 상태다. 이때 이상과 기대가 부풀려져서 자신을 바라보는 양심의 가치관이 지나치게 되면, 사람은 자기 자신을 이상과 기대에 비해 심하게 부족한 상태로 보여 자신이 아무것도 아니라는 느낌을 받는다. 원인적으로 보면 양심은 발달과정에서 부모와의 관계에서 형성된다. 부모로부터 독립한다는 죄책감과 의존하고 싶은 마음에 대한 수치심 간의 갈등이 심하면, 부모에 대한 충성심과는 반대되는 마음이 강하게 작용하여 일정한 양심이 형성되지 않고 양심이 불안정하게 형성되는데 이를 초자아가 분열된다고 한다. 양심의 기대가 지나치면 자기를 심하게 비난하여 자신의 모습을 잃어버릴지 모른다는 두려움이 생기고, 이러한 양심의 비난을 피하기 위하여 물질을 남용하게 된다. 물질을 사용하면 양심으로부터의 비난과 모멸감에서 일시적으로는 벗어날 수 있지만, 결국에는 피하려고 했던 양심으로부터 비난을 더 많이 듣도록 만든다. 건강한 양심은 때로는 처벌과 죄책감을 통하여 사람을 사회규범에 맞추고 보살피고 안정적으로 보호하는 역할을 하는데, 중독자들은 이런 보호 기능이 취약하여 양심으로부터 보호받지 못한 채 상처받고, 보살핌을 받기 위하여 필사적으로 노력한다.

(7) 참을 수 없는 무기력감의 해소

최근 중독과 관련된 주요한 정신분석학 이론에 따르면 참을 수 없는 무기력감을 반전하기 위하여 중독을 선택하는 것이라고 한다. 예컨대, 술을 마시는 행위나 술을 마시려는 결심을 하는 과정에서 중독자들은 자신이 무엇인가를 할 수 있다는 생각으로 무력감을 극복하고 감정의 변화를 가져온다는 것이다. 즉, 중독자들에게서 흔히 관찰되는 자아애적 분노는 참을 수 없는 무력감에 대한 반응이라는 것이다. 모든 중독은 참을 수 없는 무력감을 극복하기 위하여 중독 물질을 대상으로 자신이 하고자 하는 의지를 관철하고 행동하는, 일종의 대체물을 통한 경험이라고 할 수 있을 것이다. 이런 행동을 통하여 자신의 힘을 표현하는 중독은 일종의 심리적인 타협 형성이라고 하였다. 이와 같이 최근 정신역동이론을 살펴보면 과거의 욕동 및 충동과 관련된 연구보다는 자아 기능, 마음속의 다른 사람과의 관계, 자기발달 등과 관련된 이론이 주를 이루고 있다.

(8) 자가약물치료

중독은 여러 가지 심리적인 고통과 관련되어 있다. 참을 수 없는 감정 상태나 혼란(Dodes, 1990), 무감동 및 무력감, 나약함, 또는 분노, 부끄러움, 대인관계의 소외 등이다. 중독 환자들은 물질을 사용하면서 정상적이고, 편안하게 느끼게 되기 때문에 중독은 인간관계와 자기 자신 그리고 정서적인 혼란을 보상하기 위한 일종의 적응 행동이다. Wurmser(1974)와 Khantzian(1982) 등에 따르면, 환자는 마약류를 통하여 어떤 쾌감을 얻기보다는 분노, 부끄러움, 버림받음 등의 느낌에 대한 감정을 방어하고 보상하기 위하여 마약류를 사용한다고 하였다.

Khantzian은 마약류 사용이 공격적인 행동을 자제시키고 이로 인하여 자아가 혼란스럽게 되는 퇴행 상태를 역전시킬 수 있다고 하였다. 중독 환자는 이러한 방식으로 자신을 스스로 치료하려고 하는데 이를 '자가약물치료(self-medication hypothesis)'라고 하였다. 또, 환자들은 약물을 무작위로 선택하는 것이 아니고 자신의 고통이나 정신과적인 문제에 따라서 선택한다고 하였다.

(9) 강박충동성에 대한 타협 형성

Dodes(1996)는 중독과 강박충동성을 서로 반대되는 현상으로 보는 과거의 관점을 부정하였다. 일반적으로 중독은 참지 못하는 충동적인 행동이며 쾌락을 추구하는 반면, 강박충동성은 자신의 욕구를 참으려는 생각과 갈등이 지속적으로 나타나는 반복적인 사고와 행동이라고 생각되었다. Dodes는 이러한 과거의 정신분석학 관점과 달리 중독은 강박충동성의 다른 표현이라고 주장하였다. 강박충동은 무의식적인 욕동과 반대되는 힘과의 대립 상황에서 나타나는 일종의 타협 형성이다. 일반적으로 강박충동은 자신의 의지와 반하여 나타나므로 자신이 원하여 행동하는 중독 행위와 반대되는 행동처럼 보이지만, 중독 역시 갈등 과정에 나타나는 일종의 타협 형성이라고 하였다. 그는 물질 사용을 통한 쾌락보다는 무력감을 이기려는 것이 환자의 동기인데, 예컨대 알코올 중독자들은 술을 주문함으로써 안도감을 가지게 된다. 중독자는 양심이 금하는 분노 행동을 통하여 자기를 표현하는데, 노골적으로 양심에 대한 분노를 드러내지 못하고 무의식적인 과정을 통하며, 직접적인 양심을 표현하는 부모나 권위자에 대한 반발보다는 자신을 괴롭히면서 금지된 중독 행동을 통하여 자신을 표현하고자 한다고 하였다. 이러한 측면에서 보면 중독은 신체적인 쾌락의 의미보다 심리적인 의미가 더 중요하다. 이를 치료 과정에서 생각해 보면 치료자가 환자를 스스로 제어할 수 없는 무력한 사람들로 취급하여 중독 재활 프로그램을 운영하기보다는, 환자로 하여금 그들이 잃어버린 자아존중감을 되찾아 아무것도 할 수 없는 감정 상태에서 벗어나 분노를 통하여 중독에 이르는 과정을 이해하고 스스로 삶을 살아갈 수 있는 힘을 얻도록 하는 것이 중요하다고 하였다. 중독은 회복이 되기 전까지 스스로를 파괴하여 '바닥'에 이르게 하는 '중독적인 인격'을 가지고 있으며 이러한 중독 과정을 치료해야 성공적으로 중독을 치료할 수 있다.

(10) 중독의 자기심리학적 해석

자아는 자기를 외부의 현실적인 위험과 내부의 정서적 혼란 상태에서 보호하는 역할을 하는데, 많은 환자들이 물질 중독으로 인한 위험에 대하여 무관심하다. 중독자들은 위험해진 자신의 모습을 파괴적인 스스로의 동기에 의하여 나타난 결과로 인식하기보다 부모의 보살핌을 받지 못해 나타난 결과로 인식한다(Khantzian, 1978). 이런 문제점은 물질 사용 이전부터 나타난다. 중독 환자들은 스트레스 상황에서 자신을 안정시키고 편안하게 돌보는 능력이 부족하다. 이는 어려서 어머니가 자신을 돌보아 주는 기능이 내재적인 기억으로 학습되지 못한 까닭인데, Sheldler와 Block(1990)은 물질 사용자들의 어머니는 차갑고, 덜 반응적이고, 덜 보호해 주는 경향이 있음을 보고하였다.

최근 정신분석이론의 발달에 따라서 무의식적인 심리의 주체인 이드, 자아, 초자아와 함께 자기(self)에 대한 연구가 많이 진행되었다. 이드, 자아, 초자아는 기능적인 측면에서 무의식적인 갈등과 심리적인 과정을 만들어 가지만, 남(대상)과 자기라는 개념은 이러한 기능적인 측면과는 조금 다른 위치를 차지한다. 또한 갈등의 주체라는 측면에서 고유의 역할을 하는데, 과거 갈등과 욕동을 중심으로 연구된 정신분석이 점차 자신과 남(대상) 등 언어화된 주체에 대한 관련성을 찾는 연구로 발전되면서 대상관계이론과 자기심리학 등의 다양한 이론이 나타난다. 중독 역시 이러한 발전과정에 따라 새로운 이론으로 이해되기 시작하였다. Kernberg(1975)는 알코올 중독자들이 술에 의하여 재활성화되는 병적인 '과장된 자기'를 발전시킨다고 하였다. 자기에 대한 생각이 병질화되어, 자기는 완벽하기 때문에 남(대상)으로부터 사랑을 받아야만 한다고 느끼며 다른 감정은 느끼지 못한다고 하였다. 이후로 알코올 중독자는 이런 감정을 유지하기 위하여 현실을 왜곡해서 생각하려고 한다고 하였다. Kohut(1971)는 자기의 개념도 발달하는데, 발달과정에서 자기의 개념이 미분화된 물질 중독 환자들은 자기와 남과의 관계가 잘 내재화된 기억으로 마음에 남아 있지 않아 현실에서 다른 사람들을 대할 때 어려움을 겪는다고 하였다. Goldberg(2000)는 중독 행동이 자기라는 주체에 대한 개념(내재화된 기억)을 보존하기 위한 자기애적 행동장애라고 하였다. Wurmser는 약물 사용자들이 자기를 과대망상적이고 한계가 없는 무소불위의 존재로 만들려 하기 때문에, 한계가 느껴지면 고통스러운 분노와 부끄러움, 버림받은 느낌을 경험한다고 하였다. 과대 포장된 자기는 오랫동안 낮은 자존감으로 약해져 있는 실제의 자기와는 정서적·인지적으로 동떨어져 있다(Levin, 1987). 물질 중독 환자들은 자신을 사랑하거나 존중하는 능력이 부족하여 스스로를 확신하지 못하고 자신의 가치를 세상에서 인정받는 데 어려움을 겪는다. 따라서 중독자들은 자아도취적인 힘을 외부에서 공급받아서 취약한 자존심을 유지하려고 한다.

물질 중독 환자들은 대인관계에서도 어려움을 느끼게 되는데, 그들은 다른 사람들이 자신을 어떻게 보고 있는지 알고 싶어 한다. 그것이 공포스럽기 때문에 자신의 의존성을 부인하기 위하여 반대로 행동하기도 한다(Khantzian, 1990). 또 반대로 타인에게 지나치게 의지하여 자존감을 확인하려다 쉽게 좌절을 느끼기도 한다.

5) 현대 생물정신의학과 심리학의 접목

Robinson과 Berridge(1993, 1998)는 약물을 찾는 과정과 동기유발 과정이 동일하다고 하였는데, 그들의 이론을 통하여 mesotelencephalic dopamine 경로가 주목을 받게 되었다. 하지만 그들은 내면적인 훈련 과정과 사회학적인 요소를 통하여 중독을 통합적으로 이해할 수 있다고 하였다. Robinson과 Berridge는 자극이 특성화되는 과정의 전부 또는 일부가 무의식적으로 일어날 수 있다고 하였다. mesotelencephalic 경로는 동물이 만족을 추구할 때 활성화된다. 음식과 관련된 자극(빛)이 나오면 그것이 mesotelencephalic 경로를 활성화한다. 도파민은 욕구 충족 시 분비되기도 하지만, 욕구 충족이 다가온다는 신호만으로도 활성화된다. 이는 약물 중독 환자에게서도 발견되는데, Dodes(1996)는 이러한 현상에 대하여 '신호만족(signal satisfaction)' '신호불안(akin to signal anxiety)'이라고 명명하였다. 이러한 행동은 환자로 하여금 힘을 가지고 있다는 만족감을 가지게 한다. 앞서 말한 바와 같이(Dodes, 1996) 단주를 한 알코올 환자가 바에서 술을 시키는 행위는 무기력감을 감소시키는 역할을 하게 되는데, 이러한 무기력감을 극복하는 무의식적인 과정은 생물학적인 과정을 통하여 이루어진다. 또 무기력감은 정신분석학적인 모델의 중요한 정동이다. 이런 정동을 Dodes, Khanzian, Johnson 등은 모두 금주동맹의 1단계에 반영되어 "우리는 우리가 무력했음을 받아들인다."라고 표현한다고 하였다. 같은 현상을 Robinson과 Berridge는 개체가 약물을 추구하는 요구에 대한 생물학적인 욕동에 무력한 위치에 있다고 표현하였다. 즉, 생물학적인 관점과 역동학적인 관점은 중첩되며 상호 보완적인 설명을 한다(Johnson, 1999).

물질과 관련된 꿈이 가지는 정신역동학적인 의미(Johnson, 2001), 대뇌의 감정구조와 심층심리를 연결하는 가설(Panksepp, 2003), 신경정신분석학적인 중독 이해(Johnson, 2003) 등 최근의 여러 생물학적인 연구 결과와 발전된 정신분석학적인 이론의 접목이 많이 시도되고 있다.

6) 행동학적 원인

고전적 학습이론인 조건반사는 처음에 관련성이 없는 자극이 무조건적인 반사와 함께 반복되면 조건에 따른 반사가 나타난다는 이론이다. 또 이는 반대로 조건화된 반사도 무조건적인 자극 없이 반복될 때에는 소멸될 수 있다는 이론이기도 하다. Pavlov로부터 시작된 이러한 학습이론은 중독에도 똑같이 사용될 수 있다. Wikler(1973)는 마약 남용 환자들이 마약 사용 도구에 노출될 때 조건화된 금단증상을 나타내는 것을 통하여 고전적인 조건반사가 중독에서도 나타남을 제시하였다.

Skinner는 Pavolv와는 달리 조작적 조건화 학습이론을 제시하였는데, 그는 보상이 주어질 경우 행동이 더 강화된다고 하였다. 이는 약물이 가지는 강화 특성으로 인하여 중독이 유발된다는 행동약물학의 근거가 되기도 한다. 현대에 많이 사용되는 행동치료의 경우 약물 중독은 약물에 의하여 강화되고 학습된 행동을 관찰하고, 치료를 통하여 이러한 강화의 고리를 끊어 소멸시키며, 이러한 사고방식을 학습을 통해 변화시키고자 한다. 약물 강화보다 다른 형태의 강화를 학습시키는 것이 전형적인 조작적 조건화 학습이론 형태의 행동치료다. 실제 Azrin(1976) 등이 제안한 마약 중독 환자 치료의 일환으로 사용되는 메사돈(methadone) 대치치료에서는 이러한 강화조건을 이용한 치료 형태를 사용하기도 하였다.

실제 중독은 다양한 인지행동화 과정을 통하여 이루어지기 때문에 치료에 사용되는 학습 형태는 단순하지 않고 복잡하고도 다양한 과정으로 이루어져 있다. 때로는 강화 과정에서 다른 사회적 · 생물학적인 요인이 복합적으로 작용하기도 한다. Beck 등에 의하여 시작된 인지행동치료의 경우 생각과 감정이 실제 행동에 영향을 주는 가장 중요한 요소로 제시되고 있다. 따라서 현재는 단순한 행동학적인 학습이론을 적용시키기보다는 인지 과정을 통하여 나타나는 행동에 대한 인지적인 학습을 통하여 행동을 변화시키려는 치료가 주종을 이루고 있다. 즉, 중독과 관련된 인지적인 왜곡을 다시 건강한 생각으로 바꾸고 학습하는 훈련을 통하여 중독 행동을 막고자 하는 것이다.

7) 치료 기법의 발전에 따른 중독 원인 고찰

앞서 살펴본 바와 같이 중독의 원인은 복합적이고 여러 요인이 관련되어 있는 질환이므로 어떤 한 가지 이론을 통하여 원인을 찾는 것은 어려우며 여러 요인의 상관관계가 원인이 된다고 할 수 있다. 따라서 이러한 복잡한 원인을 밝혀 가는 방법으로는 연역적인 추론보다는 실제 치료 과정에서 이루어지는 상황을 귀납적으로 파악해 가는 것이 더 많은 도움이 될 수 있다. 중독치료는 많은 치료 기법이 발전하고 있는 분야다. 복합적인 원인만큼이나 다양한 기법의 치료가 이루어지고 있으며, 각각의 치료 기법의 형태는 이론적으로 고안되기보다는 치료 과정에서 경험적으로 만들어진 경우가 많다. 이를테면 12단계는 단주동맹이라는 자조 모임에서 시작된 치료기법으로 실제 많은 환자들이 이를 통하여 단주를 유지하고 있다. 경험적으로 치료에 유용하게 사용되는 12단계는 인지행동치료적인 요소와 정신분석학적인 요소, 사회적인 네트워크를 기반으로 하는 사회적인 요소, 처음 출발할 때의 개념적인이고 영성적인 요소 등을 포함하고 있다. 이처럼 치료 과정이 먼저 경험적으로 만들어지고 이에 따라 이론적인 고찰이 이루어지는 예가 중독치료 과정에서 많이 나타나는데, 이는 중독이 복합적인 원인의 결과라는 점이 가장 중요한 원인이라고 보인다. 앞으로도 더 많은 연구를 통하여 경험적인 치료 기법에 대한 이론적인 근거가 이해되고, 이를 통하여 더 유용한 치료 기법이 발전되는 상호작용이 있을 것으로 생각된다.

2. 생물학적 이론

인간에 있어 중독은 반복적인 섭취 혹은 행위와 그에 따른 보상(reward)이 어우러져 발생하는 대표적인 정신과적 질환이다. 중독에서 나타나는 반복된 행동이 왜 일어나는지에 대한 심리학적 혹은 사회적 접근이 지속되어 왔지만, 정작 하나의 개체에서 실제 현상으로 일어나는 최종적인 과정에 대해 규명하기 위해서는 보다 생물학적인 설명이 필요하였다. 그러나 최근까지도 중독의 생물학적 측면에서의 연구는 연구 부위가 인간의 뇌라는 제한점 때문에 쉽게 이루어지지 못하였으며, 생물학적으로 원인을 설명해 내기 어렵다는 점은 생물학적인 치료 또한 어렵게 하는 이유가 되었다. 그러나 1900년대 초에 이루어진 고전적 조건화 연구를 비롯하여 Skinner의 조작적 조건화 모델에 이르기까지, 동기와 습관에 대한 학문적인 접근은 점차적으로 진행되어 오고 있었고, Kandel에 의해 이러한 조건화 반응을 분자생물학적으로 이해할 수 있게 됨으로써 획기적인 전환을 맞게 되었으며, 향후 학습의 과정과 중독의 현상을 생물학적으로 설명하는 이론으로 발전하게 되었다.

임상적인 중독 현상을 생물학적으로 설명하기 위한 이러한 과정 중 또 하나의 사건은 1954년 발표된 Old와 Milner의 연구였다. 쥐를 이용하여 진행한 이들의 실험에서, 중격 부위 중 특정 부위에 전극을 꽂은 경우, 쥐가 스스로를 자극하기 위해 전기 스위치를 반복적으로 눌러 대는 양성 강화 현상을 발견하였으며, 후에 이 부위를 쾌감 중추(hedonic center) 혹은 보상회로(reward circuit)라고 명명하였다. 현재는 보상회로가 쾌감과 연관되어 있을 것이라는 초기의 학설과는 달리, 오히려 유인 자극(incentive)에 대한 각성이 증가하고 그에 따라 특정 행위가 습관화되는 과정이나 동기(motivation)에 의해 특정 행위가 반복되는 과정에 보다 더 깊이 관련되는 것으로 보고 있다. 또한 이러한 행동의 습관화에는 뇌의 여러 부위가 복합적으로 작용하는 것으로 생각되고 있다.

1) 동기와 관련된 뇌의 신경학적 회로

(1) 고전적인 보상회로

우리의 뇌는 여러 신경세포가 어우러져 '신경핵'이라고 불리는 신경세포군(神經細胞群)을 형성하며, 하나의 신경핵은 주위의 다른 신경핵과 신호를 주고받으며 기능하는데, 이러한 기능적 연결을 '회로'라고 한다. 앞서 언급한 보상회로라고 알려져 있는 부분은 우리 뇌에서 아주 깊숙한 부분에 위치하고 있는데, 일반적으로 깊숙한 부분에 위치한 회로들은 본능에 가까운 기초적인 기능을 담당한다. 고전적으로 보상회로는 배쪽 피개구역(ventral tegmental area)이라고 하는 신경핵에서 시작되어, 기저핵(basal ganglia)의 일부인 중격의지핵(nucleus accumbens)에 도달하는 신경회로를 일컫는다. 이 신경회로는 도파민이라고 하는 신경 전달 물질을 주로 전달하게 되는데, 이 도파민 신호의 전달이 동기에 따른 행동을 유도하는 역할을 하는 것으로 알려져 있다.

기본적으로 고전적인 보상회로에서의 도파민성 신호 전달은 개체나 종족의 생존에 필요한 행동과 연관되어 있다. 즉, 자신의 생명을 유지하기 위해 음식을 섭취하거나, 갈증을 해소하거나, 종족의 명맥을 잇기 위한 성행위를 하는 경우에 보상회로에서 도파민의 분비는 급격히 증가한다. 즉, 어떠한 행위가 도파민의 증가를 유발하는 경우, 그 행위는 이후에도 동기화된 행동으로 진행되고, 기꺼이 반복될 수 있는 것이다.

그런데 습관성 행동을 유발하는 물질들은 보상회로의 도파민 분비를 자극한다. 정신신경 자극제로 알려져 있는 코카인이나 암페타민뿐 아니라, 정신신경 억제제로 알려져 있는 술이나 아편과 같은 약물들도 동일하게 보상회로에서의 도파민 분비를 증가시킨다. 또한 물질이 아닌 인터넷 게임이나 도박, 쇼핑, 운동과 같은

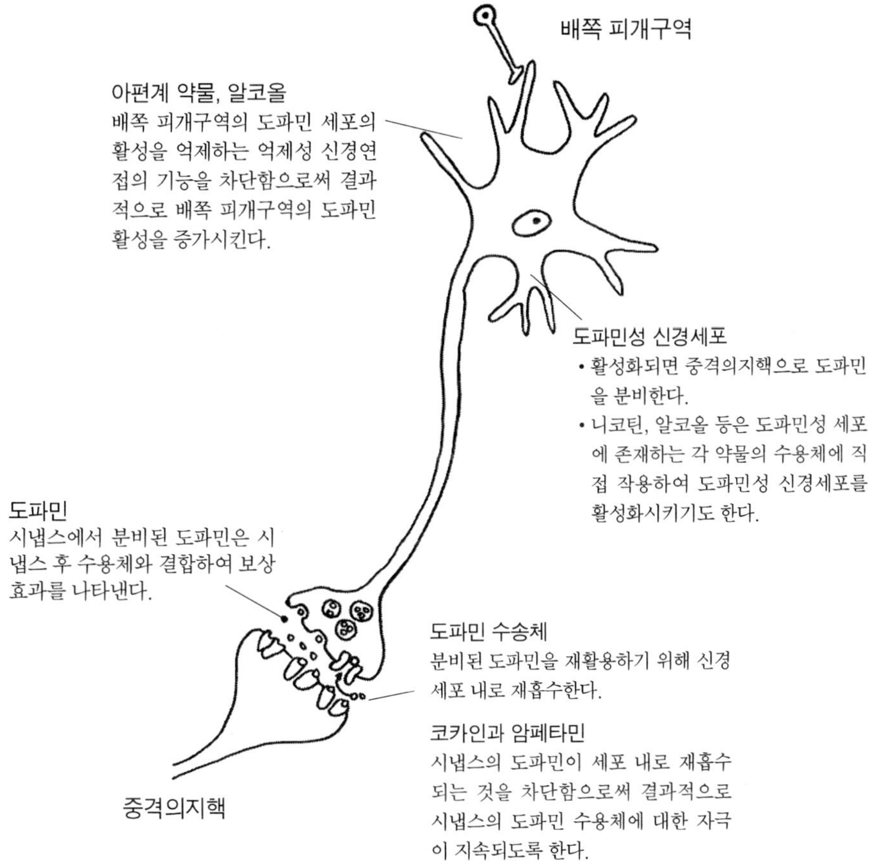

[그림 2-1] 고전적인 보상회로

배쪽 피개구역에서 중격의지핵으로 분지(分枝)하는 도파민성 회로에서 도파민을 분비하는 모습을 도식화한 그림. 이러한 과정이 고전적인 보상회로에서 중추적인 역할을 담당한다.

행위들도 물질에서와 마찬가지로 보상회로에서의 도파민 분비를 증가시킨다.

(2) 보상회로 개념의 확장

뇌의 모든 신경세포는 다양한 각자의 기능이 있으면서 동시에 다른 세포와도 밀접하게 연결되어 있다. 이러한 신경세포의 연결을 통하여, 뇌세포들은 각 세포 고유의 기능만이 아닌 통합적인 기능으로 확장된다.

중독에서 이러한 뇌의 통합적인 기능에 대한 학설을 도입하게 된 이유는, 중독이라는 질환의 특성 때문이다. 과거 중독을 생물학적으로 설명하고자 했던 많은 학자들은, 배쪽 피개구역에서 중격의지핵에 이르는 도파민 회로에 의한 '갈망'을 조절하면 중독 문제가 해결될 것이라 생각하여, 도파민 회로의 기능만을 차단하면 중독 문제가 다 해결될 것으로 생각한 적이 있었다. 그러나 약물을 이용하여 이 단계만을 차단하여도 중독의 문제가 다 해결되지 못하였다. '갈망' 자체는 어느 정도 제어될 수 있어도, 중독을 갈망만으로 설명할 수는 없었다. 많은 알코올 의존자나 니코틴 의존자, 비약물성 행위 중독자들이 갈망이 차단된 이후에도 단순한 습관화된 행동으로 중독 행동을 반복하기도 하였으며, 술이나 담배 자체가 눈앞에 등장하거나 스트레스 상황에 노출되면 중독 행동이 쉽게 재발되곤 하였다.

즉, 도파민이 관련되는 고전적 보상회로와 더불어 술이나 담배와 같은 실제 중독 상황에 대한 기억을 재생시키는 물질 또는 환경으로 인한 중독 행동의 유발, 그리고 스트레스 반응과 복합되는 중독 행동의 재발 등에 대한 이해를 통해 의존자의 행위를 보다 통합적으로 설명하는 것이 필요하게 되었다.

이에 Kalivas 등은 약물 자체에 직접적으로 반응하여 습관적 행위를 유발하는 뇌의 부위, 약물이나 행위 자체에 대한 기억 혹은 연관된 환경에 대한 기억을 통하여 습관적 행위를 유발하는 뇌의 부위, 그리고 스트레스와 연관되는 뇌의 부위 등으로 중독 행위가 반복되도록 만드는 영역을 구분하고, 이러한 유발 자극에 의해 습관적 행위가 발생하는 데 최종적으로 관여하는 공통 경로로서 전전두엽에서 배쪽 창백에 이르는 확장된 보상회로를 제시하였다.

물론 앞서 언급한 바와 같이 중독성 약물의 종류에 따라 이러한 신경회로가 활성화되는 기전에는 어느 정도의 차이가 있을 수 있다. 즉, 니코틴이나 알코올은 뇌세포의 도파민 수용체에 직접 작용하여 그 작용을 나타내기도 하고, 암페타민이나 코카인은 도파민 신경세포의 말단에서 도파민 수송체를 이용하여 신경연접(시냅스)에 이미 분비되어 존재하는 도파민이 연접 전 세포로 재흡수되는 과정을 억제하여 신경연접 내 도파민 농도를 올림으로써, 결과적으로 도파민 수용체가 더 장기간 지속적으로 자극을 받도록 하기도 한다.

반면 아편계 약물이나 알코올은 과도하게 도파민 회로가 활성화되지 않도록 억제 작용을 하고 있는 신경회로를 차단함으로써, 결과적으로 도파민 회로가 활성화되도록 한다. 이렇듯 각 약물마다 세부적인 기전에는 다소 차이가 있지만, 결과적으로는 전전두엽에서 중격의지핵을 거쳐 배쪽 창백에 이르는 도파민 신경 활성을 증가시켜 그 약물이나 행위가 반복되도록 만든다는 공통점을 가지고 있다.

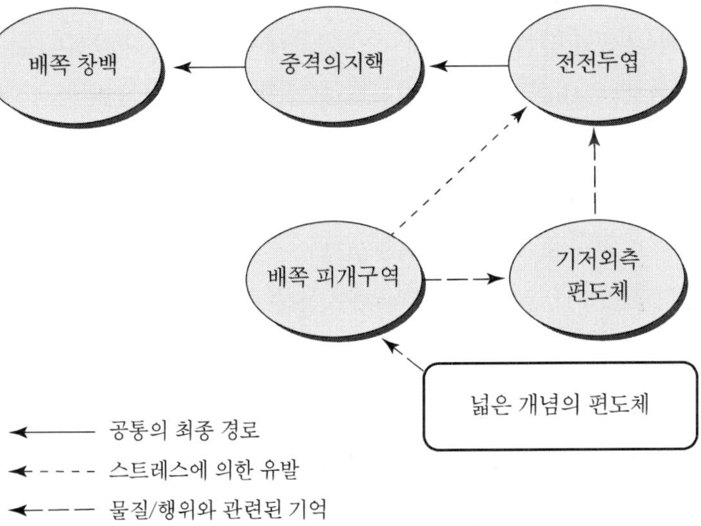

[그림 2-2] 확장된 보상회로

전전두엽에서 중격의지핵을 거쳐 배쪽 창백에 이르는 도파민 신경회로가 약물이나 행위를 유발하는 공통의 최종 경로 역할을 한다. 이러한 최종 경로는 스트레스나 약물 혹은 행위와 연관된 기억, 또는 직접 전전두엽에서 도파민 분비를 유도하는 약물 그 자체에 의해 활성화된다.

2) 학습과 중독

사람들은 비가 추적추적 내리는 날이면 흔히 빈대떡에 탁주를 먹고 싶다고 이야기한다. 흡연자들은 식사 후 무의식적으로 담배를 꺼내 입에 물곤 한다. 이렇게 특정한 환경적 혹은 상황적 조건에서 반복되는 행동을 습관이라고 한다. 이렇게 특정한 행동이 습관화되는 과정을 인지뇌과학에서는 학습이라고 한다.

학습의 과정을 실험적으로 규명한 최초의 연구는 유명한 고전적 조건화 연구였다. 개는 먹이가 눈앞에 나타나면 너무나 자연스러운 무조건 반응으로 침이 분비되는데, 개에게 먹이를 줄 때마다 종소리를 울리면, 개는 중성 자극이었던 종소리를 새로운 조건화 자극으로 학습하여, 추후에는 종소리만 울려도 침을 흘리게 된다는 이 연구의 결과로 Pavlov는 1904년 노벨상을 수상하게 된다.

학습에 대한 또 다른 유명한 이론은 행동주의 심리학자였던 Skinner에 의해 소개된 조작적 조건화 이론이다. Skinner는 우리 안에 비둘기나 쥐를 넣고, 레버를 누르면 먹이가 나오도록 고안된 Skinner 상자를 이용하여 연구를 진행하였다. 그 결과 보상의 양이나 빈도에 따라 보상에 따른 행동이 강화(reinforcement)되거나 소거되는 정도에 차이가 있었는데, 결과적으로 일정한 간격으로 동일한 보상이 나오는 경우보다 부정기적인 간격으로 의외의 보상이 나오는 경우 훨씬 강력한 강화를 유발한다는 사실을 보고하였다. 이는 도박이 사람을 중독 상태로 만드는 현상을 설명하는 데 자주 인용된다.

학습과 관련된 연구를 통하여 노벨상을 수상한 또 다른 학자는 미국의 신경생리학자인 E. R. Kandel이다. Kandel은 민달팽이의 신경세포에 전극을 꽂고 직접 세포 수준에서 고전적 조건화가 어떻게 일어나는지를 확인하였다. 즉, 학습이 개체의 행동을 변화시키는 과정에서 실제로 신경세포 수준에서의 변화가 수반된다는 것을 입증하였다.

실험적 연구를 통하여 입증된 학습에 대한 위의 학설들이 중독에 있어서도 적용된다. 많은 중독자들은 특정한 조건에서 중독 행동을 반복하게 된다. 즐거울 때 혹은 슬플 때, 심심할 때 등 각각의 상황에서 습관성 물질이나 행동을 하여 쾌감을 느끼거나 위안을 느낀 경우, 이러한 상황이 학습되어, 이후 유사한 환경에 노출되었을 때 또다시 물질이나 행동을 반복하게 된다. 이때 신경세포의 변화 또한 동시에 일어나는데 이를 신경세포의 가소성이라고 한다. 즉, 반복적으로 유입된 습관성 물질에 반응하는 신경세포 축색돌기의 가지 분지가 늘어나고, 신경전달 물질의 수용체가 분포하는 축색돌기의 가시가 증가하여, 해당 물질에 대한 민감성이 증가하는 것이다.

반면에, 학습을 유발하였던 외부적 자극 혹은 내부적 감정 변화에 따른 반응으로 나타나던 중독 행동이 점차 시간이 지나 만성화되면, 함께 부여되었던 심리학적 혹은 인지적 가치는 소멸되고 무의미하고 강박적인 행동의 모습만 남게 되기도 한다. 만성적인 니코틴 의존자나 알코올 의존자가 특별한 쾌감을 기대하여 흡연이나 음주를 반복하는 것이 아니라, 그냥 자신도 모르게 반복하는 행동으로 변해 버리는 경우를 우리는 보게 된다.

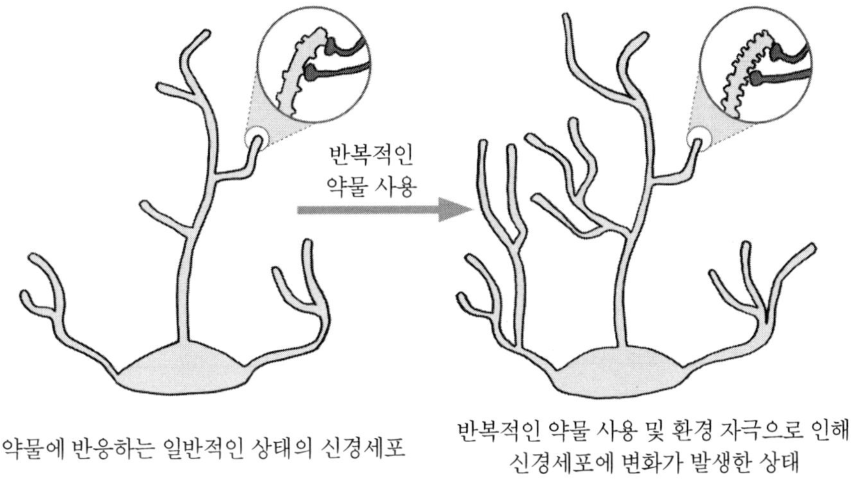

[그림 2-3] 반복된 약물 사용에 의한 신경세포의 변화

약물 사용이 반복되면 전전두엽이나 중격의지핵 등에 존재하는 신경세포의 축색돌기에 변화가 발생한다. 우선, 전체 신경세포 돌기의 가지 분지가 증가하며, 확대된 영역에서 볼 수 있듯이, 수용체들이 많이 분포하는 축색돌기의 가시들 또한 증가한다. 신경세포의 가소성에 의한 이러한 변화에 따라 해당 물질에 대한 신경세포의 민감성이 증가하게 된다.

요컨대, 이러한 학습에 대한 생물학적 해석과 심리적 이론을 바탕으로 학습된 행동을 학습 이전의 상황으로 돌이키려는 시도인 행동치료를 시행하게 된다.

3) 스트레스와 중독

많은 중독자들이 자신이 그 상태에서 벗어나지 못하는 가장 큰 이유로 스트레스를 꼽는다. 계속적으로 술을 마시는 이유도, 흡연을 중단하지 못하는 이유도 바로 스트레스라는 것이다. 또한 한동안 습관성 물질 혹은 행동을 중단하였다가 다시 재발하는 이유 중 가장 대표적인 것 또한 스트레스다.

국어사전에서 스트레스는 '적응하기 어려운 환경에 처할 때 느끼는 심리적·신체적 긴장 상태'라고 풀이되어 있다. 동물은 스트레스 상황에 놓이면, 뇌하수체를 통하여 스트레스에 대한 긴장 상태를 유지하도록 하는 호르몬을 분비하며, 교감신경을 이용하여 높은 수준의 각성 상태를 유발한다. 동시에 개체는 스트레스를 유발하는 환경에 맞서 싸울 것인가 아니면 회피할 것인가를 결정하여 그에 따른 행동이 나타나게 된다.

연구에 따르면, 알코올 중독자들은 평상시에도 이러한 스트레스 호르몬의 수치가 높다고 한다. 반면 실제 스트레스 상황에서는 오히려 스트레스 호르몬의 증가가 현저하지 않다고 한다. 즉, 알코올 의존자는 평상시에도 지속적으로 스트레스 상황인 것처럼 행동하며, 실제 스트레스에 대한 반응은 그리 효율적이지 않다는 것이다.

니코틴 의존자들에 있어서도, 흡연을 지속하는 사람에 비해서 금연에 성공하는 사람의 스트레스 대처가 훨씬 효율적이라고 한다. 즉, 흡연을 함으로써 효율적으로 스트레스에 대처하게 되는 것이 아니라, 효율적인 스트레스 대처 기법이 부족한 사람이 차선책으로 흡연을 선택하고 있다는 것이며, 스트레스를 이겨 내기 위해 실제 필요한 것은 흡연을 계속하는 것이 아니라 효율적인 스트레스 대처 기법을 획득하는 것이라 할 수 있다.

중독 현상을 이해하는 데 있어 생물학적인 연구의 결과가 인간의 모든 행동을 속 시원하게 설명하지는 못한다. 인간의 행동 및 그에 담긴 심리적인 의미는, 현대 과학으로 모두 풀어 내기에는 아직 부족한 점이 많기 때문이다. 그렇다고 해도, 생물학적 연구 성과를 통해 중독자들을 생물학적으로 이해하고자 하는 과학자들의 시도는 결코 간과되어서는 안 된다. 생물학적 연구를 통한 그들의 노력에 힘입어 상당히 많은 인간의 행동이 이해되고 있으며, 치료적인 접근도 이루어지고 있다. 인간의 행동을 이해하기 위한 심리학적 · 사회학적 접근과 함께 생물학적인 접근이 충분히 성숙됨에 따라, 우리가 중독성 질환을 극복하는 그날이 보다 가까워질 수 있을 것이다.

제3장

중독성 질환의 종류, 진단 및 평가

1. 중독의 개념

중독(addiction)이란 용어의 개념을 정의하는 것은 쉽지 않다. 그러나 중독에 대한 명확한 정의가 없다면 연구자들은 회복을 촉진시키는 요인이나 병인 혹은 유병률을 결정하는 데 어려움이 클 것이며(Shaffer, 1997, 1999), 임상가들도 정확한 진단과 그에 맞는 치료법을 선택하는 데 어려움을 겪을 것이고 만족스러운 치료 효과 사정에도 문제가 생길 것이다. 또한 정책 입안자들도 중독 물질이나 중독 관련 산업을 조정하는 법률을 제정하고 치료 수요를 결정하며 보건체계를 확립하고 의료보험금 지급을 위한 새로운 지침을 수립하는 데 어려움을 겪게 될 것이다(Shaffer & Albanese, 2005).

중독의 정의에 따라 중독의 범위는 큰 차이를 보인다. 전통적으로 중독이란 용어는 자기파괴적 행동들을 확인하기 위해 사용되어 왔다. 중독의 정의를 가장 엄격하게 적용한다면, 하나 이상의 불법 약물에 생리적으로 의존하고 있는 개인에게 '중독자' 란 명칭을 제한적으로 붙일 수 있다. 이러한 정의에는 대개 강력한 생리적 갈망, 금단증상, 그리고 동일한 효과를 얻기 위해 더 많은 약물을 필요로 하는 내성이 포함된다(APA, 1980). 이 정의를 가장 엄격하게 적용한다면 헤로인, 마리화나, 코카인, 의사의 처방이 없는 바비투르 약제(barbiturates)와 진정 · 수면제만이 중독 물질에 속한다. 왜냐하면 이 물질들을 사용하는 것은 불법이고 생리적 의존이라는 정의에도 부합되기 때문이다. 그러나 지난 20년 동안 중독이란 용어의 적용 범위는 욕구증진적 · 강박적 및 반복적 속성을 지니며, 수정하거나 중단하기 힘든 것으로 경험되는 물질 사용이나 강화 행동(reinforcing behavior)도 포함하는 방향으로 확대되었다(Orford, 1985). 중독이란 용어를 확대 적용하다면 문제성 있는 인간관계, 과잉 일 행동(excessive work behaviors), 심지어는 소위 긍정적 중독이라 불리는 행동(예: 운동, 명상)까지도 중독에 포함된다. 이러한 포괄적 의미의 중독 개념은 과학자, 치료자, 중독 환자, 정책 입안자 어느 누구에게도 의미가 없으며 혼란만 가중시킨다.

중독이란 증감이 있는 하나의 역동적 과정임을 인식하는 것이 중요하다(Shaffer et al., 2005). 중독자들은 악화 단계와 회복 단계(단주, 단도박 등)를 반복한다. 또한 많은 중독자들은 자신들의 중독 물질(예: 알코올이나 약물)을 가끔씩 한정된 양만큼만 사용하는 조절 행동 삽화(episodes)를 보이기도 한다. 중독자들이 치료를 통해서 회복될 수도 있고 아무런 치료를 받지 않고도 회복될 수 있다는 증거도 많다. '중독자' 란 용어를 스스로는 변화할 수 없고 치료에 저항적인 사람으로 묘사하는 의미로 사용하기도 한다. 그러나 중독자들은 끊임없이 변화하며 치료에 긍정적인 반응을 보이는 경우도 많다.

경멸적 의미가 내포된 '중독' 이란 용어는 많은 저널(예: *Journal of Substance Abuse Treatment* 는 addiction 이란 용어를 사용하지 않는 편집 지침을 결정한 첫 간행물들 중 하나임)에서 더 이상 사용되지 않고 있다. 중독자란 표현이 학계와 학문저널에서 점차 환영받지 못하면서 중독이란 용어는 진단편람(예: APA, 2000)에서도 환영받지 못하고 있다.

사람들은 다양한 인간 활동들(예: 물질 남용에서부터 쇼핑, 음식, 성, 운동, 일)에 중독 개념을 적용하였다. 최근까지는 부정적 결과가 명확하게 수반되고, 신경적응(예: 내성, 금단)이 나타나는 경우가 많은 물질 사용 행동 양상들에만 중독이란 용어를 적용하였다. 과학자들이 행동 중독 문제(Marks, 1990)를 고려하기 시작하면서, 중독이란 개념은 더욱 유연하고 복잡한 개념이 되었다.

중독의 부정적 결과들은 대개 생물학적 · 심리적 · 사회적 폐해를 포함하고 있다. 부정적인 생물학적 결과들에는 종종(항상 그런 것은 아님) 신경적응(neuroadaptation)의 발생이 포함된다. 신경적응이란 ① 이전에 적은 양의 물질을 사용했을 때와 동일한 주관적 효과를 경험하기 위해서는 이전보다 더 많은 사용량이 필요하고, ② 사용을 중단했을 때 전형적인 불편감이 나타나는 현상에 대해 붙여지는 전문용어다. 신경적응의 이러한 두 요소를 각각 내성(tolerance)과 금단(withdrawal)이라고 일컫는다. 예를 들어, 헤로인 사용자들에게 있어서 내성이란 규칙적인 헤로인 사용자가 이전의 헤로인 사용 경험과 동일한 수준의 효과를 얻기 위해서는 이전보다 더 많은 양의 헤로인 사용이 요구되는 현상을 지칭한다. 금단은 규칙적인 헤로인 사용자들이 헤로인 사용을 중단하거나 복용량을 줄일 때 고통을 보이다가 다시 원래의 양만큼 사용하면 그러한 고통도 사라지는 현상을 지칭한다.

병적 도박 및 기타 행동과잉 양상들도, 헤로인과 같은 약물의 섭취가 없음에도 불구하고 신경적응을 보일 수 있다. 예를 들어, 병적 도박자들은 적은 양의 내기 돈으로 경험하였던 것과 동일한 수준의 흥분을 경험하기 위해 내기 돈을 올리는 양상을 보인다. 또한 병적 도박자들은 도박을 줄이거나 중단하면 금단증상을 보이기도 한다(Wray & Dickerson, 1981). 그러나 모든 과학자들이 이러한 행동 중독 개념을 받아들이는 것은 아니기 때문에(Holden, 2001), 중독 개념에 대한 개념적 혼란은 계속되고 있다.

1) 질환으로의 중독 개념

중독이란 용어는 과학자들이 종종 사용하는 일반적인 용어이지만 DSM-IV-

TR이나 ICD-10(APA, 2000; World Health Organization, 1992)과 같은 진단편람에는 포함되어 있지 않다. 의존이란 용어가 더 과학적인 구성 개념이지만 일반인들은 잘 사용하지 않고 있다. 중독성 질환(예: 물질, 도박 및 기타 과잉 활동)을 다루는 임상가들은 중독 문제가 있는지 그리고 치료가 필요한 중독 수준인지를 결정할 때 서로 유사한 주관적 전략들을 적용한다.

개념적 혼란은 있지만 중독으로 고통받고 있는 사람들을 찾아내는 데 도움이 되는 지침들이 있다. 예를 들어, DSM-IV-TR에서는 장기간의 물질 사용장애를 남용 및 의존(예: 알코올이나 약물의 남용과 의존)이란 용어로 기술하고 있고, 물질 의존의 주요 속성을 "주요한 물질 관련 문제들에도 불구하고 지속적으로 그 물질을 사용하는 것을 나타내는 인지적 · 행동적 · 생물학적 증후군" (APA, 2000, p. 192)으로 설명하고 있다. DSM-IV-TR에서는 "반복적인 물질 사용과 관련되는 반복되고 해로운 결과로 중요하게 발현되는 부적응적 물질 사용 양상" (APA, 2000, p. 198)—물질 의존보다 덜 심각한 수준—으로 규정하고 있다. 우리가 중독치료에 이러한 준거를 적용하기 전에 중독의 평가와 치료에 관한 임상적 판단에 영향을 미치는 개념적 문제들을 이해하는 것이 중요하다.

(1) 용어 구별: 사용, 남용, 의존 및 중독

중독에 대한 합의된 정의가 없음에도 불구하고, 임상가와 공공정책 입안자들은 약물을 사용하는 사람들도 약물을 '남용' 하는 것인지에 대한 논쟁을 계속하고 있다. 치료자들은 일반적으로 약물 사용자를 '남용자' 로 오인하며, 약물 남용자를 약물 의존자로 오인하기도 한다. 그 결과 불필요한 입원이 많아지고 의료비용이 증가하며 치료 제공자에 대해 부정적으로 생각하는 환자들도 많아지고 있다. 이와는 반대로 중독에 대한 정확한 정의가 없기 때문에 어떤 사람들은 필요한 치료를 받지 못하는 경우도 있다. 예를 들어, 도박 중독을 병적 도박으로 한정하여 정의한다면, 문제성 도박자들은 도박 중독 치료의 혜택을 받지 못할 가능성도 있다. 결과적으로 중독 영역의 실무 지침들은 애매모호하고 보건체계는 혼란을 겪게 된다.

오늘날 대부분의 중독 개념 기준으로 볼 때에도 모든 약물 의존 환자들이 중독 행동을 보이는 것은 아니다(Shaffer et al., 2005). 예를 들어, 생물학적 관점에서 수술 후의 환자들은 통증 치료를 위해 아편양 합성 마취약 주사를 맞는다. 이러한 환자들은 대부분 신경적응을 경험하지만 통증이 사라진 후 그 약물을 찾지 않는다. 장기간 아편양 합성 마취약으로 충분하게 치료받은 환자들은 기술적(technical) 관점에서는 약물 의존자임에도 불구하고 약물에 중독된 것처럼 행동하지는 않는다.

또한 중독 개념을 적용하기 위해서 신체적 의존이 꼭 필요한 것은 아니다. 예를 들어, 알코올이나 기타 향정신성 약물을 사용하지 않는 병적 도박자들도 마약으로 인한 금단증상과 매우 유사한 신체증상들을 보일 수 있다(Wray & Dickerson, 1981).

(2) 의존을 동반하는 중독과 의존이 없는 중독

중독이 신체적 의존을 동반하거나 동반하지 않을 수 있다면, 중독 개념은 물질이나 활동과 관련된 다양한 문제들을 포괄할 정도로 더 넓어져야만 한다. 과학자와 임상가들은 도박이나 쇼핑과 같은 비약물적 중독활동들—즉, 향정신성 약물의 섭취와 무관한 활동들—을 '과정 중독'이나 '행동 중독'으로 부르고 있다(Shaffer, 1996, 1997, 1999). 섭취된 물질이 뇌에서 작용하는 것처럼 인간의 활동 역시 자연적으로 발생하는 신경 전달 물질을 자극한다(Hyman, 1994; Hyman & Nestler, 1993). 자연적으로 발생하는 이러한 향정신성 물질들의 활동은 많은 행동 중독을 매개하는 요인이 될 것이다. 즉, 물질 중독과 행동 중독의 생물학적 토대는 비슷하다.

(3) 중독의 기본 차원과 변별적 특성

현대의 중독 상담사들은, 중독 행동이 세 가지 요소(3C)—① 갈망(Craving)이나 강박성 요소, ② 자기조절력 상실(loss of self-Control), ③ 부정적인 결과(adverse Consequences)에도 불구하고 지속되는 속성—를 지닌다고 보고 있다.

이러한 차원들이 중독의 요소를 이해하는 데 유용한 지도를 제공하지만, 우리가 반드시 기억해야 할 사항은 지도가 영토 자체가 아닌 것과 마찬가지로 진단도 질환 그 자체는 아니라는 점이다(Shaffer & Robbins, 1991; Szasz, 1991).

중독이란 관련된 주관적 상태의 질이라는 측면에서 강박적 행동 양상과는 구분될 수 있다. 중독 행동은, 특히 중독발달의 초기 단계에서는 자아-동조적(ego-syntonic)인 경향이 있다. 사람들은 자아-동조적 행동을 자신의 자아감(sense of self)과 일치되는 것으로 경험하며, 이러한 행동이 개인적인 문제점들을 발생시킬 것이라고 예상하지 않는다. 사실 대부분의 중독은 긍정적 경험에서 발생된다(예: 도박에서 돈을 딴 경험, 약물 사용에 의한 심리적이거나 신체적인 불편감 해소). 사람들은 중독 이외의 다른 정신과적 질환에 대해서는 자아-이질적(ego-dystonic)인 것으로 경험하는 경향이 있다. 자아-이질적 상태에 있는 사람은 마치 어떤 무언가가 자신의 의지에 상반되게 통제하고, 원하지 않는 방향으로 행동을 조종하고 있는 것처럼 느낀다. 강박장애가 있는 사람들은 이렇게 자기 의지에 반하는 욕구에 따라 행동하고 싶지 않음에도 불구하고 이러한 욕구들을 발산시키는 방향으로 행동하고, 그 후엔 긴장 해소를 경험한다. 임상가들은 강박장애를 자아-이질적 사고와 고통의 정도라는 측면에서 중독과 구별할 수 있다고 보고 있다. 즉, 강박장애에는 자아-이질적 사고와 고통이 동반되고, 반면에 중독은 오직 중독행동을 실행한 후에만 주관적인 괴로움을 보인다(Shaffer, 1994).

2) 중독과 황금표준

황금표준(gold standard)이란 진단자와 연구자가 임상적 상태를 판단할 때 그 준거가 되는 결정적 지수다. 현재 중독의 존재 여부를 판단할 수 있는 황금표준은 없다. 신경적응—내성 및 금단— 이 나타났느냐는 기준마저도 임상가가 중독의 존재 여부를 판단하는 황금표준은 되지 못한다. 신경적응을 나타내는 신호는 단순히 신체 의존 증상의 발생을 의미할 뿐이다. 의존은 중독의 존재와 정적인 상관을 보이는 경우가 종종 있지만, 이러한 관계성은 신경적응이 황금표준이 될 수 있을 정도로 충분히 신뢰로운 수준은 아니다.

다른 많은 정신장애와 마찬가지로 중독도 하나의 독립적인 황금표준을 가지고 있지 못하다. 황금표준이 없어서 중독에 '정신병'이라는 낙인을 붙이는 오류도 있었다(Szasz, 1987, 1991). 예를 들어, 중독이 생명력 있는 과학적 구성 개념이 되기 위해서는, 임상가가 그 장애의 존재 여부를 판단할 수 있는 황금표준을 연구자들이 확립할 필요가 있다. 그러나 아직은 과학자들 간의 사회적 합의가 황금표준을 확립할 만큼 충분하지 못하다.

황금표준이 없는 현실에서 어떤 연구자들은 선별 도구의 정확성을 측정할 수 있는 대용적 황금표준을 임상가들이 제공하고 있다고 가정한다(Leieur & Blume, 1987; Volberg, 1996). 예를 들어, 연구자들은 병적 도박(pathological gambling)이란 용어보다는 추정되는(probable) 병적 도박이란 용어를 더 자주 사용한다. '추정된다'는 용어는 전화면담을 통해 질문지에 대한 반응을 분류하는 유병률 조사 결과와 임상 진단을 구별시켜 준다(Volberg, 1996, p. 3).

그러나 진단적 평가를 수행하는 임상가들은 많은 사람들이 가정하고 있는 것만큼 신뢰할 수 있는 것은 아니다(Meehl, 1954, 1973; Rosenhan, 1973; Ziskin, 1970). 임상가들의 임상적 판단에는 편견(biases)이 개입될 소지가 크다. Faraone과 Tsuang(1994)은 정신의학적 진단(예: DSM-IV-TR, ICD-10)을 황금표준으로 간주해서는 안 되며, 이러한 진단들의 적절성을 평가하는 것이 중요하다는 사실을 강조하고 있다.

따라서 현재로서는 임상가의 판단이든 평가 도구에 근거한 결과이든, 모든 진단적 분류는 최종적인 황금표준이 아니라 잠정적인 기준으로 간주되는 것이 합당할 것이다.

2. 평가의 목적

미국 물질남용치료센터(Center for Substance Abuse Treatement: CSAT, 2006)

에서는 평가(evaluation)에 대해 선별(screening)과 사정(assessment)에 대한 체계적 접근법이라고 정의하였다. 중독 상담사가 평가에 시간을 투자해야 하는 이유는 무엇인가? 어떤 상담사들에겐 '평가지를 채우는 작업'은 치료의 시작 시간을 늦추어 줄 뿐만 아니라 행정적으로 요구되는 사항이기 때문에 최소한의 필수 업무로 받아들여지고 있다. 치료 연구를 할 때에는 정밀한 평가가 요구된다는 점에 대해 누구나 인정한다. 평가는 문제에 대한 정확한 정보를 획득하여 치료 계획을 수립하는 것까지 포함하기 때문에 포괄적이고 정확한 평가는 치료의 성공을 위한 핵심 요인이다. 또한 평가는 내담자와의 라포(rapport)를 형성하여 변화의 동기를 형성하는 중요한 치료적 활동이다.

중독 상담 영역에서 평가는 선별, 진단, 사정, 동기화, 치료 계획 수립, 사후관리(follow-up) 등의 여섯 가지 목적 혹은 기능을 지닌다(Miller, Westerberg, & Waldron, 2003; 〈표 3-1〉 참조).

표 3-1 평가의 목적

유형	목적
선별	내담자에게 추가적인 평가가 필요한지를 결정하는 것
진단	분명한 진단을 내리는 데 기준이 부합되는지를 결정하는 것
사정	내담자가 지닌 문제의 특징과 범위를 결정하는 것
동기화	내담자가 변화할 수 있고, 변화를 준비할 수 있도록 하는 방법을 결정하는 것
치료 계획 수립	서비스에 필요한 사항과 적절한 개입 방법을 결정하는 것
사후관리	변화된 것이 무엇이고 어떤 사후 서비스가 내담자에게 필요한지를 결정하는 것

출처: Miller, Westerberg, & Waldron(2003).

이 장은 임상에서 사용할 수 있는 다양한 평가 방법을 선택하고 계획하는 데 필요한 실질적인 안내 지침을 제공할 것이다. 다만 지면의 한계 때문에 알코올에 초점을 맞춘 도구들을 중심으로 설명할 것이다.

1) 선별

선별이란 내담자의 욕구와 특성 및 지역사회의 자원에 기초해서 상담사, 내담자 및 중요 지인들이 최초의 실천 계획을 가장 적절하게 세우기 위한 과정으로 규정할 수 있다. 선별의 과정에 있어서 단순히 중독 문제의 유무를 확인하는 것뿐만 아니라, 내담자와의 라포(rapport)를 형성하는 것이 초기 과정에서는 중요하다. 또한 중독 문제와 연관된 과거력이나 기타 정신장애에 대한 선별 및 최초의 실행 계획을 수립하는 것도 선별 단계에서 해야 할 직무다.

선별 도구들은 대개 특정 문제나 장애(예: 알코올 문제)의 존재를 나타내 주는 이원(예/아니요) 자료를 제공하도록 설계되어 있다. 선별에서의 작업은 잠재적 사례를 찾아내고 추가적인 평가의 필요성을 확인하는 것이다.

선별의 중요성은 부분적으로 맥락에 따라 달라진다. 내담자가 이미 알코올 치료 기관의 출입문을 들어오고 있다면 선별 작업은 덜 중요하고 포괄적인 사정(assessment)이 더 필요할 것이다. 한편 일차 보건 클리닉에서는 선별이 평가의 가장 중요한 기능일 것이며, 따라서 아무리 바쁘더라도 선별 작업을 해야 할 것이다. 이 경우 선별 작업은 다른 기관에 의뢰를 하기 위해서뿐만 아니라 적절한 건강관리의 일부분으로서도 중요할 것이다. 반복적으로 발생하는 신체적 혹은 심리적 문제들은 일차적인 알코올 사용장애와 비교할 때 이차적인 문제일 것이다. 예를 들어, 위궤양이나 고혈압은 다양한 요인에 의해 발생될 수 있겠지만, 만약 이러한 질환들이 음주와 관련되거나 음주 때문에 악화된다면, 음주 행동을 고려하지 않는 통상적인 위궤양/고혈압 치료법들은 비효과적일 것이다. 이 경우, 과음에 대한 선별은 다른 신체 질환을 다루는 데 있어서 중요할 것이며 잠재적인 알코올 문제에 대한 치료는 다른 신체 질환의 치료에 효과적인 영향을 미칠 것이다.

선별은 평가의 다른 기능들과 혼돈되는 경우가 종종 있으며, 선별 도구를 사정 도구나 진단 도구로 오용하는 경우도 있다. 선별 도구를 진단 도구로 사용하는 것은 선별 도구의 타당도와 목적에 맞지 않는 것이며 전문가의 윤리강령

(American Educational Research Association, 1985)에도 위반되는 것이다. 그러나 선별 도구가 적절하게 사용된다면 보건 영역에서 가치 있는 정보 제공자가 될 수 있다. 비교적 적은 시간과 자원의 투입만으로도 중요한 위험 요인에 대한 추가적인 평가의 필요성을 파악할 수 있기 때문이다.

2) 진단

진단이란 용어는 많은 의미를 지닌다. Jacobson(1989)의 광의의 관점에서 보면, "진단은 알코올 중독의 병인, 발달, 증상 및 효과에 대한 보다 명료한 이해를 제공해야 한다; 적절한 치료 계획과 치료 프로그램 구성에 도움이 되어야 한다; 예후에 대한 정보를 제공해야 한다; 치료 효과에 대한 온전한 평가 정보를 제공해야 한다." 이러한 광의의 관점은 사정, 치료 계획 수립 및 사후관리의 각각의 목적을 포괄하는 개념이다. 오늘날 사용되는 진단 도구만으로는 이러한 광의의 목적을 달성할 수 없다. 일반적인 진단 도구에 포함된 증상 목록은 특정 진단 및 분류체계에 포함된 어떤 하나의 장애를 규정하는 증상에 한정되어 있다. 미국에서 진단을 위해 일반적으로 사용되는 분류체계는 DSM-IV-TR과 ICD-10이다. 이외의 여러 가지 면담 도구들은 어떤 한 개인이 알코올 남용 및 알코올 의존과 같은 규정된 장애에 대한 진단 기준에 부합되는지를 결정하기 위한 목적으로 만들어진 것들이다. 이러한 절차들은 의료기록 및 치료의 적격성 결정과 같은 목적에 필요하다.

그러나 알코올 사용장애라는 진단을 내리는 작업은 내담자의 고유한 상황에 대한 정보(사정을 통해 달성할 수 있는 것임)를 전혀 제공해 주지 못하며, 동기화 및 치료 계획 수립에도 거의 도움이 되지 못한다. 진단의 가치에 대한 이러한 혼란은 중독 문제에 대한 전문가의 이해와 중독 문제를 다루는 방법에 있어서의 급격한 변화 때문이다. 즉, 과거에는 알코올 중독이 단일하고 예측 가능한 과정을 밟는 단일 질환으로 간주되었다. 이러한 관점에서 보면, 알코올 중독이라는 진단은 치료를 받도록 하기 위해 치료자가 알아야 할 모든 것인 것처럼 보인다. 알코올 중독에 대한 보다 복잡한 오늘날의 관점은, 알코올 중독을 이분법적 변인(예: 중독이 있다/없다)이 아닌 많은 세부적인 등급이 있는 연속적 변인으로 간주하는 정신생물사회적(biopsychosocial) 시각으로 발전되었다(Maisto & Connors, 1990). 이러한 관점에서 볼 때, 이분법적 '신호 탐지' 과정(예: 단순한 진단)은 매우 부적절한 평가다. 다음의 '사정'에서 설명하는 구체적인 도구들은 임상적으로 관련된 광범위한 차원들을 평가하기 위해 개발된 것이다. 이 책에서는 개인이 DSM과 같은 특정 분류체계에 따라 특정 진단명 기준에 부합되는지를 결정하는 과정을 진단으로 규정한다.

3) 사정

사정(assessemnt)에 대해 치료를 계획하고 내담자의 치료 경과를 평가하는 데 필요한 정보를 수집하고 해석하기 위해 내담자 및 중요 지인들과 상담사가 협력하는 지속적인 과정이라고 정의할 수 있다.

선별 결과나 의뢰서에 근거해서 볼 때 중독과 관련된 잠재적인 문제가 있다고 한다면 보다 복잡한 문제들을 다루는 사정이 필요하다. 사정은 선별 및 진단과는 대조적으로 개인의 고유한 상황을 이해하는 데 도움을 주기 위해 개발된 것이다. 포괄적 사정은 다양한 중요 영역들에 대한 평가와 관련된다. 이러한 차원(영역)들 중 어느 한 차원의 개인 상태에 대한 정보는 다른 차원에서의 개인 상태까지 알려 주는 것은 아니기 때문에 모든 차원(혹은 영역)에 대한 사정이 내담자의 상황을 이해하고 다루는 데 중요할 것이다. 따라서 사정은 내담자가 지닌 문제의 범위와 특성을 밝혀 줌으로써 문제에 대한 평가자의 이해를 넓혀 준다. 이분법적 탐지(예/아니요) 작업인 선별 및 진단과는 달리 사정은 내담자가 수많은 중요 차원 중 어디에 위치해 있는지를 알려 준다.

이 장의 후반부에서 구체적인 사정 절차에 대해 설명할 때, 여섯 가지 일반적인 차원에 초점을 맞출 것이다. 중점적으로 다룰 여섯 가지 차원은 ① 알코올 사용, ② 알코올 사용의 부정적 결과, ③ 알코올 의존, ④ 가족력, ⑤ 신경심리적 기능, ⑥ 신체적 후유증이다. 이 영역들에 대한 정보는 개별 검사를 통해 수집되기도 하지만, 세부 평가 꾸러미(packages)를 통해 수집될 수도 있는데, 이 경우 평가 꾸러미는 개인의 욕구, 의뢰 상황이나 치료 프로그램에 맞추어 구성된다. 또한 이 영역들 중 대부분은 포괄적 면담을 통해 수집될 수 있다.

평가의 범위를 넓혀서 심리적 기능까지 포함시키는 것이 중요하다. 공존장애, 즉 '이중진단'에 관한 연구에서는 물질 사용장애 환자들은 우울증, 불안장애, 정신병, 대인관계 문제 및 성 문제와 같은 다른 많은 문제의 발생률도 높다는 점을 명확하게 밝히고 있다(Gold & Slaby, 1991). 심리사정을 포괄적으로 검토하는 것은 이 장의 범위를 벗어날 것이다. 알코올 관련 사정 방법과 같이 보다 일반적인 심리평가는 특수한 훈련과 전문성이 요구되므로 정신보건법상 임상심리사가 심리평가를 실시하도록 되어 있다.

4) 동기화

동기화는 개인의 변화 동기를 사정하거나 향상시키는 것이다. 물질 남용을 이해하는 최선의 방법에 대한 관점은 다양하다. 그러나 중독 문제를 다루는 데 있어서 불충분한 변화 동기가 중요한 장애물이라는 관점에 대해서는 이견이 거의 없다. 물질 남용 문제가 있는 사람들은 대부분 변화를 고려하지 않거나 변화를 추구하지 않는 '전숙고(precontemplation)' 단계에 머무는 때가 있다(예: Snow, Prochaska, & Rossi, 1992). 국내 연구(전영민, 2005b)에서 자발적으로 입원한 알코올 의존 환자들만을 조사하였는데도 불구하고 변화를 실천하지 못하고 아직 고민하고 있는 숙고(contempation) 단계와 전숙고 단계의 환자들이 68%였고, 변화를 이미 실천하고 있는 실천 단계의 환자는 31%밖에 되지 않았다. 치료기관에서 치료자들과 상담사들이 경험하는 공통적인 어려움이 내담자의 문제 부인, 저항 및 동기 부족이다(신성만, 권정옥, 손명자 역, 2007; Miller, 1985). 따라서 내담자의 현재 변화 동기 수준을 평가하는 것이 유용할 것이다. 또한 사정을 통해 수집된 다른 정보들은 내담자의 변화 동기를 향상시키기 위한 피드백 자료로 사용될 수 있다.

5) 치료 계획 수립

치료 계획 수립이란 상담자와 내담자가 서로 협력하여 원하는 치료 결과를 규정하고, 합의된 치료 결과를 성취하기 위한 전략을 찾아내는 과정이다(CSAT, 2006). 명확한 목표와 계획을 수립하는 것은 치료 프로그램에서 기본적으로 요구되는 업무이고 치료의 중요한 부분이기도 하다. 평가의 다섯 번째 목적은 치료 계획 수립이다. 예를 들어, 다양한 사정 차원들에 있어서 내담자 상태와 변화 동기 수준에 대한 정보는 치료 전략을 선택할 때에 도움이 된다. 물론, 내담자들의 특성 및 개별적 욕구와는 무관하게 동일한 치료 방법을 모든 내담자들에게 제공한다면 개인 맞춤식 치료 계획 수립은 불필요할 것이다. 내담자들의 상이한 욕구와 문제들을 다루는 데 적절하도록 치료 방법을 수정하고자 한다면, 포괄적 평가는 치료 계획을 수립하는 데 있어서 가치 있는 정보를 제공할 것이다. 또한 특정 치료 전략은 특정 요인에 대한 사정을 필요로 한다.

6) 사후관리

최초 평가 과정 이후에는 자연스럽게 치료가 이어진다. 치료 필요성에 대한 판단은 선별 및 진단을 통해 이루어질 것이다. 내담자의 상황에 대한 보다 명확한 그림은 포괄적 사정을 통해 이루어진다. 그리고 이러한 포괄적 평가 결과는 변화 동기를 향상시키고 치료 전략들을 수립하는 데에 사용될 수 있다. 이러한 시각에서 보면 평가는 치료를 시작하기 이전에만 이루어지는 작업이 아니다. 오히려 평가는 치료 과정의 필수 요소이며, 치료 동안은 물론이고 치료 후에도 계속된다. 치료 개입은 평가로 시작해서 평가로 종료된다.

평가 과정을 정규 치료가 종료된 이후에까지 확대해야 하는 이유가 있는데, 이는 치료 서비스의 질과 관련된다. 사후관리는 대부분 치료 효과를 결정하기 위한 치료 프로그램 평가와 효과 연구의 일부분으로 간주되고 있다. 그러나 체계적인 사후관리는 철저한 치료의 중요한 필수 요소다.

'사후관리'란 치료 동안과 치료 후의 계속적 사정을 의미한다. 사후관리는 임의적으로 내담자에게 제공하는 사후 프로그램이 아니라, 치료 경과에 대해 사전에 계획된 체계적인 평가다. 사후관리를 하는 중요한 이유 중 하나는 치료자가 사후관리 혹은 사후평가를 통해 환자의 상태에 대한 피드백을 받을 수 있기 때문이다. 많은 치료자들은 자신이 수행한 치료의 최종 결과에 대해 아무런 피드백 없이 서비스를 제공하고 있다. 재발하였거나 추가적인 치료 서비스가 필요한 내담자들만을 만나게 될 경우 치료자가 받는 피드백 정보는 부정적이다. 치료 기술에 대한 학습이 이루어지려면 객관적이고 신뢰할 수 있는 피드백 정보가 필요하며, 이러한 정보가 없다면 치료 기술 향상은 있을 수 없다. 따라서 사후관리, 즉 사후평가 없이 치료를 수행하는 것은 안개 속에서 골프를 치는 것과 유사하다. 공을 친 느낌은 좋을 수 있다. 그러나 안개 때문에 그 공이 최종적으로 어디에 떨어졌는지를 전혀 알 수 없다. 체계적인 사후관리는 치료자의 치료 기술을 향상시킬 수 있도록 해 주는 피드백 정보를 치료자에게 제공한다. 또한 사후관리는 치료자 업무의 긍정적 결과들을 치료자가 인지하도록 도와준다.

계속적 사정은 또한 현재 업무에서 의도하지 않은 유해한 측면들을 치료자가 찾아낼 수 있는 기회를 제공한다. 치료 업무가 아무런 치료를 하지 않은 것보다 더 나쁜 결과를 초래할 수 있다. 어떤 치료자도 부정적 영향을 끼치려는 의도를 가지고 치료를 시작하진 않는다. 그러나 어떤 치료자도 뜻하지 않게 해를 끼칠 수 있기 때문에 피드백은 중요하다. 사후관리가 없다면 실무에서 이루어진 절차들과 변화들이 유익한 결과를 초래했는지 해로운 결과를 초래했는지에 대해 결코 알 수가 없다. 만약 해로운 결과를 초래했다면 수행된 치료 절차들은 수정되어야 할 것이다. 그러나 피드백 정보가 없다면 이러한 프로그램 수정은 이루어질 수 없다.

물론, 사후관리에는 임상적 장점이 있다. 내담자들은 사후관리를 위한 치료자의 방문을 계속적인 치료로 인식하고 자신들의 안녕을 돌봐 주는 지표로 받아들인다. 사후관리는 여러 가지 측면에서 많은 이점이 있다. 사후관리는 내담자 자신의 현재 상황에 대한 인식을 증진시키고, 치료자가 아직도 내담자에게 관심을 가지고 늘 가까이서 도울 준비를 하고 있다는 점을 알려 줌으로써 변화 동기를 유발시켜 주는 역할을 한다. 정기적인 사후관리는 내담자의 잠재적 문제 행동에 대한 조기 발견을 통해 재발을 예방하는 기능과 치료 계획을 수정할 수 있는 기회를 제공한다. 또한 훌륭한 사후관리는 내담자와 전문가 사이의 대화를 증진시킨다. 또한 이러한 지속적인 관리는 내담자 및 지역사회와의 긍정적 관계를 촉진시킨다.

더구나 훌륭한 사후관리는 훌륭한 문서기록을 촉진시킨다. 치료비를 지원하는 기관(예: 보험공단이나 관련 공공기관)들은 서비스 효과에 대한 모니터링을 점점 더 요구하는 추세다. 따라서 치료기관이 지속적으로 재정적 지원을 받기 위해서는 현재의 치료 프로그램에 대한 사후관리가 필수적이다.

3. 견실한 측정법의 질

여섯 가지 평가 과제를 다루기 위한 구체적인 평가 도구와 전략들에 대해 설명하기 전에 심리측정학적으로 견실하게 개발된 사정 도구의 속성들, 즉 신뢰도, 타당도 및 해석 가능성에 대해 간략하게 논의할 것이다. 신뢰도(reliability)는 해당 검사가 일관성 있는 결과를 제공하느냐와 관련된다. 타당도(validity)는 좀 더 복잡한 개념이다. 즉, 타당도는 측정하고자 하는 구성 개념을 해당 검사가 정확하게 측정하고 있느냐와 관련된다. 검사는 타당하지(정확성) 않으면서 신뢰도울(일관성) 수는 있지만 신뢰성 없이 타당할 수는 없다. 해석 가능성(interpretability)이란 검사 결과의 의미를 이해하는 데 있어서 해당 검사가 얼마나 많은 정보를 제공하느냐를 지칭한다.

1) 신뢰도

신뢰도는 평가 도구가 갖추어야 할 가장 기본적인 필수조건이다. 어떤 검사를 동일한 사람에게 여러 번 실시할 때 그때마다 매우 다른 결과가 나타난다면, 그 결과에 대해 신뢰하기 어려울 것이다. 줄자(ruler)가 길이 측정에 유용한 도구로 받아들여지는 이유는 동일한 대상을 언제 측정하더라도 동일한 결과가 산출되기 때문이다. 사용할 때마다 길이 측정치가 달라지는 고무줄식 자는 사정 도구로서 무가치할 것이다.

검사 신뢰도의 한 가지 형태가 내적 일관성(internal consistency)인데, 이는 사정 도구(혹은 사정 도구의 하위 척도)에 포함된 문항들이 서로 상관되는 정도이고, 동일한 것(즉, 구성 개념)을 사정하는 것으로 보이는 정도다. 내적 일관성은 알코올 의존과 같은 단일 구성 개념을 사정하는 척도에서 중요하다. 한편 다양한 선택 사항들(예: 내담자가 치료에서 성취하고 싶은 것들)에 대해 조사하는 도구가 동일한 구성 개념을 사정하는 문항으로 구성되어야 할 필요는 없다. 더구나 사정의 목적에 따라서는 한 척도상의 모든 문항이 전체 문항 점수와 높은 상관을 보이는 것이 바람직하지 않다. 어떤 문항(예: 자살 사고를 묻는 문항)은 다른 문제 유형과 높은 상관이 없지만 임상적으로는 중요할 수 있다. 절대적인 기준은 없지만 일반적으로 내적 일관성 신뢰도(Chronbach alpha)가 .60 이상이면 신뢰할 만한 수준으로 받아들여진다.

또 다른 신뢰도 유형은 반복 측정되었을 때 해당 사정 도구가 동일한 결과를 산출하는 정도다. 이것은 어떤 도구를 짧은 시간적 간격으로 두 번(혹은 그 이상) 실시했을 때 유사한 결과를 산출하는 정도(즉, 검사-재검사 신뢰도)를 반영하거나 혹은 두 명(혹은 그 이상)의 서로 다른 평가자가 평정하였을 때 동일한 결과를 산출하는 정도(즉, 평가자 간 신뢰도)를 반영한다. 신뢰도에 대한 검증은 어떤 검사를 신뢰하는 데 있어서 기본이다. 따라서 중독 분야에서 일반적으로 많이 사용되는 도구들이 이러한 심리측정학적 검증을 받지 않았다는 점은 놀라운 일이다.

2) 타당도

타당도란 어떤 검사가 측정하고자 하는 그 무엇을 정확하게 사정하고 있는 정도를 말한다. A라는 특성을 검사하는 도구라고 해서 A라는 특성을 정확하게 측정하는 것은 아니다. 어떤 한 척도가 신뢰할 수 있기는 하지만 타당하지는 않을 수 있다. 예를 들어, 어떤 사람이 어떤 지점에서 멀리뛰기 한 거리를 신뢰롭게 측정할 수 있다. 그러나 그 측정치는 지능이나 알코올 의존에 대한 지수는 아니다.

어떤 경우에는 측정 도구의 타당도를 비교하여 점검할 수 있는 명확한 '황금표준(gold standard)'이 존재한다. 시계의 정확성은 그리니치 평균시간을 기준으로 점검될 수 있고, 임신에 대한 선별검사는 시간 검진법에 의한 결과를 기준으로 점검될 수 있다. 이러한 경우, 도구의 타당도는 그 도구를 사용한 측정 결과가 실제 표준(true standard)과 일치하는 정도에 의해서 결정된다. 선별검사에서 서로 관련된 두 가지 속성은 민감도(sensitivity)와 특이도(specificity)다. 선별이나 진단검사의 민감도란 검사가 양성 사례(예: 여성이 실제로 임산부일 때 검사에서도 임신한 것으로 평가되는 사례)를 정확하게 찾아내는 정도를 말한다. 검사의 특이도란 검사가 음성 사례(예: 여성이 실제로 비임산부일 때 검사에서도 임신하지 않은 것으로 평가되는 사례)를 정확하게 찾아내는 정도다.

타당도 문제는 검사 결과를 비교하여 평가할 수 있는 '황금표준'이 없을 때 다루기 힘들다. 미터 눈금자의 정확성은 표준자에 비교해서 점검될 수 있다. 그러나 만약 '부정(denial)' 검사를 개발한다면, 그 검사의 정확성을 비교하고 점검할 수 있는 실제 표준은 무엇인가? 이런 경우, 이 검사에서 사정하고자 하는 것과 동일한 구성 개념을 사정하는 다른 척도의 검사 결과와 매우 일치하는 검사 결과가 산출될 것으로 기대할 수 있다. 이것이 수렴 타당도 혹은 공존 타당도(convergent or concurrent validity)다. 동일한 구성 개념을 사정하기 위해 개발된 여러 척도들이 동일한 결과를 산출한다면 척도 타당도는 높은 것이다.

더구나 어떤 도구의 측정 결과에는 원래 측정하고자 하였던 것과는 다른 구성 개념이 반영되어서는 안 된다. 이것은 변별 타당도(divergent validity)다. '자존감' 척도의 측정 결과는 지능이나 언어 유창성 측정치와는 강한 상관이 없어야 한다. 그렇지 않다면 그 척도는 자존감이 아닌 다른 구성 개념을 사정하고 있는 것이다.

만약 어떤 도구가 미래의 사건들을 예측하는 것(예: 10대 소년이 성인이 되어 알코올 문제를 보일 가능성을 측정하는 것이나 치료에 참여한 내담자가 재발할 가능성을 측정하는 것)이라면, 이것은 예언 타당도(predictive validity)에 대한 검증이 필요하다. 종단적 연구에서 예언 타당도를 검증하기 위해서는 검사 점수가 이러한 미래 사건의 실제 발생을 정확하게 예언하는 정도를 측정할 필요가 있다. 예를 들어, 치료 성공을 예측해 주는 것으로 개발된 검사가 치료 직전이나 치료 동안에 실시되고, 치료가 종료된 후 내담자들을 사후평가하여 실제 결과를 연구한다. 이때 치료 전에 사정된 검사 결과가 치료 종료 후의 실제 결과를 얼마나 설명해 주는지 회귀분석을 통해 검증할 수 있다.

3) 해석 가능성

어떤 검사가 해석 가능하기 위해서는 신뢰할 수 있고 타당한 결과를 산출해야만 한다. 덧붙여서 검사 이용자가 검사 결과의 의미를 이해할 수 있도록 돕기 위해서는 또 다른 유형의 정보가 필요하다. 가장 일반적인 정보 유형은 어떤 한 개인의 검사 결과를 더 큰 참조 집단과 비교할 수 있도록 해 주는 규준표(normative standard)다. 예를 들어, 평가자가 어떤 내담자의 알코올 의존 척도 점수를 표준 집단의 점수와 비교하지 않는다면 그 내담자의 점수가 25점인 사실을 아는 것이 큰 의미가 없다. 이 점수가 유사한 집단의 점수 분포에서 90%에 해당된다는 점— 즉, 동일한 검사를 받은 집단에서 89% 이상의 위치에 해당됨— 을 아는 것이 훨씬 더 유용하다. 견실하게 개발된 검사 매뉴얼에는 이러한 규준자료— 백분위, z나 t점수를 제공하는 분포표— 가 포함된다. 물론 규준은 규준의 전집(population)에만 적용된다. 알코올 소비 점수에 대한 해석은 일반인 전집 규준, 대학생 규준,

알코올 치료 집단 규준과 비교될 때 서로 매우 달라질 것이다. 개인 점수를 규준과 비교할 때 연령, 교육 수준, 민족-문화적 배경과 같은 다른 요인상에서는 비교되는 개인과 참조 집단 간에 비슷하도록 하는 것이 중요하다. 어떤 검사들은 그러한 요인에 따라 각기 다른 규준표를 제공하기도 한다. 예를 들어, 지능검사는 남성 규준표와 여성 규준표를 각각 제공한다. 검사 매뉴얼들에는 해석에 도움이 되는 다른 정보들, 즉 검사 결과가 이미 잘 알려진 다른 척도의 결과와 어떻게 비교되는지를 보여 주는 수렴 및 변별 타당도와 같은 정보를 제공한다.

또한 검사는 해석을 용이하게 하는 방식으로 구성될 수 있다. 예를 들어, 하위척도를 두는 방식이다. 어떤 검사는 전체 점수뿐만 아니라, 개인의 결과를 이해하는 데 도움이 되는 하위 척도 점수를 제공한다. 신뢰도와 타당도 문제는 하위척도나 문항들은 물론이고 전체 검사 점수에도 적용될 수 있다. 대부분의 경우 하위 척도들은 논리적으로 구성되며, 때로는 검사 개발이 이 단계에서 종료되기도 한다. 즉, 어떤 문항들이 함께 묶일 것인지에 대한 검사 개발자 자신의 과학적 판단에 따라 각 하위 척도를 구성하는 단계까지만 진행된다. 가끔씩 검사 개발이 하위 척도를 구성한 단계에서 종료되는 경우도 있다. 그러나 다른 척도(예: 알코올 사용 검사)의 경우 요인분석과 같은 통계 절차를 이용해서 개발자의 주관적 믿음이 아닌 경험적 관찰 결과에 따라 문항들을 묶는 과정을 거친다.

4. 평가 도구

중독 문제를 선별하고 사정하는 도구는 수없이 많다. 그러나 각 도구에 대한 심리측정학적 정보는 부족하며, 많은 도구들이 오용되고 있는 것이 현실이다. 이상하게도 가장 유용하고 견실하게 개발된 도구들 중에 몇몇은 알려지지 않은 것들도 있으며 일반 실무에서 거의 사용되지도 않고 있다. 여기서는 성인과 청소년들을 평가할 때, 전술한 여섯 가지 평가 목적을 위하여 사용될 수 있는 도구들을 소개할 것이다. 도구 선택의 기준은 척도의 신뢰도 및 타당도에 관한 심리측정학적 연구 결과다.

1) 선별 도구

선별 도구의 목적은 중독 문제의 존재를 확인하는 것이다. 선별 도구들은 특이도(specificity)보다는 민감도(sensitivity)가 높도록 설계되며, 양성 결과(중독 문제가 있는 것으로 선별되는 사람)가 나타나면 항상 보다 면밀한 진단과 사정을 통해 다시 확증되어야 한다.

중독 상담사는 현장에서 사용되고 있는 선별 도구들에 대해 익숙해질 필요가 있다. 대부분의 선별 도구들은 어느 한 물질에 초점을 맞추고 있다. 여기서는 알코올 문제와 관련된 신뢰도와 타당도가 입증된 선별 도구들을 살펴볼 것이다.

(1) AUDIT(Alcohol Use Disorders Identification Test)

알코올 사용장애뿐만 아니라 위험음주도 선별할 수 있는 장점이 있는 도구로 세계보건기구(Babor et al., 1989)에서 개발하였다. 알코올 의존에 관한 3문항(4~6번 문항), 해로운 음주에 관한 3문항(1~3번 문항), 위험한 음주에 관한 4문항(7~10번 문항)의 총 10문항이며, 3점 척도(9~10번 문항)와 5점 척도(1~8번 문항)로 구성되어 있다(〈표 3-2〉 참조). 세계보건기구에서는 일반적으로 8점 이상을 위험음주자로 선별하고, 20점 이상을 알코올 의존의 위험성이 높은 집단으로 선별하도록 권고하고 있다(Babor et al., 2001). 국내에서는 기존의 몇몇 연구가 있었으나 사회적 음주자의 선별을 위한 적절한 절단값을 제시하지 못하였으며, 최근 AUDIT의 최적 절단값에 대한 대규모 연구를 통해, 위험음주자를 선별하기 위한 적절한 절단값으로 남성에서는 10점(민감도 89.2, 특이도 74.5), 여성에서는 6점(민감도 90.9, 특이도 76.0), 알코올 사용장애를 추정할 수 있는 절단값으로 남성에서는 20점(민감도 85.5, 특이도 75.5), 여성에서는 10점(민감도 97.7, 특이도 76.4)이 제시된 바 있다(Joe et al., 2010).

표 3-2 한국형 AUDIT

과도한 음주는 건강을 악화시킬 수 있으며, 귀하가 받고 있는 치료나 복용하는 약물에 악영향을 줄 수 있습니다. 그러므로 음주에 대한 귀하의 습관을 확인하는 것은 중요합니다. 이 설문에 대한 응답에 대한 비밀은 지켜질 것이므로, 솔직히 대답하여 주시기 부탁드립니다. 각 문항 중 당신에게 해당하는 답에 'O' 표를 해 주시기 바랍니다. 질문에 나오는 1잔이란 술의 종류와 관계없이 1잔의 양을 의미합니다. 즉, 맥주의 경우 맥주잔 1잔, 소주의 경우 소주잔 1잔, 양주의 경우 양주잔 1잔 등 각 술에 따른 술잔에서의 1잔을 뜻합니다.

질문	0	1	2	3	4
1. 술은 얼마나 자주 마십니까?	전혀 마시지 않는다	한 달에 한 번 미만	한 달에 2~4회 마신다	1주일에 2~3회 마신다	1주일에 4회 이상 마신다
2. 평소 술을 마시는 날 몇 잔 정도나 마십니까?	1~2잔	3~4잔	5~6잔	7~9잔	10잔 이상
3. 한번 술을 마실 때 6잔 이상 마시는 음주는 얼마나 자주 하십니까?	전혀 없다	한 달에 한 번 미만	한 달에 한 번	일주일에 한 번	매일같이
4. 지난 1년간, 술을 한 번 마시기 시작하면 멈출 수 없었던 때가 얼마나 자주 있었습니까?	전혀 없다	한 달에 한 번 미만	한 달에 한 번	일주일에 한 번	매일같이
5. 지난 1년간 당신은 평소 할 수 있었던 일을 음주 때문에 실패한 적이 얼마나 자주 있었습니까?	전혀 없다	한 달에 한 번 미만	한 달에 한 번	일주일에 한 번	매일같이
6. 지난 1년간 술을 마신 다음날 아침에 일을 나가기 위해 다시 해장술이 필요했던 적이 얼마나 자주 있었습니까?	전혀 없다	한 달에 한 번 미만	한 달에 한 번	일주일에 한 번	매일같이
7. 지난 1년간 음주 후에 죄책감이 들거나 후회를 한 적이 얼마나 자주 있었습니까?	전혀 없다	한 달에 한 번 미만	한 달에 한 번	일주일에 한 번	매일같이
8. 지난 1년간 음주 때문에 전날 밤에 있었던 일이 기억나지 않았던 적이 얼마나 자주 있었습니까?	전혀 없다	한 달에 한 번 미만	한 달에 한 번	일주일에 한 번	매일같이
9. 음주로 인해 자신이나 다른 사람이 다친 적이 있었습니까?	없었다		있지만, 지난 1년간에는 없었다		지난 1년 내에 있었다
10. 친척이나 친구, 또는 의사가 당신이 술 마시는 것을 걱정하거나 술 끊기를 권유한 적이 있었습니까?	없었다		있지만, 지난 1년간에는 없었다		지난 1년 내에 있었다
합계					

(2) CAGE

2점 척도의 4문항으로 구성된 자기보고형 검사다(〈표 3-3〉 참조). Cut down, Annoyed, Guilty, Eye-opener의 약자를 따 명명된 CAGE는 문항이 짧고 간결하여 일차 의료기관이나 대규모 조사에서 사용하기에 용이하다. 그러나 알코올 의존을 발견하는 데에는 유용하지만 문제음주의 선별에서는 다소의 문제점이 있는 것으로 평가된다. 박병강(2000)의 연구에 따르면 2문항 이상을 알코올 남용으로, 3문항 이상을 알코올 의존으로 선별하는 것이 바람직하며, 이 경우 민감도 76.1~88.9%, 특이도는 85.1~90.0%다.

표 3-3 CAGE

1. 음주량을 줄이거나 끊어야 한다고 느낀 적이 있습니까?	(1)예: (0)아니요
2. 음주 때문에 사람들로부터 비난을 받은 적이 있습니까?	(1)예: (0)아니요
3. 음주 때문에 죄책감을 느낀 적이 있습니까?	(1)예: (0)아니요
4. 숙취를 제거하기 위해 아침에 일어나서 해장술을 마신 적이 있습니까?	(1)예: (0)아니요

(3) TWEAK

TWEAK(Tolerance, Worried, Eye-opener, Amnesia, Cut-down)는 5문항으로 구성되어 있고, 임신 중의 위험음주를 선별하기 위해 개발되었다. Tolerance와 Worried에 대해서는 2점의 가중치를 주고 나머지는 1점으로 채점하며, 3점 이상이면 문제음주일 가능성이 높다(Russel et al., 1991).

(4) 한국어판 알코올 중독자 자녀 선별검사(The Korean version of Children of Alcoholics Screening Test: CAST-K)

알코올 중독자 및 문제음주자의 자녀들을 효과적으로 선별하기 위해 Jones(1981)에 의해 개발되고, 김미례, 장환일 그리고 김경빈(1995)에 의해 한국어판으로 번안되어 신뢰도와 타당도가 검증되었다. 30문항의 자기보고형 검사도구로 각 문항에서 '예, 아니요' 중의 하나를 선택하도록 되어 있고, 총점이 6점 이상인 경우 알코올 중독자의 자녀로 선별한다. 검사-재검사 신뢰도는 .83,

내적 일관성은 .94로 높았다.

(5) 청소년 약물 남용 선별검사(Problem Oriented Screening Instrument for Teenagers: POSIT)

POSIT는 청소년의 약물 및 알코올 남용 가능성의 선별과 조기 개입을 목적으로 미국 국립약물남용연구소(National Institute on Drug Abuse)에 의해 개발되었으며 10가지 영역에 걸쳐 약물 문제 행동을 사정하는 도구다. 최초에는 139문항이었으며, Latimer 등(1997)이 11문항으로 재구성하였고, 한국에서는 11문항을 김용석(1999)이 번안하여 신뢰도와 타당도를 검증하였다. 김용석의 연구에서 11문항판 POSIT의 신뢰도는 .81이었고, 총점 2점 이상을 약물 남용 청소년으로 선별할 때 91%의 정확도를 보였다.

(6) 청소년 문제성 음주자 선별검사(Korean Adolescent Alcohol Problem Index: KA.A.PI)

우리나라 일반 청소년을 대상으로 문제성 음주 청소년을 선별하기 위해 개발된 도구다(김광기, 제갈 경, 송선미, 2005). 17문항으로 리커트 방식의 5점 척도로 '그런 적이 없다' (0점)에서 '매우 자주 그러는 편이다' (4점)까지의 범위이며, 총합이 10점 이상인 경우 문제성 음주 청소년으로 분류한다. 검사-재검사 신뢰도는 .88로 높고, POSIT와의 상관 계수도 .85로 높은 타당도를 보였다.

2) 진단 도구

알코올 및 약물 의존을 정의하고 진단하는 방식의 차이 때문에 다양한 논란이 발생하는 경우가 많다. 알코올 및 약물 의존의 원인이나 치료 방법에 관한 해답은 어떤 정의(개념)를 사용하느냐에 따라 달라진다.

알코올 중독에 대한 Jellineck(1960)과 A.A.가 주장하는 질병 개념에서는 높은 주관성이 포함되어 있다. 그들의 질병 개념은 알코올 사용자가 자신을 알코올 중독자로 인식하는 것과 관련되어 있기 때문이다. DSM-IV-TR과 ICD-10에서는 알코올 중독과 약물 의존을 정의하는 데 있어서 보다 객관적인 기준을 바탕으로 하고 있다. 전문가들이 진단 기준에 대한 의견 일치를 이루려는 시도를 하며 임상적 근거가 축적됨에 따라 이러한 기준들은 주기적으로 개정되고 있다.

국제적으로(예: 세계보건기구) 물질 사용장애 전문가들과 연구자들은 물질 의존과 물질 남용을 진단하는 데 사용되는 구체적인 기준을 개발하였다. 여기서는 기준 비교를 위해 물질들 중에 알코올에 관련된 진단을 다룰 것이다. ICD-10과 DSM-IV-TR에서 채택하고 있는 진단은 '알코올 사용장애'의 범주 속에서 비교적 중증에 해당하는 경우를 '알코올 의존'으로 규정하고 있고, 비교적 경증에 해당하는 경우를 DSM-IV-TR의 진단 기준에서는 '알코올 남용'으로, ICD-10의 진단 기준에서는 '해로운 음주(harmful alcohol use)'로 정의하고 있다. 여기에서는 알코올 남용(〈표 3-4〉 참조)과 해로운 음주(〈표 3-5〉 참조)에 대한 DSM-IV-TR과 ICD-10의 진단 기준을 비교하였다.

표 3-4 DSM-IV-TR의 알코올 남용과 ICD-10의 해로운 음주 진단 기준

DSM-IV-TR	ICD-10
A. 최근 12개월 이내에 다음 항목들 중 임상적으로 하나 이상의 유의미한 손상이나 고통을 야기하는 부적응적 알코올 사용 양상 (1) 반복적인 음주로 인해 직장, 학교나 가정에서의 주요 의무를 수행하지 못하는 경우(예: 감봉, 정직, 지각, 결석, 가족생활 태만). (2) 신체적으로 위험한 상황에서 반복적으로 음주하는 경우(예: 음주 상태에서 위험한 기계를 조작) (3) 음주와 관련된 반복적인 법적 문제(예: 음주운전 입건, 폭력) (4) 음주가 원인이 되거나 음주에 의해 악화되는 사회적 혹은 대인관계상의 문제가 지속적 혹은 반복적으로 발생함에도 불구하고 알코올을 계속 사용하는 경우(예: 음주문제에 대한 부부싸움) B. 위 증상들이 알코올 의존 기준에 부합되지 않아야 함	A. 신체적 혹은 정신적 건강에 폐해를 주는 음주 양상. 음주로 인한 신체적 혹은 정신적 손상이 확인되면 진단이 가능함 B. 위 증상들이 알코올 의존 기준에 부합되지 않아야 함

표 3-5 알코올 의존에 대한 DSM-IV-TR과 ICD-10의 진단 기준

	DSM-IV-TR	ICD-10
증상	A. 지난 12개월 동안 다음 항목 중 세 가지 이상의 임상적으로 유의미한 손상이나 고통을 야기하는 부적응적 알코올 사용 양상	A. 지난 12개월 동안 다음 항목 중 세 가지 이상을 경험한 경우
내성	1. 이전의 음주 효과를 얻기 위해 이전보다 더 많은 양의 음주를 필요로 하거나, 혹은 이전과 동일한 양의 음주를 했을 때에 음주 효과가 현저하게 감소됨	1. DSM-IV-TR과 유사함
금단	2. 특징적인 알코올 금단증상이 발생하거나 혹은 금단증상을 완화시키거나 회피하기 위해 음주함	2. DSM-IV-TR과 유사함
조절장애	3. 음주를 중단하거나 줄이고자 하는 지속적인 욕구가 있거나, 혹은 단주나 절주 노력을 하지만 실패함 4. 의도했던 것보다 더 많은 양이나 시간 동안 음주함	3. 음주 시작, 음주 중단, 혹은 음주량 조절 곤란
활동 소홀	5. 음주 때문에 중요한 사회적 · 직업적 활동이나 여가 활동을 하지 않거나 줄임	4. 음주를 위해 다른 즐거움이나 취미를 점점 소홀히 함
음주시간	6. 술을 구하거나, 술을 마시거나, 혹은 숙취로부터 회복하기 위해 필요한 활동에 많은 시간을 보냄	5. DSM-IV-TR과 유사함
부정적 결과가 있음에도 음주	7. 알코올 사용이 원인이 되거나 알코올 사용으로 악화되는 신체적 혹은 심리적 문제가 지속적이거나 반복적으로 발생한다는 점을 인식하고 있음에도 불구하고 계속 음주함	6. DSM-IV-TR과 유사함
강박적 사용	기준 없음	7. 음주에 대한 강박적 욕구

주: 위 기준은 알코올뿐만 아니라 기타 약물에도 적용됨

3) 사정 도구

사정의 목적은 개인의 고유한 상황에 대한 이해를 제공하는 것이다. 사정은 매우 단순한 문제에서부터 매우 복잡한 문제까지 다루며, 당면 문제들에 있어서 가장 중요한 중독 차원들을 측정할 수 있도록 설계되어야 한다. 여기서는 알코올 사용장애에 있어서 측정해야 할 여섯 가지 차원에 대해 설명할 것이다.

(1) 알코올 사용

알코올 사용에 관해서 우선적으로 파악해야 할 문제는 음주 여부다. 미국 국립과학회(National Academy of Sciences)에서 제안한 모델에서는 문제 수준의 범위와 개입 유형을 포함시키고 있다. 개인의 음주력과 현재 소비 유형(consumption pattern)에 대한 이해는 여러 가지 유용한 기능을 가져다준다. 음주력과 현재 소비 유형은 치료해야 할 문제를 찾아내는 데 도움이 될 것이며, 변화를 평가하는 데 필요한 기저선을 제공할 것이다. 또한 소비 유형에 대한 정보는 더욱 면밀한 측정이 요구되는 또 다른 차원들을 찾아내는 단서를 제공할 수 있다. 예를 들어, 일정한 시간의 단주도 없이 장기간 과음하는 소비 유형은 알코올 의존과 금단증상에 대한 사정의 긴급성을 증가시킨다.

모든 소비 평가에서는 음주의 빈도와 강도를 사정한다. 빈도 차원과 관련하여, 상담자는 내담자가 음주하는 날이 일주일(혹은 한 달)에 며칠인지를 질문한다. 알코올 문제 치료의 분명한 목표는 이 숫자를 0으로 만드는 것이고, 만약 0으로 만들지 못한다면 덜 위험한 수준까지 음주일(drinking days)을 감소시키고 단주일(abstinent days)의 비율을 증가시키는 것이다. 강도(intensity) 측정치는 대개 음주일의 음주량에 초점을 맞춘다. 강도를 측정하기 위한 질문은 마신 표준잔(standard drink)[1]의 수나 규정된 '과음' 수준을 초과하여 마신 날의 비율에 초점

---

1) 술의 종류에 관계없이 술마다 전형적으로 사용하는 잔에 포함된 순수 알코올의 양이 표준잔이다. 국가마다 일반적으로 사용하는 잔의 크기가 다르기 때문에 국가마다 표준잔도 달라진다. 예를 들어, 영국은 순수 알코올 8g, 미국은 12~14g, 호주는 10g을 표준잔으로 정의하고 있다. 우리나라의 경우 가장 애용되

을 맞춘다. 개인의 혈중 알코올 농도를 측정하기 위해서는 표나 컴퓨터 프로그램을 이용할 수 있다(예: Markham, Miller, & Arciniega, 1993; Sobell & Sobell, 1992). 혈중 알코올 농도는 다음과 같은 공식으로 추정한다.

$$\text{혈중 알코올 농도} = \frac{\text{섭취한 알코올의 양[음주량(ml)} \times \text{술의 농도(\%)} \times 0.7894]}{\text{음주자의 체중(kg)} \times \text{성별계수(남자: 0.7, 여자: 0.6)} \times \text{음주량(ml)}}$$

알코올 소비에 대한 가장 간단한 척도는 두 차원을 측정하는 문항들로 구성된 양/빈도(quantity/frequency: QF) 질문지다. 빈도 질문은 대개 "지난 ____일 동안 며칠을 음주하였습니까?"다. 일반적인 강도(음주량) 질문은 "술을 마시는 날에는 대개 몇 잔을 마십니까?"다. 이런 질문을 할 때, 표준잔으로 한 잔이 어느 정도의 양인지를 알려 주는 것이 좋다(Miller, Heather, & Hall, 1991). 이 질문들은 구두로 이루어지며, 수많은 선별 도구와 진단 도구에도 포함되어 있다. 질문지로 된 잘 알려진 QF 척도들 중의 하나를 Cahalan(1970; Cahalan, Cisin, & Crossley, 1969)이 개발하였는데, 주요 술 종류(맥주, 와인, 위스키)에 따른 3개 문항(양, 빈도 및 소비의 가변성)으로 구성되어 있다.

두 번째 방법은 TLFB(Timeline Follow-Back) 절차다(Sobell & Sobell, 1992). TLFB는 구조화된 면담 기법으로서 알고 싶은 기간 동안의 일일 알코올 소비량을 재구성하기 위해 월간 달력과 기억 기준점(anchor points)을 사용하여 일정한 시간 간격으로 소비량을 표집한다. TLFB는 치료 효과 연구에서 알코올 소비를 사정하기 위한 방법으로 개발되었다. 또한 공공 분야(Miller, 1996)에서 사용되는 Form 90 면담 도구는 중다 약물 사용을 사정하기 위한 도구인데(Westerberg, Miller, & Tonigan, 1998), 심리측정학적으로 매우 신뢰할 수 있고 타당하였다(Tonigan, Miller, & Brown, 1997).

이 두 방법은 모두 사람들로 하여금 일정 기간 동안에 자신이 마신 알코올 소

는 소주 1잔에는 50ml(1잔의 부피)×0.2(알코올 도수)×0.79(변환계수)=8g의 순수 알코올이 들어 있고, 맥주 1잔에도 이와 유사하게 7.1g의 순수 알코올이 들어 있다. 따라서 우리나라의 경우 영국과 같이 순수 알코올 8g을 표준잔으로 규정하는 것이 임상실무에서 유용할 것이다(전영민, 2006).

비 행동을 회상하게 하는 회고적 자료 수집법을 사용한다. 알코올 소비를 사정하기 위한 네 번째 방법은 자가-모니터링 혹은 일기법으로, 개인이 자신의 알코올 사용 행동에 대해 실시간으로 기록하는 것이다. 이 방법을 사용하는 사람은 음주할 때마다 일기장에 기록한다. 이 방법은 기억에 의존하지도 않고 '전형적인' 음주 행동만을 보고하는 방법과도 다르다. 수많은 연구들이 QF, TLFB, 일기법을 서로 비교하였는데, 방법들 간에 큰 차이가 없었다(예: Grant, Tonigan, & Miller, 1995).

(2) 알코올 관련 문제

알코올 소비에 대한 측정이 중요할지라도 이것만으로는 내담자에 대한 완전한 임상적 정보를 파악해 낼 수 없다. 예를 들어, 알코올 사용 감소가 측정되었을지라도 여전히 내담자 생활의 다른 많은 부분에서 문제가 발생될 수 있다. 완전히 술을 끊은 후에도 수면장애와 같은 신체적 문제가 몇 년 동안 지속될 수 있다. 반대로 어떤 사람들은 오랜 기간 계속해서 지나친 음주를 하면서도 뚜렷한 부정적인 결과를 겪지 않는다. 장기간 지속되는 신체적 후유증인 금단 후 증후군(postwithdrawal syndrome)은 재발 요인으로 가정되고 있다(Roelofs, 1985). 개인 내적 및 대인관계적 문제와 갈등은 재발의 선행 요인일 수 있다(Marlatt & Gordon, 1985). 이러한 알코올 문제 유형은 개별 사례를 이해하고 다루는 데 있어서 중요한 단서를 제공한다.

알코올 문제에 대한 보다 철저하고 집중적인 평가를 해야만 하는 몇 가지 이유가 있다. 첫째, 임상가들은 선별 도구나 진단 도구를 통해 파악할 수 있는 것보다 더 많은 광범위한 문제들에 관심을 가질 것이다. 둘째, 이러한 문제들은 알코올 소비나 의존 문제와는 다르기 때문에 별도로 사정되어야 한다. 셋째, 임상가들이 관심을 가지는 것은 치료 전후의 알코올 관련 문제들의 수준과 변화들이다.

의존 증후군과는 구분되는 알코올 문제들을 측정하기 위한 도구들이 개발되었다. 이러한 도구들은 특정 집단을 대상으로 사용하기 위해 개발된 것이다. 음주자 결과 질문지(Drinker Inventory of Consequences: DrInC; Miller, Tonigan, &

Longabaugh, 1995)는 성인을 대상으로 한 임상적 목적과 연구 목적으로 개발된 것이다. DrInC는 자기보고식 50문항 질문지로, 다섯 개 영역(대인관계, 신체, 사회, 충동성, 개인 내적)에 대해 알코올 남용의 부정적 결과를 사정하기 위해 개발되었으며, 치료 계획 수립과 치료 효과에 대한 평가에 사용될 수 있다. DrInC의 15문항판인 간편형 문제지수(Short Index of Problems: SIP)는 Project MATCH(Project MATCH Research Group: PMRG, 1993)에 사용된 50문항판에 근거해서 개발된 것이다(Forcehimes et al., 2007). SIP도 신뢰도와 타당도가 높은 것으로 나타났다.

(3) 의존

개인은 알코올 중독이 없으면서도 의미 있는 알코올 문제들을 가지고 있을 수 있는 것으로 나타났다(Institute of Medicine, 1990; Jellinek, 1960). DSM 체계에 의한 진단은 알코올 남용과 의존을 구분하고 있다.

심리측정학적으로 견실한 많은 척도들이 성인용으로 개발되었다. 알코올 의존 척도(Alcohol Dependence Scale: ADS; Skinner & Horn, 1984)는 알코올 사용 검사(Alcohol Use Inventory: AUI; Horn, Wanberg, & Foster, 1987)의 228문항을 이용하여 개발된 25문항의 척도이며 심리측정학적으로 매우 타당한 검사 도구다. ADS는 자기보고식 검사로서 완성하는 데 10분 정도 소요된다.

두 번째 도구는 알코올 의존 심각도 척도(Severity of Alcohol Dependence Questionnaire: SADQ; Stockwell et al., 1979)다. 이 척도는 알코올 의존 증후군의 요소들에 초점을 맞추고 알코올 관련 문제들은 제외시키고 있다(Stockwell, Murphy, & Hodgson, 1983). SADQ는 20문항으로 구성된 자기보고식 검사로서 과음한 30일 기간에 초점을 맞추고 있다. SADQ는 양호한 검사-재검사 신뢰도와 내적 일관성을 보이고 금단증상 심각도에 대한 임상적 증상과 높은 상관이 있었다(Stockwell et al., 1983). 보다 최근 판은 임상 집단보다는 일반 집단에 사용하기 위해 개발되었으며 일반 전집 규준표가 마련되어 있다(Stockwell, Sitarthan, McGrath, & Lang, 1994).

치료 프로그램에서 금단 증상의 경중을 확인하는 데 실용적 유용성이 있는 도구는 Clinical Institute Withdrawal Assessment for Alcohol(CIWA-A; Shaw et al., 1981; http://www.camh.net/resources/)이다. 이 척도는 15문항으로 구성되어 있고 모니터링되거나 의료적 도움에 의한 금단증상 치료의 필요성을 측정하고, 해독 과정 동안에 환자들이 경과를 사후관리하는 데 사용된다. 이 도구는 이후에 8문항판(CIWA-AD)과 10문항판(CIWA-AR)으로 개발되기도 했다.

(4) 신경심리학적 사정

과음이 심각한 신경학적 및 신경심리학적 기능장애를 초래할 수 있다는 것은 분명하다. 베르니케 뇌장애 및 코르샤코프 정신병과 같이 매우 명확하게 드러나는 심한 손상을 파악하기는 비교적 쉽지만 대부분의 신경심리학적 결손들을 찾아내기는 훨씬 더 어렵다. 신경인지적 기능결손은 알코올 관련 손상의 가장 초기에 나타나는 가장 민감한 지표들 중 하나이기 때문에, 보다 광범위한 손상이 발생하기 이전에 알코올의 유해한 영향을 찾아내기 위해서는 신경심리학적 사정이 중요하다. 더구나 인지기능 및 충동성과 관련된 요인들이 치료 효과에 영향을 미친다는 점은 신경심리학적 사정의 또 다른 잠재적 가치를 말해 주고 있다.

알코올 중독과 관련되는 명확한 형태의 신경심리학적 손상에 대한 증거는 많다(Miller & Saucedo, 1983). 지속적 주의력 장애, 품행장애 및 학습 문제는 물질남용자들에 의해 수없이 보고되는 문제들이지만 청소년들의 일반적인 손상 형태에 대한 연구는 많지 않다(Moss et al., 1994). 성인 알코올 중독자들이 네 가지 주요 영역(실행 기능, 기억, 시공간 수행 및 운동 수행)에서 통제 집단보다 유능하지 않다는 증거는 일관성 있게 보고되고 있다. 실행 기능의 손상은 인지 세트 전환 능력(cognitive set shifting) 및 문제해결 능력에 대한 검사[예: 위스콘신 카드 분류 검사, 홀스테드-라이탄 범주 검사, 선로 잇기 검사 B(Trail-Making part B), 라벤의 격자형 추리 행렬 과제(Raven's Progressive Matrices)]와 작동기억 검사(예: 지연 반응 과제)에서 명확하게 드러난다. 기억 영역의 주요 연구 결과에 의하면 외현기억(explicit memory)은 절차기억(procedural memory)이나 암묵기억(implicit memory)보다 나쁘다. 벤톤 시각파지 검사(Benton Visual Retention Test)와 웩슬러 기억 검사의 이야기 회상/시각 재생성 검사(Story Recall/Visual Reproduction)는 성인 알코올 중독자들에게 사용되는 외현기억 검사다. 시공간 기능의 손상을 민감하게 사정하는 검사는 웩슬러 성인용 지능 검사(Wechsler Adult Inttelligence Scale: WAIS)의 수행 하위 검사(예: 토막 짜기, 바꿔 쓰기, 차례 맞추기, 모양 맞추기), 촉각 수행 검사(Tactual Performance Test), 그리고 숨은 그림 찾기 검사와 같은 장 의존 검사(field dependence measures)다. 마지막으로 동작 수행 영역에서 나타나는 알코올 관련 손상은 손동작 민첩성 검사(예: Finger Tapping Test)와 균형 과제에서 잘 드러난다.

신경심리학적 기능이 단주 첫 달 동안 나타나는 경우가 있다는 점은 주목할 만하다(Hester, Smith, & Jackson, 1980; Miller & Saucedo, 1983). 개인의 안정적인 적응 기능 수준을 사정하기 위해서는 검사를 단주 3개월 후에 실시하는 것이 바람직하다. 한편 알코올로 인한 현재의 인지 기능 수준에 관심이 있다면 단주 초기에 검사를 하는 것이 바람직하다. 초기 검사 결과에 대한 피드백은 내담자의 변화 동기를 향상시키는 데 사용된다(Miller et al., 1992).

(5) 생의학적 후유증

과음의 만성적 영향은 중추신경계뿐만 아니라 신체의 거의 모든 기관에서 관찰된다. 과음의 부정적 영향은 간, 내분비선 및 면역체계, 위장관, 심장혈관계에서 나타난다(Naional Institute on Alcohol Abuse and Alcoholism, 2000). 청소년보다는 성인에게서 발생할 가능성이 더 많은 이러한 중추신경계 문제들은 의학적 관심사이며, 내담자의 행동과 심리 기능에도 뚜렷한 영향을 미친다. 심리행동적 결과에는 우울과 같은 기분 문제에서부터 직업을 유지할 수 없는 것과 같은 사회적 결과에 이르기까지 다양하다. 앞에서 설명한 사정 방법들로는 음주로 인한 건강 손상 정도를 정확하게 사정할 수 없다. 따라서 건강질문지(Health Questionnaire: HQ; Brodman et al., 1949)와 같은 일반적인 건강 선별검사를 사용하는 것이 바람직하다. HQ는 195문항의 자기보고식 검사로서 건강 관련 질문에 대해 '예' 혹은 '아니요'로 답하게 되어 있다. 중독 환자를 대상으로 한 연구들에 의하면 HQ는 임상적으로 타당하였다(Addiction Research Foundation, 1993).

(6) 포괄적 도구 및 사정을 위한 면담

내담자의 상황에 대한 포괄적인 이해는 치료 계획을 수립하는 데 유용하며, 파악해야 할 필요가 있는 중요한 속성들을 당신이 간과하지 않도록 하는 데에도 도움을 준다. 알코올 관련 장애들은 이분법적으로 발생하는 것이 아니라 정도의 차이가 있을 뿐 느슨하게 연결된 다차원 연속선상에 존재한다(Institute of Medicine, 1990; Maisto & Connors, 1990). 최근에 개발된 사정 도구에는 이러한 개념이 반영되어 있다.

분리된 각 영역들을 사정하기 위해 개별적 사정 도구를 사용하는 것에 대한 대안은 여러 영역들을 단일 질문지에서 모두 다루는 포괄적 도구를 사용하는 방법이다. 단연코 가장 강력한 포괄적 지필 검사 도구는 알코올 사용 검사(Horn et al., 1987), 즉 AUI이다. AUI는 228문항의 24개 하위 척도로 구성되어 있으며, 알코올의 사용, 양상, 유형 및 음주 이득에 관한 다차원적이고 포괄적인 사정 도구다. 이 척도는 음주 유형과 양상에 따라 각 내담자에게 맞는 치료 서비스를 계획하는 데 유용하다. 이덕기 등(1998)이 이를 번안하여 신뢰도와 타당도를 연구하였는데, 내적 일치도 신뢰도는 .60 이상으로 수용할 수 있는 수준이었다(음주량 하위 척도만 .60 미만).

중독 심각도 지수(Addiction Severity Index: ASI; McLellan, Luborsky, Woody, & O'Brien, 1980), 즉 ASI는 알코올 사용장애를 포함하는 물질 남용 및 의존의 심각도를 평가하기 위해 200문항 7개 하위 척도로 구성된 구조화된 면담 도구다. ASI는 여섯 가지 문제 영역(신체 상태, 직업/경제 상태, 알코올 및 약물 사용, 법적 상태, 가족/사회관계, 정신의학적 상태)에 대한 자료를 수집한다(McLellan et al., 1992). 이 척도를 이덕기 등(1997)이 번안하여 신뢰도와 타당도를 검증하였다. 연구 결과, 일부 문항을 제외하고는 비교적 만족할 만한 신뢰도와 타당도를 보여 주었으며 알코올 의존 환자의 치료와 연구에 유용하게 사용될 수 있음이 시사되었다.

종합 음주 프로파일(Comprehensive Drinker Profile: CDP; Miller & Marlatt, 1984)

은 구조화된 면담 도구다. 음주력 영역에는 음주 소비, 알코올 관련 생활 문제, 음주 환경, 선호하는 주종, 의료 과거력 및 관련 행동 등을 사정하는 방법들이 포함되어 있다. 인구통계학적 자료와 음주 동기 및 변화 동기에 관한 정보도 수집된다. 간편형 음주 프로파일(Brief Drinker Profile: BDP)도 개발되었다(Miller & Marlatt, 1987).

여러 가지 포괄적 사정 도구들이 청소년용으로도 개발되었다. 가장 광범위하게 사용되는 것으로는 체험질문지(Personal Experience Inventory: PEI; Winters & Henly, 1989)가 있다. PEI는 276문항으로 구성된 자기보고식 질문지다. 이 검사는 약물 문제 심각도, 약물 사용 빈도 및 시작, 개인적 위험 요인, 환경적 위험 요인, 문제 선별(예: 신체 및 성 학대) 등을 다룬다. 공동의존의 문제를 공동의존 사정 척도로 평가할 수 있다. Friel(1985)이 개발한 공동의존 사정 척도는 총 60문항의 자기보고식 질문지로서 알코올 중독자의 부인이 경험하는 공동의존의 정도를 다음의 12가지 영역에서 측정하는 사정 도구다. 이 설문의 Cronbach' α값은 .92로 높은 내적 일치도에 의한 신뢰도를 보이고 있다. 우리나라에서 한글화한 설문 도구로 시행된 윤명숙(1997)의 연구에서도 .88의 높은 Cronbach' α값을 보였다. 또한 알코올 의존자의 자녀를 위한 사정 도구로 알코올 중독자 자녀 사정 도구 문제성 음주자의 자녀 변별검사(Children of Alcoholics Screening Test: CAST)가 있는데, Jonse(1983)가 개발한 검사 도구로, 부모의 음주 행동에 대한 자녀의 감정, 지각, 태도, 경험을 묻는 30문항으로 이루어졌다. 이후 이 설문을 기초로 하여 CAST에서 6문항을 발췌한 단축형을 Hodgins와 Shimp(1995)가 개발하였다(CAST-6). 윤명숙과 조혜정(2008)이 한글화한 연구에서 본 척도의 Cronbach' α계수는 .81로 나타났다.

4) 동기화

(1) 음주 이유

문제음주자들의 동기화 요인에 대한 직접적인 측정이 최근에 강조되고 있다.

한 가지 측정 방법은 내담자들에게 음주하는 이유(음주의 장점)와 변화의 이유(음주의 단점)에 대해 질문하는 것으로서 의사결정 균형 척도(decisional balance assessment; Janis & Mann, 1977)와 유사하다. 이러한 열린 질문 유형은 CDP에도 포함되어 있다. 음주의 장점과 변화 준비도에 관한 정보는 AUI에서도 제공된다. 이러한 목적으로 사용되는 다른 구조화된 조사 스케줄에는 음주 상황 질문지(Inventory of Drinking Situations: IDS; Annis, Graham, & Davis, 1987)와 음주 이유 질문지(Reasons for Drinking Questionnaire; Heather, Stallard, & Tebbut, 1991)가 있다.

음주 기대 척도(Alcohol Expectancy Questionnaire: AEQ; Brown et al., 1980)는 음주 행동의 정적 강화에 대한 기대를 사정하기 위해 개발되었다. 이 척도로 측정되는 정적 효과 기대는 1년 후의 재발을 예측해 주는 것으로 밝혀졌다(Brown, 1985). AEQ를 이용해서 만든 두 가지 척도도 이용할 수 있다. 알코올 효과 척도(Alcohol Effects Questionnaire; Rohsenow, 1983)는 알코올의 정적 및 부적 영향을 반영하는 8개 하위 척도로 구성되어 있다. 이 척도는 다시 신념의 강도를 측정하는 척도로 수정되었다(Collins et al., 1990). 이러한 40문항 알코올 신념 척도(Alcohol Beliefs Questionnaire: ABQ)는 알코올에 관한 다양한 진술문에 대해 동의하는 정도를 사정한다.

음주 동기 척도는 Cox와 Klinger(1988)의 음주 동기 모형을 바탕으로 신행우와 한성열(1999)이 개발한 도구로서 4점 척도로 채점된다. 음주 동기를 고양, 대처, 동조, 사교의 네 가지로 사정하며, 총 16문항으로 구성되어 있다. 고양 동기는 긍정적인 기분이나 안녕감을 증진시키기 위한 음주 동기를 반영하고, 사교 동기는 긍정적인 사회적 보상을 획득하기 위한 음주 동기, 대처 동기는 부정적인 정서를 감소시키거나 조절하기 위한 음주 동기, 마지막으로 동조 동기는 사회적 비난이나 거부를 회피하기 위한 음주 동기를 반영한다.

한국어판 강박 음주 갈망 척도(Obsessive Compulsive Drinking Scale: OCDS)는 음주에 대한 강박적 사고와 강박적인 알코올 사용을 사정하기 위해 개발되었다(Anton, Moak, & Latharm, 1995). 최문종 등(2002)이 우리말로 번안하여 신뢰도와 타당도를 검증하였는데, 내적 일치도 계수는 .89이었다. 전체 문항은 14문항으로 4점 척도이며, 2개의 하위 척도 점수(강박적 사고와 강박적 행동)가 산출된다. 이 척도는 치료 기간 동안의 변화와 치료 결과를 사정하는 데 유용하게 사용될 수 있다.

(2) 변화 준비도

단주 효능감 척도(Alcohol Abstinence Self-Efficacy Scale: A.A.SE)는 Bandura의 자기효능감 구성 개념에 근거해서 단주와 관련된 자기효능감을 사정하기 위해 개발되었다(DiClemente et al., 1994). 여기서 단주 효능감은 특정 고위험 상황에서 음주 유혹을 받는 정도(음주 유혹 척도)와 음주를 하지 않는 자신감(단주 자신감 척도) 두 가지 측면 모두를 포함한다. 20개 고위험 음주 상황은 4개 하위 척도(부정적 정서, 사회적 압력, 신체적 고통, 금단 및 갈망)로 분류되고 5점 척도로 측정된다. 우리나라에서는 김성재(1996)가 최초로 번안하였고, 최근에는 전영민(2005a)이 3명의 전문가들에 의한 독립적인 번안 과정을 통해 재구성하여 연구에 활용한 바 있다. 내적 일치도 계수는 .75～.92 범위로 신뢰도가 높게 나타났다.

한국어판 변화 동기 척도[2)](The Korean version of the Stages of Change Readiness and Treatment Eagerness Scale: SOCRATES-K)는 알코올 사용장애뿐만 아니라 문제음주자의 변화 동기를 사정하는 도구다. Miller와 Tonigan(1996)이 개발한 19문항판을 전영민(2005)이 번안하여 신뢰도와 타당도를 검증하였으며, 알코올 사용장애 환자들을 대상으로 한 교차 타당화 연구(Chun, Cho, & Shin, 2009)와 대학생 폭음자들을 대상으로 한 요인 구조에 대한 연구(전영민, 2009)가 이루어졌다. 이상의 연구를 통해 안정적인 요인 구조가 확인되었으며, 특히 대학생 폭음자 집단에서는 3요인 구조보다 2요인 구조가 더 적합한 것으로 나타났다. 이

---

2) 최초 연구(전영민, 2005a, 2005b)에서는 척도의 명칭을 '변화 단계 척도'라고 하였으나, 변화 단계보다는 변화 단계의 기저에 있는 차원으로 보고, 2009년 연구(전영민, 조성민, 2009)에서부터는 '변화 동기 척도'로 명명하였다.

척도의 내적 일치도 계수는 인식 척도=.90, 양가성 척도=.63, 실천 척도=.88로서 양가성 척도만 다소 낮은 편이었다(전영민, 2005a). 그러나 대규모 참여자들(N=490)을 대상으로 한 교차 타당화 연구(Chun, Cho, & Shin, 2009)에서는 인식 척도=.92, 실천 척도=.94, 양가성 척도=80으로 모두 높았다. 총 19문항의 5점 척도이며 세 가지 하위 요인(인식, 양가성 및 실천)으로 구성되어 있다. 이 척도는 내담자의 변화 동기에 맞는 치료 계획 수립에 활용될 뿐만 아니라, 치료 결과에 대한 좋은 예측 요인으로 밝혀지면서 치료 효과에 대한 측정치로도 많이 사용되고 있다.

변화 준비도 척도(Readiness to Change Questionnaire: RTCQ)는 문제음주자의 변화 준비도를 사정한다(Rollnick et al., 1992). 3개 하위 척도(전숙고, 숙고, 실행)의 5점 척도이며 12문항으로 구성되어 있다. 유채영(2000)이 번안하여 신뢰도를 검증하였는데, 전숙고 요인의 내적 일치도 계수는 .61, 숙고는 .73, 실행은 .77이었고, 전체 검사 문항의 신뢰도는 .62이며 70 미만으로 보통 수준이다. 김경민(2007)도 이 척도를 번안하여 사용하기도 하였다. RTCQ는 내담자가 전숙고 단계, 숙고 단계, 실천 단계 중 어느 단계에 속하는지를 평가해 준다.

URICA(University of Rhode Island Change Assessment; McConnaughy, Prochaska, & Velicer, 1983)는 32문항의 자기보고식 질문지로서, 초이론적 모델(Prochaska & DiClemente, 1986)에서 제안하는 4개 변화 단계(전숙고, 숙고, 실천, 유지)를 사정한다. 이 척도는 높은 신뢰도 및 예측 타당도를 보였다.

보다 단순한 변화 동기 사정 방법은 '준비도 측정자(readiness ruler)' 로서 질문지에는 "당신의 음주를 끊거나 줄이는 것이 당신에게 얼마나 중요한지를 11점 눈금선에 체크하세요. 0점은 '전혀 중요하지 않다' 이고 10점은 '매우 중요하다' 입니다." 라는 지시문과 함께 0에서 10까지의 눈금이 그려진 줄자 그림이 포함되어 있다. 이와 유사한 방법으로서 자기효능감("당신의 음주를 끊거나 줄이는 것에 대해 당신은 자신감이 있습니까?")이나 준비도("끊거나 줄일 준비는 어느 정도 되어 있습니까?")에 관한 질문에도 사용될 수 있다. 내담자의 변화 동기를 사정하고 다루는 또 다른 방법은 동기 강화 접근법(전영민, 2009)에서 찾아볼 수 있다.

5) 치료 계획 수립

각 개인의 특성에 맞추어 개인마다 다른 치료를 제공하는 개인 맞춤식 치료를 위해서는 내담자에 관한 정보를 알아야 한다. 예를 들어, 가족이 없는 내담자에게는 가족치료를 제공하지 않을 것이다. 이와 동일하게 어떤 치료를 시도하기 이전에 내담자의 알코올 문제에 관하여 깊이 있게 파악하는 것이 유용할 것이다. 치료 계획에서는 최소한 이미 확인된 물질 사용장애뿐 아니라 치료 경과와 관련된 다양한 문제들, 즉 가족 및 중요 지인들과의 관계, 고용, 교육, 영성, 건강 문제, 법적인 문제 등도 검토해야 한다.

지금까지 설명한 대부분의 사정 도구들은 치료 계획을 수립하는 데에도 유용하다. 그러나 이러한 목적으로만 특수하게 개발된 도구는 많지 않다. 앞에서 설명한 세 가지 포괄적 사정 도구(즉, AUI, CDP/BDP, ASI)가 치료 계획 수립을 목적으로 개발된 것이다.

치료 계획을 수립하는 데 있어서 하나의 특별한 전략은 가장 가능성이 높은 재발 원인들을 미리 고려하여 구체적인 치료 요소로 활용하는 것이다(Marlatt & Gordon, 1985). 이것은 음주 상황 질문지(IDS; Annis et al., 1987)의 기저 전략이다. 이 질문지는 100문항으로 구성되어 있는데, 잠재적인 음주 상황을 개인 내적 범주와 대인 간 범주로 구분하고 있다. 내담자는 이 두 유형의 상황에서 술을 마신 빈도를 보고한다. 잘 만들어진 사용자 매뉴얼이라면 실시 요강, 심리측정학적 속성, 규준 자료 및 기타 유용한 해석 정보를 제공할 것이다. 단축형(42문항)인 상황 자신감 질문지(Situational Confidence Questionnaire: SCQ)는 각 상황에서 음주를 하지 않을 자신감(자기효능감)을 사정한다.

6) 사후관리

지금까지 설명한 많은 도구들을 사후관리 단계에서도 다시 실시할 수 있다. 중요한 점은 사정 도구에서 질문하는 기간이다. 예를 들어, 질문지들마다 지난 3개월 동안이나 1년 동안에 있었던 문제들에 대해 질문한다. 평가하고 싶은 기간에 맞추어서 질문지 지시문을 수정할 필요가 있다. 치료하기 이전에 이루어지는 사전사정에서는 1년 동안의 증상 발생에 대해 질문하고, 치료 이후에 이루어지는 사후관리에서는 대개 치료 이후의 기간 동안이나 혹은 사전사정 이후부터의 기간 동안에 대해 질문한다. 어떤 사정 도구들은 사후관리용으로 특별히 개발된 동형 검사 도구도 함께 갖추고 있다(예: Miller, 1996).

내담자가 치료 이후에 받은 부가적인 치료, 자조 모임이나 건강 서비스에 대해 파악하는 것도 유용하다. 치료 서비스 면담 검사(Treatment Services Review; McLellan et al., 1992)는 41문항의 구조화된 면담 도구로서 내담자가 받은 서비스 유형에 관한 정보를 제공한다. 13문항의 A.A. 참여도 검사(Tonigan, Connors, & Miller, 1996)는 내담자가 A.A.에 참여한 정도에 대해 질문한다. A.A. 참여도 점수는 치료 효과를 A.A. 출석 그 자체보다 더 정확하게 예측해 주는 것으로 나타났다(Montgomery, Miller, & Tonigan, 1995).

5. 프로그램 평가

앞에서는 알코올 문제를 지닌 개인에 대한 평가를 강조하였다. 여기서는 알코올 치료 프로그램에 대한 평가에 초점을 맞출 것이다. 물론 치료 프로그램의 효과는 개인에 대한 치료 효과와 중복되는 면이 있다.

1) 평가 목적

개인 평가의 여섯 가지 목적을 설명하였던 것처럼 프로그램을 평가하는 데 있어서도 몇 가지 이유가 있다. 프로그램 평가의 목적에 대한 한 가지 전통적 구분은 형성 평가(formative evaluation)와 총괄 평가(summative evaluation)다(Edwards, Guttentag, & Snapper, 1975).

평가란 단어를 들을 때 처음 떠오르는 생각은 '최종 결과'에 관한 판단이다. 프로그램의 목표를 마지막에 얼마나 성취하였는가와 같이 프로그램에서 발생했던 것에 대해 회고하여 결정하는 것을 대개 총괄 평가라고 부른다. 프로그램이 종료된 후 모든 결과들을 총합하여 목표 달성 정도를 평가하기 때문이다. 이러한 평가 방법은 프로그램에 대한 재정지원을 계속할 것인지에 대한 의사결정 과정의 한 부분으로서, 프로그램에 대한 재정지원을 하는 기관에서 일반적으로 요구하는 평가 방법이다. 따라서 이러한 평가 목적은 프로그램을 직접 실행하는 치료기관의 입장에서는 가장 위협적인 것이다.

이와는 약간 다른 평가 방법이 형성 평가다. 치료 프로그램을 개선하고 발전시키기 위해서는 실행된 프로그램에 관한 피드백이 필요하다. 형성 평가는 프로그램 진행 중에 프로그램의 원활하고 성공적인 수행을 위하여 문제점을 찾아내고 수정하고 보완할 목적으로 실시되는 평가다. 예를 들어, '프로그램이 잘 진행되고 있는가, 수정을 해야 할 부분은 무엇인가?'에 대한 해답을 찾고자 하는 것이 형성 평가의 목적이다. 따라서 형성 평가는 내담자들을 위해 더 나은 서비스를 제공하고자 하는 동기 때문에 실시된다.

평가를 실제로 실시하는 방법에 있어서는 이 두 평가의 목적이 크게 다르진 않다. 두 평가의 목적은 서비스들을 제공하는 방식을 조정하기 위해 정확한 피드백 정보를 받는 것이다. 그러나 두 평가의 동기는 다르다. 총괄적 관점은 프로그램을 직접 실시하는 치료기관이 아닌 외부에 있는 평가기관의 시각이거나 혹은 프로그램이 종료된 후 프로그램의 효과에 대한 평가를 하려는 평가자의 시각이다. 형성 평가는 프로그램을 진행하는 치료기관에서 프로그램을 개선시키고자 하는 사람들이 주로 하는 평가다.

또 다른 구분은 평가 수준에 따른 구분이다(예: James, 1969). 4개 수준으로 구분되고 있는데, 각 수준은 상이한 정보를 제공한다. 프로그램 평가 보고서에 가장 많이 포함되는 가장 간단한 수준의 평가는 프로그램 노력 평가(effort evaluation)다. 누가 누구에게 얼마나 많은 서비스 시간을 투입하였는가? 이러한 종류의 보고서는 서비스 전달에 관한 것이다. 프로그램에 대한 수행 평가(performance evaluation)는 서비스의 수요 대비 노력을 평가하는 것이다. 즉, 지역사회의 서비스 수요에 대해 투자된 노력은 적절한가? 예를 들어, 수행 평가 보고서는 프로그램 제공 지역 내에서 해당 서비스를 필요로 하는 것으로 측정된 인구 수와 서비스 전달 노력을 비교한다. 또한 서비스를 받지 못하고 있는(따라서 특별히 아웃리치 서비스가 필요한) 집단이 있는지를 평가하기 위해서는 서비스를 받은 지역 주민의 수와 그 지역 전체 주민의 수를 비교할 수도 있다. 이러한 두 평가는 전달된 서비스의 효과성에 관한 문제와는 관련이 없다.

프로그램에 대한 효과 평가(outcome evaluation)는 대상자들에 대한 서비스의 실제적 효과를 평가한다. 효과 평가는 서비스의 질(양이 아님)을 개선시키는 데 유용한 정보를 제공하는 평가다. 어떤 프로그램의 효과성에 대한 전문가의 주관적 육감은 틀리기 쉽다. 효과 평가 없이는 효과적이고 유용한 프로그램 서비스와 그렇지 않은 서비스를 구별하기란 매우 어렵다. 또한 프로그램 결과에 대한 신뢰로운 피드백 없이는 프로그램 서비스의 질이 개선되기 어렵다.

마지막으로 효율성 평가(efficiency evaluation)는 투입된 노력에 대한 효과의 비율에 대한 평가로서 자원의 효율적 사용에 대한 정보를 제공한다. 이와 같은 비용 효과성에 대한 평가는 서비스를 제공하는 방식에 주된 영향을 미친다. 예를 들어, 단기 입원 치료와 외래 치료는 장기 거주 프로그램보다 효율적이다(Institute of Medicine, 1990).

노력을 평가하기 위해서는 서비스 전달을 모니터링할 필요가 있다. 한 걸음 더 나아가 서비스 수행 수준을 평가하기 위해서는 서비스 요구도(예: 서비스를 필요로 하는 인구수)에 대한 평가가 추가되어야 한다. 프로그램 효과를 연구하기 위해서는 서비스의 영향을 모니터링하는 데 필요한 체계를 추가해야 하며, 효율성을 연구하기 위해서는 서비스 비용에 관한 정보가 필요하다.

2) 프로그램 목표 정의

프로그램이 잘 진행되는지에 관한 피드백을 받기 위해서는 그 프로그램이 성취하고자 하는 목표들을 파악할 필요가 있다. 목표를 파악하기 위해서는 그 프로그램의 주된 소비자(내담자)가 누구인지를 알아야 한다. 프로그램 목표는 서비스 집단에 따라 조금씩 다르다. 음주운전 위반자를 다루는 프로그램의 경우 주요 고객은 음주운전 사고를 감소시키고 싶어 하는 법조계일 것이다. 치료에 참여하는 사람들은 각기 매우 다른 욕구를 지니고 있다. 어떤 사람들은 법원에서 요구한 사항들을 충족시키고 싶어 하고, 다른 사람들은 가난, 실직이나 가정폭력과 같은 생활 문제들을 다루고 싶어 한다. 치료자는 내담자의 안녕에 대해 관심을 가지고 있고, 또한 소요되는 시간과 문서기록과 같은 실질적인 고려 사항들에 대해 관심이 있다. 프로그램 관리자는 양질의 서비스를 전달하고 싶어 하면서 또한 음주운전 수강명령 프로그램을 지속적으로 지원하고 싶어 한다. 따라서 이들에게 프로그램의 목표를 정의해 보라고 요청한다면 아마 각자 다른 대답을 할 것이다.

따라서 첫 번째 단계는 프로그램 서비스를 통해 성취될 목표들에 대해 어느 정도의 합의에 이르는 것이다. 치료 프로그램의 일반적인 목표들은 다음과 같다.

① 내담자의 음주, 흡연 및 약물 사용을 감소시키는 것
② 중독 문제와 관련된 생활 문제들을 감소시키는 것
③ 삶의 질을 향상시키는 것

3) 평가 꾸러미 구성

일단 목표 목록이 작성되면 각 목표들을 구체적이고 관찰 가능한 용어로 정의해야 한다. 즉, 당신은 이 목표가 성취되고 있는지를 어떻게 파악할 것인가? 이 목표를 어떻게 사정할 것인가? 이러한 질문은 당신이 프로그램 평가에 포함시킬 사정 도구들을 선택할 때 도움이 된다. 당신은 이러한 목표들을 정의하기 위해 무슨 측정치를 사용할 것인가?

신뢰도가 검증되지 않은 도구를 만들어서 사용하지 말아야 한다. 또한 저작권이 있는 도구를 무단으로 사용하는 것도 피해야 한다. 이러한 점을 고려하면서

프로그램과 내담자의 요구에 맞는 평가 도구(질문지, 면담 등)를 선택해야 한다. 도구들은 다양한 목적을 충족시켜 준다. 예를 들어, 내담자들의 음주에 대한 처치 전 평가는 다음과 같은 다섯 가지 목적을 달성하는 데 유용할 수 있다. 첫 번째 목적은 당신이 치료하는 집단의 심각도를 설명하는 것이다. 두 번째 목적은 당신이 치료하는 집단과 서비스를 필요로 하는 집단을 비교하는 것이다. 세 번째 목적은 각 내담자의 해독치료 필요성을 결정하는 것이다. 네 번째 목적은 각 내담자에게 맞는 서비스를 계획하는 것이다. 마지막으로 다섯 번째 목적은 목표 성취를 평가할 수 있는 기저선 자료를 수집하는 것이다.

그 후 각 프로그램의 목표 성취를 결정하기 위해 당신이 사용할 신뢰할 수 있는 사정 도구를 결정하라. 일단 사정 도구가 결정되고 나면 그 도구를 모든 사례에 일관성 있게 사용하라. 선택된 사정 도구는 대개 처치 전에 1회 사용하고 처치 후에 1회 이상(사후평가) 사용한다.

4) 사후관리 실시

사후관리는 프로그램 평가에서 가장 자주 놓치는 한 부분이다. 사후관리는 바람직하지만 필수적이진 않은 것으로 간주되는 경우도 있다. 이러한 시각은 제약회사가 판매할 약의 효과를 검증하는 데 시간을 낭비해서는 안 된다고 말하는 것과 다를 바 없다. 다시 말해서 피드백 없이는 서비스의 질이 향상되지 않는다.

가장 간단한 사후관리 형태는 치료가 종료되는 날 단기 면담을 실시하는 것이다. 그 이후에는 언제 다시 사후관리를 해야 하는가? 이 문제는 간단하지 않다. 한 가지 고려할 사항은 사후관리 시점이 치료 완료 시간에서 멀어질수록 치료 성공률 평가치는 낮아진다는 점이다. 대개 높은 성공률(예: 금연, 음주량 감소 및 문제 감소)은 중독 행동에 대한 치료 후 첫 3개월 동안에 나타난다. 12개월이 되었을 때 사후면담을 해 보면 이러한 높은 성공률은 크게 감소하는 것이 일반적이다. 사후관리 시점을 뒤로 미룰수록 좋지 못한 치료 효과 측정치가 수집될 가능성이 더 높아진다. 사후관리에서 당신의 목표가 프로그램 효과를 평가하는 것뿐만 아니라 내담자들의 장기적 성공을 향상시키는 것이라면, 비록 치료 후 많은 시간이 흐른 것은 아닐지라도 사후면담 시점을 재발 위험성이 높은 시점으로 잡는 것이 바람직하다. 재발 위험성을 고려할 때, 단 한 번의 사후관리를 해야 한다면 치료 완료 후 6개월 시점이 가장 바람직하다. 6개월 시점과 12개월 시점에 각각 사후관리를 하는 것이 한 번만 하는 것보다 더 바람직하다. 12개월 시점의 사후평가는 장기 효과에 대한 정보를 알려 준다. 또한 각 사후관리는 내담자와 다시 접촉하는 기회를 제공해 주고, 회복이 심각하게 악화되기 전에 부가적인 서비스의 필요성을 재평가할 수 있는 기회를 제공한다. 이것이 가능한 한 모든 내담자들에게 사후관리를 실시해야 하는 이유다.

5) 평가 결과에 대한 이해

프로그램에 대한 평가는 분석에 이용되지 않고 자료실에 저장해 두는 것으로 종료되는 경우가 많다. 이러한 현상은 프로그램에서 학습한 것을 이용하기 위한 계획이 전혀 없을 경우(혹은 진행자들이 그럴 시간이 전혀 없는 경우) 발생된다. 특히 형성 평가의 경우 프로그램 진행자가 적절한 시점에 피드백을 받는 것이 중요하다. 1년 후까지 프로그램 평가 결과가 이용되지 않으면 그 자료는 영원히 사라지게 되는 경우가 대부분이다.

이를 방지하기 위한 한 가지 방법은 프로그램 평가를 최우선 과제로 처리하는 것이다. 적절한 평가는 좋은 치료 프로그램의 핵심 요소다. 미국의 몇몇 주정부나 치료비 제공 기관에서는 예방 및 치료를 위한 예산의 일정 부분을 프로그램 평가에 할당할 것을 요구하고 있다. 평가를 프로그램 진행자의 정규 직무로 규정한다면 평가는 더 잘 이루어질 것이다. 좀 더 좋은 대안은 해당 지역의 대학과 공동연구 협약을 맺는 방법이다. 교수나 대학원생들은 실무적으로 중요한 연구 주제를 찾아서 연구 설계를 하고, 치료 프로그램 진행 동안 자료를 수집하고 분석하여 보고서를 작성하는 작업에 큰 도움을 줄 수 있다. 연구에 필요한 전문지식이 프로그램 진행자에게 아직 부족하다면 이러한 산학협력 방법이 매우 유용하다.

중요한 점은 평가가 복잡할 필요는 없다는 것이다. 중요한 정보는 대부분 프로그램들의 시간적 및 재정적 자원 내에서 수집될 수 있다. 비교적 간단한 방법도 도움이 된다. 먼저 한두 개의 측정치(예: 변화 동기, 자기효능감, 의사결정 균형)를 선택하고, 처치 전/후에 수집된 측정치를 서로 비교한다. 단지 한두 달 동안만 새로운 방법을 시도하고, 그 전후에 한두 가지 측정을 하고, 두 시점의 측정치를 비교한다. 이 정도의 평가도 대부분의 프로그램에서 현재 이루어지고 있는 평가보다 더 높은 수준이며, 프로그램 진행자들에게 프로그램 개선에 필요한 정보를 제공한다. 또한 이러한 종류의 평가 자료들은 프로그램 운영자금 조달을 위한 기관 평가에 결정적 자료로 이용될 것이다.

6. 맺음말

이 장에서 중독에 관한 복잡한 주제들을 실용적 적용이라는 측면에서 다루고자 하였다. 이 부분에 대한 충분한 이해가 이루어진다면 치료자들은 자신의 요구에 맞게 평가 방법을 설계할 수 있는 방향으로 나아갈 수 있을 것이다.

먼저 평가의 여섯 가지 목적들 중에 어느 것을 당신의 프로그램에 적용할 것인지를 생각하라. 예를 들어, 선별은 치료기관에서는 덜 중요할 것이다. 왜냐하면 치료기관에 찾아온 내담자들은 중독 문제에 대한 도움을 받기 위해 치료기관의 문을 열고 이미 들어 왔기 때문이다. 선별은 중독 문제가 있는 사람과 치료를 요구하지 않는 사람들이 섞여 있는 대단위 집단 환경에서 중요하다. 진단은 정규 진단에 대한 결정이 필요하거나 의료보험을 받고자 하는 조건이나 기관에서 중요하다. 사정은 내담자의 고유한 상황에 대한 이해를 위한 광범위한 작업으로서, 대부분의 임상기관에서 중요하게 간주되는 업무다. 변화를 위한 동기화는 특정 기관(예: 폐쇄형 입원 시설)에서는 매우 중요한 문제다. 내담자들의 특성을 고려하지 않고 모든 내담자들에게 동일한 서비스를 제공하는 것을 피하기 위해서는 치료 계획 수립이 중요하다. 마지막으로 사후관리는 프로그램 평가의 핵심이면서 치료의 질을 장기적으로 향상시킬 수 있다.

적절하게 선택된 평가 도구들은 이러한 목적을 달성하는 데 도움이 될 것이다. 많은 도구들은 다중 목적을 충족시킬 수 있다. 여기서 실질적으로 필요한 작업은 당신 자신의 요구와 내담자의 요구에 부합하고, 해당 기관의 인력과 근무시간 내에서 실시될 수 있는 평가 프로그램을 다듬어서 만드는 것이다. 여기서 설명한 알코올 분야뿐만 아니라 다른 중독 분야에서도 심리측정학적으로 검증된 척도들이 많다. 일관성 있고 적절하게 선택된 평가 프로그램은 내담자들을 위한 치료의 질을 향상시키는 것은 물론이고 당신 자신의 전문성이나 프로그램 개발을 증진시키는 데 도움이 될 것이다. 또한 여기서 설명한 중독에 대한 개념과 선별 및 평가의 틀을 다른 중독 분야에 적용하는 것도 유용할 것이다. 따라서 독자들은 위와 같은 틀에서 약물, 도박, 인터넷 중독 등의 영역에 있는 다양한 선별 및 사정 도구들을 조사하여 자신의 기관에 맞는 틀을 창의적으로 구성해야 할 것이다.

제4장

중독을 일으키는 물질 및 행위

1. 습관성 물질

알코올이나 진정제, 수면제, 메스암페타민 같은 각성제, 대마제제, 아편제제, 환각제, 흡입제 등의 물질들은 인간의 뇌를 변화시킨다. 따라서 인간의 내적인 감정뿐만 아니라 외적으로 관찰될 수 있는 행동에도 영향을 미치며 심한 경우 정신분열병이나 정동장애와 유사한 증상을 유발한다. 이러한 물질들에 중독되는 정확한 원인은 아직 밝혀지지 않았지만 생물학적 · 유전학적 · 사회학적 요인들이 상호작용하여 나타나는 다요인적인 질환이라고 할 수 있다.

습관성 물질은 중추신경계에 미치는 영향에 따라 크게 중추신경 흥분제와 중추신경 억제제로 나눌 수 있다. 중추신경 흥분제는 혈중 농도가 올라감에 따라 중추신경계의 전반적인 기능 상승을 자극하며 동시에, 호흡, 심박동, 근육의 긴장 또한 증가시킨다. 반면 혈중 농도가 급격히 저하하게 되면 이러한 변화가 반전되며 감정 또한 흥분에서 우울로 변하게 된다. 이와는 반대로 중추신경 억제제는 중추신경계의 전반적인 기능을 저하시켜 진정작용을 유발하여 졸리고 나른하게 만들며, 혈중 농도가 급격히 상승하게 되면 호흡 억제나 혼수 상태를 유발하기도 한다. 중추신경 억제제의 농도가 지속적으로 높았다가 떨어지게 되면 이 또한 증상의 반전을 유도하여, 불안감, 불면감, 진전 등을 유발하고 심한 경우 간질이나 혼수 등을 유발할 수도 있다. 중추신경 흥분제로는 코카인, 암페타민, 카페인, 니코틴, 각종 각성제 등을 들 수 있으며, 중추신경 억제제로는 알코올, 아편계 약물, 각종 흡입제 및 벤조디아제핀(benzodiazepine)과 같은 신경안정제를 들 수 있다. 다만, 대마초나 일부 환각제 및 최근에 등장한 신종 약물들은 중추신경에 대한 기능을 흥분이나 억제 등의 이분법적 구분으로 나누기 어렵다.

1) 알코올

(1) 역학

2006년 정신질환 실태조사 결과 알코올 사용장애(알코올 의존과 남용)의 평생 유병률은 16.2%, 1년 유병률은 남자에서는 8.7%, 여자에서는 2.5%였다. 그리고 알코올 사용장애의 5.5%만이 의사나 기타 정신건강 전문가에게 상담을 받은 것으로 조사되었다.

(2) 원인

알코올 관련 장애는 유전적인 요인에 의한 경우가 많다. 일반적으로 알코올 중독의 유전 양식은 다유전자 유전으로 알려져 있다. 알코올 관련 장애를 가진 사람의 일차 친척에서 알코올 중독이 3~4배 높으며, 가족력이 있는 경우는 조기 발병한다. 유전적 요인에 의해 발병하는 알코올 중독의 경우 임상적으로 더 심한 형태를 띠며, 반사회적 양상이 더 있으며, 신체적인 문제가 더 있고, 일반적으로 예후가 안 좋다. 이렇게 유전적으로 위험도가 높은 아이들은 뇌 기능의 이상이 보인다는 보고가 있고, 20대부터 알코올을 마셔도 상대적으로 덜 취하며, 주의력결핍 과잉행동장애(ADHD), 품행장애(conduct disorder), 반사회적 인격장애가 있을 수 있다. 알코올 중독 발생 위험도에 있어 유전학적인 요인이 60%, 환경적 요인이 40%로 보고되고 있다.

이 밖에 정신분석학적 요인과 행동 및 학습 요인을 주장하기도 하지만 과거에 비해 지지를 받지 못하고 있다.

(3) 알코올의 효과

알코올은 10%는 위에서, 나머지는 소장에서 흡수된다. 알코올 농도가 절정에 이르는 시기는 대개 체내에 흡수된 지 40～60분 후이며, 음주량의 10%는 신장과 폐를 통해, 나머지는 산화 과정을 통해 배설된다. 간에서의 산화 속도는 시간당 10～34mg/dL의 알코올을 대사시키게 되고 이는 거의 일정하다. 한두 잔의 소량 섭취에 의해서는 혈중 농도가 0.02～0.03%가 된다. 알코올의 혈중 농도가 행동에 미치는 영향에 대해 살펴보면 다음과 같다. 혈중 알코올 농도가 0.05%일 때 사고와 판단력에 영향을 준다. 0.1%가 되면 수의운동 조화가 깨지며 법적 중독 상태다. 0.2%에서는 전체 운동 영역이 저하되며, 0.3%일 때는 혼돈, 혼미한 상태가 된다. 0.4～0.5%에서는 혼수 상태가 되고 0.5% 이상이면 호흡억제에 의해 사망하게 된다. 에탄올 1g은 약 7kcal의 에너지를 가지고 있으며 술 한 잔은 에탄올과 다른 탄수화물로 인해 70～100kcal를 포함한다. 그러나 무기질, 단백질, 비타민은 포함되어 있지 않다. 더구나 알코올은 소장에서 비타민 흡수를 방해하고, 간에서 비타민의 저장 또한 방해한다. 엽산(folic acid), 피리독신(B_6), 티아민(B_1), 니코틴산(B_3), 비타민A 등이 영향을 받는다. 또한 과음으로 인한 식사부족으로 인해 포타슘(K^+), 칼슘, 아연, 인의 결핍을 초래하며, 음주/금단 시에 산-염기의 불균형을 초래하고, 글루코오스(glucose) 생성에 급성으로 영향을 주어 6～36시간 사이에 일시적인 저혈당을 초래한다. 덧붙여 여성은 남성보다 알코올을 대사시키는 효소(알코올 탈수효소)의 농도와 수분율이 낮아서 알코올을 서서히 대사할 뿐 아니라 신체의 지방률이 높아 혈중 알코올 농도가 높게 되므로 남성에 비해 위험성이 크다고 할 수 있다. 임신한 여성이 지속적으로 음주할 경우 태아의 소뇌증(microcephaly), 낮은 지능, 사지와 심장의 이상, 안면의 이상 등을 일으킬 수 있다.

(4) 임상 양상

만성적인 음주로 인해 중독의 상태에 이르게 되면 다음과 같은 증상을 나타내게 된다.

① 내성

금단과 함께 중독성 질환의 신체적 의존을 대표하는 두 가지 증상 중 하나다. 흔히 '술을 자주 마시면 술이 는다' 는 말을 하기도 하는데, 이는 내성의 결과다. 내성이란 물질에 대하여 신체가 적응한 결과로, 술에 취하기 위한 알코올 용량이 반복된 음주를 통하여 늘어나는 경우 혹은 같은 용량의 술을 마셔도 이제는 취하지 않는 경우 등으로 이해할 수 있다.

② 금단

금단은 물질을 지속적으로 사용하다가 갑자기 중단하는 경우 나타나는 복합적인 다양한 증상군을 일컫는 용어로, 가벼운 경우 두통이나 손떨림 등이 일어날 수 있지만, 심하면 정신을 잃고, 간질 발작이 나타나거나 생명에 위협이 되기도 한다.

③ 집착

술을 계속 마시기 위해 중요한 사회적 · 직업적 기능을 줄이고, 취미 생활도 포기하며, 술을 구하는 데 많은 시간을 할애하고, 술을 마시기 위해서라면 자신이 해야 할 일을 뒤로 미루고 책임을 다하지 않는 상태다. 진단에 중요한 요소가 된다.

④ 강박적 사용

알코올 중독자들은 습관적 행위로 인하여 문제가 발생하고 후유증이 발생됨에도 불구하고, 지속적으로 물질을 사용하거나 행위를 반복한다. 술에 취한 상태가 지속되어 직장에 출근하지 못한다거나, 음주 때문에 가족 간의 불화가 악화되는데도 계속 술을 마시는 상태를 의미하며, 사회적 · 직업적 문제가 발생하는 주요한 원인이 된다.

⑤ **기타 정신적 질환**

만성적인 알코올 섭취는 다양한 정신적 질환을 야기한다. 수면장애를 야기하기도 하고, 다른 사람을 쉽게 의심하도록 만들기도 하며, 우울증에 빠뜨리기도 하고, 공황장애와 같은 심각한 불안증상을 호소하도록 만들기도 한다. 또한 약 35%의 음주자가 경험하는 기억장애로서 일시적 선행기억 상실이 특징적인 블랙아웃(blackout)을 야기하기도 하며, 경우에 따라서는 심각한 기억장애 혹은 알코올로 인한 치매를 초래하기도 한다.

(5) 치료

① **해독 치료가 최우선**

- 생체 징후(호흡, 심박, 혈압)를 안정적으로 유지
- 적절한 영양(비타민 B_1, 고영양 · 고단백 · 고칼로리 음식)과 휴식
- 금주로 인한 에탄올의 뇌 억제 효과의 제거에 의한 중추신경계 증상은 다른 중추신경계 억제제의 투여로 경감시킴.

알코올 재활의 주류는 상담, 교육, 인지 기법이지만 근래에 들어 약물 요법을 사용하기도 한다. 알코올 재활 프로그램이 끝나면 중등도의 알코올 중독자들은 60% 또는 그 이상이 최소한 1년 이상 금주를 유지하며, 많은 수는 일생에 걸쳐 단주를 한다.

② **재활 요법의 세 요소**

- 금주에 대한 높은 동기를 가지고 유지할 수 있도록 도울 것

- 술 없이도 인생에 잘 적응하게 하여 자신의 생활 방식을 재확립할 수 있게 도울 것
- 재발 예방

이런 요소를 실행하는 방법에는 환자와 가족, 친구들의 교육, 개인적 상담, 직업 재활, 알코올 중독자 모임과 같은 자조 모임에 나가도록 독려하는 것 등이 있다.

(6) 예후

알코올 중독자들은 20대 중반~40대 초반에 음주와 관련된 심각한 문제를 겪게 된다. 경과는 대개 악화와 완화를 반복하게 되지만 치료를 받은 후 절반가량의 환자들은 상당 기간 동안 단주를 유지한다. 만약 알코올 중독자가 계속해서 음주를 하게 된다면 수명은 15년가량 단축된다. 흔한 사망 원인은 심장질환, 암, 사고, 자살의 순으로 이어진다.

2) 진정, 수면, 항불안제

진정제라는 용어는 실제로 항불안제와 유사한 뜻으로 사용되고 있다. 진정제는 뇌·척수 등 중추신경계에 작용하여 진통, 긴장 완화, 수면 유도, 간질(경련) 예방, 근육 이완 등 의학용으로서의 효과를 가진다. 진정제의 종류에는 바비탈(barbital)류, 비(非)바비탈류 및 벤조디아제핀류 등이 있다.

이 중 벤조디아제핀류 약물은 현재 가장 많이 쓰이는 항불안제로 리브리움, 바리움, 옥사제팜, 로라제팜 등이 포함된다. 벤조디아제핀은 단독으로 쓰이기도 하지만, 주로 다른 약물의 효과를 증대시키거나, 금단증상이나 부작용을 줄이기 위한 목적으로 쓴다.

바비탈은 벤조디아제핀이 도입되기 전에는 흔히 처방되었으나 남용 가능성이 높아 오늘날에 와서는 잘 쓰이지 않는다. 흔한 문제로는 심리적 의존, 신체적 의존, 내성이 있고 과다 복용 시 호흡 억제 효과 때문에 사망의 가능성도 있다. 바

비탈의 과다 복용 시 가장 중요한 치료법은 병원이나 응급차의 호흡 장치에 의한 인공호흡법이다. 중독 상태의 증상으로는 동작이 둔해지고 사고력과 기억력의 장애가 오며 이해력, 판단력, 집중력이 떨어진다. 금단증상으로는 불안감, 심한 쇠약감, 불면 등 가벼운 증상부터 간질발작, 섬망, 쇼크와 같은 심한 증상까지 다양하게 나타날 수 있다.

벤조디아제핀류는 행동의 억제를 해제시키기 때문에 적대적이고 공격적인 행동을 유발하기도 한다. 그러나 약물 복용 시 다행감이 바비탈에 비해 상대적으로 적으므로 남용과 의존의 가능성이 적다. 벤조디아제핀은 안전한 용량의 범위가 넓으며 호흡 억제를 심하게 유발하지 않으므로 다양하게 쓰이고 있다. 그리고 알코올과 비슷하게 평안과 이완을 시킨다. 그러나 치료용 약물이라도 장기간 복용하면 정신적 의존 및 신체적 의존이 생길 수 있으므로 주의해야 한다. 금단증상으로는 불안, 불면, 안절부절못함, 구역질, 소화기계의 통증(복통 등), 간질(경련), 섬망 등이 나타난다. 이 중에서 간질 발작은 약물의 체내 배설 속도가 늦어짐에 따라 사용 중단 수주 후에 나타날 수도 있다. 금단증상의 예방을 위해서 용량을 천천히 감량하는 것을 추천한다. 약물의 반감기가 짧고 단위 용량당 약효가 강할수록 금단증상의 강도가 크게 나타난다. 그리고 벤조디아제핀류 중에서 천천히 배설되는 약물은 금단증상이 수주간 나타날 수 있으므로 주의를 요한다. 용량 과다에 의한 중독 시, 특정 길항제인 플루마제닐(flumazenil)을 사용할 수 있고, 금단 치료에는 카바마제핀(carbamazepine)을 사용하기도 한다.

3) 정신자극제

각성제는 중추신경을 자극하여 죽음에 대한 불안감을 없애고 정신을 맑게 하며 피로를 감소시켜 집중력을 향상시킨다. 그러나 과다하게 사용할 경우에는 너무 각성되어 초조, 불안, 과민 상태로 의심, 망상, 환청이 나타나고 협심증 또는 간질 증세로 혼수상태에 이를 수도 있다. 각성제 중 대표적인 약물로는 암페타민, 메스암페타민, 코카인 등이 있다. 암페타민류는 매우 강력한 중추신경 흥분제로서 1932년부터 의료계에서 비만증, 우울증, 파킨슨병, 간질, 수면 발작 등에 사용되어 왔다. 암페타민류 중에서 사회적으로 가장 문제되는 것은 메스암페타민으로 흔히 필로폰(philopon: 정신을 맑게 해 준다는 뜻)으로 불리고 있다. 흡입, 정맥주사를 통한 메스암페타민 복용이 보고되어 왔지만 암페타민을 남용하는 대부분의 사람들은 경구로 자가 복용한다.

메스암페타민에 의존성이 있거나 남용하는 사람들은 약물을 사용함으로써 다행감이 유발되고 피로감이 감소된다고 말한다. 그리고 메스암페타민 중독의 결과로 관찰된 신체 부작용은 서맥/빈맥, 동공산대, 혈압 증가/감소, 땀/오한, 구역/구토, 체중 감소, 정신운동성 초조/지체, 근육 약화, 호흡 억제, 흉통, 심장 부정맥, 혼미, 간질, 운동이상증, 혼수 등이다. 이 외에 생명에 직접적 위해를 줄 수 있는 부작용은 고혈압, 심장 부정맥, 심부전, 뇌 지주막하 출혈, 뇌허혈, 뇌내출혈, 경련, 의식혼수가 있다.

암페타민 금단증상은 피로감, 뚜렷하게 불쾌한 꿈, 불면/과수면, 식욕 증가, 정신운동성 지체/초조 등이다. 또한 암페타민 유도성 정신장애가 올 수 있는데 핵심 증상은 편집증이며 환시가 뚜렷한 점은 정신분열병 편집형과 매우 유사하나 적절한 감정 상태, 과운동성, 과잉 성적 행동, 혼미와 지리멸렬, 사고장애가 거의 없는 것이 차이점이다.

코카인은 중남미의 산악 지방에서 자라는 코카나무에서 추출되며 남용자들은 주로 코로 흡입하거나 정맥주사하여 사용한다. 코카인에 중독되면 다른 자극제에 의한 중독과 다르게 코카인 벌레(cocaine bug)라고 알려진 환촉을 야기한다. 만성적인 코카인 남용은 알코올성 환각증과 유사한 편집증적인 사고, 환청, 환시를 보일 수 있다. 또한 코카인 사용을 중지할 수 없어서 강박적으로 찾게 되는 심리적인 의존증도 보고되었다. 금단증상으로 정신적인 흥분이나 자율신경계 항진 등이 나타나는지에 대해서는 논란의 여지가 있으나 코카인 중독에서 보이는 심각한 우울증이나 파멸감은 금단증상과 동반해서 나타나는 것으로 생각되고 있다. 알코올은 코카인의 고양 효과가 갑자기 감소하면서 나타나는 불쾌감을 조절하기 위해 사용된다.

메틸렌디옥시 메스암페타민(MDMA)과 엑스터시는 메스암페타민 유도체다. 엑스터시의 경우 주로 경구로 복용하지만 흡입, 주사로 사용할 수도 있다. 암페타민과 유사한 효과 외에도 MDMA는 생생한 환상이나 이외의 다른 감각 왜곡을 유발할 수 있다.

급성 메스암페타민 과다 복용의 치료는 대개 대증적이다. 진정제는 초조 및 중추신경계의 과활동성과 관계된 다른 증후를 감소시킨다. 암모늄클로라이드가 pH를 낮추기 때문에 암페타민이 신체로 흡수되는 것을 막아 암페타민 중독을 치료한다. 그러나 코카인 중독에는 작용하지 않는다. 암페타민 정신장애는 대개 단기간이기 때문에 치료를 필요로 하지 않는다.

코카인과 관련된 사망은 많은 경우에 있어서 다른 불법적인 약물(특히 헤로인)을 함께 사용하는 것과 관련되기 때문에 의사는 반드시 다양한 약물의 중독에 대한 효과적인 응급치료를 준비해야만 한다. 코카인 금단의 초기에 심각한 우울증, 죄책감, 수면장애, 식욕부진 등이 동반될 수 있다.

4) 대마제제

대마제제는 대마(*Cannabis Sativa*)의 잎과 꽃에서 얻어지는 물질로 마리화나와 해시시가 있다. 향정신성 활성기능을 하는 성분인 THC를 포함하고, 해시시에 마리화나보다 THC가 많아 효과가 훨씬 강하다. 대마에는 THC를 포함하여 400가지 이상의 화합 물질을 포함하고 있고 주 흡수 경로는 흡연이다. 마리화나 흡입은 만성적인 기관지 자극을 유발할 수 있다.

마리화나는 미국에서 가장 흔히 사용되는 불법 약물이며 미국 고등학생의 40%가 사용 경험이 있다고 보고되었을 정도로 대중적인 약물이다. 이는 마리화나가 상대적으로 값이 싸고 사람들에게 덜 위험하다고 느껴지기 때문이며 미국에서는 현재 모든 사회계층에서 마리화나 사용이 증가하고 있다. 마리화나를 피울 때 가장 흔히 동반되는 신체적 현상은 결막충혈과 빈맥이다. 특히 관상동맥 과거력이 있는 사람은 빈맥으로 협심증이 유발될 수 있어 주의해야 한다. 마리화나 급성 중독에 관련 있는 요인은 용량과 경로 두 가지다. 경구복용보다는 흡연이 더 흡수가 빠르기 때문에 위험하다. 급성 마리화나 사용자의 중독증상은 알코올 중독에서 보이는 것과 유사한데, 주관적 긴장 이완감과 경도의 다행감 증상 등을 보인다. 만성 중독 상태가 되면 '무동기 증후군'이 나타나는데 이는 의욕을 상실하고 무기력해지고 무관심을 보이는 상태를 뜻한다. 마리화나 사용에 의한 증상군들은 경도의 우울증이나 발달장애와도 구분이 어렵다.

상습적인 마리화나 이용자들에게 보이는 금단증상 및 증후는 진전, 안구진통, 발한, 오심, 구토, 설사, 식욕부진, 수면장애 등이다. 그러나 만성 마리화나 사용자에게 관찰되는 금단증상 및 증후는 심한 아편이나 알코올 사용자들과 비교해서는 상대적으로 가벼워 보통 의학적 치료를 요하지 않는 경우가 많다.

5) 아편제제

아편양 제제는 천연아편과 화학적 합성마약을 포괄하는 개념이다. 천연아편은 양귀비로부터 추출되는데 모르핀, 코데인 등이 있다. 현재 유통되는 헤로인은 대개 5~10%의 아편이 들어 있고 당분, 카페인, 과일, 락토스 등 여러 가지 물질이 함께 포함되어 있다. 천연아편과 비슷한 효과를 내는 다양한 합성마약도 아편양 제제에 포함된다. 아편 중독의 유병률은 알코올이나 대마보다는 낮아 미국에서는 12세 이상 인구의 5%가 아편을 사용했다는 보고가 있다. 아편양 제제의 가장 큰 효과는 진정, 다행감과 함께 진통 효과를 유의하게 준다는 것이다. 아편양 제제는 또한 위장 운동성을 감소시켜 식욕부진과 변비를 야기한다. 아편양 제제는 중추신경계에 작용해서 진정, 통감 감소, 다행감 외에 오심, 구토 등을 일으키기도 한다. 거리에서 파는 마약, 일명 street drug의 경우 아편제제 외에 다양한 불순물이 첨가되어 장기적으로 말초신경장애, 척수염, 약시 같은 신경계 손상을 초래하기도 한다. 아편제제는 성욕 감소를 유발하기도 하고, 호흡기관에 작용하여 호흡 억제를 일으킬 수도 있다. 과량의 아편제제가 들어갈 때 생기는 독성 반응 혹은 과량 증후군은 치명적일 수 있다. 모든 아편양 제제는 독성 반응을 일으킬 수 있다. 금단증상은 일반적으로 약물의 급성 효과와 반대적 경향을 보이며 오심과 설사, 기침, 눈물, 콧물, 입모, 경도의 호흡 수와 혈압 상승이 생길 수 있다. 모르핀 투여자들은 최종 투여 후 8～16시간이면 전형적인 증상이 나타나며 매일 아침 경도의 금단증상이 있는 상태에서 깨어난다. 최고의 금단증상은 약물 중단 후 3～5일 안에 나타나며 급성 증후군은 5～8일 내에 사라진다. 아편양 제제의 또 다른 문제점은 감염이다. 아편양 제제를 정맥으로 투여하는 사용자들이 오염된 주사바늘을 사용하며 B형 간염, C형 간염, 세균성 심내막염, HIV 감염의 위험성을 증가시키는 것은 약물의 독성과는 별개의 큰 문제다. 아편양 제제의 의존과 남용은 만성 통증 증후군이 있는 사람, 의료진과 같은 고위험군, 거리에서 약물을 파는 사람에게서 많이 나타난다. 아편 중독의 경과 중에 흔히 볼 수 있는 문제는 크게 세 가지다. 첫째는 더 많은 고양감을 얻기 위해 음주를 하는 것으로 이는 약 50%에서 나타난다. 둘째는 코카인과 아편을 합성한 소위 스피드 볼을 사용하는 것이고 세 번째는 항불안제를 병용 투여하는 것이다.

일단 지속적으로 아편을 사용하면 결과는 매우 심각하다. 아편 중독자의 많은 수가 잦은 악화와 관해를 보이며 적어도 25%가 적극적으로 남용한 지 10～20년 안에 사망하는 것으로 보고되고 있다. 아편 중독자 중 오랜 기간 혹은 영구히 아편을 사용하지 않는 비율은 35% 정도로, 경과는 과거의 결혼과 직업의 안정성, 약물과 관계하여 범죄행위를 했는가 여부와 관계가 있다.

아편 중독자의 재활치료 원칙은 메사돈 유지치료, 마약 길항제 치료, 치료 공동체 치료 등이다. 치료에 있어서 아편양 제제와 관련하여 특기할 만한 점은 아편양 제제에 교차내성이 있어 한 약물에 의한 금단증후군은 다른 약물의 투여로 치료될 수 있다는 것이다. 즉, 합성 아편양 제제의 일종인 메사돈을 아편 중독의 약물치료에 이용할 수 있다는 것이다.

6) 환각제

환각제는 지각, 감각, 사고, 자기인식, 감정에 영향을 미치는 물질이며 시간에 대한 감각의 변화와 망상, 환각증상을 일으킬 수 있다. 널리 알려진 환각제로는 대마, LSD, PCP 등이 있으며 다른 물질과 비교해서 유병률과 사망률이 낮다.

LSD는 강력한 환각 작용을 가지고 있어 적은 양을 복용해도 수분 내에 빈맥, 고혈압, 동공산대, 진전, 고열이 일어나고 착시와 극도의 기분 불안정을 포함하여 갖가지 기이하고 종종 모순되는 지각과 기분의 변화가 일어난다. 4일 이상의 기간 동안 하루에 한 번 이상 약물을 사용하면 심리적 작용에 대해 빠르게 내성이 발생하지만 금단증상이나 증후는 일으키지 않는다. LSD의 사용으로 가장 흔하게 나타나는 급성 증상은 공황발작이고 만성 증상은 정신분열 양 정신증과 기억, 문제해결 능력, 추상적 사고의 혼란이다.

PCP는 저용량 사용 시 해방감, 공중에 떠 있는 듯한 느낌, 마취 효과에 따른 기이한 마비 증세가 나타나기도 한다. 고용량 사용 시에는 흥분, 혼돈, 도취, 근육경직, 언어장애, 판단장애, 죽음에 대한 공포 및 신체 감각의 변화를 동반한다. 중독 시 폭력적이고 괴상한 행동을 나타낼 수 있어 위험하다. PCP의 경우 약물에 의한 신체의 직접적인 손상보다 남용에 의해 발생한 기이한 행동과 예상치 못한 사고로 사망하는 사람이 더 많기 때문에 주의를 요한다. PCP의 과량 복용 시에는 즉각적인 생명유지 조치가 필요하다. 특효 해독제나 길항제는 없지만 소변을 산성화시키거나 위세척을 하여 체내에서 배출이 잘 일어나게 할 수 있다.

7) 흡입제

흡입제는 인체에 유해한 작용을 가진 화학성분이기 때문에 신체에 치명적인 해를 입히게 된다. 아교, 페인트시너, 매니큐어 제거제, 드라이클리닝 용매, 톨루엔, 담배 라이터액, 가솔린, 에어로졸 스프레이 등이 여기에 해당된다. 흡입제는 중추신경 억제제로 금단증상은 약하지만 내성이 잘 생긴다. 흡입 시 5분 이내에 효과가 나타나 다른 약물에 비해 빠른 쾌감 효과가 있으며 몇 시간 동안 지속된다. 사용하고 나서 4~10시간 후 혈액 검사가 가능하다. 짧은 시간에 흡입제를 빠르게 흡입하면 방향감각 상실, 자아통제 상실, 무의식, 발작, 근육 조절력 감소, 코피, 수일간의 두통과 숙취가 나타난다. 본드나 가스는 뇌에 직접적인 손상을 주어 학생의 경우 기억력 감퇴로 학습능력 저하, 정서적 불안정, 판단장애 등이 올 수 있다. 재생 불량성 빈혈이나 백혈병이 생길 수 있고 콩팥 기능과 면역계통에 손상을 줄 수 있다. 또한 흡입자들을 공격적이거나 포악하게 만들며 인격을 황폐화시킨다. 오랜 기간 사용 시 사망에 이르기까지도 한다. 흡입제 복용자의 치료를 위한 방법은 흡입 중단과 합병증의 치료다. 특히 흡입제 복용자의 경우 대부분이 다른 물질의 남용으로 넘어가는 경우가 많기 때문에 상담과 교육을 통한 예방이 중요하다.

8) 니코틴

니코틴은 니코티아나 타바쿰이라는 담배 농장의 이름에서 유래되었다고 하는데, 북미 대륙에서 재배되던 씨앗을 콜럼버스가 유럽으로 가져오면서 전 세계에 광범위하게 전파되었다.

니코틴이 체내에 들어가면 혈류에 의해 빠르게 퍼지고 뇌혈막을 통과하게 된다. 평균적으로 흡연을 통해 니코틴이 흡수될 때 대략 7초 만에 두뇌에 도달하게 되며, 체내에서의 반감기는 대략 2시간이다. 체내에 흡수된 니코틴은 신경절 혹은 중추신경 조직에 있는 니코틴은 니코틴아세틸콜린 수용체에 작용하게 된다. 그중 중추신경계의 배쪽 피개구역에는 니코틴아세틸콜린 수용체가 풍부하게 존재하며, 중격의지핵으로 도파민성 신경을 분지한다.

흡연의 중독성에 관한 미국 보건복지부의 공식 보고서에서는 습관성 물질에 의한 의존증상을 다음과 같이 정의하고 있다. 우선, 물질에 대한 강박적 사용이 나타나야 하며, 그 물질이 뇌의 활성에 영향을 주는 물질이고, 약물에 의한 강화가 일어나는 물질이어야 한다는 것이다. 니코틴은 이러한 세 가지 기준을 모두 충족한다.

DSM-IV-TR에서 니코틴은 남용 물질에서 빠져 있지만, 의존 유발 물질에는 포함되어 있다. 니코틴의 의존성은 타 습관성 물질과 비교하여 월등하게 높다고 알려져 있는데, DSM-IV-TR의 기준을 이용하여 현재 흡연자를 대상으로 니코틴 중독의 유병률을 조사한 결과, 흡연 유경험자의 평생 유병률에 대한 연구에서 31~53%의 니코틴 중독 평생 유병률이 보고된 바 있다. 이는 음주자 중 약 7%가 알코올 의존자라고 하는 기존의 보고와 비교할 때 상당히 높은 결과다.

대부분의 흡연자들이 흡연 행동을 중단하고자 하지만, 이러한 시도가 쉽지 않으며, 흔히 실패한다. 기존 연구의 결과를 종합해 보면, 흡연자들은 그들의 금연 시도가 성공하기 위해서는 일반적으로 4회 이상의 금연 시도가 필요하다고 한다. 또한 97%의 흡연자들은 외부의 도움 없이 장기간 금연을 유지하는 것은 불가능하다고 한다.

흡연자들에게 흡연 행동은 학습된 행동(learned behavior)이며 담배를 피우는 것이 흡연자에게는 하나의 특정 사건과 연관된 일상 행동인 경우가 흔하다. 예를 들어, '식사를 마치고 난 후' 또는 '화장실에 갈 때'처럼 특정 사건이 있을 때 흡연 갈망이 일어난다. 또한 분노나 불안, 긴장되는 순간 등과 같은 부정적인 감정이나 스트레스가 흡연 욕구를 증가시키기도 한다.

또한 중독은 학습의 과정이다. 니코틴은 반복적 흡입 시 습관을 유발하는 물질로서 뇌를 자극하게 되며 이는 결국 조건화된다. 한 개비의 담배를 피울 때 10번 정도 흡입하게 된다. 하루에 한 갑을 피우는 흡연자라면 하루에 약 200번 니코틴을 흡입하는 것이다. 만일 20세에 흡연을 시작한 흡연자인 경우 30세가 되면 약 724,000번 니코틴에 의한 조건화 학습 과정을 거치게 되어 코카인과 같이 중독성이 강한 물질에 비해서도 훨씬 강력한 중독증상을 형성하게 되며, 중단하기 어려워진다.

니코틴 의존의 치료에는 인지행동치료 혹은 동기강화 상담과 같은 정신사회적 접근과 함께 니코틴 대체제제와 부프로피온, 바레니클린과 같은 약물치료가 효과적이다. 혼자만의 힘으로 금연을 시도한 경우 1년 후 성공률이 3~5%로 알려져 있지만, 정신사회적 치료에 의해 금연 성공률이 20% 내외로 상승하며, 약물치료까지 병행하는 경우 약 40%가 금연에 성공할 수 있다고 알려져 있다.

2. 행위 중독

1) 중독과 행위 중독

흔히 중독(addiction)은 알코올이나 마약과 같은 물질의 남용과 관련된 것으로 생각되었다. 그러나 최근에는 도박, 성(sex), 인터넷, 쇼핑, 식이(eating) 등이 조절이 안 되는 경우에도 중독성 행위로 분류하는 연구자들이 있다. 이들은 중독성 행위와 관련된 중독을 물질 중독과 상대적인 용어로 행위 중독(behavioral addiction)이라고 부른다. 행위 중독도 내성, 금단증상, 갈망, 조절력 상실 등의 부정적인 결과에도 불구하고 중독성 행동이 반복 혹은 지속되는 등의 특징을 보이는 점에서 물질 의존의 개념과 유사하고, 그 신경생물학적 기전도 물질 의존과 마찬가지로 중뇌변연계의 보상회로와 관련된 것으로 알려져 있다. 또한 다른 물질 중독과 마찬가지로 그 폐해가 개인에게 국한되지 않고, 가족과 사회에 미치는 영향이 결코 적지 않다. 여기에서는 병적 도박(도박 중독)을 중심으로 행위 중독의 원인과 임상적 특징, 치료에 대한 최근까지의 연구 결과를 요약하고, 기타 행위 중독 질환에 대해 간단하게 기술하고자 한다.

2) 행위 중독의 분류

DSM-IV-TR에서는 중독(addiction) 대신 물질 사용장애(substance use disorder)라는 용어를 사용하고, 각 물질에서 남용(abuse), 의존(dependence), 금단(withdrawal) 그리고 급성 중독(intoxication)으로 구분한다(APA, 2000). 이 분류법에서는 중독의 개념에서 물질 중독만을 다루고 있다. 이는 현재의 진단체계가 수립되었던 1994년까지 반복되는 특정 행위를 중독으로 명명할 학문적 근거가 부족했기 때문이었다. 그러나 현재 DSM-IV-TR에서 충동 조절 장애(impulse control disorder)로 분류되고 있는 병적 도박(pathological gambling)과 그 밖의 충동성 장애들은 물질 사용장애, 강박증 및 기분장애와도 몇 가지 특징을 공유하고 있다. 한편 중독성 행위 문제도 중독의 핵심 요소를 공유하고 있어 행위 중독 또는 비물질 중독(non-substance addiction)으로 명명하고 별도로 분류해야 한다는 주장이 있으며(Potenza, 2006), 향후 2013년으로 예정되어 있는 DSM-V에서는 이러한 주장이 받아들여질 것으로 생각된다. 또한 WHO에서 분류하고 있는 ICD-10에서는 병적 도박과 그 밖의 충동 조절 장애를 성인 인격 및 행태 장애(Disorders of adult personality and behaviour)의 하부 분류체계인 습관 및 충동장애(habit and impulse disorders)로 분류하고 있다(WHO, 2003). 이 책에서는 아직 논란은 있지만 도박, 성(sex), 쇼핑, 인터넷 사용과 관련되어 중독의 특징을 공유한 경우 행위중독 또는 비물질 중독의 개념을 따라 기술하고자 한다.

3) 병적 도박

(1) 역학

병적 도박의 유병률은 전 인구의 1~3%로 알려져 있으나 그 사회가 도박에 대해 허용적이거나 쉽게 도박에 접근 가능할수록 높게 나타나며(Bondolfi, Osik, & Ferrero, 2000; Volberg, 1996), 우리나라의 일부 연구에서는 4% 이상이 되는 것으로 조사되었다(이시형 외, 1999).

(2) 원인

① 심리적·행동적 요인

행동주의자들은 병적 도박의 원인을 학습된 비적응적 행동으로 이해하고 다음과 같이 설명하고 있다.

양적 강화 　도박을 통해 우연히 돈을 따게 되면, 그 결과 도박 행위를 다시 할 가능성이 높아진다. 여기서 도박 행위 시 경험하는 쾌감과 돈을 따는 행위 자체가 긍정적 강화물(positive reinforcer)로 작용한다. 특히 도박 행위에서는 간헐적 강화 개념이 중요한데, 돈을 따는 것이 언제일지 예측 불가능하다는 사실은 쉽게 기대를 포기하지 않게 만드는 중요한 요인이 된다. 돈을 따는 것 이외에도, 다른 도박자들과 어울리는 사회적인 관계, 도박장에서의 시청각적 자극, 음료 제공 같은 서비스 등도 도박 행위를 증가시키는 강화물로 작용할 수 있다(Ocean & Smith, 1998; Hayano, 1992).

부적 강화 스트레스, 불안, 우울한 정서 등 불쾌한 감정으로부터 회피하거나 스스로 해결하기 위한 방법의 하나로 도박을 한다(Blaszczynski & McConaghy, 1989). 도박을 하게 되면 잠시 불쾌한 감정을 피할 수 있으나, 이러한 감정이 생길 때마다 도박 행위를 반복하게 된다. 스트레스를 해결하기 위해서 도박을 했지만, 도박의 결과로 생기는 경제적 문제, 가족이나 직장에서의 문제는 더 많은 스트레스와 불쾌한 감정을 낳게 되는데, 결국 또 도박 행위를 통해 불쾌한 감정에서 도피하려는 악순환이 계속된다(김영훈 외, 2007).

인지론 도박은 확률일 뿐이지만 종류에 따라서는 자신의 기술이 다소 필요한 경우도 있어서 이러한 경우 병적 도박자들은 자신의 능력이나 기술로 이 확률을 조절할 수 있다는 왜곡된 확신을 갖게 된다(Rogers, 1998; Toneatto, 1999). 돈을 잃으면 운이 나빴다고 생각하고 이길 경우 자신의 기술을 과대평가한다(해석의 오류). 또한 늘 돈을 딴 것만 선택적으로 기억하고 있기 때문에 반복적으로 도박을 하게 된다(선택적 기억). 또한 좋은 꿈을 꾸었을 때 복권을 사는 행동과 같이 특정한 상황이나 행동, 생각이 승패에 영향을 미친다고 믿고 집착하는 경향이 있다(미신적 사고). 또 아무런 상관도 없는 두 사건을 관계가 있는 것으로 착각해 특정한 상황에서 돈을 딴 경우 계속 그 상황을 고집해 큰돈을 잃는 경우가 있다(관련성의 착각, illusory correlation).

사회학습이론 친구들이나 직장 동료, TV 같은 방송 매체에서 도박 행위를 관찰하거나 그러한 소식을 듣게 되면, 사람들은 그중에서 좋은 결과만 선택적으로 취하고 그것을 모방하게 되어 도박을 하게 된다.

② 유전적 요인

병적 도박은 가족력이 있는 경우가 많다. 한 조사에서는 부모에게 도박 문제가 있을 때 자녀에게도 도박 문제가 생길 가능성이 3배 정도 높은 것으로 나타났으며(Jacobs et al., 1989), 3,359쌍의 대규모 쌍생아 연구를 통해 유전적 요인이 35~54%를 설명할 수 있다고 보고되었다(Henderson et al., 1990). 다른 쌍생아 연구에서는 자극 추구 성향이 높고 고위험 도박을 즐기는 유형의 남자 도박자들이 유전적 성향이 높은 것으로 나타났다(Walters, 2001).

③ 신경생물학적 요인

병적 도박은 충동 조절에 영향을 주는 세로토닌계와 관련이 있는 것으로 생각된다. 또한 보상회로와 관련하여 중독성 행위가 중피질 변연계의 도파민 활성 증가에 따른 비정상적인 욕구와 이를 조절하는 전두엽의 조절 기능 저하에 따른 행동으로 생각되고 있다(Blum et al., 1995; Tsuang et al., 1996). 그 밖에 각성 및 흥분 상태는 노르아드레날린계(Roy, 1988)가, 쾌감과 욕구 조절 문제는 오피오이드계가 각각 관련되어 있는 것으로 생각되고 있다(Blaszczynski et al., 1986).

신경 전달 물질과 관련된 연구 이외에도 최근 뇌영상 연구를 통해 병적 도박의 원인을 찾고자 하는 연구가 있었다. 기능적 MRI를 이용한 연구에서 병적 도박자들은 일반인들에 비해 주로 충동 조절과 선택 결정을 담당하는 배안쪽 전전두 피질(ventromedial prefrontal cortex)의 활성이 떨어지는 결과를 보였다(Potenza et al., 2003).

(3) 진단과 임상적 특징

DSM-IV-TR에서는 10개 기준 중 5개 이상을 만족시키는 지속적·반복적이고 비적응적인 도박 행동 가운데 조증삽화를 배제한 경우를 병적 도박으로 정의하고 있다. 여기서 10개 기준은 몰두(집착), 내성, 조절 실패, 금단, 도피의 수단,

추격 도박, 거짓말, 자금 마련을 위한 탈법행위, 사회적 손상 및 금전적 구조 요청을 말한다(〈표 4-1〉 참조). 여기서 기준 10개 중 앞의 네 가지 기준과 사회적 손상 등 다섯 가지는 물질 의존의 기준과 유사하다(APA, 2000). 많은 중독 문제들이 그러하듯이 도박 문제가 처음부터 중독 수준이 되는 것은 아니며, 따라서 도박 문제도 연속선 개념으로 이해할 수 있다. 처음에는 친구들과 모여서 일정한 범위 내에서 도박을 즐기는 사교적 도박(social gambling) 또는 오락성 도박으로 시작하더라도, 일부는 도박의 결과 자신과 주변에 여러 가지 문제가 생기는 문제 도박(problem gambling)으로 진행되고, 그중 일부는 병적 도박으로 진행하게 된다.

병적 도박자는 도박에 대해 계속적인 집착을 보이며 스스로 조절하는 능력을 상실하는 특징이 있다. 내성이 생겨 바라는 흥분을 얻기 위해 액수를 늘리면서 도박을 하게 되고 금단증상이 있어 도박을 조절하거나 줄이거나 중지하려는 노력이 반복적으로 실패하게 된다. 잃은 돈을 만회하기 위해 또 도박을 하게 되고 가족이나 주변 사람들에게는 도박 행위를 숨기고 거짓말을 하는 경우가 흔하다. 도박 자금을 마련하기 위해 불법행위를 하거나 도박으로 인해 가정적 · 사회적으로 심각한 후유증이 있는데도 도박이 지속되면 병적 도박으로 진단할 수 있다. 저자들의 임상적 경험에 따르면 환자군은 성격적으로 감각 추구 성향이 높고 충동성이 강하며 갈망이 높고 비교적 조기에 발병하는 유형(감각 추구형)과 우울 성향이 높고 내향적이며 사회 적응이 어렵고 비교적 후기에 발병하는 유형(현실도피-적응장애형)으로 크게 나눌 수 있다(〈표 4-2〉 참조). 감각 추구형은 남성에 많고 이들은 대부분 어린 시절부터 여러 가지 중독 성향을 보인 경우가 많으나 도박 문제가 반복되면서 적응장애형으로 이행되거나 두 가지 특성이 혼재하는 경우도 흔하다. 한국의 남성 병적 도박자를 대상으로 한 저자들의 연구 결과 조기 발병군에서 새로움을 추구하는 기질적 경향(novelty seeking)과 해를 회피하는 경향(harm avoidance)이 모두 높았으며, 자기초월(self transcendence)의 경향은 낮은 결과를 나타냈다(Shin et al., 2009). 병적 도박자는 과거에 주의력결핍 과잉행동장애의 병력이 있는 경우가 많다(Rodriguez-Jimenez et al., 2006). 동반 질환도 흔해서 알코올 등 물질 의존이나 반사회적 인격장애, 다른 충동 조절 장애가 공존하는 경우도 많고 강박증 비율도 높다(Petry, Stinson, & Grant, 2005). 특히 우울증이나 불안장애는 도박에 빠지는 원인이 되기도 하고 도박의 결과로 발생할 수도 있다(신영철, 최삼욱, 2006).

표 4-1 DSM-IV-TR에 따른 병적 도박 진단 기준

A. 다음 중 다섯 개(또는 그 이상) 항목에 해당하는 도박 행동이 비적응적인 성격을 띠고 지속적이고 반복적으로 일어난다.

1. 도박에 집착한다. 예를 들면, 과거의 도박 경험을 계속 떠올리고, 다음에 돈을 걸었을 때 승산을 예상하거나 계획하고, 도박을 해서 돈을 벌 수 있는 방법에 집착한다.
2. 같은 흥분감을 느끼기 위해 돈의 액수가 점점 커진다. 따라서 자신이 바라는 흥분감을 얻기 위해 돈의 액수를 계속 늘리면서 도박을 한다.
3. 스스로 도박 행동을 조절하거나 줄이거나 중지하려는 노력이 거듭 실패로 돌아간다.
4. 도박 행동을 줄이거나 그만두려고 시도할 때 안절부절못하거나 과민해진다.
5. 무기력감, 죄책감, 불안감, 우울감 등과 같은 정신적 문제에 부딪쳤을 때 여기에서 탈출하기 위한 수단으로 도박을 하거나, 불쾌한 기분을 벗어나기 위한 수단으로 도박을 한다.
6. 도박으로 돈을 잃고 나서 이를 만회하기 위해 다음에 다시 도박을 한다.
7. 자신이 도박에 빠져 있는 정도를 숨기기 위해 가족, 치료자, 다른 사람들에게 거짓말을 한다.
8. 도박자금을 위해 지폐를 위조하거나 사기, 도둑질, 횡령과 같은 불법행위를 저지른다.
9. 도박으로 인해 중요한 대인관계가 위태로워지거나, 직업이나 교육의 기회, 출세의 기회를 잃어버리게 된다.
10. 도박으로 인한 절망적인 경제 상태에서 벗어나기 위해 다른 사람에게 돈을 빌린다.

B. 도박 행동이 조증삽화에 의해 더 잘 설명되지 않는다.

표 4-2 병적 도박의 임상적 아형

자극 추구형	적응장애형
남성 > 여성	남성 < 여성
이른 발병 연령	늦은 발병 연령
자극과 새로움 추구, 높은 가족력	내향적, 의존적
다른 중독성 질환 동반	불안, 우울증 동반
여러 유형의 도박	사회활동의 부재
충동 조절 회로의 이상	관계의 문제

(4) 경과

남자는 보통 호기심으로 청소년기에 도박을 시작하고, 여자들은 다소 늦은 나이에 시작하지만 남자에 비해 여자들이 보다 빨리 문제성 도박으로 진행되는 경과를 보인다(Tavares et al., 2001). 일반적으로 병적 도박은 다음의 네 단계로 진행되는 만성적인 경과를 밟는다(Custer, 1984).

병적 도박의 예

45세 남자인 김씨는 몇 년 전까지만 해도 회사를 다녔으나 현재는 실직 상태다. 20대 초반 유학 중 호기심으로 카지노에 갔다가 운 좋게 약 오백 만 원을 횡재하는 일이 있었다. 이를 계기로 이후에도 기회만 되면, 나중에는 일부러 카지노를 드나들게 되면서 베팅 금액이 늘어나기 시작하였고, 몇 번은 따고 몇 번은 손실을 보는 일이 반복되었다. 귀국 후에도 수차례 카지노에 가면서 금전적 손실이 늘어났지만, 잃은 돈을 만회한다는 명목으로 도박을 하기 위해 은행에 빚을 내고 친구들에게 돈을 빌렸고, 나중에는 사채까지 쓰기 시작하였다. 빚이 자신이 감당할 수 없게 늘어나자, 그동안 숨겨 왔던 가족들에게 고백하여 도움을 요청하였다. 앞으로는 도박을 안 하겠다는 각서를 쓰고 가족들이 대신 빚을 갚아 주었지만, 몇 개월이 채 안 되어 도박 충동이 생기자 도박을 다시 하게 되었고, 이러한 일들이 수회 반복되면서 거짓말도 반복되었다. 결국 직장의 공금에 손을 대기 시작하였고, 횡령 사실이 발각되어 고소를 당하는 법적 문제가 발생하였다. 가족들도 더 이상 도와줄 수 없는 상황에서 김씨는 가족들에 의해 도박 클리닉을 방문하게 되었다.

① **따는 단계**(winning phase)

도박을 하는 첫날 또는 초기에 많은 금액을 따고, 그 이후로도 한동안은 따거나, 잃어도 많은 금액은 잃지 않는 체험 때문에 계속 빠져든다. 이 단계에서는 돈을 딸 때 경험한 황홀감이 기억으로 남게 되어, 돈을 잃는 단계에서도 자신이 언젠가는 다시 돈을 크게 딸 수 있다는 왜곡된 생각을 계속 갖게 된다. 일부 남자들과 대부분의 여자들은 이렇게 크게 따는 일이 보통 없지만, 도박을 하면서 어떤 문제로부터 도피하는 경험을 하게 된다.

② **잃는 단계**(progressive-loss phase)

잃는 단계에서는 도박의 횟수나 내기 금액이 계속 증가하고, 주로 혼자서 도박을 하러 다닌다. 이 단계에서는 따는 단계에서 크게 땄던 것만 생각하고, 잃은 것은 단지 운이 없어서 그런 것뿐이고 다시 크게 딸 수 있다는 잘못된 생각을 좇다가 결국 병적 수준으로 빠져들게 된다. 간혹 스스로 그만두려고 시도해 보지만 본전을 만회하려는 생각으로 자제하지 못하고, 주변 사람들에게 거짓말을 하며 도박 사실을 숨기게 된다. 또한 본인이 갖고 있는 모든 돈을 탕진하는 상황에서 더 이상 도박을 하지 않는다는 조건으로 주변 사람들의 경제적 도움을 받기도 한다.

③ **절박한 단계**(desperate phase)

도박을 하면서 돈을 잃고 본전을 만회하려는 시도가 반복되면서 갖고 있던 돈이 다 떨어지면 돈을 빌려서 도박을 하게 된다. 더 심해지면 공금을 유용하거나, 부도수표를 남발하거나, 카드 사기를 저지르거나, 심지어는 남의 돈을 훔쳐서까지 도박을 하게 된다. 또한 이러한 불법적인 일들로 인해 직업 상실, 이혼, 자살사고, 체포 등을 경험하기도 한다.

④ **절망 단계**(hopeless phase)

마지막에는 더 이상 도박할 돈을 구할 수 없어 도박을 못하게 되는, 즉 바닥을 치는 경험을 하게 된다. 그러나 억지로 도박을 못하게 될 때에는 심한 금단증상을 체험하게 되고, 경제적으로나 신체 및 정서적으로 모두 황폐해진 상태가 되어버린다(최삼욱 외, 2007). 이때 몇몇 도박자들은 가족들의 도움으로 치료기관을 찾기도 하며, 우울증, 자살 사고, 스트레스성 신체 질환을 경험하기도 한다. 대개 이렇게 될 때까지 15년이 걸리나, 1～2년 만에 그렇게 되는 경우도 있다.

(5) 치료

① 치료자의 기본적인 태도와 치료 원칙

임상 현장에서 가장 어려운 점은 다른 중독성 질환과 마찬가지로 대부분의 환자들이 치료 동기가 부족한 상태에서 비자발적으로 병원이나 상담소를 찾는다는 것이다. 따라서 첫 만남에서 치료자의 태도가 매우 중요한데, 이때 치료자가 도덕적 관점에서 환자의 도박에 대해 비난하는 것을 삼가야 한다. 환자는 이미 가족이나 주변 사람들의 비난에 익숙해져 있고 이러한 비난은 자신의 문제를 오히려 부인하거나 축소하면서 방어하게 만든다. 따라서 도박에 대한 비난이나 피해, 부정적 결과 등에 대해 먼저 언급할 경우 치료적 관계가 형성되기 어렵다. 대부분의 환자들은 치료에 대해 회의적이거나 양가감정을 가지고 있다. 자신이 중독자임을 인정하고 치료를 받겠다고 생각하는 순간 엄청난 두려움이 몰려온다는 사실을 환자와 가족들에게 설명하는 것이 좋다. 환자들은 대부분 도박으로 돈을 따거나 만회해서 모든 문제를 한꺼번에 해결하겠다는 막연한 희망을 가지고 있는데 도박을 끊는 순간 이러한 희망이 사라지게 된다. 또한 빚 문제, 가족 구성원으로서의 역할, 직장 및 장래 문제 등 현실적인 어려움에 직면해야 하기 때문에 환자들은 더 강력히 저항하게 되는데 이런 이유로 그동안 환자가 치료기관을 찾기가 어려웠을 것이라는 사실을 먼저 언급하고 격려하는 것이 좋다. 또한 도박 자체보다는 치료자가 자신의 심리적 고통에 대해 관심을 가지고 있다는 사실을 전달하는 것이 치료적 관계 형성과 동기 강화에 도움이 된다.

치료에 대한 확신을 심어 주는 것이 중요한데 도박은 치료가 필요한 질병이며 치료자가 도움을 줄 수 있다는 것을 인식시켜야 한다. 환자들은 대부분 주변 사람들로부터 의지가 약하다거나 성격장애자라는 이야기를 들어 왔기 때문에 자기 자신에 대해서도 부정적인 생각을 많이 한다. 또한 일시적으로 끊었지만 다시 재발된 경우가 많기 때문에 절망적인 환자에게 도박은 더 이상 의지의 문제가 아니며, 제대로 된 치료를 통해 회복할 수 있음을 강조하면서 자기효율성을 지지하는 것이 중요하다. 저자들의 경우 치료 경험과 선배 환자들의 회복에 대한 이야기를 통해 환자로 하여금 치료에 대한 확신을 갖도록 유도한다. 또한 내원했다는 사실 자체가 희망적이라는 사실을 언급하고 환자의 건강한 측면과 치료에 있어서의 긍정적인 측면을 가능한 한 많이 찾아내는 것이 도움이 된다.

치료의 궁극적인 목표는 환자의 내적 통제력을 통해 도박 충동을 조절하고 더 나은 삶을 살도록 유도하는 것이지만 이를 위해서는 상당한 시간이 필요하다. 따라서 초기에는 반드시 환자가 도박을 할 수 없는 상황이 되도록 환경을 조성하는 것이 필요하다. 예를 들면, 돈을 가지고 다니는 상황을 피하게 한다. 환자의 동의를 얻어 지갑에 돈과 신용카드가 어느 정도 있는지 검사하고 논의를 한다. 필요한 경우는 가족들로 하여금 환자가 은행 등에서 대출을 받거나 신용카드를 사용하지 못하도록 조치를 하게 하는데 이때도 어떤 식으로든지 환자의 동의를 받는 것이 좋다.

어느 정도 치료 의지가 생긴 경우 시간계획표를 작성하도록 한다. 계획표는 구체적으로 작성하는 것이 좋은데 도박의 종류에 따라 융통성 있게 작성한다. 예를 들어, 경마나 경륜의 경우 주말이 문제가 되기 때문에 주말계획서를 작성하고 달성 여부 등을 꼼꼼히 챙기는 것이 좋다.

치료가 어느 정도 진행되어 일정 기간 도박을 끊게 되면 긴장이 풀리고 환자는 어느 정도 스스로를 통제할 수 있다는 생각을 가지게 되는데 불행히도 이때 재발하는 경우가 많다. 치료자는 환자의 통제 능력을 인정하고 격려하되 동시에 고위험 상황을 계속 피하도록 격려하고 언제든지 재발의 위험성이 있다는 사실을 주지시켜야 하며 치료는 장기간에 걸쳐 진행되어야 함을 강조하는 것이 좋다.

② 인지행동치료

현재 흔히 사용되고 있는 인지행동치료는 인지적 교정(cognitive correction), 문제해결 기술 훈련, 사회 기술 훈련, 재발 예방의 4단계로 구성되어 있다. 인지적 교정이란 병적 도박자들이 흔히 가지고 있는 도박에 대한 오해와 잘못된 신념을 바로잡아 주는 과정이다. 이런 잘못된 생각과 믿음을 체계적으로 교정하여 도박 충동을 조절할 수 있게 하는 것이 인지행동치료의 기본이며 이와 더불어 도박 충동을 부추기는 상황을 피하는 기술, 스트레스 관리, 가정 및 사회에서의 적응 훈련 등을 통해 재발을 방지하는 작업 등이 포함된다(Petry & Roll, 2001; Sharpe & Terrier, 1993). 그러나 이런 외국의 인지행동치료를 그대로 한국 상황에 적용시키기에는 많은 문제가 있는 것으로 보인다. 저자들의 경험으로는 인지적 교정이 치료 과정에 필요한 것은 사실이지만 우리 환자들의 경우 대부분 극단적인 상황에서 병원을 찾는 경우가 많아 환자 개개인의 실정에 맞는 다양한 접근이 필요할 것으로 보인다.

③ **약물치료**

약물치료로 선택적 세로토닌제제(Selective Serotonin Reuptake Inhibitors: SSRIs), 오피오이드 길항제인 날트렉손과 날메펜, 기분조절제인 리튬과 토피라메이트 등이 치료 효과가 있다는 보고가 있다(Dannon et al., 2005; Kim et al., 2001; Kim et al., 2002; Grant et al., 2006; Hollander, 1998). 약물치료 시에는 약물 순응도가 떨어질 가능성이 높으므로 치료자는 환자에게 약물치료의 중요성과 효과, 규칙적 복용의 필요성 등에 대해 설명하고 순응도에 관심을 갖는 것이 필요하다.

④ **가족치료**

병적 도박자의 가족들은 심각한 경제적 · 신체적 · 정서적 고통을 경험한다. 가족들은 이렇게 어려운 상황을 도피하고 싶은 마음과 동시에 병든 환자를 도와야 한다는 책임감이 혼재하는 양가감정을 갖게 된다. 이러한 가족들의 문제를 발견하고 적절한 도움을 주는 것은 환자의 회복에도 중요하다(심진현 외, 2006). 가족치료 시간에는 환자가 도박을 하는 것은 가족들의 잘못이 아니지만 가족들의 비난이나 집착, 과거 빚에 대한 잘못된 대처 행동 등이 환자의 도박 행동을 더 강화시켜 준다는 사실을 교육해야 한다. 도박으로 인한 빚이 얼마나 있는지, 과거 빚은 누가 어떻게 갚았는지 등에 대해 토론하고 가족들이 더 이상 환자의 도박 행동에 대해 집착하지 않도록 하되 그 결과에 대해서도 반드시 환자 스스로 책임지도록 교육을 해야 한다. 또한 자녀가 있는 경우 자녀들이 환자의 도박 행동에 대해 알고 있는지, 또 아는 경우 어떻게 생각하는지 등에 대해서도 토론하는 것이 좋다. 가족들의 지나친 간섭이나 집착과 같은 잘못된 태도나 가족 간의 갈등, 건강한 의사소통의 부족 등이 치료를 방해하고 재발을 일으키는 요인이 될 수 있으므로 가족 및 자녀들에 대한 교육이 필요하고 또 이들 자신의 정신건강에 대해서도 치료자가 관심을 갖고 도움을 주는 것이 궁극적으로 환자에게도 큰 도움이 된다.

⑤ 단도박 모임

환자들의 자발적인 모임인 단도박 모임은 도박의 치료는 물론이고 재발 예방과 재활에 중요한 역할을 한다. 국내에서는 1984년에 결성되어 서울을 비롯하여 전국적으로 40군데 이상의 지역 모임이 활성화되어 있다(www.dandobak.co.kr; www.dandobak.or.kr). 가족들의 모임도 따로 결성되어 있어서 서로 경험을 공유하는 등의 중요한 역할을 한다. 따라서 치료자는 환자에게 초기부터 치료와 함께 단도박 모임의 참여를 권유하는 것이 좋다.

4) 기타 행위 중독

(1) 성 중독

성 중독은 일부는 충동적-강박적 성행위(impulsive-compulsive sexual behavior)나 강박적 성 장애로 부르며, DSM-IV-TR에서는 달리 분류되지 않은 충동 조절 장애 또는 달리 분류되지 않은 성 장애로 분류된다. 한 연구에서는 일반 인구의 약 5~6% 비율로 나타나고, 남자와 여자의 비율은 3:1 정도인 흔한 임상적 현상이라고 보고하였지만(Coleman, 1992), 아직 체계적인 역학 연구는 없다. 논란은 있지만 성 중독은 강력한 성적 환상, 성욕 그리고 성행위가 반복되어 임상적으로 의미 있는 사회적 · 직업적 또는 다른 중요한 기능의 장애를 유발하는 경우를 말한다(Coleman, Raymond, & McBean, 2003; Coleman, 1992). Coleman은 성 중독을 일곱 가지 유형으로 구분하였는데, 여러 파트너를 찾아 나서는 유형, 불가능한 파트너에 대한 강박적 집착, 강박적 자위, 성을 다룬 책이나 그림의 강박적 사용, 성적 만족을 위한 인터넷의 강박적 사용, 강박적인 다중 애정관계(compulsive multiple love relationships), 대인관계에서의 성적 강박성(compulsive sexuality in a relationship)이 그것이다. 성 중독은 다른 충동 조절 장애, 기분장애, 물질 의존, 불안장애, 사회공포증 그리고 주의력결핍 과잉행동장애가 많이 동반되는 것으로 보고되었다. 치료는 동반 질환과 주된 증상을 면밀히 평가하여 그에 맞게 항우울제, 정신자극제 또는 항갈망제를 사용하는 약물치료와 정신치료를 병행하는 것이 도움이 되는 것으로 알려져 있다(Mick & Hollander, 2006).

(2) 쇼핑 중독

이 질환은 강박증이나 기분장애의 일종으로 보는 연구자들도 있지만 중독 질환의 일부로 보는 연구자들도 있다(Hollander, 1993; Lejoyeux, 1996). 견해에 따라서 강박적 구매장애(compulsive buying disorder), 강박적 쇼핑(compulsivc shopping), 중독성 쇼핑(additive shopping), 쇼핑 중독(shopaholism) 등으로 불렸는데, 이는 쇼핑에 대한 과도하거나 조절되지 않는 집착, 충동 그리고 쇼핑 행위로 주관적인 고통이나 기능의 장애를 일으키는 경우를 말한다(Black, 2007). 미국의 성인을 대상으로 한 연구에서는 평생 유병률을 약 5.8%로 보고하였고(Koran et al., 2006), 임상 현장에서는 여성이 대부분이었다(Dittmar, 2005). 쇼핑 중독은 보통 10대 후반에서 20대 초반에 시작되는 경우가 많으며, 기분장애, 불안장애, 식이장애 그리고 다른 충동 조절 장애가 동반되는 경우가 많다. 모든 나라에서 나타날 수 있으나 특히 시장경제가 발달된 나라에서 두드러지고, 기분장애나 물질 의존의 가족력이 있는 경향이 있다. 표준화된 치료법은 없지만 인지행동치료, 여러 형태의 정신치료, 가족치료와 약물치료 등이 효과적인 치료법의 가능성을 염두에 두고 연구되고 있다(Black, 2007).

(3) 인터넷 중독

병적 인터넷 사용(pathological internet use) 또는 강박적 인터넷 사용(compulsive internet use) 등으로도 불린다. 인터넷 중독 연구에 K. S. Young과 I. Goldberg의 인터넷 중독 진단 기준이 사용되고 있지만, 아직 표준화된 진단 기준은 없다. 일반적으로 인터넷 중독은 과도하고 강박적인 인터넷 사용으로 정신적 · 학업적 · 가정적 · 직업적 그리고 사회적 장애를 겪는 경우를 말한다(Young, 1996). 2007년 우리나라에서 만 9세부터 39세까지의 남녀 5,500명을 대상으로 시행된 한 역학 조사에 의하면, 청소년의 2.3%, 성인의 1.4%가 고위험 사용자군으로 나타났으며, 청소년의 12.1%, 성인의 5.1%가 잠재적 위험 사용자군으로 나타나 인터넷 과다 사용이 심각한 상황인 것으로 보고되었다(한국정보문화진흥원, 2007). 인터넷 중독의 원인으로는 사회환경적 요인, 인터넷 자체의 특성, 뇌신경학적 요인 및 개인의 심리적 특성 등이 복합적으로 작용하는 것으로 생각되고 있다. 사회환경적 요인으로는 건전한 또래 놀이 문화의 부재, 가정의 문제, 접근의 용이성 등이 있으며, 인터넷 자체의 속성으로는 익명성과 호기심의 충족, 가상현실에서의 강한 친밀감 등이 지적된다. 또 개인의 심리적 요인으로는 현실에 적응을 못하는 경우, 충동적이고 스릴을 추구하는 경우로 구분할 수 있으며, 뇌신경학적 요인으로는 도파민과 관련된 보상회로로 설명하고 있다. 다른 행위 중독과 마찬가지로 인터넷 중독도 우울증과 대인공포증 및 기타 불안증이 동반되는 경우가 많고, 다른 중독성 질환과 주의력결핍 과잉행동장애가 동반된 경우도 보고된다. 이런 경우에는 동반 질환을 평가하여 함께 치료하는 것이 중요하다. 현재 인지행동치료, 약물치료 및 가족치료 등의 치료적 접근을 하고 있다(김현수 역, 2000).

5) 요약

현재 행위 중독은 그 개념이 아직 통일되어 있지 않다. DSM-IV-TR에서 병적 도박과 기타 행위 중독을 충동 조절 장애 등으로 분류하고 있고, 일부에서는 강박 관련 장애나 기분장애의 일종으로 보기도 한다. 그러나 내성과 금단증상, 갈망감, 조절력의 상실, 부정적 결과에도 지속적/반복적인 행위를 보이는 특징을 고려한다면 물질 의존의 개념과 유사한 중독성 질환으로 설명하는 것이 더 타당한 것으로 생각된다. 이와 관련하여 미국 국립약물남용연구소(National Institute on Drug Abuse)는 행위 중독이 다른 외부 물질의 영향을 배제하였기 때문에 상대적으로 더 진정한 중독의 핵심적 특징을 보여 주고 있다고 보고한 바 있다(Holden, 2001). 이 장에서는 현재까지 가장 연구가 많이 진행된 병적 도박을 중심으로 원인, 진단 및 임상적 특징 그리고 치료에 대해 살펴보았고, 다른 행위 중독이라 할 수 있는 성 중독, 쇼핑 중독 그리고 인터넷 중독에 대해서는 간략하게 기술하였다. 앞으로 행위 중독의 개념 정립 및 원인과 발병 기전의 이해, 그리고 효과적인 치료를 위한 더 많은 연구가 필요하다.

제5장

중독 상담 이론과 실제

1. 심리상담의 기본 이론

1) 심리상담의 기본 구성

(1) 적극적 경청

중독 환자와의 만남은 상담이라는 형식을 통하여 이루어진다. 상담은 낯선 두 사람의 만남으로 시작된다. 일반적인 만남과 마찬가지로 첫인상이나 첫 상담이 향후 상담 과정을 좌우할 수 있다. 그러므로 중독 환자라는 틀에 얽매이기보다는 상담 과정이 낯선 사람을 만나는 과정이라는 것을 염두에 두는 것이 중요하다. 서로를 알아 가고 이해해 나가는 과정이 중독 환자를 만나는 과정의 기본이 된다. 상담이 원활하고 효과적으로 이루어지기 위해서는 먼저 내담자와 상담자에 대하여 잘 인식하는 것이 필요하다. 상호간의 인간관계를 잘 파악하고 어떤 기대와 어떤 선입견을 가지고 상담에 임하는지 그리고 서로의 현재 상태가 어떠한가를 파악하는 것이 중요하다. 이를 좀 더 정확히 구분해 본다면 내담자가 자신을 어떠한 사람으로 생각하는지, 다른 사람이 자신을 어떠한 사람으로 보기를 원하는지 그리고 실제로 그 사람은 어떤 사람인지를 파악하는 것이 중요하다. 또한 내담자의 마음속에 있는 상담자의 모습도 마찬가지로 정확히 인식하는 것이 중요하다. 두 번째로 원활한 상담을 위한 가장 중요한 기술은 잘 듣는 것이다. 잘 듣는다는 것은 무척 쉬운 것으로 여겨지기 쉽지만, 적극적으로 경청을 한다는 것은 단순히 내용만을 듣는 것을 의미하지는 않는다. 앞서 이야기한 상황을 정확히 인식하며, 그 상황이 어떻게 이루어지는지 파악하면서 내용을 듣는다는 것이 결코 쉬운 일은 아닐 것이다. 무엇보다 내담자와의 대화에서 줄거리가 아니라 그 줄거리에 함께 포함되어 있는 내담자의 기분을 포함한 마음상태와 그 대상에 대한 변화를 잘 이해하는 것이 중요하다.

(2) 친밀감과 공감의 형성

상담이 원활하게 이루지면 상호간에 좋은 친밀감이 형성된다. 상담과 관련된 여러 서적에서 이러한 친밀감이 이루어질 때 좋은 상담이 이루어진다는 것을 강조하지만, 실제로 좋은 친밀감을 기술적으로 형성하기는 어렵고, 좋은 상담의 결과로 내담자와 상담자에게 느껴지는 경우가 좀 더 보편적이라고 할 수 있다. 이러한 친밀감의 구성요소로는 서로 간의 신뢰가 있다. 이러한 신뢰는 내담자가 과거 경험한 사람들에 대한 신뢰와 이상적인 신뢰의 대상에 대한 선입견으로 구성되기 때문에 내담자는 이를 잘 구분하여 이해하는 것이 중요하다. 과거의 경험을 잘 활용하여 내담자가 어떤 신뢰를 받기 원하는지 이해하고, 실제로 이러한 신뢰가 이상적인 대상을 전제로 한 것이라면 현실적인 수준으로 자신을 잘 이해시킬 때 좀 더 지속적인 신뢰를 얻게 될 것이며, 자신이 어느 정도 신뢰를 줄 수 있는 사람인가를 잘 아는 것이 중요할 것이다. 이러한 신뢰를 형성하는 내담자의 가장 중요한 능력이 지식보다는 내담자의 인간적인 면모라는 것은 부정할 수 없는 사실이다.

상담 과정의 기본 요소로 가장 중요시되는 친밀감에 대하여 Othmer는 여섯 가지 요소를 제시하였다.

- 첫째, 환자 또는 내담자를 편안하게 하기
- 둘째, 환자의 고통을 잘 찾아보고 연민을 잘 표현하기
- 셋째, 환자의 병식을 평가하고 이에 맞추어서 환자의 협력자가 되어 주기
- 넷째, 전문성을 잘 보여 주기
- 다섯째, 상담자로서의 권위를 잘 형성하기
- 여섯째, 공감을 하는 경청자와 전문가, 권위자의 역할을 적절하고 조화롭게 수행하기

친밀감을 형성하기 위한 기본적인 조건은 충분한 시간과 충분한 정보다. 전문적인 기술도 필요하지만 근본적으로 짧은 시간과 불충분한 정보로는 친밀감을 형성하기 어렵기 때문에 상담 전에 이에 대한 계획을 잘 세워 두는 것 또한 필요하다. 친밀감을 형성하는 가장 중요한 요소로 많은 전문가들이 공감을 꼽고 있는데, 이는 두 가지 요소를 포함하고 있다. 첫째는 내담자의 경험과 느낌을 공유하는 것이고, 둘째는 그 경험과 느낌을 관찰자로서 잘 볼 수 있어야 한다는 것이다. 단순한 공유를 통하여서는 내담자의 고통에 대하여 제대로 그 본질을 살필 수 없고, 객관적인 관찰만 해서는 진정한 공감이 이루어지지 않는다.

(3) 선입관의 배제: 전이와 역전이

상담자와 내담자와의 대화과정에서 항상 명심해야 하는 것은 누구와 대화를 하고 있는가다. 흔히 대화의 내용에 집중하다 보면 누구와 대화를 하고 있는가를 잊는 경우가 상당히 많다. 너무나 당연하게 내담자와 상담자의 역할이 분명하다고 믿지만, 내담자가 기대하는 상담자가 실제의 상담자와 다른 경우가 허다하며 그 반대로 상담자가 기대하는 내담자와는 다른 형태의 내담자를 만나는 경우가 많다. 그런 경우를 무시하고 자신이 원하는 상대와 대화를 하려고 고집하게 되면 실제로 상대방의 존재를 이해할 수 없고 그런 상태에서는 어떠한 친밀감을 형성

할 수도 없는 것이다. 상담이 진단적 · 평가적으로 많이 사용되는 정신과에서는 이러한 인간관계의 틀을 전이 · 역전이라고 이야기한다. 전이는 과거 다른 사람과의 대인관계에서 가졌던 무의식적 느낌, 감정이 그 사람이 아닌 지금의 다른 사람에게로 부지불식간에 옮겨 오는 것이다. 이러한 전이는 기본적으로 사람의 기억 속에서 일정한 유형으로 기억되어 대인관계에서 항상 반복되며 이러한 기억양식을 암시적 기억이라고 하는데, 명시적 기억인 어떤 사건과는 달리 사람의 행동과 느낌 속에 저절로 내재되어 있는 기억이며 무의식적으로 일어나는 과정이다. 전이의 반대편에 있는 현상이 역전이로서 상담자가 가지는 상담자에 대한 선입견이라고 할 수 있을 것이다.

흔히 경험할 수 있는 전이현상의 예를 들면, 중독자들이 상담자에게 무조건 화를 내면서 당신은 나를 이해할 수 없다고 하면서 화를 내는 경우가 있다. 이런 경우 상담자는 열심히 내담자를 도와주고 협력적인 관계를 바라던 기대가 무너지면서 몹시 당황스럽고 내담자가 미워지기도 한다. 내담자는 항상 자신을 꾸짖던 주변 가족이나 친지들 또는 과거의 치료 경험을 떠올리면서 현재 상담자의 본질과 상관없이 대하려고 하고, 초보적인 상담자는 과거의 일반적인 인간관계를 생각하면서 환자가 몹시 거칠고 예의 없는 하찮은 사람으로 느껴질 수도 있다. 또 어떤 경우는 내담자가 상담자에게 자꾸 도와달라고 애원하면서 무조건 의지하려고 하고, 상담자 역시 그런 내담자를 불쌍하게 생각하고 가족처럼 느껴져서 자신의 능력 이상으로 내담자를 도와주려고 할 때가 있다. 이와 같은 모든 경우는 실제의 내담자와 상담자의 관계라기보다는 지나치게 부정적이거나 긍정적인 면이 두드러진 허상과 마주 대하고 있는 관계라고 할 수 있을 것이다.

2) 상담의 진행

면담 과정은 필요한 내용을 듣고 치료 계획을 수립하는 과정과 면담을 통하여 내담자를 치료하는 과정으로 나눌 수 있으나 실제로는 이 두 가지가 동시에 이루어지는 것이 보통이다. 처음 면담이 시작되면, 내담자는 흔히 불안해하고 서먹

서먹하게 느끼는 경우가 많은데, 상담자는 내담자를 편안하게 하여 면담이 잘 진행되도록 돕는다. 상담자는 자신의 이름을 이야기하고 내담자의 이름을 확인한다. 환자에게 자신을 간단히 소개할 수 있으면 동행한 사람에게도 똑같이 자신을 소개한다. 그리고 환자에게 동행자와 같이 면담을 진행할지 아니면 따로 면담을 할지를 질문한다. 내담자가 어색하게 생각할 경우는 따로 내담자와 상담자만 상담을 진행할 수 있는 기회를 반드시 주도록 한다. 상담자는 내담자가 질문할 경우 자신의 전문가로서의 경력을 밝혀야 한다. 하지만 개인적인 정보를 알릴 필요는 없다. 예컨대, 내담자가 상담자에게 의사인지, 심리학자인지, 사회복지사인지 등을 묻는 질문에는 정확히 답변하고 자신의 상담 경력에 대해서도 말해 줄 수 있어야 하지만, 결혼의 유무나 거주지 등의 질문에는 답변할 이유가 없다.

면담이 시작될 때에는 "어떤 문제를 도와드릴까요?" 또는 "어떤 문제로 오시게 되셨나요?" 라는 질문으로 시작할 수 있다. 그리고 계속해서 "그 외에 다른 문제들은 없으신가요?" 라고 질문할 수 있다. 시간의 여유가 있고, 좀 더 친밀감을 형성하면서 대화를 시작하고자 한다면 "무슨 이야기를 하고 싶으신가요?" 라거나 "어디서부터 이야기를 시작할까요?" 라고 질문하면서 시작할 수도 있다. 만일 다른 곳으로부터 의뢰된 환자라면 의뢰된 곳의 어떤 정보를 알고 있으면, 환자에게 어떤 내용의 의뢰를 받게 되었는지를 잘 질문하고 듣는 것이 필요하다.

상담이 진행되면서 환자가 자신의 속마음을 더 많이 털어놓고 싶어 하거나 비밀 준수가 필요한 면담이 이루어질 때는 환자에게 비밀을 엄수할 것임을 이야기를 해야 하고, 어느 정도까지 비밀을 준수해야 할지를 물어보는 것이 좋다. 환자가 심하게 불안해하고 면담을 진행하기 어려워할 때는 면담의 내용보다는 환자의 불안감에 대하여 이야기를 듣고 안심시켜 주는 것이 필요하다. 면담이 진행되면서 상담자는 내담자가 말하는 내용뿐 아니라 왜 이 시기에 도움을 얻고자 왔는지 그리고 인생 흐름의 과정을 이해하고 특정 문제가 왜 이 시점에 발생하였는가를 파악하는 것이 중요하다.

면담을 진행하면서 몇 가지 기술적인 면을 고려하여 면담을 진행할 수 있다. 내담자에게 닫힌 질문을 할 때는 좀 더 정확한 정보를 구체적으로 들을 수가 있다. 예컨대, "그러니까 일주일에 몇 번이나 술을 드셨다는 이야기인가요?" 다. 이러한 질문은 정확한 정보를 얻기에는 용이하나 내담자가 이야기하는 습관이나 감정을 파악하기 어렵고, 내담자가 원하는 이야기를 풍성하게 들을 수 없다는 단점이 있다. 반대로 "다음은 술을 어느 정도 드셨는지 이야기를 해 주시죠?" 라는 식의 열린 질문의 경우는 내담자가 자유롭게 자신이 이해하고 생각하는 방식으로 이야기를 할 수 있도록 유도할 수 있으나 장황하고 정확한 정보를 파악하기 힘들다는 단점이 있다. 실제로는 열린 질문으로부터 시작하여 닫힌 질문으로 구체화하는 경우가 많다.

내담자가 이야기를 할 때 단순히 내용을 듣는 것이 아니라 경청하고 있다는 것을 알 때 면담이 좀 더 원활히 진행되는데, 이런 경우 내담자가 한 이야기를 반복해서 이야기하거나 요약하여 이야기를 할 수 있다. 이런 과정을 통하여 내담자는 상담자가 자신의 이야기를 잘 경청하고 있다는 것을 확인하고, 공감받고 있다는 느낌을 받게 되어 면담이 원활하게 진행될 수 있다. 또한 대화 과정에서 약간의 추임새 역시 내담자가 대화를 잘 진행할 수 있도록 도와준다. 내담자가 침묵하는 경우는 말을 하고 싶지 않거나 반대하거나 혹은 자신의 내면을 성찰하는 경우 등이므로 어떤 경우인지를 이해하는 것이 중요하다. 내담자의 상담 내용이 상반되는 내용이거나 인지적인 왜곡이 있는 경우는 그것에 대하여 지적하되 면담의 흐름에 방해가 되지 않도록 적절히 하는 것이 좋다. 내담자가 말하는 내용이 불분명할 경우는 질문하여 정확한 내용을 이해하도록 하고, 전문가적인 설명이 필요한 경우나 질문이 있을 경우 잘 설명해 주는 것 역시 상담 과정을 촉진하는 데 도움이 될 수 있다. 내담자가 같은 주제에서 벗어나지 못하고 이야기를 반복한다면 다른 소재로 이야기를 전환시키는 것이 좋다.

면담 과정은 때로는 치료 과정과 같이 병행하기도 하는데, 면담 과정에서 흔히 사용되는 기법으로는 긍정적인 강화, 조언, 안심시키는 말 등이 있다. 이러한 치료 기법은 환자로 하여금 자신감 있게 스스로를 표현하고 자신이 치료적으로 동참하고 있다는 생각을 갖게 할 뿐 아니라 상담 과정을 원활하고 효과적으로 만들 수 있다. 상담 과정에서 환자의 상태평가나 병력청취에 전념하여 향후 치료관계를 염두에 두지 않는 상담을 한다면, 실제 치료 과정에서 많은 어려움에 부딪힐 수 있을 것이다. 따라서 상담 과정에서 충분한 평가가 이루어지기 전에 어느 정도 평가가 된 상태라면 치료적인 상담을 진행하면서 평가를 할 수 있으며, 반대로 치료적인 상담을 진행하면서 환자의 새로운 측면이 밝혀진다면 이에 맞추어 새로운 평가와 친밀감 형성을 위하여 노력할 수 있다.

3) 상담 과정에서 필요한 기술들

(1) 상담의 일반적 원칙

상담 과정은 앞서 살펴본 바와 같이 두 가지로 이루어진다. 첫째는 내담자가 어떤 사람인가를 이해하고 정확한 상태를 평가하는 것이고, 둘째는 내담자가 원하는 치료를 제공하는 것이다. 내담자의 평가를 위하여 다음과 같은 사항을 염두에 두는 것이 좋다. 내담자가 중독 문제를 가지고 있는가를 살펴보기 위하여 상담자가 가지고 있는 면담 환경, 상담 스타일, 상담자의 태도 등을 먼저 알아야 한다. 또 내담자의 동기, 변화의 단계, 다른 정신과적 · 내과적 질병의 유무, 남용의 정도 등에 따라서 다르게 평가를 하여야 한다. 정확한 평가를 위하여 면담 환경은 내담자 사생활과 일반 활동에 대한 비밀이 보장되어야 하며, 충분한 시간적인 여유가 필요하다. 내담자가 질문을 할 때에는 이에 대하여 적절한 대답을 할 수 있는 시간과 지식도 필요하다. 특히 내담자에게 상담의 내용은 누구에게도 이야기하지 않을 것이라는 믿음을 주는 것이 필요한데, 단순히 상담 내용의 비밀을 보장한다는 사무적인 언급보다는 신뢰를 형성하는 것이 중요하다. 만일 상담 내용에 대한 비밀을 보장할 수 없는 상황이라면 이에 대하여 내담자에게 이야기를 하는 것이 좋고, 다른 사람이 내담자에 관하여 질문을 했다면 이러저러한 질문을 했다는 사실을 이야기해 주는 것이 좋다. 이러한 과정을 통하여 내담자는 자신에 대하여 좀 더 솔직하고 자세히 상담자에게 이야기하게 된다. 내담자에 따라서는 상담 과정에서 얻은 내용을 기록하는 것도 거부할 수 있으며, 이에 대해 자세한 설명을 하고 내담자와 어느 정도 기록을 하는 것이 좋은가를 상의할 수 있다. 예컨대, 내담자가 자신과의 상담 내용을 기록하는 것을 일절 원치 않을 경우, 내담자에게 아무것도 기록하지 않는 것이 향후 상담 과정에 방해가 될 수 있으며 상담자도 모든 것을 기억할 수 없다는 것을 상기시켜야 한다. 또한 기록을 원치 않는다는 것은 상담기록을 누군가에게 보여 줄 수 있다는 불안 때문이기도 하므로 내담자의 심정을 잘 이해하고 기록 내용 중 내담자가 기록을 원치 않는 부분의 내용은 기록하지 않을 수 있음을 알려야 한다. 또한 기록된 내용도 오직 내담자를 위해서만 사용되며 확실한 비밀보장이 이루어질 것임을 약속하고 이에 대한 적절한 설명을 하는 것이 필요하다.

(2) 상담의 구성

상담을 하기 위한 충분한 시간은 다음과 같다. 처음 내담한 내담자의 경우 자유롭게 자신의 문제에 대하여 이야기할 시간을 5~10분 준다. 내담자가 이야기한 내용을 토대로 불분명하거나 부족한 부분에 대해 질문을 하면서 내담자가 가진 문제를 좀 더 명확하게 파악하도록 한다. 질문과 대답을 하면서 내담자의 문제를 명확히 하는 과정은 동시에 내담자와의 치료 과정과 동일하게 이루어지기 때문에 질문에 대한 내담자의 답변 내용과 감정 상태를 같이 이해하는 것이 필요하다. 필요한 질문과 답변이 이루어진 다음에는 상담 내용을 정리하여 내용이 올바로 전달되었는가를 다시 한 번 확인하고 필요한 질문이 있으면 질문을 하도록 유도하고 여러 치료 가능성에 대하여 설명을 하는 것이 중요하다.

상담 시 염두에 두어야 할 사항은 환자의 사회경제적 상태, 나이, 성별, 결혼 유무 및 취업 상태다. 이는 상담을 통하여 얻어야 할 정보이자 또한 내담자의 상담 특성이므로 그에 맞춰 상담하는 것이 중요하다. 예컨대, 환자가 현재 무직상태로서 경제적인 여유가 없는 상황에서 고가의 검사나 치료를 권하는 것은 상대방의 입장을 고려하지 않은 상담이며, 반대로 직장생활을 하는 환자에게 무조건적으로 치료 공동체에 참여하여 지속적인 치료 과정을 이행하도록 강요하는 것 역시 적절한 상담이 아닐 것이다. 초심자들이 범하기 쉬운 실수로는 일정한 틀의 내담자를 미리 머릿속으로 상정하여 이에 맞추어 프로토콜식으로 상담을 하는 경우로서 실제 내담자의 입장과는 동떨어진 규격화된 상담을 하게 되는 것인데, 이런 경우 상담은 잘 진행되지만 내담자가 치료 과정에서 멀어지는 경험을 종종 하게 된다.

4) 중독 상담의 특징

(1) 중독 상담 내담자

중독 문제로 상담을 하는 내담자들의 경우는 수치심과 불편함, 불안, 불신 등을 마음속에 가지고 있지만 이런 감정을 잘 드러내지 않으려 하고 이를 부정하고 최소화하고 합리화하는 경향을 지닌다. 이런 경우는 환자의 불합리하고 방어적인 태도에 관하여 비난을 하기보다는, 내담자가 가지는 감정 상태로 인한 방어적인 태도라는 것을 충분히 이해하고 치료 과정에 이러한 방어적인 태도가 도움이 되지 않으므로 함께 극복해 가자는 취지로 치료적인 동맹을 유도하는 것이 좋다. 정신분석학적으로는 치료적인 동맹이며, 동기가 없는 내담자를 대상으로 한 동기강화 상담이 이러한 과정이다. 이러한 과정에서는 이론과 관계없이 다음과 같은 방법들이 널리 사용된다. 첫째, 닫힌 질문을 하기 보다는 열린 질문을 통하여 내담자가 자유롭게 이야기를 하도록 한다. 예컨대, 처음 내담자를 대할 때는 "술 문제 때문에 여기 오셨지요?"라는 식의 질문보다 "오늘 여기에 무슨 일로 오셨는지 말씀해 주세요?" 라는 질문이 적절하다. 몇 번 상담을 온 내담자의 경우도 "언제부터 술을 끊으려고 하는 거죠?"보다는 "음주에 대해서 앞으로 어떻게 하고 싶으세요?"라고 열린 질문을 하는 것이 좋다. 중독 환자들은 자존감이 낮고 자기효능감이 떨어지기 때문에 닫힌 질문을 통하여 이러한 성향이 더 강해질 수 있으므로 처음부터 자존감과 자기효능감을 향상시키기 위한 질문을 통하여 정보 획득과 치료를 같이 병행하는 것이 좋다.

중독 문제를 상의하러 온 내담자들은 각자의 문제를 보는 방식이 다르므로 이에 관하여 질문을 하고 자신의 문제를 어떻게 바라보는가를 살펴보는 것 역시 중요하다. 내담자가 자신의 문제를 바라보는 관점에서 제공된 정보라는 사실을 이해하고 그 내용이 바라보는 관점에서는 사실이지만 실제의 사실과는 다르다는 점을 명심해야 한다. 또한 실제와 다르다고 내담자가 솔직하지 않다고 비난하기보다는 그의 관점에서 파악한 사실이라는 점을 이해하는 것이 중요하다. 실제로 환자의 치료 동기나 환자의 변화 단계에 따라서 자신의 중독 문제를 바라보는 관점이 무척 달라지는데, 예컨대 매일 술을 마시는 내담자조차 "매일 소주 2병을 마시지만 웬만해서는 문제를 일으키지 않아요. 옆에서 가족이 저에게 뭐라고 하면 화가 나서 좀 심한 행동을 하거나 술을 더 마시지만, 30년간 아무 문제없이 술을 마셔 왔다니까요?"라고 표현하는 경우도 있다. 반대로 치료 동기가 있는 내담자는 "술을 끊은 지 벌써 6개월이 되었지만, 아직도 술을 보면 자신이 없을 때가 있어요. 그럴 때는 무엇인가 부족하다는 생각이 들어요. 그래서 오늘은 마음을 다잡기 위해서 이 모임에 나왔어요."라고 표현하는 경우도 있다. 따라서 비난조의 질문이나 판단조의 언급보다는, 내담자 각자의 특징에 맞추어 상대를 존중하고 격식 있는 말로 내담자를 대하는 것이 더 좋은 결과를 낳을 수 있다. 면담 시 유념해야 될 태도는 일반적인 대화방식과 같은데, 따뜻하고, 친근하고, 진실하고, 공감을 잘하고, 지지적이며, 반영적인 경청을 통하여 내담자 중심으로 대화를 해 나가는 것이 필요하다.

(2) 중독 상담의 과정

중독자들을 대상으로 하는 상담은 평가와 치료가 동시에 이루어진다. 중독자들을 대상으로 하는 상담치료 방법은 인지행동치료, 동기강화 상담, 12단계 치료 등이 대표적이다. 이러한 상담치료 방법은 상담이라는 기본적인 치료 방법을 통하여 이루어지며, 약물치료의 경우도 상담을 통하여 원활하게 이끌어 갈 수 있다. 이러한 치료 과정에서는 상이한 기법과 상관없이 기본적으로 이루어지는 과정을 유념하여야 한다. 기본적인 과정에서 주요한 과제는 치료관계를 잘 형성하는 것이며, 이러한 치료 과정에서는 다음과 같은 것을 유념해야 한다. 첫째, 내담자마다 개별적인 방법을 사용해야 한다는 것을 항상 생각하고, 둘째, 물질 중단과 관련되어 집중적인 상담을 하면서도 재발을 어떻게 다루며 가족과의 관계는 어떻게 해 나갈 것이며, 치료 기간과 종결은 어떻게 할 것인가를 같이 염두에 두고 상담을 진행하여야 한다.

치료 과정에서 상담자는 항상 내담자의 치료 과정을 자연스럽게 돕는다는 점을 잊지 말아야 한다. 환자의 회복에 관한 내재적인 힘을 무시하고 상담자 자신의 노력에만 집중한다면 그 치료는 실패할 수밖에 없다는 사실을 잊어서는 안 된다. 치료 과정은 항상 내담자와 함께 자연스럽게 동행하는 것이어야 한다. 이러한 과정은 공감을 통하여 이루어지며, 지시적인 치료를 피하고 희망을 줄 때 더 자연스럽게 이루어진다. 내담자는 그들의 심리적인 특성으로 인하여 지시적인 치료를 하려고 하면 어린아이처럼 떼를 쓰듯이 자신이 치료 과정에서 아무런 역할을 하지 않으려 하고 치료에 비협조적이 되기 쉽다. 치료가 잘 안 될수록 상담자는 점점 더 내담자에게 강요하거나 치료의 실패에 대한 죄책감을 느낄 수 있기 때문에 이런 과정을 잘 이해하는 것이 필요하다. 중독자들은 또한 심리적인 특성으로 인하여 무망감이나 좌절감, 희망이 없음을 자주 표현하는데, 이럴 때 치료자는 그에 공감은 하되 동조하지 않고 희망이 있다는 사실을 항상 명심하고 있어야 한다. 단순히 잘해 보라거나 희망을 잃지 말라는 조언보다는 치료 과정에 대한 상담자의 믿음과 희망을 적절히 내담자에게 표현하는 것이 바람직할 것이다.

(3) 중독 상담에서의 목표 설정

치료 과정에서 환자와 함께 지속적으로 목표를 설정하고 꾸준히 이를 유지하는 것이 필요하다. 처음 만나서 치료 목표를 설정하고 어느 정도 성취했는지를 확인하고 다음 만날 때까지 단기 목표를 세우고 동시에 장기 목표에 대하여도 항상 염두에 두면서 상담을 진행하는 것이 좋다. 상담을 시작하면서 각 상담 시마다 내담자가 가지고 오는 주요한 문제를 파악하고 잘 듣고 이해하여 유연하게 치료 과정에 활용하는 것이 필요하다. 치료 과정에서 치료 목표에 매달리다 보면 상담자와 내담자의 관계를 소홀히 할 수도 있는데 이에 대하여 항상 관찰하는 태도가 필요하다. 또 내담자와 상담자의 관계에 몰두하다 보면 두 사람의 관점에서 문제를 바라보면서 편견을 가지게 되거나 가족을 소외시킬 수도 있으므로 가족의 눈으로 내담자의 문제를 보는 것도 필요하다. 치료가 진행되면서 변화되는 상황을 내담자 스스로 관찰하고 이해하는 것이 중요한데, 상담자는 이러한 과정에 반드시 내담자를 참여시켜서 같이 상의하고 능동적으로 참여하도록 유도한다. 또한 치료 과정에서 나타나는 환자의 심리적인 문제만큼이나 돈 문제나 사회적인 문제와 같은 현실적인 문제를 다루어 나가는 것도 중요하다. 예컨대, 환자가 자신의 소극성과 수치심에 대한 많은 갈등으로 괴로워하여 이를 다루어 가고 같이 상담을 하면서 좋은 성과를 거두었지만, 그 사이에 직장을 잃고 새로운 직업을 갖기 위한 아무런 준비가 되어 있지 않아 현실적인 절망감을 다시 느끼게 되었다면 효과적인 치료 과정이었다고 생각하기 어렵다. 이런 현실적인 문제는 중독 자체와도 관련이 있는데, 중독 상태에서 벗어났지만 일상적인 삶이 더 고통스러운 상태가 되어 있다면 치료 과정에서 이를 한 번 더 고려해 보아야 할 것이다. 예컨대, 내담자가 술을 끊고 새로운 삶을 산다고 하면서 가족이나 일상적인 대인관계에서 일탈하여 자신을 고립시키고 그 과정이 치료라고 믿고 자신을 자학하듯 힘들게 만들고 있다면 그런 치료 과정은 중독치료에 효과적이라고 하기 어렵다.

중독치료 과정에서 개인차에 따라 목표를 다르게 설정할 수 있는데, 이때 내담자의 중독 상태가 변화하는 단계에 따라 목표를 설정하는 것이 도움이 된다. 막연한 치료 과정을 목표로 하기보다는 변화 단계에 따라 숙고 전 단계의 내담자를 숙고 단계로 바꾸는 것을 목표로 한다면, 목표가 한결 명확해질 수 있으며 치료 과정에 대한 변화도 쉽게 이해할 수 있다. 내담자의 물질 중단에 대한 목표를 설정하기 전에 내담자가 자신의 중독 상태를 스스로 정확히 이해하는 것이 중요하다. 이를 위해서는 단순히 정보를 전달하거나 지시적으로 내담자의 상태를 지적하기보다는 대화 과정을 좀 더 가짐으로써 자신을 관찰하는 내담자의 능력을 향상시키는 것이 좋다. 치료 과정에 대한 환자의 대처 방법에 대해서도 단순히 이야기를 듣기보다는 실제로 상담 과정에서 이를 연습해 보는 것도 좋은 방법이다.

(4) 중독 상담에서 동반된 정신적 문제

중독자들은 자신의 중독 문제에 집중하기 때문에 자신이 가진 다른 정신적인 문제를 소홀히 하기 쉬운데, 실제로 자신이 가진 문제를 과장되게 표현하는 것과는 달리 실제 자신의 정신적인 문제 또는 신체적인 문제의 본질을 놓치기가 쉽다. 항상 가족 문제로 괴로워서 술을 마시게 된다고 주장하는 내담자가 사실은 감정의 기복이 심하고 정신과적으로 조울증을 가지고 있으며 이를 치료하지 않고 지내는 경우라면 실제 치료에서 조울증의 치료 없이 중독 문제에 집중해서는 적절한 치료 성과를 기대하기 어렵다. 원인이나 결과와 상관없이 이러한 정신과적 또는 신체적인 문제는 많은 내담자에게 보이는데 이를 소홀히 하지 않고 객관적으로 관찰하는 것이 필요하다.

(5) 중독 상담자의 사회적 관계

상담에 집중하다 보면 사회적인 관계나 가족과의 관계를 물어보지 않거나 치료적으로 활용하지 못하는 경우가 종종 있다. 중독치료에서는 모든 가용한 치료 수단을 적절히 사용해야 하며, 치료 과정에서 사회적인 관계나 가족과의 관계가 많은 변화 요소의 중심에 있는 경우가 많으므로 항상 이에 대한 관심과 치료적인 활용이 필요하다. 특히 배우자와의 관계는 치료 과정에서 매우 유용한 수단이며 중요한 변인이 되므로, 배우자와의 상담이 반드시 이루어져야 한다.

(6) 치료 동기의 유발

중독자들의 치료 과정에서 동기를 강화시키는 데 중점을 두고 있는 동기강화 상담은 물론, 다른 치료 과정에서도 동기를 강화하는 것이 매우 중요하다. 단순히 물질을 중단하는 것만으로는 충분한 동기부여가 되지 않을 뿐 아니라 치료 성과도 좋지 않다. 장기적인 치료 성과를 위해서는 물질 중단에 따른 좋은 경험이 있어야 한다. 실제로 물질을 중단한 이후에 넓은 인간관계와 사회생활을 새롭게 하는 것만으로도 좋은 경험이 되기도 하며, 때로는 좀 더 한정된 사회생활이 더 좋은 경험을 느끼게 하기도 한다. 이러한 치료의 결과를 늘 생각하면서 상담을 하는 것이 좋으며, 이러한 결과가 잘 와 닿지 않을 경우는 지나치게 큰 목표를 지향하고 있는 경우가 많으므로 이럴 때는 작은 목표를 중심으로 그 결과를 경험하도록 하는 것이 좋다. 작은 성공이라도 성공의 경험은 다른 목표를 위한 충분한 강화를 제공하여 지속적인 일반화가 가능하다.

12단계나 병원을 방문하는 내담자들의 경우는 중독이라는 것을 일종의 질병으로 이해하는 경우가 많은데, 이러한 생각이 때로는 자신의 문제를 좀 더 긍정적으로 받아들이는 데 도움을 주기도 한다. 자신의 문제를 지나치게 질병으로 투사하는 것이 아니라면 이러한 중독에 대한 질병관은 치료 과정에서 많은 도움을 줄 수 있으므로 잘 이해하고 격려하는 것이 좋다.

(7) 재발에 대한 상담

중독자들과의 면담에서 항상 부딪치게 되는 문제는 재발이다. 처음부터 치료 과정에서 재발을 경험하지 않고 치료되는 내담자들은 가장 바람직한 경우라고 할 수 있으나 현실은 그렇지 않다. 중독자의 심리적인 특성상 재발을 경험하면 쉽게 좌절하고 자신의 무력감을 느끼면서 자포자기하기 쉬운데 이에 대하여 상담자는 충분히 준비하는 것이 좋다. 실제 치료는 여러 번의 실패와 성공이 반복되면서 천천히 회복으로 나아가는 과정으로 이해하는 것이 좋다. 재발은 여러 가지 형태로 나타나게 된다. 서서히 나빠지기도 하지만 급격하게 나빠지기도 한다. 재발이 나타날 때는 단순한 실패가 아니라 회복의 과정으로 이해하고 그 의미와 원인을 살펴보고 향후 치료 과정의 도구로 사용하는 것이 필요하다. 재발을 통하여 처음부터 중단에 대한 양가감정이 있는 것을 발견하거나 대처 방식이 유연하지 못했다는 문제점을 발견하기도 하고, 감정의 기복을 느끼지 못하여 정신과적인 치료를 병행하지 않은 경우도 있을 것이다. 많은 경우 미세한 심리적인 변화나 생활의 변화가 재발의 전조라는 사실을 잘 느끼지 못하고 무시하다가 재발하는 경우를 많이 보는데, 이런 경우에는 재발의 징후를 신속하고 적절하게 이해하고 이에 대처하는 방식을 만들어 가는 것이 필요할 것이다. 이처럼 재발을 향후 회복을 위한 치료 과정으로 만드는 자세가 치료적인 면담에서 가장 중요한 부분이라고 하겠다.

(8) 유연성

치료 과정의 면담에서 중요한 또 다른 한 가지는 유연성을 가지고 치료 기법을 사용하는 것이다. 한 가지 방법의 치료만 고집하기보다는 여러 가지 방법을 유용하게 적용하는 것이 필요한데, 면담과 병행하여 금주동맹 같은 집단을 사용하는 것도 유용한 치료 방법이므로 면담 과정에서 개인적인 치료뿐 아니라 집단치료 과정에도 관심을 가지고 상담하는 것이 좋다.

(9) 치료의 기간과 종결

면담을 진행하는 기간과 종료도 항상 고려하여야 한다. 면담 약속은 가능하면 내담자가 원하는 만큼 간격을 유지하되 긴밀한 상담이 필요하면 좀 더 늘려 가도록 한다. 면담 시간은 20분 정도로 유지하면 현재 상태를 살펴보는 데 도움이 되며, 자세한 이야기를 듣고 상담을 시작하기 위해서 45~60분 동안 면담을 할 수도 있다. 전체 치료 기간은 상담자가 제안할 수 있으나 최종 결정은 환자가 하도록 하는 것이 좋다. 면담을 종료할 때는 단순하게 면담이 끝났다고 정리하기보다는 긴 시간 간격을 두고 면담을 약속하고(이를테면 6개월 후) 그전에 혹시 문제가 생긴다면 더 일찍 상담을 할 수 있다고 여지를 남겨 놓는 것이 좋다.

2. 중독에서의 상담기술 1: 인지행동치료

인지행동치료(cognitive-behavioral therapy)는 인지치료와 행동치료가 합쳐진 용어다. 인지치료는, 비현실적 믿음과 비논리적 추론으로 상황을 왜곡하는 데서 환자의 증상이 발생하기 때문에 이런 오류를 스스로 깨닫고 수정하도록 가르치고 돕는 치료이며, 행동치료는 문제 행동을 과거 경험의 반복 또는 조건화 과정을 통하여 학습된 것으로 보고 이를 분석하고 치료하는 것이다. 이론적으로는 서로 다른 치료이지만 치료적으로 서로 깊은 연관성이 있기 때문에 보통 두 가지 치료를 동시에 인지행동치료라고 부른다.

이 장에서는 실제 임상에서 알코올 중독 환자를 대상으로 하는 인지행동치료를 어떻게 하는지에 대하여 살펴보고자 한다. 여기의 예들은 실제 저자가 시행하고 있는 알코올 교육 프로그램에서 사용되는 것들이다.

1) 인지행동치료의 일반적 원칙

(1) 기간 및 치료 형태

보통 3～6개월의 단기 치료를 원칙으로 한다. 면담회기(session)는 보통 8～20회를 기본으로 한다. 전체 회기를 정한 후에도 치료 진행에 따라 추가 면담을 할 수 있다. 알코올 인지행동치료의 모임 횟수는 주 1～2회가 적절하다. 한 회기는 1～2시간으로 한다. 치료 형태는 개인 또는 집단 인지행동치료 중에서 결정한다. 시간과 공간 등의 제약으로 인하여 임상 상황에서는 주로 집단 인지행동치료가 이루어진다.

(2) 전반적인 과정 소개

우선 첫 회기에는 환자와 가족에게 인지행동치료의 전반적 과정에 대하여 설명한다. 그리고 치료에 대한 동기부여를 위해 사례에 대해 토론하거나 치료 서약서를 작성하기도 한다.

인지행동치료에서는 환자의 교육이 중요하다. 그러나 환자뿐만 아니라 가족 교육도 매우 중요하다. 알코올이 신체와 심리적으로 어떻게 그리고 어떤 변화를 일으키는가에 대해 교육하고, 중독되어 가는 과정 중에서 환자와 가족이 겪는 심리적 변화와 고통 등에 대해서도 토론하고 교육한다. 알코올 중독이란 과정이 단지 성격이나 의지박약의 문제가 아니고 장기간의 알코올 사용으로 인한 뇌의 구조적 변화 때문에 발생한 '뇌의 병'이란 개념을 가짐으로써 그동안의 가족 간의 갈등을 이해하고 최소화할 수 있는 가족 화해의 계기를 만들 수 있다. 따라서 가

표 5-1 알코올 중독 인지행동치료 프로그램의 예

1. 프로그램 소개/동기부여: 나의 술 생활, 유서(서약) 작성
2. 술로 인한 신체의 변화
3. 술로 인한 심리적 변화
4. 내가 술 마시는 사이 가족들은 어떻게 될까?
5. 교육: 알코올 중독의 과정
6. 인지치료 1
7. 인지치료 2
8. 행동치료 기법 및 사회 기술 훈련: 술 거절하기
9. 재발 예방 기법: 여가시간 활용하기

능하면 가족과의 면담을 갖도록 하는 것이 바람직하다.

본격적인 인지행동치료 과정으로서 인지 사례의 개념화와 인지 교정을 확인하고 수정하기, 그리고 실생활에서 일어날 수 있는 재발 상황을 설정하여 술 거절하기를 연습하고, 평소에 떠오르는 알코올 갈망과 감정 변화를 조절할 수 있는 다양한 행동 기법들을 연습한다. 또한 그 외에 재발 예방을 위한 다양한 사회 기술 훈련 등을 연습한다. 각 회기의 면담 형태는 토론과 교육이 주가 되지만, 영화나 사례를 이용할 수도 있다. 보통 과제 작성 및 교육 자료로 사용하기 위하여 시중에서 구할 수 있는 프로그램 매뉴얼 또는 자체 치료 매뉴얼을 제작하여 사용한다.

(3) 면담의 일반적 원칙

앞서 기술된 심리상담의 기본적 원칙에 의거하여 면담을 진행한다. 여느 정신치료와 마찬가지로 치료자와 환자와의 관계가 중요하다. 특히 초기 면담에서 가장 중요한 치료자의 자세는 절대 환자에게 비난하지 말아야 한다는 것이다. 환자는 이미 가족이나 주변 사람들의 비난에 익숙해져 있으며 강력하게 자신의 증상을 부인하거나 축소함으로써 방어하는 데 익숙해져 있기 때문에 부적절한 비난으로 치료의 동기가 무산될 수 있다.

(4) 대상자 선정

인지행동치료는 본인의 자발적 참여가 중요한 성공 요인이므로 대상자 선정에 있어서 동기 수준의 평가가 가장 중요한 요인이다. 또한 교육 수준과 지적 능력 및 정신질환의 동반 유무 등의 개인적 요인, 경제적 상태와 가족들의 지지 등을 종합적으로 고려하여 대상자를 선정한다.

(5) 평가 도구의 활용

인지행동치료 과정 중에 우울, 불안과 같은 감정과 술의 갈망 정도 등에 대한 측정 도구를 사용하면 정신질환에 대한 선별을 할 수 있으며 또한 치료 전후 또는 각 과정마다 환자의 변화를 평가하는 데 도움이 된다.

2) 인지행동치료의 한 회기의 구성

각 회기가 모두 획일적일 필요는 없지만 매 회기마다 전체적인 틀을 유지하도록 한다. 실제 회기를 진행하면서 구성원들이 치료를 받아들이는 자세나 마음가짐, 또는 치료를 방해하는 요인들이 있는지를 잘 살펴야 한다. 중대한 방해 요인이 있다면 선정된 주제를 잠시 벗어나서 그 요인을 다룰 수 있다.

(1) 인사

전반적인 분위기를 점검하고 새로 참여한 환자를 소개하거나 새로운 소식을 전한다.

(2) 토론 주제의 선정

각 회기의 목표는 정해져 있지만 그 회기 내에서 다룰 몇 가지 주제를 자발적으로 참여하여 설정하게 한다. 이는 효율적인 시간 사용과 치료 목표에 이를 수 있도록 하는 방법이 된다. 또한 치료자와 환자 모두가 참여함으로써 치료적 동맹 형성에 긍정적인 효과를 갖는다.

토의하고 싶은 의제 목록을 나열한 다음 중요하다고 생각하는 순서대로 몇 가지 의제를 정한다. 주제 선정에 있어서 정해진 치료 계획표에 따라 정하거나 계획표에서 벗어나는 주제라도 필요하다면 다룰 수 있다.

(3) 기분 상태 평가

주요 정신 질환이 동반되지 않았더라도 우울감, 불안, 절망감 등이 알코올을 지속적으로 사용하게 하며 재발 가능성을 높이기 때문에 이런 감정 상태를 평가하는 것은 치료 과정과 결과에 중요하다. 기존의 평가 도구를 이용하며 이의 결과를 토론의 주제로 삼을 수 있으며 이러한 자신의 감정을 표현하고 강도를 평가 및 조절하는 법을 다루어 연습하면 재발 예방에 효과적이다.

(4) 지난 면담과의 연결

효과적인 치료를 위해서 지난 면담에서 그 회기의 목표를 이루었는지 살펴보고 이번 회기의 의제가 지난 번 면담과 어떤 관련이 있고 치료의 전반적인 목표와 어떤 관련이 있는가를 살펴보아야 한다. 일일활동표 작성 등 과제를 부여하고 이를 점검하는 것이 도움이 된다.

(5) 소크라테스식 질문

'네/아니요' 또는 해당 정보를 얻기 위한 일반 질문과는 달리 소크라테스식 질문은 치료자가 환자로 하여금 스스로 생각을 검토하고 잘못된 결론을 깨닫도록 하며, 때때로 더 좋은 해결책을 이끌어 낼 수 있도록 질문하는 방식이다. 이를 통해 환자는 자신에게 반문을 하게 되고 환자 스스로의 생각과 동기, 행동으로부터 더 큰 객관성을 얻게 된다. 소크라테스식 질문 역시 비판 없는 분위기를 만듦으로써 환자와 치료자 사이의 상호 협력을 증진시킨다. 이것은 환자로 하여금 알코올 남용에 대한 문제를 보다 심각하게 생각할 수 있게 할 수 있다.

다음은 소크라테스식 질문법의 예로, 뒷부분에서 소개될 사례의 인지 개념화에 흔히 사용되며 자동 사고를 찾아내기 위한 질문들이다. "술을 마시기 바로 직전에 무슨 생각이 마음속에 스쳐갔습니까?" "만약 그때 그 생각(자동 사고)대로 하지 않았더라면 어떻게 되었을까요?" "그렇게 생각하는 근거가 무엇입니까?" "그때 외롭지 않다면 어떻게 했을까요?"

(6) 핵심 요약

일반적으로 치료자와 환자는 한 면담에서 언급된 것을 보통 3차례 정도 요약한다. 이것은 의제를 조절하고 치료 면담의 초점을 유지하는 기회를 제공한다. 첫 번째 간략한 요약은 의제가 설정된 후 이루어진다. 두 번째는 치료 과정의 중간 즈음에 이루어지고 마지막은 치료 면담의 끝에 이루어진다.

(7) 과제 부여

매 회기가 끝날 때마다 과제를 주어 다음 회기 시작 시에 검토를 하고 과제 수행에 어려움은 없었는지, 이해가 가지 않는 점은 없었는지 등을 살피고 토의하며 이전 시간과의 연결을 하도록 한다. 과제 형식뿐만 아니라 과제의 내용과 실제 성취도를 살피는 것도 중요하다.

(8) 치료에 대한 환자의 피드백

환자가 면담 내용을 이해하는지, 치료의 방향을 알고 있는지 확인하기 위해 치료자는 "왜 제가 이런 질문을 하는지 아시겠습니까?"라는 질문을 할 수 있다. 때때로 환자들은 치료자의 의도를 오해한다. 이런 식의 질문을 통해 환자와 치료자 모두는 치료 면담에서의 잘못된 의사소통을 명확하게 해야 한다. 면담이 끝날 무렵, 치료자는 환자로부터 ① 면담에서 무엇을 얻었는지, ② 면담을 어떻게 느꼈는지, ③ 인지행동치료에 대하여 어떻게 생각하는지에 대한 의견을 얻으려고 해야 한다.

또한 치료 중간이라도 언제나 질문이나 하고 싶은 말을 할 수 있다고 알려 주어야 하지만 치료 과정에 불필요하거나 방해가 되는 질문은 나중에 함께 생각해 보자고 하여 미룰 수 있다.

3) 인지행동치료 원리와 기법

서론에서 언급했듯이 인지치료는, 이전의 경험에서 형성된 자기 자신과 외부 세계에 대한 비현실적 믿음과 비논리적 추론으로 현실 상황을 왜곡하여 문제 또는 증상이 발생하게 된다고 가정한다. 이러한 역기능적인 비현실적인 믿음이 평소에 내재되어 있다가 스트레스가 가해지는 상황에 맞닥뜨리면 활성화되어 정상적인 정보처리 과정을 방해하고 왜곡함으로써 상황을 왜곡하여 해석하게 된다. 이러한 오류를 '인지왜곡'이라 하며 이 인지왜곡을 스스로 발견하고 수정하도록 가르치고 돕는 것이 인지행동치료의 핵심이라 할 수 있다.

인지치료는 몇 가지 방법으로 수행된다. 치료자는 환자들이 알코올 사용을 유발시키는 사건들과의 관계를 인식하도록 돕고, 알코올 가치에 대한 환자의 기본 믿음들을 철저히 탐구하도록 돕는다. 동시에 치료자는 환자들이 스트레스와 고통을 만드는 잘못된 사고를 평가하고 인식하도록 훈련시킨다. 치료자들은 환자들이 그들의 현실적 문제들을 보다 잘 이해하고, 그들의 잘못된 사고로부터 초래된 위장된 문제들에서 벗어나게끔 그들의 사고를 바꾸도록 돕는다. 또한 리허설을 통해, 환자들이 절박한 알코올 갈망 욕구에 직면했을 때 적용할 수 있는 통제수단을 갖도록 환자들을 훈련시킨다.

(1) 인지행동치료 원리

① 동기강화

결국 의사와 상담가의 궁극의 목적은 그 상대를 '변화'시키는 것이다. 그러기 위해서는 본인의 확고한 동기가 치료 및 상담의 실패를 좌우한다 해도 과언이 아닐 것이다. 다음 장에서 동기강화에 대하여 자세히 다루기 때문에 여기서 자세한 설명은 생략한다. 다음은 실제 프로그램에서 동기부여를 위해 사용되는 예다.

동기강화의 예 1: 남 탓

어렵게 잡은 택시 문을 열자마자 술 냄새를 풍기고 잠이 덜 깬 목소리의 택시 기사를 본다면 당신은 그 택시를 타실런지요?
그렇습니다. 당신이 바로 자기 인생의 택시 기사입니다. 그런데 항상 술 냄새를 내고 있고 가끔은 깨어 있지만 정신이 맑지 못하다면 원하는 인생의 목적지에 갈 수 있을까요?
그런데도 조금만 길이 막혀도 신호등 탓을 하고, 손님이 없는 것을 물가를 안정시키지 못하는 정부만 탓한다면 당신의 인생은 더욱더 메말라 갈 겁니다.
그럴 때마다 자신을 돌아보기보다, 풀리지 않는 아니 오히려 점점 더 꼬여만 가는 악순환의 인생을 한탄하면서 또 술을 마신다면 과연 어떻게 될까요?

동기강화의 예 2: 대물림

지금처럼 계속 폭주를 한다면 정작 당신 자녀에게 아버지(어머니)가 꼭 필요한 시기에 심하게 건강을 잃거나 심지어는 목숨을 잃을 수도 있습니다. 당신이 사망한 후에 당신의 자녀가 앞으로 험한 이 세상을 살면서 어려운 일을 마주칠 때마다 '아버지(어머니)처럼 살기 싫어!' 라며 이 악물고 원망하며 이겨 내기를 바라십니까, 아니면 한때는 알코올의 노예가 되었던 아버지(어머니)가 진정으로 자기 자리를 찾기 위해 애를 쓰는 것을 보며 '내 아버지(어머니)도 그 어려운 알코올 중독도 이겨 냈는데, 이까짓 것쯤이야!' 하며 씩씩하게 그리고 의연하게 이겨 내기를 바랍니까?

② 사례의 인지 개념화

사례의 인지 개념화는 환자가 살아오면서 했던 경험을 바탕으로 실제 일어나는 생활 사건을 자기만의 잘못된 틀로 받아들여서 부정적인 결과를 도출하게 되고, 이를 해결하기 위하여 부적절한 방법을 동원함으로써 결국 악순환이 지속되어 왔던 과정을 도식화하는 과정이다. 도식화를 통해 자신의 과거 경험이 현재 상황에 대하여 어떠한 영향을 주고 있는지, 자신의 인지왜곡이 무엇인지 등을 깨달을 수 있다. 도식화된 표를 이용하여 작성하는 것 역시 도움이 된다. 사례 개념화의 가장 필수적인 요소 10가지는 ① 아동기 자료, ② 현재 생활상의 문제점, ③ 핵심 믿음, ④ 조건화된 가정/믿음/규칙, ⑤ 보상 전략, ⑥ 취약한 상황, ⑦ 술과 관련된 자동 사고와 허용적 믿음, ⑧ 감정, ⑨ 재발 행위, ⑩ 상기 자료들을 통합하여 치료를 제안하는 과정이다.

아동기 자료 과거의 경험이 현재 사고방식의 바탕이 되므로 이전의 경험을 살펴보는 것이 인지행동치료의 시작이다. '나의 아버지는 알코올 중독자였고 항상 어머니와 싸웠다. 그럴 때마다 나는 항상 두려웠다.'

현재 생활상의 문제점 '왜 나는 친구가 없을까, 항상 외톨이야. 직장도 금세 그만두게 되고, 이번 달부터 당장 월세를 지불할 수가 없어.'

핵심 믿음 현재 환자가 문제에 처한 자신을 어떻게 여기는가에 대한 믿음이다. '이런 나를 누가 좋아해 줄까, 정상적인 가정에서 자란 아이들처럼 안정된 인생을 살 수 없어!'

조건화된 믿음 보통 긍정적 또는 부정적인 형태로 형성될 수 있다.

- 긍정적 믿음: '그러니 더욱 완벽하게 일을 해내야 해!'
- 부정적 믿음: '내가 얕보이거나 해야 할 일을 잘 못하면 다 나를 싫어할 거야.'

보상 전략 보통 부적절한 대응 방식을 택한다. '외로우면 혼자 술을 마시면 되지!' '그러니까 남들에게 나의 속을 보여서는 안 돼!'

취약한 상황 핵심 믿음이 활성화되는 위험 환경이다. '나를 반겨 주는 이전 술친구들을 우연히 만났다.'

자동 사고와 허용적 믿음 핵심 믿음과 조건화된 믿음이 취약한 환경에서 활성화되면 저절로 생겨나는 생각이다. '내가 술을 먹건 말건 누가 뭐라 하겠어!!' '이미 첫 잔을 마셨으니 더 마시는 게 뭐 어때?'

감정 특별한 자동 사고나 믿음들과 연관되어 있다. 즉, 그럴 상황이 아닌 것에 화를 내거나 또는 자신이 불안하다는 것을 깨닫지 못하는 경우가 흔하다. 이를 깨닫도록 교육해야 한다.

재발 행위 잘못된 믿음을 바탕으로 취약한 상황에서 떠오르는 자동 사고로 인하여 부적절하게 감정적이 되어 결국 자제하지 못하고 자신의 통제력을 상실한 채로 술을 마신다. '에이, 까짓것 오늘 적당히 마시면 되지 뭐!'

치료 지금까지 도식화된 자료들을 통합하여 왜 술을 반복해서 마시게 되는지, 왜 술을 끊지 못하고 결국 자신을 해치는 생활양상을 보이는 악순환을 겪는지에 대해 가설을 세우고 이에 대한 치료를 제안하게 된다.

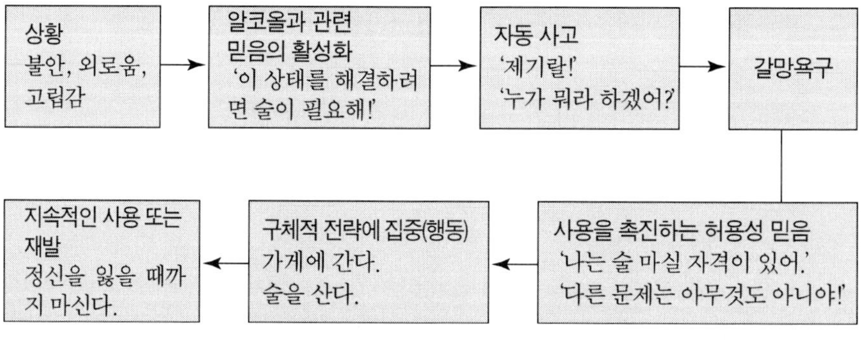

[그림 5-1] 알코올 사용장애 환자의 인지 개념화의 예

출처: 이영식 외 공역(2003).

③ **인지왜곡의 평가**

인지치료를 다르게 표현하면 ① 잘못된 믿음(인지왜곡)을 없앰으로써 술에 대한 욕구의 강도와 빈도를 줄이며, ② 그들의 욕구를 통제하고 관리하기 위한 특정 기법들을 환자에게 가르치는 것이다.

어린 시절, 노란색 셀로판지를 붙인 안경을 썼던 기억이 있을 것이다. 당연히 세상은 노랗게 보인다. 빨간색 셀로판지 안경을 썼다면 빨갛게 보였을 것이다. 이들은 투명하게 세상을 바라보는 사람과는 다른 방식으로 세상을 보게 된다.

알코올 중독자는 정상인에게 없는 색안경을 쓴 채로 세상을 바라본다. 그래서 현실적인 생활 상황을 나름대로의 왜곡된 방식으로 해석하고 받아들인다. 이 '나름대로의 방식'을 인지왜곡이라 한다.

인지왜곡의 종류에는 근거 없이 결론을 내리는 독단적 추론(arbitrary inference), 나무만 보고 숲을 보지 못하는 선택적 추출(selective abstraction), 하나를 보면 열을 안다는 과일반화(overgeneralization), 상황의 확대/축소(magnification/minimization) 평가, '그가 고개를 돌린 것은 내 겨드랑이에서 나는 냄새 때문이야.'와 같은 개인화(personalization), 흑백논리(dichotomous thinking), 낙인찍기(labelling) 등이 있다.

다음 대화를 비교해 보라. 정상적인 딸과 알코올 중독자는 서로 상반되는 인지를 보이고 있다.

인지왜곡의 예

대화 1

엄마: (평범한 15세 딸에게) "매일 소주 한 병씩 마시면 최신 휴대폰을 사 줄게, 어서 마셔! "

딸: "엄마 제정신이야? 왜 내가 술을 매일 마셔야 해?"

대화 2

중독자의 아내: "당신 제발 한 달만 술 마시지 않으면, 최신 휴대폰 사 줄게요!"

중독자: "뭐! 당신 미쳤어? 왜 내가 술을 먹지 말아야 해!!"

(2) 인지행동치료 기법

① 인지왜곡을 수정하기 위한 인지치료 기법

사례 개념화의 과정을 통하여 깨닫게 된 인지왜곡을 교정하기 위한 기법들이다.

교육 알코올이 신체에 미치는 영향을 교육하기 위하여 실제 알코올 중독자의 신체검사 및 뇌검사 사진과 신체검사 결과를 설명하고 기억력 장애와 같은 인지장애, 우울 · 불안 등의 기분장애, 성기능 저하, 위장 관련 질병, 심혈관계 질병 등 술이 전신에 영향을 미치지 않는 곳이 없다는 것을 설명한다. 심지어는 술로 인하여 평균 15년 정도 수명이 짧아지며 사망률도 높아진다는 것을 설명한다.

또한 정상인에게는 별 반응이 없으나 중독자에서는 술 사진만 보여 주어도 뇌가 활성화된다([그림 5-2] 참조). 이는 알코올 중독이 뇌의 병이기 때문에 자신의 의지만으로는 금주 성공률이 낮다는 것을 의미한다. 이를 환자와 가족들에게 이해시킨다.

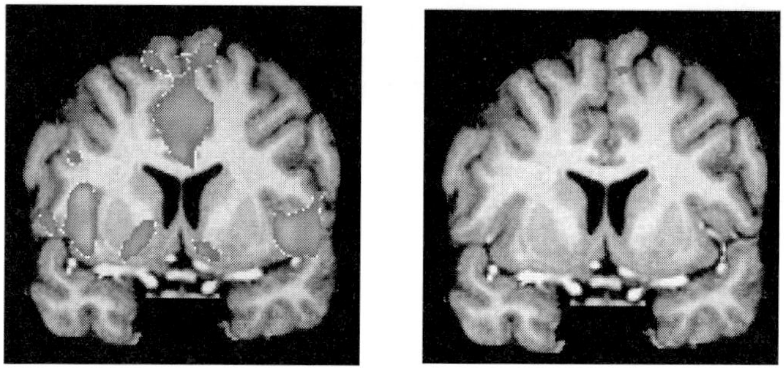

알코올 중독자 정상인

[그림 5-2] 알코올 중독자와 정상인에게 술 사진을 보여 준 후의 뇌 반응 비교

소크라테스식 질문 앞부분에서 설명했듯이 소크라테스식 질문법은 자동 사고와 핵심 믿음 등을 깨닫게 하는 질문 방법이다.

이익-손해 분석 술을 마시는 사람은 전형적으로 음주 행위에 대한 손해는 최소화하고 이익은 최대화하려는 믿음을 가지려 한다. 따라서 음주의 이익과 손해를 나열하고 재평가하는 과정으로 환자를 인도한다. 전형적으로 2×2 표에 작성을 한다. 이익-손해 분석이 성공적이면 환자는 이전보다 정확하고 객관적이고 균형 잡힌 시각을 갖게 된다.

술에 관한 믿음의 규명과 조정 알코올 중독자는 술 마시는 이유를 외부적 요소 탓으로 돌리면서 술에 대한 자신의 믿음에는 관심을 두지 않는다. 예를 들면, 그들은 음주의 원인을 자신의 태도보다는 외부 스트레스 탓으로 돌린다. 따라서 알코올 사용에 대한 그들의 믿음을 추적하고 규명하는 것을 돕도록 하는 것이 필수적이다.

책임 소재의 변화 환자들은 음주를 흔히 남 탓으로 돌린다. 예를 들면, 음주를 불행한 결혼, 힘든 직업, 술친구의 탓으로 돌린다. 치료자는 알코올을 마신 것이 환자 자신의 책임이라는 것을 깨닫게 해 주며 결국 알코올 사용 행동을 변화

표 5-2 이익-손해 분석

	음주	단주
좋은 점	• 불안할 때 마시면 편해진다. • 기분이 좋아진다. • 시간이 잘 간다 • 알맞게 먹으면 건강에 좋다. • 사람들과 어울린다. • 보고 싶은 사람에게 전화도 하고 수다도 떨 수 있다. • 힘든 일상을 잊을 수 있다.	• 참을성이 생겼다. • 청결해진다. • 자신감이 생겼다. • 직장을 다닐 수 있다. • 하루가 길다. • 돈이 남는다. • 규칙적인 생활을 할 수 있다. • 가족 간에 화목하다.
나쁜 점	• 가족에게 짜증을 낸다. • 자주 다투거나 시비가 붙는다. • 알코올 중독자라고 비난받는다. • 직업 및 사회생활을 할 수 없다. • 인생이 아깝다. 시간 낭비다. • 건강을 잃고 죽음이 가까워진다.	• 금단증상으로 괴롭다. • 예민해지고 날카로워진다. • 사회 모임에 안 나가게 된다.

시키는 주도권을 그들 자신이 가질 수 있다는 자신감을 갖게 한다.

일일 사고 기록 일일 사고 기록(daily thought record: DTR)은 우울증, 불안 치료에 사용되는 인지치료의 기본적인 전술이며, 이는 알코올이나 도박 등 각종 중독 질환에도 훌륭하게 적용될 수 있다.

표 5-3 일일 사고 기록

지침: 당신이 기분이 나빠졌음을 알아차렸을 때 '방금 무슨 생각을 한 거지?' 라고 자신에게 물어보십시오. 그리고 가능하면 빨리 그 생각을 자동 사고 칸에 기록하십시오.

날짜/시간	상황	자동 사고	감정	합리적 반응	결과
	기록:				
	1. 불쾌하게 만드는 실제 생활 사건 2. 불쾌하게 만드는 생각, 백일몽, 회상의 흐름 3. 고통스러운 신체의 감각	1. 감정에 선행하는 자동 사고를 기입하시오. 2. 자동 사고의 믿음의 정도를 점수로 매기시오 (0~100%).	1. 슬픔, 불안, 분노 등의 감정을 구별하라. 2. 감정의 정도를 점수로 매기시오(0~100%).	1. 합리적 반응을 기록하시오. 2. 합리적 반응의 믿음 정도를 점수로 매기시오 (0~100%).	1. 자동 사고의 믿음의 점수를 다시 매기시오(0~100%). 2. 결과적으로 생긴 감정을 구별하고 점수를 매기시오 (0~100%).
	• 집에 앉아 있었다. 팔 골절로 일을 못하게 되었다. 주머니에 돈이 있었다. • 술친구 생각이 났다. • 술 생각이 난다.	• 내가 할 수 있는 것은 아무것도 없고 가족들이 나를 감시하니 화가 난다. 이 지루함을 참을 수가 없다.	권태(90점) 불안(80점) 분노(95점)	• 실제로 할 수 있는 것들은 많다. 화가 나서 참지 못하면 술을 먹게 될 거야. • 그러나 술 말고 다른 방법이 있을 거야. • 영화를 보자.	권태(40점) 불안(50점) 분노(30점)

합리적 반응을 명확하도록 도와주는 질문들: (1) 자동 사고가 진실 또는 거짓이라는 증거가 있는가? (2) 다르게 설명할 수 있는가? (3) 최악의 상황은 어떤 것인가? 가장 현실적인 결론은 무엇인가? (4) 그러기 위해서 무엇을 해야 하는가? (5) 자동 사고를 믿는 것이 어떤 영향이 있는가? 생각을 바꾸면 어떤 효과가 있을까? (6) 만약에 ________(친구의 이름)가 이런 상황에서 내가 한 생각을 했다면 나는 그에게 뭐라고 말할 것인가?

출처: 이영식 외 공역(2003).

이미지 상상　상상 기법은 알코올 중독자가 스스로 '자기조절'을 시각화하여 음주와 관련된 믿음, 자동 사고에 초점을 맞추거나 혹은 갈망 욕구로부터 딴 데로 관심을 돌리는 데 사용하는 기법이다. 이것은 술과 관련된 믿음이나 생각을 변화시키는 방법으로서 사용될 수 있다. 상상에 사용되는 기법은 이미지 주장으로 술을 권하는 상대방에게 "안 돼."라고 거절하는 직접적인 방법, 술을 마시지 않았을 때에 좋아할 자녀의 모습을 상상하는 등의 긍정적 이미지 상상, 음주 대체물로서의 재미있는 활동, 그리고 술을 마시지 않음으로 인해 얻을 수 있는 건강하고 생산적인 삶을 상상하는 것 등이 있다.

② 인지왜곡을 수정하기 위한 행동치료 기법

알코올 중독자의 인지왜곡 수정을 위해서는 술에 관한 인지 변화뿐만 아니라 실제 생활에서의 행동 변화가 반드시 따라야 한다. 다음은 이를 위한 기법들이다.

일일활동 계획　알코올 중독자는 술과 관련된 활동에는 적극적으로 참가하지만, 일, 취미, 지역사회 서비스, 안정된 인간관계를 증진시키는 활동에는 잘 참여하지 못한다. 일일활동 계획표는 술과 관련된 행동을 파악하고 조절하고 생산적인 행동을 증가시키는 데 대한 기본적인 전술을 제공하며, 학창시절 방학 때 만들었던 생활계획표와 유사하다. 1시간 간격으로 매일의 활동을 기록하고 실제 활동에 참여함으로서 느낀 기쁨과 성취감의 정도를 0~100점으로 기록한다. 환자가 자신감을 찾고 술 없는 활동을 계획하고 완성하는 것을 계속할 때 그들 자신은 보다 자기통제를 잘하고 술에 덜 의존적이 되기 시작한다.

행동 실험　알코올과 관련된 믿음과 핵심 사고의 타당성을 검증하는 데 사용된다. 예를 들면, '술을 마시지 않으면 모든 친구들을 잃을 것이다.'라는 믿음을 가지고 있는 환자에게 술을 마시지 않고 친구와 함께 '일상적인 활동'에 참여하도록 하는 것이다. 환자는 술을 마시지 않고 친구들을 만나는 일관된 행동을 하도록 격려받는다.

행동 실험의 또 다른 양식은 'as if' 기법이다. 치료자는 환자가 바라는 행동이나 상황 설정이 그에게 마치 진실인 양 행동하기를 격려한다. 예를 들면, 담배를 끊기를 원하는 환자에게는 그가 비흡연자인 척 1주일을 지내도록 한다. 주위 사람들에게 담배 연기가 싫으니 담배를 피우지 말아 달라고 요구도 하고, 운동을 하며, 혹은 레스토랑의 비흡연석에 앉기도 한다. 물론 그러한 행동은 담배와 관련된 행동과 믿음을 변화시킬 수 있을 것이다.

역할연습 알코올 문제를 가진 많은 환자들은 동시에 주위 사람들과의 의사소통에도 문제를 가지고 있다. 그들은 대인관계에 있어서 쉽게 좌절하고 화를 내고, 사소한 문제에 대하여 괴로워하며, 이로 인해 음주에 더 빠져들게 된다. 따라서 치료자는 환자에게 효과적인 사회 기술을 가르치기 위하여 역할놀이(role play)를 시작할 수 있다.

역할놀이 참여를 주저하는 환자의 경우 적극적인 참여를 유도하기 위한 한 가지 방법은 환자가 자기와 갈등을 빚는 타인(예: 직장상사, 부인, 술을 부추기는 친구)의 역할을 하고, 환자의 역할을 자원봉사자나 치료자가 대신 하는 것이다. 이러한 역할 바꾸기(reverse role play) 방법을 통해 환자는 자신이 얼마나 힘든 상황을 겪는지 치료자에게 보여 줄 수 있고, 치료자는 환자가 전에 생각지 못했던 몇몇 대처 방법을 환자에게 보여 주게 된다. 여건이 가능하다면 심리극(psychodrama)을 이용하면 효과적이다.

이완훈련 음주 및 약물 사용을 증가시키는 주요 요인 중 하나가 불안이다. 예를 들면, 흡연자와 알코올 중독자는 가끔 긴장을 풀기 위해 담배를 피거나 술을 마신다고 하며(Castaneda et al., 1989), 이를 자가 치료의 하나로 보았다(Quitkin et al., 1972)

이러한 긴장 및 스트레스를 효과적으로 감소시킬 수 있는 방법이 근이완훈련이다. 방법은 팔 아래쪽부터 위쪽 근육들까지에서 시작하여 다리 아래쪽과 위쪽, 배, 가슴, 어깨, 목, 얼굴(입-목-턱-눈-이마) 근육까지 16개 군의 근육을 차례대로 10초간 긴장시킨 후 20초간 이완시킨다. 이를 수차례 반복한다.

단계적 과제 수행 극적인 행동 변화가 이루어져야 하지만 실제로는 쉽지 않다. 예를 들면, 이전의 술친구 연락처 없애 버리기, 술을 마시지 않는 사람과 식사를 한다거나 영화를 보러 가기 등이다. 이러한 성공적인 경험을 통해 환자는 점차 더 도전적인 상황연습을 거쳐 결국 정상적인 대인관계를 새롭게 만들어 나갈 수 있다.

문제해결 충동적 행동을 보이는 알코올 중독자는 문제해결(problem solving) 능력이 없는 사람이다. 사실, 알코올 중독이 심한 단계의 많은 환자들은 자신들의 문제를 무시해 버리거나, 혹은 술로 자신들을 무감각하게 함으로써 문제를 해결하려 한다. 장기간의 알코올 사용 환자들은 그들 삶의 문제를 총체적으로 인식하고 해결하는 축적된 경험이 거의 없다는 특징을 가진다.

운동 알코올 중독은 운동과 양립할 수 없다. 치료자는 환자가 치료 프로그램의 일부로서 신체 운동에 참여하도록 격려하여야 한다. 운동은 환자가 '나는 건강하다.' 라고 자신을 재인식하도록 하는 데 도움을 줄 수 있다. 이러한 이미지 변화는 환자의 인지 부조화를 초래한 알코올 중독의 유형을 변경하는 동기가 될 수 있다.

4) 재발 예방

재발을 예방하기 위해서는 많은 시간과 노력이 필요하다. 수년에서 수십 년간 마셨던 술을 수 주 또는 수개월 만에 끊을 수 있다고 바라는 것이 잘못된 기대일 수 있다. 따라서 오랜 시간의 인내가 필요하다. 술 거절하기, 지속적인 동기부여를 위해 알코올 자조 모임이나 정신보건 센터에 나가기, 여가시간 활용하기 등 다양한 방법이 사용된다.

(1) 술 거절하기

실제로 퇴원 당일 술친구를 만나 다시 폭음을 하여 재입원하는 사례를 종종 보게 된다. 대부분이 술을 거절하지 못했기 때문이다. 술 권하는 상황을 설정하여 상상하며 역할극을 할 수도 있지만 실제로 술을 놓고 거절하는 연습을 시행한다. 다음과 같은 상황을 설정하고 어떻게 대처할 것인가에 대하여 토의한다. 술을 거절할 수 있는 방안이나 적절한 대사를 만들어 내고 부적절한 대응과 적절한 대응을 연습한다.

상황 1
퇴원 기념주를 사겠다고 술친구들이 병원 문 앞에서 기다리고 있다.

상황 2
친구의 아들이 중병에서 수개월 만에 회복되어 축하주를 한잔 산다고 한다.

상황 3
절친한 친구의 부친상으로 문상을 갔더니 상주가 술을 권한다.

(2) 재발을 막기 위한 자신과의 약속

다음의 예는 실제 알코올 중독자들이 토론 중에 제출한 의견이다.

- 첫 잔을 절대 마시지 말자.
- 알코올 중독이란 뇌의 병이며 계속 악화되는 치명적 병이라는 것을 잊지 말자.
- 공복감을 느끼지 못하게 적당한 간식을 먹는다.
- 분노와 원한을 경계하자. 그리고 외로움을 피할 다른 방법을 찾는다.
- 자신을 사랑하자.
- 취해서 정신 못 차렸던 때를 기억하자.
- 전문가의 도움을 받자.

- '조금만 마시는 것은 괜찮겠지' 라는 생각의 함정에 빠지지 말자.
- 단주 모임에 참석하자.

(3) 여가시간 활용하기

술을 마시지 않아서 길어진 하루를 어떻게 보낼 것인가도 중요하게 다루어야 한다. 요즘에 활발한 사업을 하고 있는 정신보건 센터나 알코올 상담 센터를 이용하는 것이 많은 도움이 된다.

(4) 가족 교육

환자의 당면한 술 문제가 질병임을 깨닫게 한다. 의지가 약해서, 또는 내 말을 무시해서 마시는 것이 아니라 반복된 음주로 인한 뇌의 병이며 이 때문에 의지와 상관없이 마신다는 것을 가족들에게 이해시키면 그들의 서운한 감정을 조금이나마 줄일 수 있다. 또한 가족들도 정신적으로 지치고 생활고에 시달리고 있다는 것을 환자가 충분히 공감하게 해 준다. 정규 회기 중에 가족과의 모임을 구성하는 것이 좋다. 결국 한 환자를 치료하기 위해서는 좋은 의료진과 본인의 의지 그리고 가족과 친지의 도움 등 3박자가 맞을 때 효과가 극대화된다는 것을 명심해야 한다.

(5) 실제 당면한 삶의 문제해결

환자와 가족들은 신체 질병이나 합병증 등 의학적인 문제의 범위를 벗어나서 결혼 문제, 경제적 문제, 취직, 일상의 스트레스, 음주운전이나 폭력 등 법적인 문제로 인하여 법적이거나 공적인 자문이 필요할 수 있다. 환자와 그 가족들의 자원은 한정된 경우가 많기 때문에 도움을 받을 수 있는 곳을 소개해 주는 것만으로 당면한 생활 문제의 해결에 시작이 될 수 있다.

(6) 동반 질환 또는 합병증 극복

어렵게 알코올 중독의 급성기를 넘겼지만 이후에 발생된 합병증으로 다시 재발하는 경우를 흔히 본다. 불면, 불안, 우울증, 성기능 장애, 인지장애 등이 흔히 유발되거나 동반된다. 이에 대한 전문가의 평가와 적절한 치료가 필요한 경우가 흔하다.

5) 맺음말

알코올 중독만큼 다학제 간의 치료적 접근이 필요한 질병이 있을까? 결국 하나의 질병을 이해하고 치료하기 위해서는 생물학적, 심리적, 사회적 접근이 필요하다. 다양한 치료 방법 중의 하나가 인지행동치료이며 이것이 만병통치약이 될 수는 없지만 인지행동치료의 원리와 기법에 익숙하다면 색안경을 쓰고 살아가는 중독 환자들에게 본래의 맑은 세상을 볼 수 있게 해 줄 것이라 믿는다.

3. 중독에서의 상담기술 2: 동기강화 상담

1) 동기강화 상담의 시작과 정의

동기강화 상담(motivational interviewing)은 창시자 중 한 사람인 William Miller가 1982년 노르웨이에서 약물중독 심리치료사들의 슈퍼바이저 역할을 하던 어느 날 잠시 들렀던 이발소에서 우연히 아이디어를 얻어 시작되었다. 노르웨이의 중독 심리전문가들은 도전적 질문을 던지면서 배우는 것에 익숙했다. 그래서 이들은 미국 심리학자인 Miller에게도 대답하기 어려운 여러 가지 질문을 끊임없이 던지곤 했다. 끊임없이 던지는 "왜 그렇지요?"라는 질문에 답하기 위해 고민하는 과정에서 바로 '음주 문제를 가진 사람들을 위한 동기강화 상담'이 발전되었다. 이러한 문제에 대한 새로운 통찰을 통해 시작된 동기강화 상담의 개념과 방법은 그 이후 중독 재활 실무자들에게 매우 유용하게 사용되었다. 오늘날에는 William Miller와 Stephen Rollnick이 저술한 『동기강화 상담』이 한국을 비롯한 다양한 국가의 언어로 번역되어 사용되고 있으며, 그중 몇 나라에서는 중독 이외의 일반적인 문제에까지 이 책을 적용하고 있다. 북미를 비롯한 유럽, 오세아니아에서 『동기강화 상담』은 중독전문가뿐만 아니라 행동 변화를 도와야 하는 대부분의 상담전문가들이 반드시 읽어야 할 필독서로 받아들여지고 있다. 중독 행동 변화에 관한 다양한 연구 결과들에 의하면 동기강화 상담의 핵심 요소가 담겨 있는 상담이 적절히 제공된다면 초기의 아주 간단한 개입(brief intervention) 한두 시간만으로도 비교적 영속적인 내담자 변화를 이끌어 낼 수 있다는 것이다. 아직 동기강화 상담의 효과가 어디에서 비롯되는지 구체적으로 밝혀지지는 않았지만 이에 대한 지속적인 연구를 통해 보다 근본적인 행동 변화와 동기에 대한 이해를 발전시켜 나갈 수 있을 것이다. 이 절에서는 동기강화 상담의 정의, 원리, 접근방법을 살펴볼 것이다.

2) 동기강화 상담의 원리와 철학

동기강화 상담은 초기에 알코올 중독이나 행위 중독(behavioral addiction)을 비롯한 다양한 중독 행동 및 건강 관련 행동의 개선에 주로 초점을 맞추어 접근하였고 그 효과가 지속적으로 입증되고 있는 모델이다(Arkowitz et al., 2008; Miller et al., 2005). 동기강화 상담이 중독치료에서 효과를 얻는 이유는 중독치료의 목표가 행동 변화이고, 행동 변화의 핵심은 변화 동기(motivation)이며, 동기강화 상담은 내담자가 이미 가지고 있는 변화를 향한 동기를 강화할 수 있기 때문이다(Miller & Rollnick, 2002).

변화가 필요한 상황에 처하면 사람들은 변화하고 싶기도 하고 그렇지 않기도 하는 양가감정을 느끼게 된다. 동기강화 상담을 통해 상담자는 내담자가 변화에 대해 느끼는 양가감정을 더욱 구체적으로 발견해 가도록 격려하고, 양가감정 대립으로 인한 긴장 상태에서 벗어나게 한다. 그리고 여러 가지 방법으로 내담자가 자신의 바람직한 가치관에 맞는 행동을 선택해서 지속할 수 있게 도와 행동의 변화를 가져올 수 있게 한다. 이렇게 동기강화 상담에서의 상담자는 내담자와 협동

작업을 하면서 내담자의 내면에 내재된 동기를 이끌어 내고 자기효능감을 증진시키는 역할을 수행하게 된다. 결과적으로 내담자는 자신이 진정으로 원하는 삶의 모습을 찾고 지속시키는 변화 단계를 거치면서 혼자 할 수 없었던 행동 변화를 시작하고 진행해 나갈 것이다.

3) 주요 개념

동기강화 상담에 대한 구체적 설명을 하기에 앞서 중독 상담과 동기강화 상담 이해를 위한 몇 가지 주요 개념에 대해서 먼저 살펴보자.

(1) 공감

공감(empathy)은 상담의 핵심 요소로 꼽히는 의사소통 기술이며, 상담자가 내담자의 이야기를 자신의 잣대가 아닌 내담자 관점으로 이해하고자 하는 것이다. 내담자의 자리에서 내담자의 시각으로 세상을 이해하고 지금 현재 내담자가 경험하고 있는 삶은 어떠한 것인지, 내담자가 된다는 것은 어떤 느낌일지에 대해 상담자 스스로가 자신에게 질문하고 대답을 찾아 나가는 과정이다(Jarvis et al., 2006).

공감을 위해서는 반드시 내담자를 존중하는 태도로 대해야 한다. 동기강화 상담에서 상담자는 내담자를 가르치려 하거나 해결책을 강요하지 않고 내담자 스스로가 해결책을 찾도록 돕는 역할을 하기 때문에 내담자를 존중하는 태도를 지닌다. 또한 내담자가 겪을 변화 과정에서 내담자 스스로가 해결책을 찾고 변화를 이끌어 낼 능력이 있음을 믿고 또 이러한 믿음이 내담자에게 전달될 수 있어야 한다. 상담자는 언어적, 비언어적 요소로 이러한 믿음이 상담 과정에서 효과적으로 함께 전달되도록 해야 하며 자신과 내담자의 문화, 배경, 나이, 성별 차이를 인식하고 있어야 한다(Jarvis et al., 2006). 상담자와 내담자의 배경이 너무 비슷하거나 또는 아주 다르면 내담자가 하고자 하는 말에 대한 상담자의 정확한 이해가 방해받을 수 있음을 늘 주의하고 있어야 한다. 내담자의 이야기에 대한 상담자 자신의 가정이나 추측이 옳은가를 지속적으로 확인해 보고 명료화하는 과정이 필요하다.

가끔 사람들은 공감과 동감/동정(sympathy)의 의미를 혼동하고 비슷한 의미로 생각하는 경우가 있다. 만약 상담자가 내담자를 동감/동정한다면, 상담자는 내담자 편에서 생각하고 느끼는 경향을 가지지만 공감은 내담자의 특정한 견해에 무조건적으로 동의함을 의미하는 것이 아니다. 동감/동정은 내담자 이야기의 전체 내용에 대한 상담자의 이해를 왜곡시킬 수 있다. 예를 들어, 내담자가 참 안됐고 불쌍하다는 생각에 상담자가 깊이 사로잡히는 것은 내담자를 동정/동감하는 것이어서 내담자를 건설적으로 행동하도록 돕는 데 방해 요인으로 작용할 수도 있다(Jarvis et al., 2006).

동기강화 상담에서의 공감은 내담자의 말을 때로는 약간 수정하기도 하고 때로는 재구성하는 방식으로 반영해 주되 내담자에 대해서 항상 존중하고 수용하는 태도를 유지하면서 경청하는 자세를 취하는 것을 말한다. 이러한 무비판적 태도가 내담자의 견해에 무조건 동의해야 함을 의미하는 것은 아니다. 오히려 내담자의 시각을 수용하고, 그것에 내포된 의미 탐색에 관심을 갖는 것과 관계가 있다. 상담자의 공감적 수용은 내담자의 자존감을 지지하고 내담자에게 스스로의 변화 가능성을 탐색하는 자유를 허용하는 치료적 관계(rapport)를 형성하도록 도와준다(Jarvis et al., 2006).

(2) 양가감정

양가감정(ambivalence)이란, 그 이름에서 의미를 생각해 볼 수 있듯이 무엇인가를 하고자 하는 마음과 하고 싶지 않은 상반된 두 마음이 동시에 존재함을 경험하는 것이다. 주로 행동의 변화가 필요한 상황에서 흔히 관찰되는데 가장 쉬운 예로는 어떤 변화에 대해 '시원-섭섭한' 감정을 느끼는 상황을 들 수 있다. 양가감정을 가지고 있다 해서 내담자가 변화하고 싶지 않다거나 또는 변화를 거부하고 있다는 의미로 해석되어서는 안 된다(Jarvis et al., 2006). 오히려 양가감정은 내담자의 준비도와는 무관하게 일반적이고 자연스러운 것으로 이해되어야 하고 내담자의 양가감정이 내담자의 동기 부족형태로 나타날 수도 있음을 기억해야 한다(Miller & Rollnick, 1991).

양가감정을 해결하지 않으면 변화를 향해 나아가는 데에 장애물로 작용할 수 있으므로 동기강화 상담에서는 우선 양가감정의 불편한 긴장관계에 의해 생겨난 균형을 깨는 작업부터 하여야 내담자가 행동을 취할 수 있게 된다고 본다. 내담자의 변화 동기는 고정되어 있는 것이 아니라 변화를 거쳐 가는 과정에서 강화되거나 약해질 수 있다. 심지어 변화에 성공하여 유지 단계를 거치고 있는 과정에서도 양가감정을 느낄 수 있다(Jarvis et al., 2006).

(3) 저항

저항(resistance)이란 내담자가 특정 변화에 대해 진지하고 책임감 있게 고려해 보는 것으로부터 멀어져 감을 알리는 일종의 신호로서, 논쟁하기, 방해하기, 부정하기, 무시하기 등과 같은 관찰 가능한 행동이다(Jarvis et al., 2006).

동기강화 상담에서는 저항을 부정적인 것으로 간주하지 않고 오히려 상담자에게 유용한 정보를 제공하는 중독 상담 과정의 필수 요소로 보고 있다. 왜냐하면 저항은 지금 사용하고 있는 상담자의 접근법이 내담자에게 효과적이지 않고 원하는 반대 방향으로 영향을 주고 있음을 표시하는 것이기 때문이다. 만약 상담자가 내담자의 저항을 예민하게 알아채고 현재 사용하는 상담 접근법을 변경하는 등으로 반응한다면 저항은 줄어들 수 있고 내담자의 변화 과정 또한 지속될 수 있다(Miller & Rollnick, 1991).

내담자의 저항에는 많은 이유가 있다. 내담자가 법적 규정에 의하여 중독 상담을 강제적으로 받으러 왔거나, 낮은 자존감을 가졌거나, 자기효능감이 없을 때 등이 저항을 하는 이유의 예가 될 수 있다(Jarvis et al., 2006).

내담자의 저항을 다른 말로 표현하자면 내담자의 변화 가능성이 낮음을 나타낸다고 할 수 있다. 그러므로 상담자는 내담자가 저항하는 이유에 대해서 예민하게 생각해 보아야 하고, 내담자의 저항을 촉발시킬 수 있거나 심화시킬 수 있는 것들은 지양해야 한다(Jarvis et al., 2006).

(4) 변화 대화

Miller와 Rollnick(2002)는 저항 행동과는 달리, 내담자가 특정 변화를 향해 나아가고 있다는 신호로 간주되는 행동을 가리켜서 '변화 대화(change talk)' 또는 '자기-동기화 진술(self-motivational statement)'이라고 하였다. 이들은 변화 대화가 다른 행동들과 차이가 있다고 하였다.

변화 대화는 현재의 문제 행동을 지속했을 때의 단점, 변화했을 때에 생길 가능성이 있는 이점, 변화 가능성에 대한 긍정적 생각 및 표현이나 의지 등 여러 가지 형태로 나타날 수 있다(Miller & Rollnick, 2002).

Amrhein 등(2003)의 연구에서는 변화의지를 반영하는 진술문들이 약물 사용을 다루는 치료를 실시했을 때 긍정적인 결과를 예측할 수 있는 가장 강력한 인자가 된다는 것을 발견하였다. 동기강화 상담에서는 변화 대화가 내담자로부터 시작될 수 있도록 격려하는 것을 중요한 목표로 삼고 있다. 변화 대화의 구체적인 종류와 변화 대화를 이끌어 내는 방법에 대해서는 후반부에서 다루어질 것이다.

(5) 자기효능감

자기효능감(self-efficacy)은 특정 행동 변화에 필요한 능력이 자신에게 있다는 믿음과 관련이 있다. 즉, 변화에 필요한 능력에 대해 내담자가 느끼는 긍정적인 믿음을 말하는 것이다. Albert Bandura에 의하면 이러한 능력과 관련된 신념은 실제 능력을 가지고 있는가의 여부보다 더 중요할 수 있다. 그 이유는 자기효능감을 느끼면 내담자가 변화와 관련한 행동을 실제로 시작하도록 만들 가능성이 높아지고, 그래서 내담자가 변화할 수 있다는 확신이 스스로 들면 들수록 행동 변화가 성공할 가능성이 더 높아지기 때문이다. 자기효능감은 내담자가 위험성 높은 상황에 닥쳤을 때, 그 난관을 이겨 나갈 수 있게 만드는 자신감의 정도를 내담자에게 질문하는 방식으로 측정해 볼 수 있다.

4) 동기강화 상담의 정의

Miller와 Rollnick(2002)은 동기강화 상담을 '내담자가 가지는 양가감정을 탐색하고 이의 해결을 통해 변화를 향한 개인에게 내재되어 있는 동기를 강화하기 위한 내담자 중심적이고 지시적인 방법'으로 정의하였다. 이해를 돕기 위해 구체적인 설명을 덧붙이자면, 동기강화 상담은 내담자의 변화 동기 강화를 목적으로 두고 있는 의사소통적 접근이다. 즉, 우선적으로 내담자가 자신의 상황에 대해 갖고 있을 양가감정을 탐색, 해결하게 하고 내담자 중심 상담 기법을 사용하며, 이러한 전 과정이 구체적 방향성을 가지고 진행해 나가는 접근이라는 것이다(Miller & Rollnick, 2002). 그러므로 동기강화 상담이 중독 문제를 가진 사람들에게 성공적으로 적용되기 위해서는 상담자가 내담자의 양가감정을 탐색하는 이유와 그 방법, 내담자 중심 상담의 기술과 여타 관련된 접근 기술의 사용 방법, 내담자가 가지는 양가감정을 해결하기 위해서 나아가야 하는 방향과 그 진행 방법에 대한 적절한 지식과 경험이 있어야 하겠다(신성만, 권정옥, 2008).

덧붙여 동기강화 상담은 자체가 하나의 특정 심리치료 또는 상담 이론이 아니라 오히려 이론들을 넘나드는 하나의 의사소통적 접근 방법(Aasheim & Wallace, 2008)이다. 즉, 내담자의 내부 변화 동기를 강화하고 도출하기 위해 고안된 다양한 방법들과 태도의 집합으로 기억하는 것이 중요하다(Miller & Rollnick, 2002).

5) 동기강화 상담에서 주축이 되는 네 가지 원리들

Miller와 Rollnick(1991)이 제시한 동기강화 상담의 중심 원리들은 다음과 같다.

(1) 공감 표현하기

동기강화 상담은 내담자 중심적이면서 공감적 상담이다. 이 접근법은 Rogers가 말한 반영적 경청이나 공감적 이해를 기본 바탕으로 한다. 공감적 의사소통은 상담의 초기부터 시작되어 상담 과정 전체에 걸쳐서 이어진다(Miller & Rollnick, 2002). 공감은 내담자의 관점, 감정, 삶에 대한 생각, 행동을 이해하고자 노력하는 대화 방법(Egan, 1998)이다. 공감을 할 때 상담자는 적어도 '내담자의 경험과 사고의 틀로 생각하는 내담자의 판단이 타당한 것이다.'라는 생각으로 내담자의 관점을 이해하고 반응해야 한다(Miller & Rollick, 2002).

공감을 표현하는 상담자의 태도로 수용(acceptance)을 들 수 있다. 상담자의 수용적 태도의 핵심은 존중하는 자세로 내담자의 말을 귀 기울여 듣는 데에 있다. 내담자를 있는 그대로 수용해 줄 때, 내담자는 스스로 변화하고 싶어 하지만, 변화를 강력하게 촉구하는 지시적인 말을 들으면 오히려 변화하지 않으려는 경향성이 생겨난다. 왜냐하면 인간의 독립성은 아동기 초기에서부터 성장과 발달의 주요 과업이자 성공적인 성인의 특징으로 간주되어 왔기 때문이다. 그래서 어떠한 이유에서이건 독립감이 훼손되는 것을 원하지 않게 되어 있다. 상담자의 수용과 존중의 태도는 내담자의 독립감을 훼손시키지 않고 내담자와의 치료적 협력관계를 형성시켜 주며 내담자의 자아존중감을 지지하는 효과도 있다. 이러한 요소가 결국 자연스러운 변화를 촉진시킨다.

상담자는 내담자가 가지는 관점에 대해서 동의하거나 지지하지 않는 경우에도 내담자를 자신의 잣대로 판단하거나 비판, 비난하지 않고 내담자가 겪는 경험, 느낌, 관점을 이해하고 수용하고자 노력해야 한다(Miller & Rollnick, 2002). 하지만 여기서 주의해야 할 점은 이러한 태도가 내담자의 말에 무조건 동의해야 함을 의미하는 것은 아니며, 내담자의 관점 중에서 혹시나 상담의 궤도에서 벗어나는 표현이 있다 하더라고 이를 지적하지 않아야 함을 의미하는 것도 아니다 (Miller & Rollnick, 2002).

(2) 불일치감 만들기

동기강화 상담에서는 변화에 앞서 양가감정 문제를 해결해야 하기 때문에, 의도적・지시적으로 양가감정을 해결하는 방향으로 상담이 이루어지는데 이것이 고전적 내담자 중심 상담과의 차이점이라고 할 수 있다(Miller & Rollnick, 2002).

전체적으로 탐색을 주로 하는 내담자 중심 상담은 내담자가 자신의 삶을 정리한다거나 혹은 어려운 결정 때문에 고민할 때 사용하기 좋으며, 의도적이고 지시적인 성격의 동기강화 상담은 양가감정에 묶여서 어떠한 행동 변화 결정도 하지 못하고 있는 내담자에게 적합할 것이다. 동기강화 상담은 양가감정에서 벗어나 긍정적인 행동을 하는 방향으로 나아가게 한다.

Festinger(1957)에 따르면, 사람들은 자신의 행동과 신념 사이에 불일치가 존재할 때 이 부조화를 줄이기 위해 노력한다. 즉, 자신이 행동하고 있는 양식과 자신의 내면에 있는 근본적 가치관이 갈등을 일으키면 그 사람은 이 불일치를 줄이려고 노력하게 된다. 이때 가치관보다는 행동이 변할 확률이 높기 때문에 동기강화 상담에서는 내담자가 이러한 불일치를 발견하고 행동을 변화시켜 나갈 수 있도록 돕는다.

내담자는 불일치감을 해소하는 데 도움을 받기 위해 상담자를 찾아오지만 여전히 접근-회피의 양가적 갈등에 사로잡혀 있다. 그렇기 때문에 동기강화 상담에서는 양가감정의 갈등을 이용해서 변하지 않으려고 버티는 힘을 이겨 낼 수 있을 때까지 불일치감을 자극시키고 증폭시킨다.

내담자의 행동과 신념, 가치관 사이의 불일치감을 만들어 내기 위해서 상담자는 내담자 스스로가 이를 발견할 수 있도록 돕는 역할을 맡아야 한다. 상담자가 이에 대한 지적을 하거나 문제해결 방향을 지시하는 것 또는 판단과 비판을 하는 것은 변화를 시도하기 위한 내담자의 동기화를 방해한다(Arkowitz et al., 2008). 여기서 내담자를 도울 수 있는 좋은 방법 중의 하나가 공감적 경청이다(Arkowitz et al., 2008). 내담자가 다른 사람의 가치관에 의해서 강압되거나 설득된다는 느낌을 받지 않도록 자신이 가지는 가치관과 행동 사이의 불일치감을 스스로 깨닫도록 격려해야 한다(Miller & Rollnick, 2002).

(3) 저항과 함께 구르기

앞서 언급되었듯이 동기강화 상담에서의 저항은 내담자의 양가감정 정도에 따른 산물이다. 상담자는 내담자 저항에 대해 적절히 반응하는 입장을 취해야 한다(Arkowitz et al., 2008). 하지만 만약 상담자가 내담자로 하여금 변화하도록 설득하기 위해 논쟁을 벌인다면 도리어 상담자의 의도와는 다르게 내담자는 변화하고 싶지 않은 이유를 더 많이 만들어 낼 것이다.

이러한 비생산적인 논쟁을 피하기 위해서는, 공격에 맞받아서 공격하는 복싱의 원리가 아니라, 오히려 공격의 대상이 되어 주면서 공격자의 힘을 이용하는 유도의 원리를 기억할 필요가 있다(Miller & Rollnick, 2002). 상대의 저항과 함께 구르는 유도의 원리는 동기강화 상담에 유용하다. 내담자의 저항이 있을 때 내담자의 지각을 살짝 다른 쪽으로 돌리거나, 다른 시각으로 해석해 주다 보면 내담자의 저항을 변화로 돌릴 수 있는 순간이 만들어지게 된다. 요점은 내담자의 저항에 직접 맞서지 말고 내담자의 저항과 함께 구르거나 같이 흘러가라는 것이다(Miller & Rollnick, 2002). 그렇게 하면 놀랍게도 저항은 새로운 방법으로 반응할 수 있게 하는 기회를 제공하고, 그 상황을 이용할 수 있는 기회 또한 제공할 것이다(Miller, 1999).

저항과 함께 구르기의 원리에서도 내담자를 존중하는 자세는 빼놓을 수 없다. 내담자의 문제해결이나 변화에 대한 결정의 책임은 내담자에게 있다는 동기강화 상담의 근본적 원칙이 여기에서도 반영된다(Miller & Rollnick, 2002). 상담자의 역할은 새로운 관점을 강요하는 것이 아니라, 저항에 사용하는 에너지의 방향을 긍정적으로 바꾸거나 또는 떨어뜨릴 수 있도록 내담자가 스스로를 바라보는 과정을 격려하고 공감하도록 돕는 것이다. 새로운 정보의 제공이 필요하다고 판단되면, 상담자는 단순하게 정보를 제공하는 단계에 머물러야 한다(Miller, 1999). 만약 제공된 관점이나 정보에 대해 내담자가 상담자에게 되묻는다면, 상담자는 자신의 의견을 바로 답해 주는 것을 피하고 오히려 내담자가 그에 대한 대답을 스스로 생각해 보도록 질문하거나 시간을 주는 것이 좋다. 질문에 모두 답을 해 주는 것은, 해결책에 대한 상담자의 의견이나 생각에 대한 비판이나 논쟁을 시작할 수 있는 기회를 내담자에게 제공할 수 있다. 또한 내담자 스스로의 해답이 아니므로 또 다른 저항을 불러오거나 변화에 대해 설득 또는 강압을 느끼게 될 수도 있으므로 신중해야 한다(Miller & Rollnick, 2002).

동기강화 상담에서는 상담자가 이미 해결책을 알고 있다 하더라도 내담자가 자신을 스스로에 대한 전문가로 이해하도록 하고 나름대로의 생각과 통찰력에 대해 격려하는 자세가 필요하며, 내담자가 변화를 시도하고 추구하는 모든 시점에 스스로 참여하고 적극적으로 해결책을 찾도록 도와야 한다.

(4) 자기효능감 지지해 주기

어떤 특정 과제를 성취하고 변화를 성공시킬 수 있다는 자신의 능력에 대한 신념을 '자기효능감'이라 하며, 변화 동기를 구성하는 핵심 요인이자 치료 효과를 예측하는 좋은 잣대가 된다(Miller & Rollnick, 1991).

진정한 변화를 위해서는 내담자가 자신의 문제를 지각한 후, 스스로 변화에 대한 희망과 함께 변화 가능성을 느껴야 한다. 또한 내담자의 변화 가능성에 대한 상담자의 굳은 믿음은 자기충족적 예언처럼 작용하여 상담 결과에 강력한 영향을 줄 수 있다. 내담자 스스로가 변화에 장애물이 놓여 있어도 적응해 가며 계속 변화해 나갈 수 있는 자신의 능력에 대해 자신감을 키우는 것이 동기강화 상담의 일반적 목표다.

자기효능감은 이미 앞에서도 언급되었던 내담자 자신의 스스로에 대한 전문가 관점, 내담자 안에 이미 내재되어 있는 동기, 변화와 변화 결과에 대한 내담자 자신의 책임 등의 동기강화 상담의 기본적인 신념과 일맥상통한다. 내담자가 변화에 대한 책임이 있음은 개개인이 가지는 변화 가능성에 대한 믿음이며, 상담자의 역할이 제한되어 있음 또한 시사한다.

〈표 5-4〉는 동기강화 상담의 주축이 되는 네 가지 원리를 정리해 놓은 것이다.

표 5-4 동기강화 상담의 원리

원리	내용
원리 1: 공감 표현하기 내담자의 관점을 이해하고자 하는 열망을 가지고 존중하는 태도로 귀를 기울임	• 수용을 해 주면 변화가 촉진된다. • 노련한 반영적 경청이 필수적이다. • 내담자가 양가감정을 느끼는 것은 정상적이다.

원리 2: 불일치감 만들기 내담자 자신의 현재 행동과 자신의 목적과 가치관 사이의 불일치감을 만들고 증폭시킴	• 상담자가 아닌 내담자 스스로가 변화 대화를 해야 한다. • 변화 동기는 현재의 행동과 개인이 중요시하는 가치관 사이에 불일치감을 느낄 때 형성된다.
원리 3: 저항과 함께 구르기 내담자의 저항에 직접 맞서지 말고 내담자의 저항과 함께 구르거나 같이 흘러감	• 변화에 대한 논쟁을 피한다. • 저항에 직접적으로 맞서면 안 된다. • 새로운 관점은 강요가 아니라 유도되어야 한다. • 저항은 내담자가 해답과 해결책의 중요 자원이다. • 저항은 반응을 바꾸라는 신호다.
원리 4: 자기효능감 지지하기 내담자가 변화 과정의 마지막 조정자가 될 수 있도록 자기효능감을 지지함	• 개인이 가지는 변화에 대한 자신감이 중요한 동기 요인이다. • 변화를 선택, 이행하는 책임은 내담자에게 있다. • 사람의 변화 능력에 대한 상담자의 믿음이 내담자에게 자기예언충족이 된다.

출처: 한국알코올과학회지, 9(1), 75.

6) 내담자의 저항과 변화

(1) 내담자의 저항과 저항을 다루는 기술

저항에 대한 이전의 관점들은 다소 부정적이었으며 저항이 내담자의 방어적 특성, 즉 내담자가 본래 가지고 있는 속성에서 나온다고 생각했다. 하지만 동기강화 상담에서는 저항을 일시적이고 정상적인 것으로 여긴다. 또한 상담 방식이나 상담자가 사용하는 기술과 방법에 따라서 내담자의 저항이 영향을 받아 저항의 강도가 높아지거나 낮아질 수 있는 것으로 간주한다. 따라서 저항은 상담 과정에서의 상담자-내담자의 관계, 또는 상담자가 사용하는 기술에 대한 적신호이며 어떤 의미에서는 내담자가 상담자와 보조를 맞추지 않는다는 신호다(Miller & Rollnick 2002). 변화와 저항은 동전의 양면이므로 내담자로 하여금 변화의 동기를 이끌어 내려면 먼저 저항을 줄이는 것이 필요할 것이다(신성만, 권정옥, 2008).

저항에 반응하는 방법의 첫 번째 범주는 반영적 경청으로 단순 반영, 확대 반영, 양면 반영이 이에 속한다. 두 번째 범주는 반영을 뛰어넘는 그 외의 방법들로 초점 바꾸기, 관점 재구조화하기, 방향 틀어 동의하기, 개인의 선택권과 자제력 강화하기, 나란히 가기가 있다(Miller & Rollnick, 2002).

(2) 반영적 경청

① **단순 반영**

단순 반영은 내담자가 동의하지 않음을 표시할 때 단순하게 이를 인정해 주는 것을 말한다. 이렇게 되면 내담자의 방어 가능성은 낮아지고, 상담자는 내담자가 한쪽으로 치우치게 되도록 하여 오히려 더 깊은 탐색을 할 수 있게 된다.

② **확대 반영**

확대 반영에서는 단순한 동의를 넘어서 내담자의 말을 다소 확장시키거나 부풀리는 방법으로 혹은 조금은 극단적으로 표현해 주는 것이다. 예를 들어, 내담자가 "김 과장님은 제게 치료가 필요한 것 같다며 이곳으로 저를 보내실 정도로 제 사생활까지 간섭하는 것 같아요. 저는 저에게 알코올 문제가 없다고 생각해요."라고 말할 때, "김 과장님이 당신의 사생활까지 간섭하는 듯한 느낌이 당신에게는 견디기 어렵군요."라고 말할 수 있겠다(예: Aasehim & Wallace, 2008).

③ **양면 반영**

반영적 경청의 마지막 방법은 양가감정의 양면 모두를 반영하는 방법이다. 만약 내담자가 양가감정의 한 측면에 대해 저항하는 말을 한다면, 상담자는 내담자의 저항에 대한 반영과 함께 이에 더하여 양가감정 반대편에 대한 반영을 같이 해 주는 것이다. 이 방법을 사용할 때에는 특히 '그러나'의 어조보다 '그리고'의 표현을 사용하여 상담자가 어느 한쪽으로 치우치는 것 같은 느낌을 주지 않는 것이 좋다(신성만, 권정옥, 2008).

(3) 반영을 넘어서는 여타 효과적인 반응들

① 관점 재구조화하기

내담자가 한 말의 내용은 그대로 인정하지만 그 의미를 다르게 해석 적용하여 내담자에게 반응하는 방법이다. 내담자로 하여금 자신의 말에 대해 조금은 다른 방향이나 형태로 바라보게 한다. 그리고 필요하다면, 상담자는 내담자에게 필요한 정보를 설명하거나 새로운 정보를 제공하여 내담자가 새로운 시각으로 바라볼 수 있도록 도울 수 있다.

② 초점 바꾸기

내담자가 난관에 봉착했을 때 이를 딛고 올라가도록 하는 것이 아니라 오히려 장애물을 우회하도록 하고, 보다 풀어 나가기 쉬운 문제부터 해결책을 찾아 나가도록 함으로써 저항하는 내담자의 주의를 살짝 옮겨 놓는 것이다.

③ 방향 틀어 동의하기

일종의 반영으로서 내담자의 말에 동의는 하지만 그 관점을 약간 변경하여 동의하는 것이다. 이렇게 함으로써 내담자의 저항과 정면으로 부딪히지 않고 내담자의 관점을 재해석해 볼 수 있는 효과도 있다.

④ 개인의 선택권과 자제력 강화하기

사람들은 자신에게 선택할 기회나 자유가 없는 것처럼 취급당할 때 저항을 보이며 오히려 자신의 자유를 강하게 주장하는 경향이 있는데 이것은 아주 자연스러운 반응이다. 이러한 상황에서 상담자는 내담자에게 궁극적인 선택권이 있다는 사실을 다시 한 번 말해 주고 내담자의 선택권과 자제력을 인정해 줄 수 있다.

⑤ 나란히 가기

만약 내담자의 저항에 대하여 변화를 촉구하지 않고 상담자가 오히려 변화하지 말기를 주장한다면 어떻게 될까? 이 방법은 역설적으로 때때로 내담자를 바람직한 방향으로 나아가도록 돕는다. 양가감정의 속성으로 인해 상담자가 한 면을 강조하면 내담자는 그 반대편, 즉 변화 방향으로 기울어져 탐색하게 되기 때문이다.

(4) 변화에 대한 준비

내담자들이 거쳐 가게 되는 변화 단계들을 살펴보기 이전에 '변화 준비도(readiness)'에 대한 몇 가지 개념을 살펴보는 것이 중요하다(Rollnick, Miller, & Butler, 2006).

① 변화에 대해서 양가감정을 겪는 것은 정상이다

내담자가 약물을 끊는 것이나 그 외의 변화가 일상에서 쉽게 이루어질 수 있는 과제라면 아마 상담자의 도움은 필요하지 않을 것이다. 하지만 변화를 만들어 내는 것은 여러 가지 이유, 예를 들어 대인관계의 변화, 습관을 없애는 고통, 재정적인 문제, 시간의 문제 등의 이유로 인해 어려움이 생길 수 있는데 이것들로 인해 사람들은 변화에 대해서 여러 가지 혼란된 감정들을 느낀다.

양가감정은 종종 저울 모양의 그림인 결정저울을 그 비유로 드는데, 갈등을 일으키는 양쪽의 상황이 모두 특정한 이득과 대가를 가지고 있기 때문이다(Rollnick, Miller, & Butler, 2006). 내담자가 변화에 대해서 양가감정을 보일 때, 그것을 문제라고 보는 대신에 변화 과정의 일부로 여기고 내담자와 함께 풀어 가야 할 과제로 보는 자세가 필요하다. 상담자가 특히 숙지하고 있어야 할 변화에 대한 부분은 다음과 같다.

② 변화는 종종 비선형적 과정을 거친다

내담자가 변화해 가는 과정은 직선적이거나 반드시 나타나는 정해진 단계가 있는 것이 아니다. 예를 들면, 때때로 변화의 단계를 순차적으로 거치다가 역행하는 경우도 있고, 변화 이전의 행동으로 되돌아 가는 퇴행이 나타날 수도 있다(Miller & Rollnick, 2002).

③ 준비도는 고정된 것이 아니다

준비도(readiness)에 있어 내담자들의 시작점은 매우 다르며, 이를 높이고 낮추는 것은 상당 부분 상담자가 어떻게 하는가와 관련이 있다(Rollnick, Miller, & Butler, 2006).

④ 내담자의 준비도를 잘 살펴라

병원 환경에서 혈압이나, 체온, 맥박이 중요한 신호가 되는 것처럼 상담 현장에서는 내담자의 준비도가 중요한 신호가 된다고 동기강화 상담 훈련가들은 말한다(Rollnick, Miller, & Butler, 2006). 내담자의 준비도는 상담자로 하여금 상담이 어떠한 방향으로 흘러 나가야 하는지에 대한 방향성을 알려 주고, 상담을 더 효과적으로 진행시킬 수 있는 일종의 안내 역할을 한다. 예를 들어, 어떤 내담자가 변화에 높은 자신감을 보이는 데 반해 변화의 중요성에 대해서는 인식하지 못한다면 상담자는 그것을 잘 살피고 파악하여 변화의 중요성을 탐색하는 방향으로 에너지와 주의를 집중시키도록 할 수 있다(Rollnick, Miller, & Butler, 2006).

⑤ 내담자의 변화 준비도를 알려 주는 신호들

내담자의 저항 감소, 문제에 대한 논의가 줄고 변화 대화가 늘어나는 것, 어떠한 결심을 하고 변화시도를 위한 질문을 하는 것, 변화하고 난 이후의 미래에 대해 언급하는 것, 상담에서 언급되었던 변화를 위한 가능한 행동을 실험하는 것 등은 모두가 내담자가 변화에 대해 준비되었음을 알려 준다(Miller & Rollnick, 2002).

(5) 변화의 단계

영구적 행동 변화를 만들어 내는 것은 일시적으로나 즉각적으로 되는 것이 아니다. 초이론적 변화 단계 모델(Transtheoretical Model)은 변화 단계상의 내담자 위치를 이해하고 개념화할 수 있도록 돕는다. 상담자는 각 단계의 특성에 따라 가장 적합한 기술이 무엇인지의 여부를 결정하는 데에 도움을 받을 수 있다. 행동 변화 단계는 점진적으로 일어나는 과정이며(Miller & Rollnick, 2002; Diclemente, 2003), 직선적인 과정이 아니라 오히려 순회적인 과정임을 기억해야 할 것이다. 변화 단계는 전숙고, 숙고, 준비, 실행, 유지 과정으로 나뉜다(Prochaska & Diclemente, 1982). 최근에는 이러한 변화 단계들이 단절된 계단과 같지 않고 영속적 과정의 특성도 지닌다는 의미에서 변화 과정 모델(process of change)이라고도 부른다.

① 전숙고 단계

전숙고 단계(precontemplation stage)에 있는 내담자들은 자신들의 문제 행동을 문제라고 생각지 않으며, 따라서 문제 행동 변화의 필요성 또한 인식하지 못한다. 이 단계의 내담자들은 종종 주변 사람들이 문제를 지적함에도 불구하고 자신은 그에 동의하지 않으며, 이 문제 행동으로 인해 자기 자신 또는 타인에게 미칠 수 있는 부정적 결과들을 받아들이거나 인식할 수 없다.

② 숙고 단계

숙고 단계(contemplation stage)에 있는 내담자들은 자신에게 문제 행동이 존재함을 인정하고 이를 해결하기 위한 방안을 모색한다. 문제를 인식함에 따라서 변화에 대한 장점과 단점을 저울질해 보지만 막상 문제해결을 위한 행동을 취하지는 않는다. 이 단계는 문제를 인식하는 단계임에도 불구하고 역설적으로 가장 강력한 양가감정을 경험하는 단계임을 기억하자(신성만, 권정옥, 2008).

③ 준비 단계

준비 단계(preparation stage)는 때로 결정 단계(determination stage)라고도 불리는 단계로 내담자들이 현재의 문제 행동의 부정적인 영향 때문에 변화의 필요성을 인식하면서부터 시작한다. 곧 있을 변화에 대해서 필요한 준비를 시작하고 변화를 위한 구체적 계획을 세우는 것이 필요한 단계다.

④ **실행 단계**

실행 단계(action stage)는 이름 그대로 변화 계획을 실행에 옮기는 단계다. 상담자는 내담자를 지지하기 위하여 내담자가 언급해 왔던 변화의 중요성과 필요성, 지금까지 이루어 온 변화들을 인식시켜 주는 역할을 담당해야 할 것이다. 또한 이 단계는 매우 역동적인 단계로 혹시나 내담자가 현실에 부딪혀 압도되는 느낌을 받거나 좌절감을 느끼지 않도록 상담자는 내담자의 자기효능감을 증진시키고 지지하는 역할에 초점을 맞추어야 한다(Aasheim & Wallace, 2008).

⑤ **유지 단계**

유지 단계(maintenance stage)는 변화된 새로운 행동을 계속적으로 유지하는 단계다. 인간은 변화의 초기 단계로 역행하고자 하는 본능을 가지고 있다. 또한 스트레스나 좌절감을 느끼는 상황에서 쉽게 문제 행동으로 되돌아가는 경향이 있기 때문에(Solomon & Fioritti, 2002) 변화를 지속, 유지시키는 것은 결코 쉽지 않다. 많은 사람들이 숙고, 준비, 실행 그리고 마지막 단계를 거치지만 다시 재발하기도 한다. 재발은 추가적 변화가 필요하다는 신호이기 때문에 정상적인 것으로 고려되어야 하며 퇴행이나 후퇴라기보다는 오히려 변화 단계에서 전형적으로 발생하는 사건이며 유용한 정보로 간주되어야 한다(Aasheim & Wallace, 2008).

7) 동기강화 상담의 구성 요소들

동기강화 상담은 동기강화 상담 정신, 원리, OARS, 변화 대화의 네 가지 중요한 요소들로 구성되어 있다. 이 요소들을 살펴보기 전에 기억해야 할 것은 많은 동기강화 상담의 요소들이 이미 다른 치료 체계에서 소개되고 사용되어 왔던 것들이라는 점이다. 그럼에도 불구하고 동기강화 상담이 특별하게 취급되는 것은 이 요소들이 혼합된 방식으로 사용된다는 점과 이 요소들의 사용 타이밍 때문이며 또한 이러한 것들이 변화 대화를 만들어 내기 위해서 적용된다는 것이다.

(1) 동기강화 상담의 정신

동기강화 상담에는 동기강화 상담의 원리, 세부 기법들의 사용법과 적용 방법, 그리고 변화 대화를 유도해야 함을 설명해 주는 몇 가지 철학이 있다. 아무리 실력 좋은 상담자가 동기강화 상담의 기본 원리나 기술들을 사용한다 해도 이러한 특징이나 정신이 담긴 철학이 없다면, 사용된 기법들은 제 역할을 다하지 못할 것이다. 많은 전문가들이 말하기를 동기강화 상담 정신이 있어야 접근법 적용이 동기강화 상담의 틀에 딱 들어맞는다고 한다. 동기강화 상담은 여러 가지 기술이나 개입 방법들을 그냥 모아 놓은 것이 아니다. 그것보다는 근본적인 철학을 가진 상담자들의 특별한 행동들을 모아 놓은 것이다.

이러한 철학은 동기강화 상담에만 있는 것이 아니다. 사실, 동기강화 상담 정신의 구성 요소들은 종교적 가르침이나 심리치료 이론 등 다양한 곳에서 발견할 수 있다. 최근의 연구에 의하면, 동기강화 상담 정신이 동기강화 상담자가 사용하는 기술방법의 중요한 지표가 된다고 한다. 또한 내담자의 행동과 치료결과도 예견해 주기도 하는 동기강화 상담의 정신에는 협동정신, 유발성, 자율성의 세 가지 요소로 구성되어 있다(Rollnick, Miller, & Butler, 2008).

(2) 협동정신

동기강화 상담에서는 내담자와 상담자가 위계적인 관계가 아닌 파트너 정신을 가지고 작업하는 것을 기본으로 한다(Rollnick, Miller, & Butler, 2008). 따라서 상담자는 권위적인 자세를 취하기보다 내담자와 동등한 관계를 유지함으로써 권고, 설득, 논쟁보다는 지지적인 태도로 양가감정과 동기를 탐색할 수 있도록 격려하는 역할을 한다(Miller & Rollnick, 2002). 이에 더하여 상담자는 내담자가 스스로 자신의 문제 행동과 변화에 대해서 이야기 할 수 있는 편안하고 긍정적인 분위기를 만든다. 내담자의 결정에 대해서 아무리 염려가 되더라도 지시하는 말이나 지시적인 충고하기를 피한다(Miller & Rollnick, 2002). 따라서 협동적인 자세는 내담자로 하여금 자신 스스로에 대해서, 그리고 자신의 삶의 역사와 상황에 대해서, 또한 변화를 위한 자신의 앞선 시도에 대해서 자신이 전문가라는 사실을 인식할 수 있도록 해 준다. 상담자는 내담자를 억지로 변화시키려 하기보다는 내담자의 전문성을 존중하고, 내담자의 열망과 목표를 이해하려고 노력하면서 변화가 가능한 긍정적인 환경을 만들어 주어야 한다.

(3) 유발성

유발성은 변화에 대한 동기가 내담자의 내면에 이미 내재되어 있다고 보는 관점에서 출발한다. 내담자는 자신에 대해서 전문가다. 또한 변화를 시도했던 경험이 있기 때문에 변화하는 데 있어서 자신에게 도움이 되었던 것과 도움이 되지 않았던 것에 대해서 잘 알고 있다. 상담자는 전문가로서 내담자들이 가지고 있는 주제에 대해서는 알고 있지만 특정 내담자가 무엇을 필요로 하는지 또 무엇을 원하는지에 대해서는 잘 알지 못할 수 있다. 동기강화 상담은 상담자로부터가 아닌 내담자의 생각에서 변화해야 할 이유와 잠정적 변화 방법을 이끌어 내어 변화를 유도해 가는 것을 목표로 한다. 즉, 동기를 주입하거나 만들려고 하기보다는 내담자로부터 동기를 끌어내는 것이다. 내담자의 느낌이나 관점, 인생목표, 가치관 등을 탐색한다면 자연스럽게 내담자의 이면에 내재된 변화 동기를 자연스럽게 끌어내고 강화할 수 있을 것이다.

(4) 자율성

자율성 정신은 내담자에게 행동선택의 자유와 그것을 유지해 갈 능력이 있다고 보는 것을 말한다. 이를 다른 말로 말하면 개인의 자율성을 존중한다는 의미이고, 자신의 길을 선택하는 책임이 궁극적으로는 내담자에게 있다는 의미다. 그래서 동기강화 상담에서는 변화의 책임이 내담자에게 있다(Miller & Rollnick, 2002)고 말한다. 물론 상담자도 내담자의 변화에 대해서 의견을 가질 수 있다. 예를 들면, 내담자가 지속적으로 술을 마신다거나, 자녀를 학대하는 것과 같은 특정 행동을 지속하는 경우에는 상담자가 강제적인 행동을 취해야 할 것이다. 또한 내담자에게 선택사항이 아예 없거나 거의 없는 경우, 타인에게 부정적 영향을 끼치는 행동을 내담자가 선택하는 경우에도 상담자가 자율성의 정신을 유지하기가 쉽지 않다. 동기강화 상담자는 이러한 우려에 대해 이야기하면서도 동시에 내담자로 하여금 변화하도록 강요할 수 없다는 것을 깨닫게 된다. 대부분의 동기강화 상담에서는 자신의 길을 선택하는 책임이 궁극적으로는 내담자에게 있다고 여긴다. 내담자의 변화가 밖에서 부과되어 자율성 없이 일어나는 것보다 내면에서 자율적으로 발생하게 되고, 이렇게 일어난 변화라야 자신의 삶의 목적이나 가치관에 부합하게 될 가능성이 크다(Miller & Rollnick, 2002). 그렇기 때문에, 동기강화 상담에서는 내담자로부터 그들의 목표와 가치, 열망을 끌어내야 하는 필요성에 대해서 계속적으로 강조를 하고 상담자가 아닌 내담자가 변화해야 하는 이유를 스스로 이야기하도록 하는 것이다.

8) 동기강화 상담의 필수요소

Rollnick 등(2008)은 동기강화 상담 원리의 실현에 중요한 상담자 태도에서의 네 가지 필수 요소를 다음과 같이 정리하였다.

(1) 교정반사 삼가기

상담자는 종종 내담자들이 가지고 있는 문제에 대한 해답을 이미 알고 있는 경우가 많아 내담자의 얘기를 들으면 고쳐 주고 싶은 마음을 가지는 경향이 있다. 이러한 자세는 오히려 내담자 스스로 변화하고자 하는 경향성을 감소시킬 수 있다. 상담자는 자신의 이런 경향성과 이로 인한 부작용에 대해서 늘 인지하고 있어야 한다.

이러한 교정반사(righting reflex)는 사실 내담자를 돕고자 하는 마음에서 출발하게 되는데, 이러한 열망이 적절하게 잘 조절되어 사용될 경우는 상담자 스스로가 내담자에게 필요한 도움을 제공할 수 있는 지혜와 열정을 갖게 한다. 한편, 교정반사가 내담자를 향해 상담자가 가지는 궁극적인, 즉 내담자가 올바르게 변화할 수 있도록 돕고자 하는 목적을 달성하는 것을 지지하는 것이라면 문제가 될 것이 없지만 때때로 상담자 자신의 동기, 생각, 변화에 대한 의견, 가치관 등이 내담자에게 그대로 전달되게 하여 내담자가 자신이 가지고 있는 양가감정 양면 모두를 고찰하는 것을 방해할 수 있다.

내담자들이 가지고 있는 양가감정은 동전의 양면과도 같다. 변화하지 않는 지금 현재의 사항이 주는 삶의 이점들과 비교하여 볼 때 변화는 새로운 삶에 대한 부담이나 두려움, 불안함, 인간관계의 변화, 시간과 재정 소비 등을 안겨 주므로 변화에 대한 내적인 갈등을 느낄 수 있다. 만약 이러한 상황에서 상담자가 교정 반사를 한다면, 내담자는 압박을 느끼거나 자신이 가지는 내적 갈등에 대한 고찰의 시간을 가지지 못할 수도 있고 따라서 궁극적 변화를 이루지 못할 수도 있다.

'저항'이란 내담자가 자신이 변화해야 하는 이유에 대해서 적극적으로 맞서는 과정이다. 많은 연구들은 이러한 저항이 상담자에 의해서 직접적이거나 긍정적 또는 부정적인 영향을 받는다는 것이 밝히고 있다. 다음은 저항을 불러오는 상담자의 행동을 정리해 놓은 것이다(Rollnick, Miller, & Butler, 2008).

- 내담자들에게 그들이 문제가 있다고 설득하는 것
- 변화의 장점에 대해서 논쟁하는 것
- 내담자에게 어떻게 변하라고 이야기하는 것
- 변화하지 않을 경우 결과에 대해서 경고하는 것

위의 예와 같이 상담자가 변화에 대해 논쟁하거나 설득을 하는 것과 같은 교정 반사는 내담자의 저항을 증가시켜서 변화에서 멀어지게 할 수 있는 반면, 변화의 이점을 넌지시 이야기하거나 생각해 보도록 격려하는 것은 저항을 감소시킬 수 있어서 변화의 가능성을 높인다.

Rollnick, Miller 그리고 Butler(2008)는 이러한 관점에서 저항을 상담자의 행동에 의해서 강화될 수도 있고, 감소될 수도 있는 에너지의 한 형태라고 보았다. 내담자의 저항이 증가했다는 것은 상담자가 행동을 바꿀 필요가 있다는 신호가 된다(Miller & Rollnick, 2002). 상담자는 내담자의 저항에 맞서서 적극적으로 싸우는 자세를 지양하여 저항을 최소화시키고, 문제를 고치려고 시도하는 자세를 피함으로 저항을 불러올 수 있는 상황을 만들지 않도록 주의해야 한다.

(2) 내담자의 동기 이해해 주기

내담자의 동기를 이해하라는 것은 앞서 언급했던 양가감정에 관한 내용의 논리적 확장이다. 동기강화 상담은 동기가 내담자에게서 나온다는 입장을 취하고 있다(Miller & Rollnick, 1991). 즉, 상담자가 내담자를 동기화시키거나 그들의 동기를 작동시키는 것이 아니라 상담자는 이미 내담자 안에 있는 동기를 찾아내서 그들 스스로 이를 발견하고 인식할 수 있도록 돕는다는 것이다. 상담자는 내담자의 이야기를 경청하며, 내담자 자신이 원하는 것과 그들의 현재 행동 사이에서 발생하는 불일치를 지적해 주고, 내담자의 이야기 안에서 그들의 목표, 신념, 열망 등을 적극적으로 찾아내어 이것들이 현재 상황과 어떤 관련성을 가지는지 설명해 주는 것이다(Rollnick, Miller, & Butler, 2008). 이러한 지시적 요소들은 동기강화 상담의 특징이라고 할 수 있으며, 전통적인 내담자 중심 상담과는 대조되는 점이다(Miller & Rollnick, 2002).

이때 상담자에게 요구되는 태도는 내담자 개인과 그들의 상황에 대한 호기심이다. 하지만 만일 상담자가 내담자와의 대화를 통해서 이러한 정보를 찾아내어 내담자의 잘못을 증명하거나 지적하는 데 사용한다면, 이는 내담자를 변화시키기 위한 교활한 논쟁의 한 형태로 변질되고 말 것이다. 동기강화 상담의 목표는 내담자로 하여금 왜 변화를 해야 하는지, 그리고 어떻게 변화를 가능하게 할 것인지에 대해 스스로 말할 수 있는 편안한 환경을 만들어 주는 것이다(Rollnick, Miller, & Butler, 2008).

(3) 내담자의 이야기 경청하기

내담자는 상담자의 전문성 때문에 상담을 찾아온다. 하지만 그들의 변화에 대한 동기, 변화하고자 하는 방향, 그 과정과 결과는 모두 내담자의 책임으로 남아 있다. 상담자로서 도움을 제공할 수 있는 부분은 내담자가 자신의 불일치성에 대해서 또 현실에서의 어려움들에 대해서 탐색하고 고찰해 보도록 돕는 안전한 환경을 만들어 주는 것이다. 이것은 상담자가 공감적 태도를 유지하고, 공감적 대화가 잘 이루어졌을 때 가능하다(Rollnick, Miller, & Butler, 2008).

공감적 태도를 유지하기 위해서 상담자는 내담자의 관점으로 세상을 볼 수 있어야 하지만, 공감이 내담자의 말에 무조건 동의하거나 수용하는 것이 아니라는 것을 명심해야 한다(Miller & Rollnick, 1991). 상담자는 때때로 내담자의 의견에 동의할 수도 있고, 또한 동의하지 않을 수도 있어야 한다. 중요한 것은 내담자 개인의 관점을 이해하려고 노력하는 존중을 담은 태도다. 이러한 태도는 "수용은 변화를 만들고, 변화에 대한 압력은 저항을 만들어 낸다."는 말로 바꿔 말할 수 있다(Rollnick, Miller, & Butler, 2008).

(4) 내담자에게 힘을 실어 주기

Rollnick, Miller 그리고 Butler(2008)는 연구에서 내담자가 상담 과정에 적극적으로 참여했을 때 더 좋은 결과가 나온다는 것을 밝혔다. 그 결과는 DiClements의 논문에서도 일관되게 유지된다. 그는 "모든 변화는 궁극적으로 자신이 만들어 내는 것이다."라고 말했다. 변화하고 싶다면, 내담자 스스로 그 과정에 적극적으로 참여해야 할 것이다.

동기강화 상담에서는 내담자들에게 변화할 수 있는 능력이 있고, 문제를 해결할 수 있는 방법을 가지고 있으며, 또한 스스로 변화하겠다고 결심한다면 변화를 일으킬 수 있다고 믿는다. Rollnick과 Miller(1991)는 이것을 '자기효능감'이라고 하였다. 기본적으로 내담자들은 '할 수 있다'는 믿음을 가지고 있는데, 이러한 믿음이 없는 상태에서 문제를 인식시키는 것은 변화 대화보다는 방어기제를 작동하여 저항을 증대시키기만 할 뿐이다.

자기효능감(self-efficacy)과 자존감(self-esteem)을 구분하는 것은 중요하다. 자존감은 자기(self)와 자신의 가치에 대한 태도, 믿음 그리고 행동을 포함하는 포괄적인 단어이고, 자기효능감은 원하는 결과를 달성할 수 있는 자신의 능력에 대한 스스로의 인식에 좀 더 초점을 맞추고 있다. 긍정적인 자존감이 중요하긴 하지만, 내담자가 높은 자기효능감을 가졌거나, 특정 행동에 대해서 할 수 있다는 믿음이 있다면 높은 자존감이 필수적이지는 않다. 하지만 상담자는 내담자의 부정적인 자존감이 자기효능감과 변화에 대한 장애물로 작용할 때에는 긍정적인 자존감을 형성할 수 있도록 도와야 할 것이다(Rollnick, Miller, & Butler, 2008).

DiClemente는 자기 스스로 변화하는 데 실패한 내담자들에 대해서 설명한 적이 있다. 내담자들은 보통 상담자를 찾아오기 이전에 자신의 문제 행동이나 상황에 대한 변화를 위하여 어떠한 시도를 했다가 성공하지 못했기 때문에 상담자를 찾아오곤 한다. 이 실패한 결과 때문에 변화에 대한 그들의 자신감은 다소 낮을 수도 있다. 하지만 이러한 실패에 대해서 상담자 또한 희망적이지 못하다면 내담자에게 부정적인 결과를 미칠 것이다. 상담자는 내담자의 변화 가능성에 대해서 희망적인 태도를 가지고 그것을 전달하여 내담자로 하여금 이전의 실패가 곧 미래의 실패를 의미하는 것은 아님을 알도록 도와야 한다. 이러한 상담자의 기대와 믿음이 내담자에게 긍정적인 요소로 작용한다는 것을 논증한 연구 결과도 있었다. 내담자에게 희망을 실어 주기 위해서는 상담자의 이러한 태도가 반드시 전달되어야 하며, 때로는 다른 내담자들의 성공담을 이야기해 주는 것도 하나의 방법이 될 수 있음을 기억하자(Rollnick, Miller, & Butler, 2008).

하지만 이러한 자세를 전달하기 위해 내담자가 하는 모든 말에 동의를 해야 하는 것은 아니다. 자기효능감은 내담자의 말에 무조건적으로 동의함으로써 상승할 수 있는 것이 아니며, 오히려 이는 올바르지 못한 변화 계획을 세우도록 내담자를 몰아갈 수도 있다. 상담자는 내담자의 의견에 논박하려고 들거나 지시하려는 자세를 지양하면서, 자신의 관점과 시각을 전달하는 것이 필요하고 내담자들은 이렇게 제공된 상담자의 생각과 의견들이 자신의 가치관과 생각에도 일치하는지, 그리고 그것들을 자신에 맞게 어떻게 사용할지에 대해 스스로 결정해야만 할 것이다(Rollnick, Miller, & Butler, 2008).

이러한 관점은 또다시 내담자 자신이 스스로에 대한 가장 많은 지식을 보유한 전문가이며, 문제해결을 위한 정보를 가지고 있다는 동기강화 상담의 기본적 원리와 일맥상통한다(Miller & Rollnick, 1991).

9) 동기강화 상담의 기본 기법

동기강화 상담과 다른 상담 접근의 기법들 사이에는 다소 겹치는 부분들이 있다. 이 기법들은 내담자와의 라포를 형성하고 내담자의 염려나 걱정거리에 대해서 탐색하고 공감을 전달하는 데 도움이 될 것이다. 동기강화 상담의 네 가지 기본적 기법들(열린 질문하기, 인정해 주기, 반영적 경청하기, 요약해 주기)은 OARS (Open question, Affirming, Reflecting, Summarizing)라는 약자로 표현된다(Miller & Rollnick, 2002). 여기서의 '기본적'이라는 단어의 의미를 쉽다거나 단순하다는 의미로 받아들여서는 안 된다. 각각의 기법들은 잘못 사용될 가능성도 있기 때문에 이 기법들을 적절하게 사용할 수 있는 임상적 전문성을 가지려면 훈련을 받는 것이 필수적이다. 네 가지 기본 기법들(OARS)은 내담자들로 하여금 자신들의 양가감정을 탐색하게 하고, 변화하고자 하는 이유가 분명해지도록 도와주는 것들이다. 특히 다섯 번째 방법인 변화 대화는 보다 지시적이고 특징적인 것으로 앞의 네 가지 방법을 통합하여 사용하게 된다. 이 기법들은 상담 첫 회기에서뿐 아니라 동기강화 상담의 전반에 걸쳐 유용하게 사용할 수 있다(Miller & Rollnick, 1991).

(1) 열린 질문하기

동기강화 상담의 초기 단계에서 내담자가 이미 문제 행동을 인식하고 있다거나 변화에 대한 준비가 되어 있는 경우는 많지 않다. 그렇기 때문에 내담자 자신이 '문제 행동을 갖고 있을 가능성'에 대해 탐색할 수 있도록 수용하고 격려하는 신뢰의 분위기를 만드는 것이 중요하다. 따라서 상담자는 질문을 통해 내담자가 말을 더 많이 할 수 있도록 도와야 하며 이를 경청하고 있음을 보여 주어야 한다(Miller & Rollnick, 2002).

어떤 경우에는 상담자가 단지 몇 마디만 거들어도 내담자가 자신의 이야기를 술술 꺼내 놓기도 하는 반면, 내담자가 스스로의 이야기를 풀어 놓도록 하기 위해 상담자의 많은 격려가 필요한 경우가 있기도 하다. 이런 경우가 바로 열린 질문을 필요로 하는 때다. 열린 질문은 내담자가 대부분의 이야기를 할 수 있도록 도와준다.

열린 질문은 '예' 또는 '아니오'의 단답형 대답이 아닌 다소 길거나 생각을 필요로 하는 대답을 요구하는 형식의 질문이다. 열린 질문은 상담자가 격려와 지지를 제공할 때에 내담자로 하여금 생각나는 대로 대답하도록 돕고, 특히 상담자에게 초기 상담 회기에서 유용한 정보들을 수집할 수 있도록 한다(Aasheim & Wallace, 2008).

양가감정으로 인해 많이 혼란스러워하는 내담자의 경우에는 열린 질문과 닫힌 질문을 함께 사용하거나, 비교적 중립적인 열린 질문을 하는 것이 좋다. 또한 현재 가지고 있는 문제 행동이나 문제 상황에 대해 내담자 스스로 나쁘지 않다고 생각하고 있는 측면에 대해 먼저 질문을 한 다음, 그 문제에 대한 불편한 측면에 대해서 이야기하도록 하는 것이 좋다(Miller & Rollnick, 2002).

(2) 반영하기

반영적 경청은 동기강화 상담에서 요구되는 가장 중요하면서도 어려운 기술 중 하나다. 반영적 경청은 내담자가 말하는 것을 그냥 조용히 들어주는 것에서 한 걸음 더 나아가 내담자가 한 말에 대해서 상담자가 적절하게 반응해 주는 것이다.

반영적 경청은 말하는 사람이 의도했던 본래의 의미가 무엇인가를 합리적으로 추측하여 이를 진술문의 형태로 말하는 것이다(Miller & Rollnick, 2002). 진술문 형태로 말을 해야 하는 이유는 듣는 사람이 자기가 한 추측이 맞는지 틀린지 결국 알 수 없기 때문이다. 그렇기 때문에 반영적 진술문은 저항을 덜 유발할 수 있다. 언어의 역동상, 질문은 대답을 요구하기 때문에 상담자가 내담자에게 자신이 말한 것에 대한 의미에 대해 질문을 하면 내담자는 대답을 하느라 그 의미를 경험하는 것에서 멀어질 수 있다. 진술문과 질문의 주된 차이는 억양에 있다. 질문의 끝에서는 억양이 올라가고 진술문은 끝에서 억양이 부드럽게 내려간다. 반영적 경청 진술문은 이해한다는 뜻이 담겨야 하기 때문에 보통 끝의 억양이 내려온다.

반영적 경청으로 반응하기 위해서는 먼저 상담자가 반영적으로 생각하는 훈련을 해야 하며, 내담자가 한 말의 의미에 대한 자신의 추측이 실제와 다를 수도 있다는 것을 늘 인식하고 있어야 한다(Miller & Rollnick, 1991). 반영적으로 생각한다는 것은 어떤 말을 들었을 때 그 말의 의미를 생각해 본 후, 가장 가능성이 높은 의미를 추측해 내고, 추측한 의미가 맞는지를 점검해 보는 것이다. 반영적 경청식의 진술을 할 때는 내담자가 한 말을 단순히 반복하는 것이 아니라 내담자가 사용한 것과 비슷한 의미를 가진 새로운 단어를 사용하거나, 내담자가 말하지 않은 의미를 추측해 내어 조금씩 다르게 표현하여 다음 말을 이끌어 내야 한다. 때때로 내담자가 말하면서 느끼고 있을 느낌을 반영해 주는 것도 도움이 된다.

대화에 감정적인 부분이 많이 첨가되어 있는 경우는 내담자가 말한 것보다 낮은 강도로 표현해 주는 것이 도움이 된다. 예를 들어, 내담자가 “이젠 어머니가 저에게 이래라 저래라 하는 게 싫어요.” 라고 한다면 “어머니 때문에 속이 상하셨나 보네요.” 라고 반응을 낮추어 이야기할 수 있다. 반영적 경청은 내담자가 표현한 정서에 대해서 더 탐색하고 이야기하도록 도울 수 있다(Miller & Rollnick, 2002). 하지만 내담자가 표현한 정서의 강도보다 높게 표현한다면, 오히려 내담자는 주춤할 수 있고 그 말의 강도를 부인하거나 최소화하려는 경향을 보인다(Miller & Rollnick, 2002).

그러나 충분히 깊지 않은 반영이나, 내담자의 말을 앵무새처럼 너무 똑같이 말하거나, 방향성이 없는 대화는 제자리에서 맴도는 것처럼 상담을 답답하게 만들 수 있다. 상담자는 내담자의 말을 수동적으로 반영하는 것이 아니라, 내담자의 말 중에 무엇을 반영하고 무엇을 강조할지 또는 무시할지, 의미 포착을 위해 어떤 단어를 사용할 것인지를 결정한다.

열린 질문을 하고 나서 내담자가 대답을 하면 바로 다른 질문을 하기보다 그 대답에 반영적 경청으로 반응하는 것이 중요하다.

(3) 인정해 주기

상담자가 내담자의 말을 직접적으로 인정해 주거나 지원해 주는 것은 신뢰적인 상담관계를 형성하는 데에 도움을 줄 수 있고, 내담자가 자신의 경험과 생각에 대해 탐색하고 이를 말로 표현하도록 격려할 수 있다(Miller & Rollnick, 2002).

인정해 주기의 예로는 내담자가 제시한 계획에 대해 "정말로 좋은 생각이군요!"라고 칭찬하거나, "그렇게 하는 것은 매우 용기가 필요했겠군요." 등의 이해를 표현해 주는 것, 또는 감사를 표현하는 것이 있다(Arkowitz et al., 2008).

내담자에게 지지를 제공하는 것의 적절한 수준과 빈도는 사회적 맥락에 따라 다양할 것이나, 이의 핵심은 내담자가 가진 강점과 노력하고자 하는 마음을 알아주고, 적절하게 인정해 주는 것이다.

(4) 요약해 주기

요약은 말을 전체적으로 연결하면서 지금까지 대화한 내용들을 강화하기 위해 사용된다. 상담자가 대화내용을 정기적으로 요약해 주면, 내담자로 하여금 상담자가 주의 깊게 듣고 있음을 알게 해 주며, 따라서 더 자세한 이야기를 할 수 있도록 격려하는 역할을 하게 된다. 효과적인 요약해 주기에는 다음과 같은 다양한 방법들이 있다(Miller & Rollnick, 2002).

① 수집 요약

첫 번째는 수집 요약(collecting summary)으로서 쉽게 비유하자면 내담자에게서 꽃을 하나씩 받아 모아서 작은 부케로 만들어 돌려준다고 생각하면 된다(Miller & Rollnick, 2002). 즉, 변화 대화에 관한 주제가 여러 번 나올 때, 이를 끌어 모아서 내담자로 하여금 이야기를 계속 하도록 하는 것이다. 수집 요약은 보통 짧게 하도록 하고, 내담자의 이야기를 지속하는 것이 목적임을 잊지 말아야 한다. 수집 요약의 끝에는 "그 외에 하실 말씀은요?"와 같이 말을 지속하도록 돕는 몇 마디를 추가하는 것이 좋다. 하지만 수집 요약을 너무 자주 사용할 경우에는 도리어 인위적인 느낌을 주며 자연스러운 탐색을 방해할 수도 있으므로 적절하게 사용하도록 한다.

② **연결 요약**

연결 요약(linking summary)은 앞의 회기에서 언급되었던 대화 내용 또는 이전에 했던 말과 현재 내담자가 하는 말을 연결시키는 방법이다. 연결 요약은 내담자가 이전에 이야기했던 두 개 혹은 그 이상의 내용들 간의 관계를 다시 음미해 보도록 하기 위한 것인데, 특히 양가감정을 명료화할 때 유용하다. 양가감정이 있는 경우 전형적으로 변화해야 할 이유와 변하지 않고 그대로 있을 이유 등 두 생각 사이에서 왔다 갔다 하며 망설이게 되는데, 이때 상담자가 연결 요약을 사용하여 내담자에게 두 가지 생각을 가지고 있음을 깨닫게 하고, 동시에 두 생각의 장단점을 점검해 보도록 도울 수 있다. 양가감정을 반영할 때 모순이 되는 두 생각을 연결하는 접속사로는 '그러나' 보다 '그리고' 또는 '동시에'를 사용하는 것이 양가감정의 두 측면이 동시에 존재함을 강조하는 효과가 있다. 연결 요약에는 객관적 검사 결과나 법원이나 가족에게서 나온 정보 등 다른 종류의 정보가 통합되어 들어갈 수 있다.

③ **전환 요약**

전환 요약(transitional summary)은 대화의 초점이 다른 곳으로 이동함을 알리고자 할 때 사용되고, 회기의 끝에서 전체를 요약할 때 사용되기도 한다. 특히 한 회기 끝에 전환 요약을 하면 그 회기를 통해 깨닫게 된 것을 전부 한곳에 모아 주기 때문에 실질적으로 도움이 된다. 전환 요약을 할 때 요약 진술 안에 무엇을 포함하고 무엇을 강조할지는 상담자가 결정해야 한다. 전환 요약을 할 때는 그것에 이어 다음에 무엇이 이어지는지를 공식적으로 알리는 진술을 하는 것이 좋다. 전환 요약은 첫 회기를 마무리 짓는 좋은 방법이다. 내담자와 동반자적인 자세로 상담자가 요약을 하고, 내담자가 내용을 더하거나 수정하도록 하는 것이 좋다. 또한 마무리할 때 말한 요약을 다음 회기 시작 때 간략하게 언급하여 상담이 보다 빨리 진행되어 앞으로 나아가게 할 수 있다.

(5) 변화 대화 끌어내기

OARS의 네 가지 방법은 동기강화 상담에서 기초가 되지만, 이 네 가지 방법만을 사용한다면 양가감정이 해결되기보다는 오히려 고착될 수가 있다. 그러므로 OARS 방법 외에 양가감정의 해결을 위한 구체적인 전략이 필요한데 이것이 바로 다섯 번째 방법인 '변화 대화 끌어내기'다(Miller & Rollnick, 2002). 이 변화 대화 끌어내기는 최근에 보다 중요성이 부각되고 있다.

동기강화 상담에만 있는 독특한 특성 중 하나는 내담자로부터 '변화 대화'라 부르는 특정한 유형의 대화를 이끌어 내는 것을 강조하는 데 있다. 여기서 변화 대화란 변화에 대한 욕망, 능력, 이유, 필요성 등에 대해 내담자가 이야기하는 것을 말한다(Miller & Rollnick, 2002). 동기강화 상담에서 사용되는 많은 접근법들은 내담자에게서 특별히 이러한 변화 대화를 이끌어 내도록, 그리고 내담자가 변화 대화를 했을 때 그것을 강화시키도록 고안되었다. 변화 대화는 상담에 대한 내담자의 헌신 정도와 더 나아가서 내담자의 행동을 예상할 수 있게 해 준다는 점에서 중요하다. 동기강화 상담의 목표는 내담자로 하여금 변화해야 하는 이유에 대해서 분명히 알 수 있도록 돕고, 변화에 대한 의지를 강화시켜 주는 데 있다.

동기강화 상담에서 내담자로 하여금 변화 대화를 많이 하도록 하는 이유는 자기충족적 예언과 불일치 개념에서 출발한다. 다시 말하자면, 변화 대화를 계속적으로 하다 보면 자신이 하는 말을 스스로 믿게 된다는 것이다. 불일치의 개념은 Festinger의 인지 부조화 개념에서 출발한 것으로, 현재 일어나고 있는 상황과 일어났으면 하는 상황 간의 부조화를 말한다. 변화 대화의 목적은 자기의 현재 행동과 인생 목표, 가치관의 불일치를 깨닫게 하는 것이다(Miller & Rollnick, 2002).

내담자가 양가감정을 느낄 때 내담자 스스로 변화에 대해서 이야기하도록 하는 것이 중요하다. 상담자가 내담자에게 내담자 자신의 문제와 변화해야 할 필요성을 직면시키면 내담자들은 이에 대항하여 방어를 하게 된다. 이러한 직면적 대화는 내담자로 하여금 변화하지 않으려는 입장을 고수하게 만든다. 이것을 양가감정의 딜레마라고 하는데, 상담자가 어느 쪽에 서서 논쟁하든 내담자는 그 반대편에 서서 논쟁을 한다는 것이다. 이런 양가감정의 딜레마는 상담자가 내담자를 유용한 변화의 방향으로 가도록 설득하려고 할 때 종종 일어난다. 상담자가 설득을 하면 내담자는 "네, 그렇지만…" 하고 반대 입장에서 논쟁을 하도록 하는 것이다. 만일 이러한 역동이 지속된다면 내담자는 사실상 변화에 대해서 이야기하지 않게 되고, 결국 '어쨌든 나는 변화하기를 원하지 않는다.' 라며 상담자를 떠날 것이다. 동기강화 상담은 내담자가 변화 쪽의 입장을 이야기하도록 만든다. 내담자가 변화 대화를 하도록 촉진시키는 것이 상담자의 임무다.

변화 대화는 보통 다음 네 가지 범주 중 하나에 속한다(Miller & Rollnick, 2002).

표 5-5 변화 대화의 범주

범주	내용
현상 유지의 단점에 관한 언급	내담자가 현재 상황에 대한 염려와 불만, 혹은 현재 상황이나 행동의 좋지 않은 점을 인정하는 말을 하는 것
변화의 장점에 관한 언급	내담자가 변화를 하면 얻게 될 좋은 점, 변화해야 하는 이유에 대해서 이야기하는 것
변화 가능성에 대한 낙관적인 표현	내담자가 변화가 일어날 수 있다는 자신감이나 희망을 표현하는 것
변화 의지의 표현	내담자가 변화하고자 하는 쪽으로 기울어지면 변하고자 하는 의도, 열망, 의지력, 혹은 실천의욕에 대해 표현하기 시작한 것. 때로 변화가 일어나면 생겨날 상황에 대해 그려 보는 방식으로 표현되기도 함.

이러한 변화 대화를 이끌어 내는 기술들은 다음과 같다(Miller & Rollnick, 2002)

① 유발적 질문하기

이는 간단하면서도 직접적인 질문으로 변화 대화를 이끌어 내는데, 열린 질문을 하여 내담자가 자신의 생각, 느낌, 걱정 등을 생각해 보도록 만드는 데에 초점을 둔다.

② 중요성 척도 사용하기

내담자가 생각하는 중요성에 대하여 0(전혀 중요하지 않음)부터 10(매우 중요함)

까지의 숫자를 척도상에 표시하게 하고 이에 대해 간단한 질문들을 사용해 보는 방법이다.

③ 현재 유지하는 상태의 이점과 단점 이야기하기

내담자로 하여금 현재 상태나 행동의 긍정적인 부분과 부정적인 부분을 이야기하게 함으로써 양가감정의 두 측면을 느끼게 한다. 이때 주의할 점은 긍정적인 면을 먼저 말하도록 하여 좀 더 편안함을 느낄 수 있도록 하는 것이다.

④ 구체적으로 이야기하기

변화의 이유를 언급하면, 이를 더 자세하게 설명하도록 돕기 위해 사용한다. 이에는 명료화하기, 구체적인 예시 요구하기, 그 외의 다른 이유에 대해 묻기 등을 들 수 있다.

⑤ 극단적 상황에 대한 질문하기

이는 내담자에게 극단의 상황, 즉 주위 사람들이 가장 염려하거나 결과적으로 일어날 수 있는 최악 또는 최상의 것에 대해 질문하는 것이다.

⑥ 과거 회상하기

때때로 내담자의 현재의 상황이나 문제 행동을 하기 이전의 모습을 회상하게 하여 현재 상태와 비교하게 한다. 과거를 돌아보면서 현재 상황의 부정적인 면과 더 나은 삶에 대한 가능성을 부각시킬 수 있도록 한다.

⑦ 미래를 예상하기

이 방법은 극단적 상황에 대한 질문과 연관성이 있는데, 변화된 미래를 상상하여 바뀐 상황에 대해 생각해 보고 말하도록 격려하는 것이다. 하지만 미래를 예상하는 방법은 극단적 상황에 대해 말하기와는 다르게 미래를 현실적으로 평가하도록 한다.

⑧ 인생의 목표와 중심적인 가치 탐색

내담자의 삶에 있어서 중요하다고 여겨지는 점이 무엇인가를 물어보는 방법이다. 내담자의 목표와 가치와 지금 현 상태의 가치관을 비교해 보고 현 상태를 유지하고 싶지 않게 만드는 이유 몇 가지를 찾을 수 있게 한다.

10) 동기강화 상담의 현재와 미래

(1) 동기강화 상담의 학습 시 필수 사항들

다음은 동기강화 상담을 사용하고자 하는 전문가들이 유의해야 할 점들이다(Miller & Moyers, 2007). 첫째, 상담자는 동기강화 상담의 정신, 즉 협동정신, 유발성 그리고 자율성에 대해 명확히 알고 있어야 한다. 둘째, 상담자는 동기강화 상담에서 사용되는 OARS 기법을 노련하고 적절하게 사용할 수 있어야 한다. 셋째, 상담자는 변화 대화와 저항에 예민해야 하고 이를 구분해 낼 수 있어야 한다. 넷째, 상담자는 변화 대화를 이끌어 낼 수 있어야 하고, 이를 강화할 수 있어야 한다. 다섯째, 상담자는 동기강화 상담에서 나타날 수 있는 저항을 다루고 이를 줄이는 방법에 대해 익숙해야 한다. 여섯째, 상담자는 변화 계획을 진전시킬 수 있어야 하고 변화를 위한 자원 지원과 시기적절성에 대한 인식 능력을 갖추어야 한다. 일곱째, 상담자는 내담자의 변화에 대한 의지와 결단을 강화・유지할 수 있어야 한다. 여덟째, 상담자는 동기강화 상담뿐 아니라 이를 넘어서 다른 종류의 유용하고 적절한 상담 접근들을 유연하게 활용할 수 있어야 한다.

(2) 동기강화 상담의 효과성과 미래 그리고 한계점

동기강화 상담의 효과성은 이미 여러 실증적인 연구에 의해서 계속적으로 입증되고 있고(Arkowitz et al, 2008; Chaunt et al., 2005; DiClemente, 2003; Farbring & Johnson, 2008; Fields, 2004; Hodgins et al., 2001; Hodgins & Diskin, 2008; McCracken & Corrigan, 2008; Rollnick, Miller, & Batler, 2008), 이러한 효과성이 알코올 또는 약물 중독의 문제에 국한되는 것이 아니라 여러 심리치료의 장면에서

입증되고 있다(Rollnick, Miller, & Butler, 2008).

동기강화 상담의 효과성이 입증되고 적용 범위가 확대되는 원인은, 동기강화 상담이 대부분의 상담자 또는 관련 직종 전문가들이 경험하는 변화에 대한 저항의 문제를 직접 다룬다는 점과 동기강화 상담의 기법 사용의 유연성과 융통성에서 찾아볼 수 있다. 덧붙여서 동기강화 상담은 실제적으로 여러 상담과 심리치료 장면에서 그 효과성이 인정되어 근거 중심적 기법(Evidence-based Practise)으로 인정되고 있기도 하다.

동기강화 상담이 중독 문제를 넘어서 확장된 적용 분야는 규칙적 운동, 금연, 식습관 개선 등의 건강과 관련된 행동 변화(Rollnick, Miller, & Butler, 2008), 외상 후 스트레스 장애(Murphy, 2008), 강박장애(Tolin & Maltby, 2008), 우울증(Zuckoff, Swartz, & Grote, 2008), 자살행동(Zerler, 2008), 문제성 도박(Hodgins & Diskin, 2008), 정신분열증(McCracken & Corrigan, 2008), 범죄행동의 교정(Farbring & Johnson, 2008) 등이 있다.

동기강화 상담의 효과성과 그 장점이 이미 언급된 것처럼 아주 풍부하지만, 다른 상담 이론이나 기법들처럼 여전히 그 적용의 한계점을 가지고 있다. 예를 들어, 내담자가 심각한 정신 질환을 가졌거나, 정서가 둔마하여 대화하기 어려운 경우, 타인과의 관계를 지속할 수 없거나 맺을 수 없는 경우, 그들 스스로 다양한 행동을 하도록 또는 하지 않도록 선택할 능력이 있음에 대한 통찰력이 매우 낮은 경우는 동기강화 상담을 적용시키는 데에 적잖은 어려움이 있을 것이다(Aasheim & Wallace, 2008).

11) 요약

동기강화 상담은 그 자체로 하나의 이론이라기보다는 내담자 안에서의 동기를 이끌어 내고 이를 강화하기 위해 만들어진 기술과 태도의 복합체이며, 각종 이론과 기법들을 망라하여 그 적용에 있어 유연성과 융통성을 가지는 것을 그 특징으로 한다. 동기강화 상담의 네 가지 기본적인 방법으로는 공감 표현하기, 불일치감 만들기, 저항과 함께 구르기, 자기효능감 지지해 주기가 있다. 동기강화 상담은 이외에 동기강화 상담의 원리(교정반사 삼가기, 내담자의 동기 이해해 주기, 내담자의 이야기 경청하기, 내담자에게 힘을 실어 주기), 기본적인 기법들(열린 질문하기, 인정해 주기, 반영적 경청하기, 요약해 주기, 변화 대화 끌어내기), 그리고 정신(협동정신, 유발성, 자율성)으로 구성된다.

동기강화 상담에서는 저항을 내담자의 고유 성질에서 발생되고 변화를 막는 방해물로 간주하는 것이 아니라, 일시적 증감이 가능한 에너지의 한 형태이며 상담자가 환영으로 받아들여야 하는 일종의 정보성 신호로 간주한다. 저항과 변화는 동전의 양면과 같아서 상담자의 역할과 기술에 따라서 저항은 줄어들고, 변화에 대한 의지와 동기는 생겨날 수 있다. 내담자는 보통 전숙고, 숙고, 준비, 실행, 유지 단계를 거쳐 변화하며 때로는 재발이 일어나기도 하지만 재발 또한 부정적인 것이 아니라 정상적이며 다른 변화 계획과 시도를 해야 하는 사건으로 인식되어야 한다.

동기강화 상담의 원리, 기법, 정신 등을 실제에서 적절히 사용하기 위하여 상담자들이 익혀야 할 필수 학습 사항에 대해 알아보았고, 동기강화 상담의 효과성이 지속적으로 입증되고 있으며 그 적용 분야가 확장되고 있음에 대해서 설명하였다.

4. 중독에서의 상담기술 3: 12단계 치료

A.A.(Alcoholics Anonymous; Alcoholics Anonymous World Service, Inc., 2001)는 1935년에 미국에서 설립된 이후(White, 1998), 알코올 중독자를 위한 가장 큰 자조 모임으로 성장하였으며(Morgenstern et al, 2002), A.A.의 회복원리인 12단계(Alcoholics Anonymous World Service, Inc., 1981; 한국 A.A. GSO 역, 2002)가 인지행동치료 및 동기강화 상담과 비교했을 때에 동등한 효과를 보이고 있고(Ouimette et al, 1997; Project MATCH Research Group, 1997, 1998), A.A.의 12단

계 프로그램이 약물 중독(Narcotics Anonymous), 섭식장애(Overeaters Anonymous) 및 도박(Gamblers Anonymous) 등의 다른 질환들에게까지도 적용되고 있기에 (Nace, 2005), 치료자는 12단계 및 A.A.에 대한 지식과 경험을 갖추는 것이 바람직하다(Nowinski, Baker, & Carroll, 1995).

그래서 이 절에서는 중독치료 전문가가 12단계에 대한 기초적 소양을 갖추도록 하기 위하여 12단계의 핵심 개념의 이해와 12단계의 체험이라는 두 가지 내용을 다룰 것이며(A.A. 등의 자조모임에 관해서는 다른 장에서 다루게 될 것임), 따라서 다음과 같은 학습목표를 달성할 수 있어야 한다.

1) 역12단계를 통한 12단계 각 단계의 이해

12단계가 170여 개 국가에 보급된 중독치료의 원리임에도(Edwards, Marshall, & Cook, 2003, p. 300) 불구하고 12단계를 처음 접하는 사람들은 각 문장이 무슨 말인지를 이해하는 것조차도 어려워한다. 그래서 저자는 12단계 각 문장의 의미를 쉽게 이해시키기 위하여 역12단계를 고안하였으며(Kim, 2006), 이를 12단계 및 12단계의 핵심 개념(김한오, 2005)과 병기하면 〈표 5-6〉과 같다.

표 5-6 역12단계와 A.A. 12단계

<table>
<tr><th colspan="3">역12단계</th><th colspan="4">A.A.12단계</th></tr>
<tr><td>역1단계</td><td>나는 알코올에 무력하지 않으며, 나의 삶도 수습할 수 있다.</td><td rowspan="3">자기 중심</td><td>제1단계</td><td>우리는 알코올에 무력했으며, 우리의 삶을 수습할 수 없게 되었다는 것을 시인했다.</td><td>패배 시인</td><td rowspan="3">신 중심</td></tr>
<tr><td>역2단계</td><td>나 혼자의 힘으로 본 정신을 유지할 수 있다.</td><td>제2단계</td><td>우리보다 위대하신 힘이 우리를 본 정신으로 돌아오게 해 주실 수 있다는 것을 믿게 되었다.</td><td>신 발견</td></tr>
<tr><td>역3단계</td><td>믿을 사람은 나 자신밖에 없다.</td><td>제3단계</td><td>우리가 이해하게 된 대로, 그 신(神)의 돌보심에 우리의 의지와 생명을 맡기기로 결정했다.</td><td>신 의탁</td></tr>
</table>

역4단계	두려움 없이 타인에 대한 도덕적 검토를 했다.		제4단계	두려움 없이 우리 자신에 대한 도덕적 검토를 했다.	문제 발견	
역5단계	타인이 그의 잘못을 내게 시인하기를 바랐다.		제5단계	우리의 잘못에 대한 정확한 본질을 신과 자신에게, 그리고 다른 어떤 사람에게 시인했다.	문제 고백	
역6단계	내가 타인의 이러한 모든 성격상 결점을 제거할 수 있도록 최선을 다했다.		제6단계	신께서 이러한 모든 성격상 결점을 제거해 주시도록 완전히 준비했다.	문제 개선	
역7단계	제3자가 그의 단점을 없애도록 부탁했다.	타인 문제	제7단계	겸손하게 신께서 우리의 단점을 없애 주시기를 간청했다.	겸손	자기 문제
역8단계	나에게 해를 끼친 사람의 명단을 만들어서 그들 모두로부터 확실히 보상받기로 작정하였다.		제8단계	우리가 해를 끼친 모든 사람의 명단을 만들어서 그들 모두에게 기꺼이 보상할 용의를 갖게 되었다.	가해 목록	
역9단계	누군가가 피해를 보든 말든 무조건 그들로부터 보상받았다.		제9단계	어느 누구에게도 해가 되지 않는 한, 할 수 있는 데까지 어디서나 그들에게 직접 보상했다.	보상	
역10단계	타인에 대한 인격적인 검토를 계속하여 잘못이 있을 때마다 즉시 지적하였다.		제10단계	인격적인 검토를 계속하여 잘못이 있을 때마다 즉시 시인했다.	지속 반성	
역11단계	나 자신의 결단으로 나의 능력을 키우려고 노력하였다. 그리하여 내 자신의 생각대로 살기로 했다.	고립된 삶	제11단계	기도와 명상을 통해서 우리가 이해하게 된 대로 신과의 의식적인 접촉을 증진하려고 노력했다. 그리고 우리를 위한 그의 뜻만 알도록 해 주시며, 그것을 이행할 수 있는 힘을 주시도록 간청했다.	소명 발견	각성된 삶
역12단계	이렇게 살아본 결과, 나는 안하무인이 되었으며, 어울림 없이 따돌림 당하여 혼자만의 세계에서 살게 되었고, 모든 면에서 이런 식으로 살려고 했다.		제12단계	이런 단계들의 결과, 우리는 영적으로 각성되었고, 알코올 중독자들에게 이 메시지를 전하려고 노력했으며, 우리 일상의 모든 면에서도 이러한 원칙을 실천하려고 했다.	• 영적 각성 • 전도 • 전 생활 적적용	
결론	나는 잘났으며, 타인은 나에 대한 박해자다(교만과 군림).		결론	나는 못났으며, 타인은 봉사해 줄 상대다(겸손과 봉사).		

'12단계와 12전통'에 따르면 "12단계의 모든 단계들은 우리(중독자)의 자연적 욕구(natural desires)와는 반대로 행동할 것을 요구한다." (Alcoholics Anonymous World Service, Inc., 1981, p. 55) 그러면 중독자의 자연적 욕구는 무엇일까? 12단계가 자연적 욕구의 반대 행동이라면 12단계의 반대가 곧 자연적 욕구가 될 것이기에 12단계의 각 단계를 반대로 하는 문장을 만들어 '역12단계'라고 명명하였다.

'역12단계'는 전혀 회복되지 않은 중독자들이 일반적으로 보이는 반응을 묘사한다. 즉, 중독자들은 자신이 중독되었음을 인정하지 않고(역1단계), 따라서 자신이 그동안 살아왔던 대로의 삶을 유지하려 하며(역2단계), 가족이나 치료자 등의 말을 전혀 듣지 않고 오직 자기 고집대로만 산다(역3단계).

이러한 중독자의 자기중심적인 태도를 버리는 것이 중독치료의 첫 번째 과제이기에 12단계에서는 자신이 중독자임을 시인하고(제1단계), 자신이 아닌 제삼자의 도움으로 건강이 회복될 수 있음을 믿고(제2단계), 이 조력자의 도움을 받을 결심을 하라고 한다(제3단계). 이렇게 함으로써 중독자는 자기중심에서 벗어나 신(조력자) 중심으로 시각의 변환이 이루어지며, 이것이 기초가 되어 회복의 길을 한 걸음씩 걷게 된다.

병식이 없는 중독자들은 자신의 결점보다는 상대의 결점에 관심이 많아, 상대의 결점을 항상 지적하고(역4단계), 상대가 그 결점을 시인하기를 바라고(역5단계), 이 상대의 잘못을 고쳐 주려 하고(역6단계), 더 나아가 다른 사람까지 동원하여 이 상대의 잘못을 고쳐 주려고 한다(역7단계). 그리고 상대가 자신에게 끼친 해에 대해서 분을 품으며(역8단계), 이 상대가 자신에게 피해를 준 것을 악착같이 보상받으려 하고(역9단계), 이상과 같은 상대의 결점과 상대로부터 피해받은 것을 찾아내는 데에 온종일 관심을 기울인다(역10단계).

인간은 누구나 장단점을 가지고 있기 마련인데, 중독자는 자신의 단점에는 관대하고 타인의 단점에는 누구보다도 가혹하다. 이런 식의 대인관계를 유지하면 타인과 고립될 수밖에 없기에 12단계에서는 이러한 타인 문제 지향적 태도를 자기 문제 지향적 태도로 변환시키기 위하여 자신의 결점을 검토하게 하고(제4단계), 이 결점을 고백하게(제5단계) 한 후, 이 결점을 개선하기 위하여 최선을 다하게 하고(제6

단계), 그리고 결점 제거를 위하여 조력자에게 겸손히 부탁하게 한다(제7단계). 이러한 제4~7단계를 거침으로써 중독자는 '개인적 차원의 성숙'을 이루게 된다. 계속해서 타인이 내게 끼친 해가 아닌 내가 타인에게 끼친 해를 검토하게 하고(제8단계), 이 가해의 내용을 보상하게 함으로써(제9단계) 중독자는 '대인적 차원의 성숙'을 이루게 된다. 그리고 이러한 제4~9단계를 매일 반복하게 함으로써(제10단계) 개인적 차원 및 대인적 차원의 성숙을 뛰어넘어 영적인 성숙의 발판을 마련한다.

중독자는 역1~10단계에서 살펴본 바와 같이 자기중심적이고 타인을 무시하는 태도로 일관되어 있기에 자신의 인생을 자기의 뜻대로만 살려고 한다(역11단계). 그러나 회복한 사람은 제1~10단계에서 살펴본 바와 같이 자신의 한계를 인정하고 자신의 결점을 찾아내어 개선하려고 하고 대인관계에서의 자신의 미숙을 성찰하며, 한 걸음 더 나아가 세계 및 우주적인 차원에서의 자신의 존재 목적을 찾아 이를 위해 살고자 한다(제11단계). 이것이 바로 '영적 차원의 성숙'인 것이다.

중독자는 역1~11단계처럼 살아 결국 인생의 말로에 있어서 안하무인이 되고 따돌림을 당하고 삶의 전 영역이 황폐화된다(역12단계). 그러나 회복자는 제1~11단계처럼 살다 보면 정신적으로 각성되고, 대인관계에 있어서 타인을 돕고자 하며, 일상생활에서 12단계 전 단계의 원칙을 실천하려고 노력하며 살게 된다(제12단계). 요약하자면 역12단계의 삶을 사는 중독자는 '교만과 군림'의 삶을 살게 되고, 12단계의 삶을 사는 회복자는 '겸손과 봉사'의 삶을 살게 된다.

중독에서 성공적으로 벗어나기 위해서는 단주를 목표로 삼고, 단주의 삶을 통한 보상과 심리적 성숙이 있어야 하는데(Edward et al., 2003. pp. 208-209), 12단계는 중독치료의 기초인 단주와 더불어 위에서 살펴본 바와 같이 개인적, 대인적, 영적인 차원에서의 인격 성숙을 도와주기에 중독치료를 성공적으로 이끌 수 있는 원리가 될 수 있다.

2) 12단계의 체험

A.A.에 대해서 환자에게 말해 줄 수는 없고 오직 보여 줄 수밖에 없는 것처럼

(Vaillant, 1984), 비록 위에서 12단계의 각 단계에 대한 이해를 역12단계를 통하여 해 보았지만, 결국 12단계는 체험을 통하지 않고서는 제대로 이해할 수 없다. 다시 말해서 12단계는 '설명'이 아닌 '경험'의 대상인 것이다. 마치 사과 맛을 이해하려면 설명을 듣는 것이 아니라 직접 먹어 봐야 하는 것과 같다. 그래서 이 절에서는 12단계를 짧은 시간 내에 체험해 볼 수 있도록 각 단계에 대한 간략한 질문을 만들었다. 〈표 5-7〉의 빈칸을 채워 가며 12단계의 각 단계가 무엇을 요구하는지를 체험해 보도록 하자(김한오, 2008).

표 5-7 우리 삶에서의 12단계 체험

1. We admitted we were powerless over alcohol that our lives had become unmanageable.
우리는 알코올에 무력했으며, 우리의 삶을 수습할 수 없게 되었다는 것을 시인했다.

체험1. '이것(A)에 나의 의지가 사로잡혀 그로 인하여 나의 삶에 부정적인 결과가 초래되고 있다.'
* A는 무엇인가? ____________

2. Came to believe that a Power greater than ourselves could restore us to sanity.
우리보다 위대하신 힘이 우리를 본 정신으로 돌아오게 해 주실 수 있다는 것을 믿게 되었다.

체험2. '나를 A에서 벗어나게 하여 나의 삶을 정상화시킬 수 있는 존재는 B다.'
* B는 누구인가? ____________

3. Made a decision to turn our will and our lives over to the care of God as we understood Him.
우리가 이해하게 된 대로, 그 신(神)의 돌보심에 우리의 의지와 생명을 맡기기로 결정했다.

체험3. '나를 A에서 벗어나게 하여 나의 삶을 정상화시킬 수 있는 B의 돌보심에 나의 의지와 삶을 맡기기로 결정하였다.'
* 어떻게 하는 것이 맡기는 것인가? ____________

4. Made a searching and fearless moral inventory of ourselves.
두려움 없이 우리 자신에 대한 도덕적 검토를 했다.

체험4. '나의 삶에는 장점과 단점이 있다.'
* 지켜 나가고 싶은 장점 C는 무엇인가? ____________
* 개선을 원하는 단점 D는 무엇인가? ____________

5. Admitted to God, to ourselves and to another human being the exact nature of our wrongs.
   우리의 잘못에 대한 정확한 본질을 신과 자신에게, 그리고 다른 어떤 사람에게 시인했다.

체험5. '체험4에서 기록한 나의 장단점 C와 D를 마음속으로는 신에게 그리고 말로는 이곳의 다른 사람들에게 고백해 보겠다.'
   * 말하고 나니 기분이 어떤가? ______________________________

6. Were entirely ready to have God remove all these defects of character [of ours].
   신께서 이러한 모든 성격상 결점을 제거해 주시도록 완전히 준비했다.

체험6. '체험5에서 고백한 나의 단점 D를 신이 제거해 줄 수 있도록 나는 나름대로 최선을 다하겠다.'
   * 단점 D를 개선하기 위한 당신의 계획은? ______________________________

7. Humbly asked Him to remove our shortcomings.
   겸손하게 신께서 우리의 단점을 없애 주시기를 간청했다.

체험7. '체험6을 통하여 나는 단점 D를 개선하고자 최선을 다했다. 이제 단점 D의 개선을 위하여 신에게 간청하고 다른 사람들에게 조언을 듣겠다.'
   * 다른 사람이 해 준 조언은 무엇인가? ______________________________

8. Made a list of all persons we had harmed and became willing to make amends to them all.
   우리가 해를 끼친 모든 사람의 명단을 만들어서 그들 모두에게 기꺼이 보상할 용의를 갖게 되었다.

체험8. '나는 그동안 많은 이들로부터 피해 E를 당하기도 했고 피해 F를 주기도 하였다. 내게 피해를 준 이는 용서하고 내가 피해를 준 이에게는 사과하고 보상할 마음을 갖게 되었다.'
   * 당신은 누구로부터 어떤 피해(E)를 받았는가? ______________________________
   * 당신은 누구에게 어떤 피해(F)를 주었는가? ______________________________

9. Made direct amends to such people wherever possible, except when to do so would injure them or others.
   어느 누구에게도 해가 되지 않는 한, 할 수 있는 데까지 어디서나 그들에게 직접 보상했다.

체험9. '나는 '체험 8' 에서 언급한 피해자에게 피해 내용 F에 대하여 직접 사과하고 보상하겠다.'
   * 당신은 이 사람에게 어떻게 보상하겠는가? ______________________________

10. Continued to take personal inventory and when we were wrong promptly admitted it.
인격적인 검토를 계속하여 잘못이 있을 때마다 즉시 시인했다.

체험10. '나는 지금 하고 있는 '12단계 체험 훈련' 중에도 마음속으로 혹은 행동으로 잘못을 한 것(G)이 있는지 검토해 보겠다.'
* 만일 있다면 G는 무엇인가? ______________________

11. Sought through prayer and meditation to improve our conscious contact with God, as we understood Him, praying only for knowledge of His will for us and the power to carry that out.
기도와 명상을 통해서 우리가 이해하게 된 대로의 신과 의식적인 접촉을 증진하려고 노력했다. 그리고 우리를 위한 그의 뜻만 알도록 해 주시며, 그것을 이행할 수 있는 힘을 주시도록 간청했다.

체험11. '신은 인류 전체를 위한 뜻과 특별히 나를 지상에 보낸 뜻(소명 H)을 가지고 있으며, 이 소명 H가 바로 나의 인생 목적이므로 나는 이를 위하여 헌신하며 살고 싶다.'
* 인류 전체를 위한 신의 뜻은 무엇이라고 생각하는가? ______________
* 당신을 위한 신의 소명 H는 무엇인가? ______________

12. Having had a spiritual awakening as the result of these steps, we tried to carry this message to alcoholics, and to practice these principles in all our affairs.
이런 단계들의 결과, 우리는 영적으로 각성되었고, 알코올 중독자들에게 이 메시지를 전하려고 노력했으며, 우리 일상의 모든 면에서도 이러한 원칙을 실천하려고 했다.

체험12. '이상과 같이 제1단계에서 제11단계까지 걸어 봄으로써 나는 인생이 어떤 것(I)인지 알게 되었고, 나의 이 깨달음을 타인에게 전달하고 또 실생활 속에서 구현코자 노력하겠다.'
* 당신에게 있어서 I는 무엇인가? ______________

3) 결론

이상과 같이 12단계 각 단계에 대한 이해와 체험을 해 보았다. 몇 가지 주의해야 할 점을 언급하면서 이 절을 마치도록 하겠다. 첫째, 12단계는 1939년에 A.A.의 회복자들이 '이렇게 하면 단주가 되겠다.' 고 생각하여 만든 것이 아니라 '이렇게 했더니 회복이 되었다.' 는 그들의 회복 경험을 정리하여 만든 것이다. 즉,

12단계는 이론적이지 않고 경험적인 것이다. 따라서 치료자 역시 12단계를 이론으로만 이해해서는 아무런 소용이 없다. 치료자 자신의 일상생활에서 12단계의 원칙을 적용해 보면서 단계 하나하나의 의미를 깨닫고 자신의 인생관과 실생활이 변화되는 것을 경험해 보아야만 12단계를 비로소 안다고 할 수 있을 것이다. 둘째, 12단계는 평생에 걸쳐 걸어가야 할 길이라는 점도 잊어서는 안 된다. 완성은 없고 단지 성숙만 있을 뿐이다. 셋째, 12단계의 '신'이 '각자가 이해한 대로'이듯이, 12단계 전체에 대한 이해도 '각자가 이해하고 경험한 대로' 일 수밖에 없으므로, 각자가 '자기식 12단계'를 개발해야 한다.

제6장

중독성 질환에 대한 생물학적 치료

1. 서론

약물 의존의 치료는 대부분 정신사회적 치료에 그 근거를 두어 왔었다. 정신사회적 치료법이 약물의 사용을 줄이고 단약을 지지해 주기는 하지만 충분한 것은 아니며, 새로운 치료법에 대한 요구는 계속 커져 왔다. 비록 소수의 환자들이 바닥을 치기 전에 별다른 도움 없이 위험음주를 그만두기도 하며 한두 번의 입원치료를 통해 단주에 성공하는 경우가 없는 것은 아니지만, 거의 대부분의 환자들은 중독에서 벗어나 그들의 삶을 새롭게 시작하는 데 많은 도움이 필요한 실정이다. 1952년 다이설피람(disulfiram)이 소개된 이후 50년 동안, 미국 식품의약국(FDA) 허가를 받고 알코올 의존 치료제로 사용되어 왔던 약물은 혐오치료 요법에서 사용되었던 다이설피람이 전부였다. 그러나 1990년대 들어 알코올 의존은 뇌의 질환이라는 개념을 바탕으로 새로운 약물치료가 도입됨으로써, 알코올 의존의 약물치료에 대한 의학적 관심이 고조되고 있다. 1994년 날트렉손(naltrexone)이

FDA의 허가를 받았고, 2004년에는 아미노산 유도체인 아캄프로세이트(acamprosate)가 FDA의 허가를 받으면서 알코올 의존의 치료제로서 사용되고 있으며, 앞에서 언급된 약물 이외에 토피라메이트(topiramate), 온단세트론(ondansetron) 정도가 비공식적으로 사용되고 있는 실정이다. 최근 간에 대한 날트렉손의 부작용을 개선한 날메펜(nalmefene)이 개발되었으나, 아직은 임상 연구 중에 있다.

그러나 지난 20년간의 비약적인 신경생물학적 연구의 발달에도 불구하고 약물치료에 사용되는 약물은 매우 제한적이다. 13%의 알코올 사용장애 환자만이 날트렉손을 처방받고 있으며 9%만이 다이설피람을 처방받고 있다. 이는 아직 많은 정신과 의사들이 약물 의존의 치료에 약물치료가 효과적일 수 있다는 사실을 인식하고 있지 못하기 때문이기도 하며 '약물 문제를 약물을 통해서 치료할 수는 없다.' 고 믿고 있는 의사들도 있다.

최근 많은 정신과 의사들이 다양한 정신과적 장애의 치료에 항정신병 약물, 항불안제, 항우울제와 같은 약물들의 사용을 받아들이고 있지만 처음부터 그랬던 것은 아니다. 약물이 나온 초기에는 심리치료가 아니라 약물을 통해 정신장애를 치료한다는 것에 대한 거부감이 많았고, 여러 연구를 통해서 그 효과를 확인하고 나서야 약물치료를 받아들이기 시작했다.

약물 의존은 만성적, 진행성이다. 수년간의 반복적인 약물 사용을 통해 대뇌 구조와 기능에 병적 변성, 변화가 초래되는 치명적인 장애이지만 치료 및 관리가 가능한 장애이기도 하다. 당뇨나 고혈압같이 재발과 호전을 반복하는 만성 장애이기 때문에, 단기간의 입원 치료나 해독 치료를 시행하여 금단증상이 완화되었거나 설사 완치가 되었다고 하더라도 입원 치료나 해독 치료 이후에 장기적인 치료와 관리가 필수적이다.

표 6-1 중독성 질환의 재발 예방을 위해 사용되는 치료 약제들

중독성 질환 유발 약물	치료 약제
헤로인	메사돈, 부프레놀핀
알코올	날트렉손, 날메펜, 아캄프로세이트, 다이설피람, 토피라메이트, 온단세트론
니코틴	챔픽스, 부프로피온, 니코틴 대체제
코카인	다이설피람, 토피라메이트, 모다피닐, 프로파놀올, 바클로펜

출처: *Am J Psychiatry*, *162*, 1423-1431.

2. 알코올 사용장애에서의 약물치료

알코올 사용장애의 많은 연구를 통해 알코올 의존으로 진행하게 되는 신경화학적 · 신경생리학적 변화에 대한 많은 지식들이 축적되었기 때문에, 이들 변화를 중단시키고 알코올 사용장애 치료를 향상시키기 위해 다양한 약물치료가 사용되어 왔다.

그중 과도하게 음주를 한 이후에 병원에 내원한 사람의 경우, 금단에 대한 치료가 최우선적으로 시행된다. 알코올은 기본적으로 우리 신경계의 활성을 저하시키는 작용을 하게 되는데, 알코올 중독자의 뇌는 술의 작용에 맞서 뇌의 활성을 비정상적으로 높여 균형을 맞추고 있다. 즉, 신경세포의 억제성 기능이 술로 인해 심해지기 때문에, 신체는 반대로 흥분성 신경세포의 활성을 증가시켜 둘 사이의 균형을 맞추게 되는 것이다. 이러한 비정상적인 균형 상태가 유지되는 상태에서 갑자기 술을 중단하면, 과도하게 활성화된 신경계의 작용에 의한 불균형으로, 알코올 의존자는 맥박이 빨라지고, 불안감이 증가하고, 환각을 경험하며, 난폭해지기도 하는 금단증상이 발생한다. 이때 술을 대신하는 약물로써 뇌 활성의 균형을 되찾고, 점차적으로 정상적인 뇌의 활성으로 돌아오도록 하는 약물치료를 시행하게 된다.

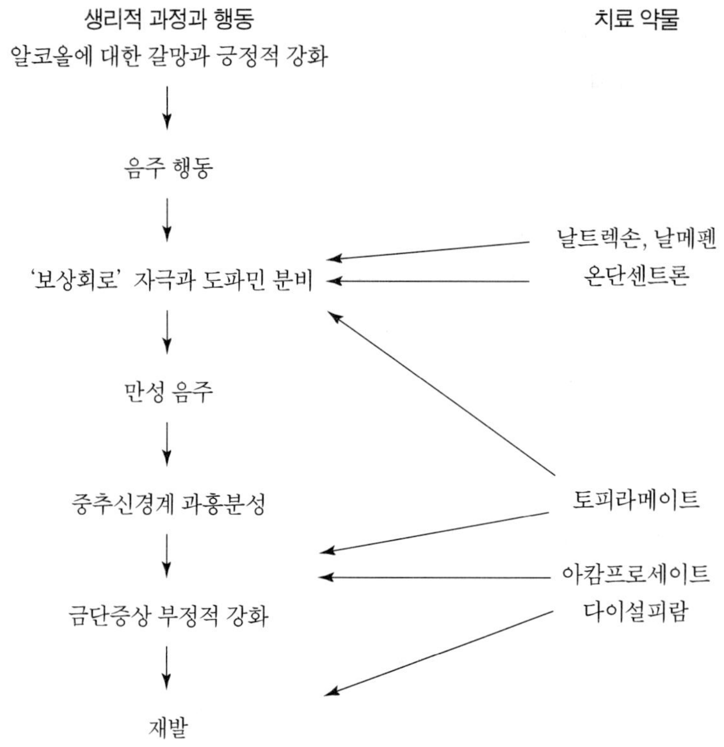

[그림 6-1] 알코올 중독으로 가는 단계에서 치료제의 역할

출처: *Cleveland clinic journal of medicine, 73*(7), 641-649.

금단증상의 치료에 가장 흔히 사용되는 약물은 벤조디아제핀(benzodiazepine)이다. 벤조디아제핀은 뇌 신경계에 작용하는데, 알코올과 동일한 신경 전달 물질 수용체(GABA receptor)에 결합함으로써 이 신경세포가 마치 술을 마셨을 때와 유사한 반응을 하도록 유도한다. 벤조디아제핀은 해당 수용체에 술을 대신하여 작용하면서 금단증상을 완화시키고, 점차적으로 감량함으로써 비정상적인 균형 상태가 급격한 변화 없이 정상적인 균형 상태로 이어지도록 돕는다.

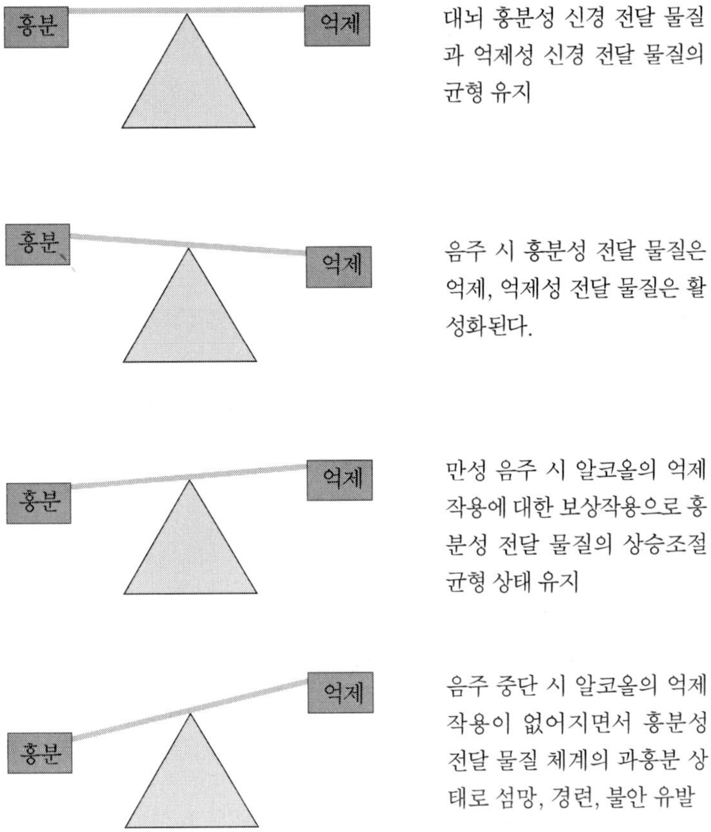

[그림 6-2] 만성적 알코올 사용과 흥분성 및 억제성 신경 전달 과정의 균형

출처: *Addict Behav, 29*(7), 1325-1339.

1) 다이설피람

다이설피람은 일종의 혐오치료 약물로, 아세트알데하이드 수소화효소(acetaldehyde aldehydrogenase)를 억제하여, 알코올의 체내 대사과정 중 아세트알데하이드의 산화를 차단한다. 따라서 다이설피람 복용 중에 음주를 하면 축적된 아세트알데하이드가 신체에 불쾌한 반응을 일으켜, 술을 혐오 · 기피하게 되는 것이다. 다이설피람은 정신병적 반응이나 신경병증(neuropathy) 등의 독성반응이 용량과 비례해서 나타날 수 있으며, 환자의 동기와 무관하게 가족들이 몰래 음식에 섞어 복용시켰다가 사망사고가 생기는 등 그 위험성이 높고, 갈망증상을 혐오반응과 연결시켜 학습하는 것에 대한 효과의 한계가 나타나기 때문에 잘 사용되지 않고 있다.

2) 아캄프로세이트

아캄프로세이트는 항우울제, 벤조디아제핀 및 기타 향정신성 약물들과의 약물 상호작용(drug interaction)이 나타나지 않으며, 90%가 24시간 이내에 사구체 여과에 의해 배설된다. 또한 간에서 분해되지 않고 신장으로 배설되기 때문에, 간 질환이 동반되어 있는 알코올 사용장애 환자에게 안전하게 사용될 수 있다는 장점이 있다. 하지만 신장 기능의 이상이 있는 환자에게는 아캄프로세이트를 투여하지 않는 것이 원칙이다. 아캄프로세이트의 정확한 항갈망 기전은 아직 명확히 밝혀져 있지 않으나, 알코올 금단에 조건화된 음주 욕구(withdrawal-conditioned desire for alcohol)를 감소시키는 것으로 알려져 있다.

치료 용량, 초기 용량, 그리고 유지 용량 간에는 차이가 없으며, 단지 체중이 60kg 이하의 경우 일일 4정을, 60kg 이상의 경우 일일 6정을 투여한다.

아캄프로세이트를 복용함으로 인해서 단주를 유지할 가능성은 분명히 높아진다. 약물의 효과에 관해서는 3개월과 1년을 기준으로 하는 두 중요 시점이 있는데 아캄프로세이트를 사용하여 3개월 단주를 성공하면 1년까지 그 단주를 유지할 가능성이 매우 높아지며 1년을 성공하면 평생 단주를 유지할 가능성이 증가하는 것으로 알려져 있다.

최근 아캄프로세이트가 알코올로 인한 흥분 독성으로부터 신경을 보호하는 작용이 있으며, 단주 시기에 증가되는 식욕을 저하시키는 효과가 있다고 알려져 있다.

3) 날트렉손

날트렉손을 경구 투여하면 빠르게 흡수되어 한 시간 후에 최고 농도에 도달한다. 날트렉손은 오피오이드 수용체 길항 작용(opioid receptor antagonism)을 통해 알코올의 긍정적 강화 효과를 감소시켜 알코올의 지나친 사용을 막는다. 즉, 알코올의 긍정적 강화 효과인 음주 후의 기분 좋은 느낌을 감소시킴으로써 음주와 재발을 억제하는 효과가 있는 것으로 설명할 수 있다. 날트렉손은 알코올 의존 환자의 술에 대한 갈망, 평균 음주 일수 및 재발률을 감소시키며, 특히 일단 음주를 시작한 환자들이 폭음으로 진행되어 재발하는 것을 막아 준다고 보고된다. 현재까지의 연구들 중에 날트렉손과 이에 동반된 지지치료가 음주 시작의 방지에 가장 효과적인 치료 전략으로 밝혀졌으며, 일단 음주를 시작한 환자에게는 날트렉손과 대응 기술 치료가 재발을 가장 잘 방지하는 것으로 나타났다. 날트렉손을 사용한 일부 환자군은 담배 맛이 없어졌다는 경험을 호소하기도 하였다.

날트렉손은 용량 의존적 간독성이 있으며, 따라서 알코올 사용장애 환자 중 흔히 발견되는 간기능 장애가 있는 환자에게 처방할 때에는 주의가 필요하다. 초기 오심 구토증 때문에 대개 일일 1/2정으로 시작해서 이후 1정으로 증량한다. 초기 위장 증상은 1~2주 정도 지나면 호전되며, 투여 시 4주마다 간기능 검사를 시행하는 것이 좋다. 필요에 따라서는 일일 2정 이상 사용되기도 한다.

4) 날메펜

날메펜은 또 다른 오피오이드 수용체 길항제로 날트렉손에 비해 델타 오피오이드 수용체 길항 작용이 더욱 강력하며 현재 임상 연구가 진행 중에 있다. 아직 날트렉손에 비해 더욱 효과적이라는 보고는 없으나 날트렉손에 비해 간독성과 같은 부작용이 적어 환자의 약물 순응도 개선에 도움을 줄 것으로 기대하고 있다. 도박 중독, 쇼핑 중독과 같은 행위 중독 환자에 대한 연구가 진행되고 있으며 날트렉손과 마찬가지로 알코올 사용장애 치료 시보다는 고용량이 필요하다.

5) 토피라메이트 및 기타 항경련제

최근 알코올 금단을 치료하는 데 사용되는 새로운 약물치료 요법으로 밸프로산, 라모트리진, 가바펜틴, 카바마제핀 등의 항경련제를 사용하고자 하는 시도들이 있다. 주로 글루탐산(glutamate)/가바(GABA)계 신경전달 과정에 대한 작용을 통해 금단증상을 완화시키는 것으로 알려져 있다. 그중 토피라메이트는 가바의 활성도를 증가시키고, 글루탐산 기능을 억제함으로써 대뇌 보상회로에서 도파민 분비를 감소시켜, 음주를 유발하는 알코올의 보상 효과를 억제하여 알코올 섭취를 줄인다고 추정된다. 현재까지의 임상 연구 결과는 심각한 알코올 의존자에 대한 토피라메이트의 효과를 입증하지 못하였으나, 음주량을 줄이기 원하는 환자에게는 어느 정도 효과를 나타내는 것으로 보인다.

6) 세로토닌계 약물

우울증의 치료에 쓰이는 선택적 세로토닌 재흡수 차단제(selective serotonin reuptake inhibitor: SSRI)는 일부 알코올 의존자에게 제한적인 치료 효과를 나타낸다고 알려져 있다. 그중 플루오세틴(fluoxetin)은 주요 우울증을 동반한 알코올 의존 환자의 우울증상을 호전시키고 동시에 음주를 감소시킨다고 알려져 있다. 많은 알코올 의존자들에게 우울증이 동반되기 때문에, 실제 임상 현장에서는 항우울 약물을 적절하게 사용하는 것이 필요하다.

한편 항불안제로 세로토닌 수용체(5-HT1A)의 부분효현제인 부스피론(buspirone)이 알코올 의존 환자의 술에 대한 갈망과 실제 음주량을 줄인다는 예비 연구 결과가 발표된 이래 수차례의 임상 연구가 진행되었으나, 현재까지의 연구 결과로는 부스피론이 단지 불안장애를 동반한 알코올 의존 환자에게만 제한적인 효과를 보이는 것으로 판단된다.

그 외에 항암치료 환자의 구토예방약으로 사용되었던 온단세트론 또한 선택적 세로토닌 수용체 길항제로서의 역할을 하는데, 대뇌 보상회로에서 도파민 분비를 차단하여 알코올 섭취를 줄일 수 있다고 알려져 주로 어린 나이에 알코올 사용장애가 시작된 조기 발현 환자에게 시험적으로 시도되고 있다.

7) 도파민계 약물

도파민 수용체 길항제는 이론적으로 술에 의해 유발되는 도파민 보상회로의 효과를 차단할 수 있다는 점에서 알코올 의존의 치료에 사용될 수 있다. 티아프라이드, 브로모크립틴 등의 약물이 치료제로 시도되었으나 유의한 성과를 거두지 못했다. 최근 도파민 부분 효능제인 아리피프라졸이 대뇌의 도파민 수용체에 작용하면서 알코올 사용에 대한 갈망과 욕구를 감소시켜 준다는 보고가 있어 연구가 진행 중에 있다.

도파민 수용체를 억제하는 작용은, 항정신병 약물에는 일반적이다. 그러나 장기간의 반복적인 음주는 제2형 도파민 수용체를 감소시키는 역할을 하며, 이는 일상생활에서 자연 보상에 대한 민감성을 감소시킴으로 인해 일상생활에서의 보상에 대한 만족감이 떨어지게 되며, 결과적으로 약물 사용의 재발로 이어질 수 있다. 즉, 도파민 수용체에 대한 작용이 강력한, 고전적인 항정신병 약물을 사용하는 경우 오히려 약물에 대한 갈망이 증가될 수 있기 때문에, 환자의 약물 복용에 대한 습관적인 행동 조절을 위해 항정신병 약물을 사용할 때에는 도파민 수용체에 대한 작용이 상대적으로 낮은 비전형적 항정신병 약물을 사용하는 것이 보다 적절하다.

3. 니코틴 의존에서의 약물치료

최근 약물치료가 가장 각광받고 있는 영역이 금연치료의 부분이다. 흡연자의 70% 이상이 금연을 원하고 있다. 그러나 여러 가지 금단증상으로 인해 도움 없이 본인의 의지만으로 금연을 시도할 경우 성공률이 5% 정도에 불과하지만, 약

표 6-2 알코올 의존 치료를 위해 사용되는 약물들

약물	FDA 승인	용량	부작용	금기사항	주의사항
아캄프로세이트	○	60kg 이상: 6T(222) 60kg 이하: 4T(211)	설사, 두통, 더부룩함, 오심, 구토, 소화불량	신부전증	위장관 부작용이 심한 경우 처방 용량의 반으로 시작해 매주 한 알씩 증량한다.
다이설피람	○	하루에 250mg으로 시작, 500mg까지 증량한다.	알코올 다이설피람 상호작용: 오심, 구토, 두통, 빈맥, 홍조	음주, 심장질환, 정신장애, 메트로니다졸이나 파라알데하이드 사용	• 적어도 마지막 음주 이후 12시간이 지나 복용함 • 일차 의료기관에서는 사용하지 않는 것이 좋다. • 알코올과 다이설피람 상호작용이 기록된 카드 지참 • 간독성으로 인한 간기능 평가
프로작	×	20mg에서 시작, 필요하면 60mg까지 증량한다.	오심, 두통, 진정, 불안, 성기능장애	MAOI, 메소리다진, 멜라릴 사용 시	우울증이 동반된 경우에 사용한다.
날메펜	×	아편 독성 시 치료제로서 주사제로만 존재한다.	오심, 구토, 빈맥, 어지러움, 두통, 떨림		
날트렉손	○	하루에 50mg	오심, 두통, 불안, 진정	아편계 진통제 사용, 간염, 간부전	간독성으로 인한 간기능 평가
온단세트론	×	하루에 2번 4mcg/kg	근육통, 피로, 두통, 어지러움, 불안	없음	
토피라메이트	×	25mg 아침에 한 번으로 시작, 하루에 두 번 150mg까지 증량	간질환, 신장질환 시 대사성 산증, 어지러움, 졸리움, 운동부전, 집중력 저하, 혼동, 피로, 감각이상, 오심	없음	

출처: *Am Pam Physician, 72*, 1775-1780.

물치료와 전문가의 상담을 병용하는 경우 30~40%까지 성공률이 증가한다. 이는 본인의 의지만으로 금연을 시도하는 경우 20번 이상 금연을 시도하면 금연에 성공할 수 있지만, 도움을 받으면 3~4회 정도의 금연 시도만으로도 금연에 성공할 수 있다는 것을 의미한다.

니코틴 의존의 약물치료에는 바레니클린(varenicline), 서방형 부프로피온(slow-releasing bupropion)과 니코틴 대체제(패치, 껌, 사탕)가 사용된다. 니코틴 부분 효능제(partial agonist)인 바레니클린은 0.5mg으로 시작하여, 3일 후 1mg으로 증량하고, 일주일 뒤에 유지 용량인 일일 2mg으로 증량한 후 유지한다. 바레니클린은 금연 시에는 니코틴 수용체를 자극하여 금단 현상을 줄여 주고 금연 전에 사용할 때는 수용체에 대한 길항작용으로 담배 맛을 느끼지 못하게 하여 자연스러운 금연을 유도하며 약물 복용을 시작한 이후 금연 시작일을 정할 수 있도록 도움을 준다. 금연일을 정한 이후 최소 3개월을 유지하도록 권고하고 있으며 3개월 이후에도 담배에 대한 갈망이나 욕구가 지속된다면 계속 복용할 수 있다. 초기 니코틴 작용으로 오심이 생길 수 있으며, 악몽을 호소할 수 있으니 대개 1주일 정도 지나면 완화된다. 연구에 따라 차이는 있지만, 바레니클린을 복용하면 금연할 확률이 약 세 배까지 상승하는 것으로 알려져 있다. 최근 바레니클린 사용과 관련된 자살의 보고가 있었으나 약물 자체의 원인 때문인지는 불확실하다. 오히려 흡연을 지속하는 경우 자살의 위험성이 일반 인구에서 증가한다는 보고가 많이 있다. 따라서 사용 전에 우울증 증상의 경험 유무에 대해 조사하여 알아보는 것이 필요하다. 서방형 부프로피온은 니코틴의 보상 기전과 금단 기전에 관여하는 도파민과 노르아드레날린의 안정화를 통해 금연 성공률을 약 두 배 높인다. 또한 여성의 경우 기분과 흡연 행동에 많은 연관이 있을 수 있기 때문에 남자에 비해 니코틴 대체 요법의 효과가 떨어지는 편이다. 따라서 항우울제의 일종인 부프로피온은 여성 흡연자의 치료에 있어 효과적인 대안이 될 수 있다.

4. 행위 중독에서의 약물치료

병적 도박, 쇼핑 중독, 인터넷 중독, 운동 중독 등 약물이 아닌 특정한 행위와 연관되어 발생하는 다양한 중독 증상이 알려져 있다. 생물학적 입장에서, 약물이 아닌 행위 중독의 경우에도 병의 발병 및 유지에 있어 물질 의존의 경우와 큰 차이가 없다고 알려져 있다.

치료 방법에 있어서도 물질 의존의 경우와 행위 중독은 유사하다. 물질 의존의 치료에 사용되는 대부분의 정신사회적 치료가 다양한 행위 중독의 치료에 응용된다. 또한 행위 중독과 물질 의존에 있어, 뇌 신경계에서 일어나는 생물학적 변화 또한 유사하므로, 물질 의존에서 사용되는 대부분의 약물이 행위 중독에서도 사용되고 있다.

대표적인 예로 날트렉손을 들 수 있는데, 알코올 의존 및 오피오이드계 약물 중독의 치료에 사용되는 이 약제는 도박 중독의 치료에도 흔히 활용되고 있다. 또한 행위 중독 환자에게 우울증이나 불안증이 동반된 경우에는, 이러한 증상을 치료하고자 개발된 기존의 약제들이 적극적으로 활용된다.

제7장

신체 질환과 중독

1. 물질 및 행위가 유발하는 신체 질환

술과 약물은 이 세상에 인간이 존재하면서부터 사용되어 왔다고 해도 과언이 아니다. 약 5천 년에서 6천 년 전부터 인간은 즐거움, 질병의 치료, 예식의 도구로 자신도 모르는 사이 술과 약물을 남용하기 시작했고 오늘날에도 계속 남용하고 있는 것이다. 최근 50년 동안을 뒤돌아보면, 1960년대의 자유분방한 젊은이들은 자기 부모 세대의 생활, 문화, 종교, 사회 구조에 대항하여 그들이 원하는 세상을 만드는 데 술과 약물을 이용했었다. 이때 사용된 약물들은 마리화나(대마), LSD였는데 1970년대에 들어서 영국에서 시작된 펑크록(punk rock) 음악이 유럽과 미국으로 널리 퍼졌고 펑크록의 영향으로 젊은이들은 코카인을 주로 남용하였다. 1980년대에는 영국에서 환각제인 엑스터시와 암페타민(필로폰, philopon, speed) 및 LSD가 파티에서 남용되었으며 1990년대에 들어서는 영화인과 유명 인사들이 아편 중에서도 헤로인(heroin)을 남용함으로써 이에 따라 젊은이들 사이에서도 유행되었다. 또한 2000년대에 들어서 IT의 발달과 인터넷의 보급으로 전혀 다른 중독의 한 형태인 VDT 증후군(video display terminal) 증후군이 출현하게 되었다. 이렇듯 스트레스 해소, 현실로부터의 도피, 기분 전환, 쾌락 추구의 영향으로 여러 가지 유형의 중독이 우리 건강의 3대 요소인 신체적 · 정신적 · 사회적 건강을 해치게 되는데 이 장에서는 이러한 중독이 우리 인체에 미치는 영향에 대해 다루고자 한다.

2. 알코올이 신체에 미치는 영향

1) 알코올의 특성

신체에 미치는 영향을 논하기 전에 술이 갖는 일반적 특성을 나열하면, 술은 세상에서 가장 널리 쓰이는 약물이며, 약성과 독성을 동시에 갖고 있고, 칼로리가 높기 때문에 인류의 에너지 공급원이기도 하며, 마취제, 진정제, 소독제로도 사용되고, 사람들과의 의사소통을 원활하게 하는 사회 윤활유의 역할을 한다는 점을 들 수 있다.

2) 알코올의 대사

체내로 흡수된 알코올은 흡수된 후 대부분 간에서 효소에 의해 분해되는 대사의 과정을 밟는다([그림 7-1] 참조). 알코올은 간에서 일차적으로 알코올 탈수소효소(alcohol dehydrogenase: ADH)에 의해 아세트알데하이드(acetaldehyde)와 물로 분해되며, 이차적으로 아세트알데하이드 탈수소효소(acetaldehyde dehydrogenase: ALDH)에 의해 아세트산(acetic acid)과 물로 분해된다. 이러한 분해 과정은 알코올의 대사 중 약 80%를 차지한다. 그 외에 20% 정도의 알코올은 위의 탈수소 효소에 의해 분해되는 것이 아니라 간 세포내 산화효소계의 일부인 마이크로솜 에탄올 산화효소계(microsomal ethanol oxidating system: MEOS)에 의해 분해된다([그림 7-2] 참조).

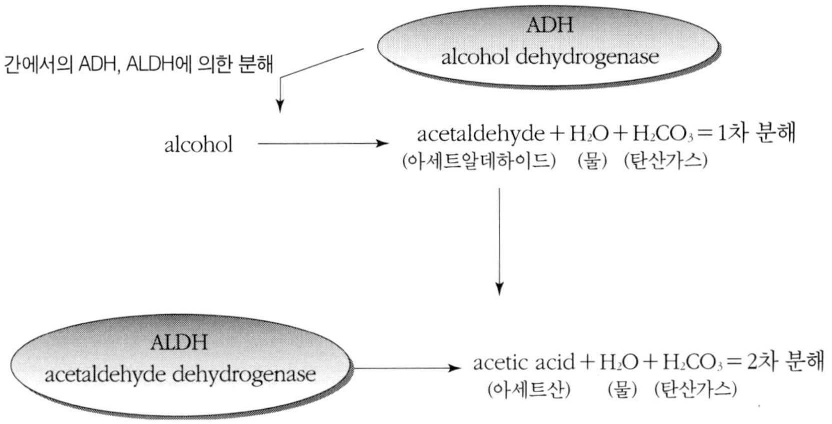

[그림 7-1] 알코올의 간 대사

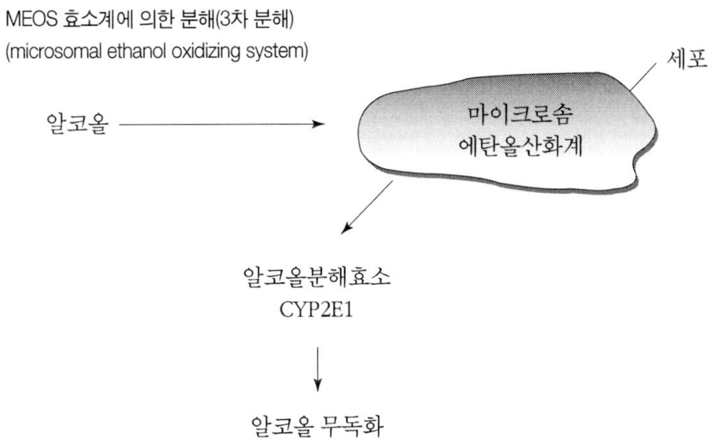

[그림 7-2] 알코올의 세포 내 대사

*MEOS 효소: 인체 세포 내로 들어온 독성물질 및 약물의 무독화 작용에 관여하는 세포 내 효소계

3) 혈중 알코올 농도가 신체 행동에 미치는 영향

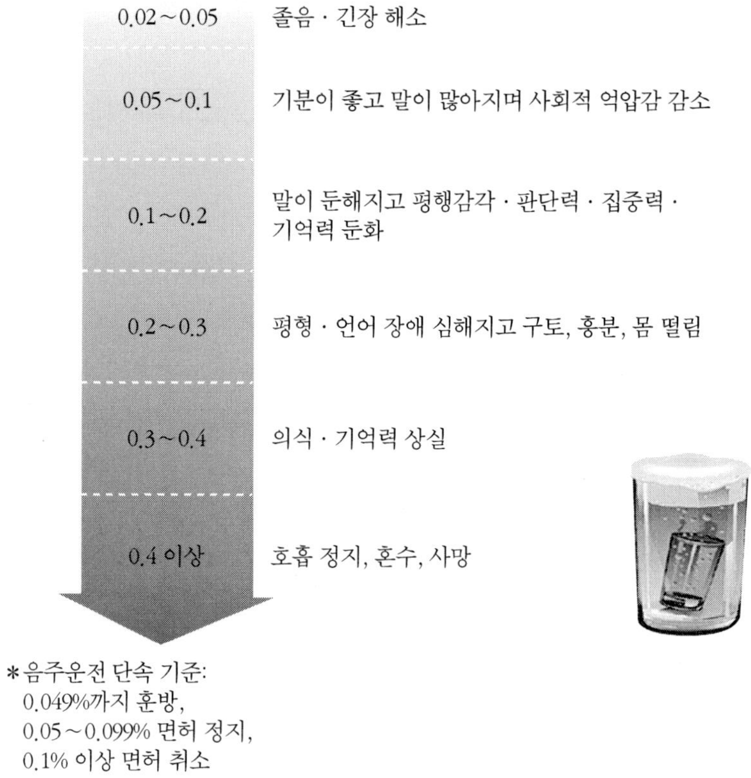

[그림 7-3] 혈중 알코올 농도가 신체 행동에 미치는 영향

4) 술이 뇌신경에 미치는 영향과 질환

술은 뇌신경 억제제로서 반복적인 음주는 뇌의 기능을 억제하여 뇌세포를 파괴하고 궁극적으로는 뇌의 용적 자체를 축소시켜 여러 가지 질환을 초래할 수 있는데, 그중 베르니케-코르사코프(Wernicke-Korsakoff) 증후군이 대표적이다. 베르니케 증상은 안구 진탕 증세가 있어 안구의 운동을 자제하는 능력이 상실되는 증상으로 이는 뇌의 여섯 번째 신경의 손상으로 일어나며 옆으로 보지 못하고

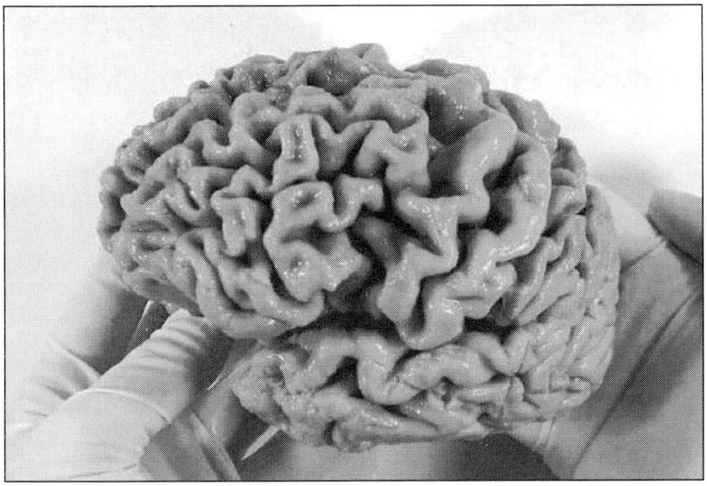

[그림 7-4] 알코올과 뇌

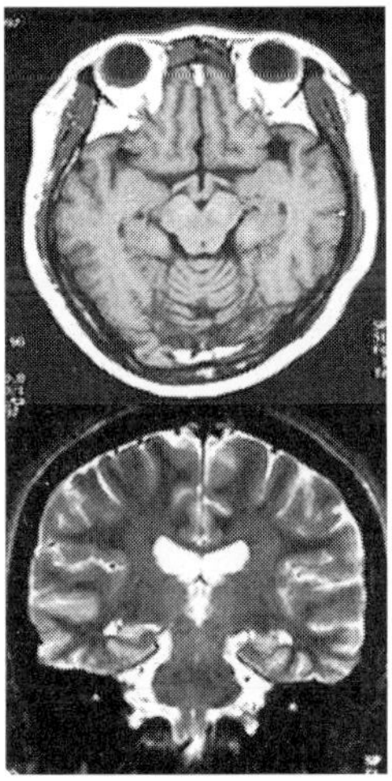

정상인의 뇌

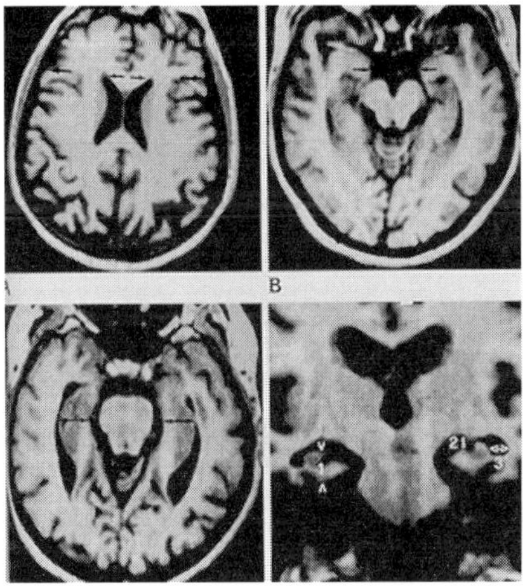

치매 환자의 뇌

[그림 7-5] 정상인과 치매 환자의 비교

비틀거리며 걷게 되는 증상이며, 코르사코프 증상은 술의 남용으로 기억력이 상실되었으나 자기의 기억력 상실을 감추기 위해 말을 그럴듯하게 만들어 내는 등의 증상이 나타난다. 이렇듯 알코올은 뇌세포의 수를 감소시켜 치매를 유발시키거나 기존의 치매를 악화시킬 수 있다. 또한 말초신경에 손상을 주어 신경병증을 일으켜 다리 또는 발에 심한 동통을 초래하기도 한다.

5) 술과 간 질환

신체의 우측 상복부에 자리 잡고 있는 간은 우리 몸에서 움직이지 않는 장기 중 가장 크며 주로 대사 기능과 해독 기능, 배설 기능을 하는 중요한 장기다. 또한 간은 술의 주성분인 알코올을 분해, 해독하는 장기이기도 하지만, 간 자체도 알코올이나 알코올의 대사산물인 아세트알데하이드에 의해서 손상을 입게 되는데 경미한 지방간에서부터 치명적인 간경화까지 다양한 질병을 일으키게 된다.

(1) 지방간

지방간이란 알코올에 의한 대사 이상으로 중성지방(triglycedride)이라는 지방이 간세포 속에 축적되는 질환으로 간 전체 무게의 5% 이상을 중성지방이 차지할 때를 일컫는다. 이는 간 조직 생검이나 초음파 검진을 통해 진단이 내려진다. 이는 간의 알코올 대사 과정에서 간의 지질합성이 일어나는데 α-글리세르인산(glycerophosphate)과 지방산이 합성되어 중성지방 생성을 촉진하게 되고 지방으로 인해 산소 공급이 떨어져 상승작용을 일으킴으로써 지방간이 심화된다. 지방간의 경우는 헛배가 부르거나 약간의 피로감 등의 증상만 있으므로 대부분의 환자가 자각증상을 느끼지 못한다.

표 7-1 간 건강 자가점검법

간 건강 이상의 자각증상과 자가점검법
다음 증상들이 나타나면 간 질환을 의심해 검진을 받아 보는 것이 좋다.
• 쉽게 피로하고, 무력감이 지속된다. • 소화가 안 되고, 구역질이 자주 난다. • 눈의 흰자위나 피부가 노랗게 변한다. • 소변이 짙어지고, 거품이 노랗게 보인다. • 오른쪽 갈비 밑이 거북하거나 단단하다. • 체중이 늘면서 배가 불러온다. • 정강이 앞부위를 누르면 자국이 오래 남는다. • 가슴 부위에 붉은 반점이 생긴다. • 손바닥 일부가 유난히 밝다. • 남자 가슴이 여자처럼 튀어나온다.

출처: 세브란스 병원.

(2) 알코올성 간염

지방간 상태에서 계속적 음주를 하게 되면 간에 염증을 일으키게 되는데 이는 간세포 주위에 섬유가 증식되는 현상으로 간경화의 전 단계에 해당된다. 이는 수 주 내지 수개월간의 폭음으로 인해 발병되는데 식욕 부진이 오거나 비장이 커지는 경미한 증상에서부터 열이 나거나 황달, 혼수, 복수 등의 중증의 증상이 나타나기도 한다. 지방간과는 다르게 치료가 꼭 필요하며 치료와 더불어 단주가 필요함은 두말할 필요가 없다.

(3) 간경화(변)증

간 질환 중에서 최악의 상태로, 간세포가 사멸하여 굳은 섬유로 변하는 질병이며 간 질환의 종착역으로 간의 재생력이 상실되는 치명적 질환이다. 간염이 와 있는 상태에서 알코올 과잉 섭취나, 저단백 식사로 인한 영양장애 및 대사이상, 기생충 감염 등이 그 원인이며 B형이나 C형 간염 바이러스가 원인이 되기도 한다. 초기에는 뚜렷한 증상이 나타나지 않으나 식욕 부진, 체중 감소, 토기나 구토 등이 나타나기 시작하며 앞가슴이나 등에 거미가 발을 뻗치고 있는 듯한 홍반

(spider angioma), 수장 홍반(palmar erythema)이 출현하게 되며 피부 전체가 까칠해지고 정맥이 두드러지게 된다. 또한 간의 혈액 응고 인자 생성 기능이 떨어져 쉽게 코피가 나고 코피가 나면 쉽게 멈추지도 않게 된다. 간경화는 이와 더불어 치명적인 합병증을 초래하는데 이 합병증은 생명과 직결되며 절대로 간과해서는 안 된다.

- 복수: 복강에 물이 차는 현상으로 간의 단백질 생성 장애에 기인한다. 복수 자체도 문제이지만 복막염이 오는 경우 사망률이 높은 무서운 합병증으로, 복수가 차면 빠른 치료가 필요하다
- 식도 정맥류: 간으로 흐르지 못하는 피들이 식도 주위로 몰려 식도 벽에 충혈된 정맥이 보이는 현상이다. 이 정맥이 터지는 경우가 식도 정맥류 출혈이라는 응급 상황이며 내시경 시술이나 수술 등의 처치가 필요하게 된다.
- 간신 증후군: 체내 수분 균형이 맞지 않기 때문에 생기는 신장 기능의 저하로 인해 발생하는 현상으로 사망률이 높은 무서운 합병증이다.

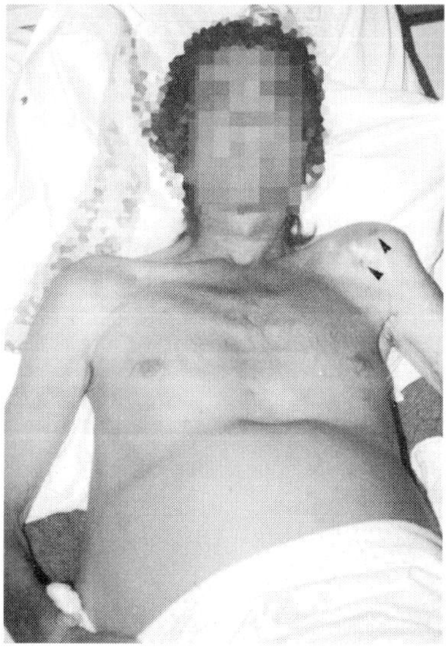

[그림 7-6] 간경화(변)증 환자

알코올성 간질환의 경과

알코올

↓

지방간, B형 간염 환자 —금주→ 완치

(계속 과음) ↓

알코올성 간염, B형 간염의 악화 —금주→ 완치

(계속 과음) ↓

간경화(변)증, 간암 —금주→ 진행 중지

(계속 과음) ↓

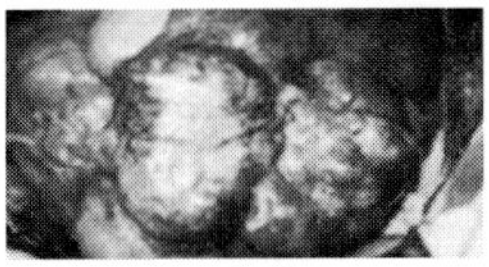

간암

사망

[그림 7-7] 알코올과 간

6) 술과 소화기 질환

(1) 알코올과 위장 질환

알코올은 구강 및 식도를 통해 위장에서 일부(20～30%) 흡수되며 나머지는 소장 및 대장으로 전달, 흡수된다. 장기간 음주를 하게 되면 위장의 상피 점막 세포를 자극하여 탈수 현상을 일으켜 염증을 일으키고, 위장염이나 설사를 일으키며, 심하면 주위 근육층을 파괴하여 위염이나 위궤양을 발생시키기도 한다(비음주자의 2배 이상). 또한 하부 식도 괄약근을 느슨하게 하여 위산이 함유된 음식물이 식도에 역류하게 되어 역류성 식도염을 일으키게 되는데, 이렇게 식도의 염증이 심할 경우에 협착이 생겨 음식물을 섭취하지 못하게 되는 경우가 있으므로 주의를 요한다.

소장의 기능 저하로 설사가 생기고 이로 인해 영양섭취가 잘 안 되어서 영양실조 등이 초래되기도 한다. 또한 치질이나 치열의 악화로 하혈이 생기기도 하는데 이 경우엔 입원 치료가 절대적으로 필요하다.

(2) 알코올과 췌장 질환

췌장은 소화에 필요 소화액(단백질 분해 효소)을 분비하는 장기로, 만성 음주 시 아밀라아제 등 췌장의 분해 효소가 많이 분비되어 췌장염을 일으키게 된다. 췌장염의 65~70%가 음주와 밀접한 관계가 있음은 술을 많이 자주 마시는 사람들이 꼭 알아야 할 사항이다. 췌장염은 염증 자체도 문제가 되지만 통증이 너무 심해 진통 효과가 큰 마약성 진통제를 사용해야 하므로 췌장염이 자주 재발하는 경우 마약성 진통제에 대한 이차 중독까지 초래할 수 있다. 또한 췌장은 우리 몸의 혈당을 조절하는 인슐린을 생성하는데 만성 췌장염의 경우 인슐린 생성이 부적절하게 되거나 생성이 되지 않아 이차성 당뇨병을 초래할 수 있다.

7) 알코올과 심혈관 질환

알코올은 대사 산물인 아세트알데하이드, 술에 첨가되어 있는 코발트 등의 부산물에 의해 심장 근육을 늘어나게 함으로써 심장의 수축 능력에 장애를 일으키게 되는 알코올성 심근증, 또한 심장의 전도계에 영향을 미쳐 심장 박동을 불규칙하게 만드는 부정맥 등을 초래한다. 장기간 술을 마셔 온 40~50대 남성이 휴일 전날 심하게 술을 마셔서 심장 박동에 심각한 악영향을 끼쳐 생기는 '휴일 심장 증후군'은 급사를 초래할 수 있으므로 주의를 요한다. 또한 알코올은 협심증이나 심근 경색 같은 관상 동맥 질환을 유발시키거나 악화시킬 수 있고, 장기간의 음주는 고혈압이나 동맥경화를 악화시켜 뇌출혈이나 뇌경색 같은 뇌졸중을 일으키게 되므로 주위를 요한다.

(1) 알코올과 악성 종양

알코올은 이미 오래전부터 종양을 유발시키는 것으로 알려져 있는데 특히 위,

간, 식도, 인두, 구강, 직장, 췌장의 암과 밀접한 관련이 있다. 알코올 자체가 발암 물질로서 작용하거나 발암의 보조 물질 또는 촉진 물질로서 작용하고 있는 것으로 추측된다.

(2) 알코올이 내분비계에 미치는 영향

내분비계는 알코올의 작용에 대해 민감하게 작용하는데 남성 음주자는 남성 호르몬인 안드로겐과 테스토스테론의 작용 감소로 성욕 감퇴, 여성형 유방, 고환 위축, 불임 등을 겪게 될 수 있다. 남녀가 동등한 입장이 될 수 없는 것이 두 가지가 있다면, 첫째, 남자는 절대로 임신을 하지 못한다는 것이고, 둘째, 여성은 절대로 남성만큼 술을 마시지 못한다는 것이다. 그러므로 같은 양의 술을 남녀가 마신다면 해악은 여성에서 훨씬 크다 할 수 있는데 이는 남성보다 여성이 술을 분해하는 효소가 적으며 몸의 체액량도 적기 때문이다. 여성에게 중요한 건 '생식 건강'인데 술이 호르몬을 변화시켜 무월경이나 생리 불순을 일으킬 수 있고, 임신을 한 경우엔 자연 유산을, 분만을 한다 하더라도 조산이나 기형아 출산 등을 일으킬 수 있다([그림 7-8] 참조). 또한 피부 탄력 감소 또는 복부나 둔부의 지방 축적을 일으키고 미용적인 측면에서도 악영향을 끼칠 수 있다.

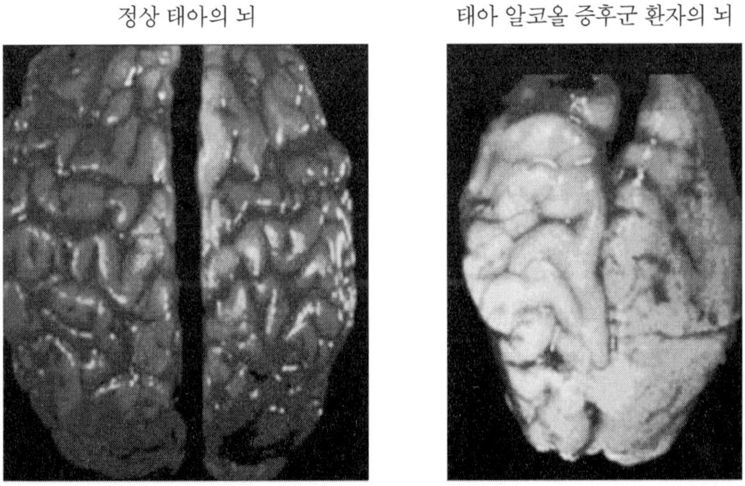

[그림 7-8] 정상 태아의 뇌와 태아 알코올 증후군 환자의 뇌

(3) 알코올과 면역 기능

술이 백혈구의 기능을 억제하여 세균, 진균, 바이러스 등의 미생물에 대한 저항력 감소로 감염의 우려가 높아진다.

(4) 알코올과 근육

술에 의해 심장근, 골격근, 평활근이 약화되어 호흡부전 등이 올 수 있으며 골격근의 주요 단백질인 마이오글로빈(myoglobin)을 파괴하여 근육 경련 및 통증을 일으키게 된다.

3. 담배가 신체에 미치는 영향

1) 담배의 역사

담배(tobacco)의 주성분은 니코틴(nicotine)이며 이는 *nicotine tabacum*의 잎사귀에 들어 있는 알칼로이드다. 중남미의 인디언들이 담배를 처음 피웠다는 기록이 있으며 1492년 콜럼버스가 미국 대륙을 발견했을 때 인디언들이 친선 목적으로 선사하였다. 인디언들이 그들의 종교 예식 중 담배에다 불을 지피고 구멍이 뚫린 강대를 통하여 연기를 흡입함을 관찰하고 이를 갈대의 tabacum이라고 불렀으며 이 말이 현재 우리가 부르는 담배와 같은 말이 된 것이다. 콜럼버스 일행에 의해 유럽에 상륙한 담배는 16~17세기경 전 세계로 퍼졌는데 이 무렵 Jean Nicot는 담배가 새로운 어떤 것을 창조하는 힘이 있다고 주장하며 보급에 박차를 가했다. 이 새로운 힘에 대해 과학자들이 연구한 바, 담배에 함유된 물질 중 습관성과 탐닉성을 가진 것을 찾아내고 Nicot의 이름을 따서 tobacco nicotine이라고 부르게 된다. 니코틴은 대개 흡연을 통해 흡수되는데 씹는 경우도 있으나 흡수량에 차이가 난다. 담배 한 개비에는 1~2%의 니코틴이 들어 있으며 한 개비를 피울 경우의 효과는 니코틴 1mg을 정맥주사할 때와 유사한데 니코틴에 의한 치사량이 약 60mg임을 감안한다면 하루 2갑 정도의 담배를 피우는 경우 몸에 미치는 해악은 말할 수 없이 커짐을 알 수 있다.

2) 담배와 신체

니코틴은 알코올과는 달리 뇌신경을 흥분시키며, 위의 수축 능력을 감소시켜 소화력을 떨어뜨리며, 혈관을 수축시켜 혈압을 올리고, 심장 박동 수를 늘려 심장에 무리를 일으키며, 뇌하수체에 작용하여 성장 호르몬의 분비를 억제시켜 성장 저하를 일으키고, 근육의 긴장 능력을 감소시킨다. 담배를 끊은 뒤 나타나는 금단증상으로는 불안, 초조, 신경과민, 집중력 저하, 감각의 둔화, 불면증, 과다수면, 변비나 설사, 체중 증가 등이 있다.

또한 담배 잎에는 니코틴뿐만 아니라 4,000종 이상의 화학 성분이 있는데 이 중 40종 정도가 암의 유발과 관련이 있다. 그리고 흡연 중에 일산화탄소, 이산화탄소, 시안화수소가 흡수되는데 일산화탄소는 혈액 안의 헤모글로빈(hcmoglobin)과 결합하여 산소와 헤모글로빈과의 합을 억제하는 효과가 있어 신체 조직에 충분한 산소를 공급하지 못하게 한다. 담배에 함유된 화학 성분 중 타르는 강력한 암 유발 물질이며 LDL-콜레스테롤을 증가시키고 HDL-콜레스테롤을 감소시켜 동맥경화증 및 협심증, 심근 경색증을 유발시키게 된다.

담배가 일으키는 암으로는 구강암, 비암, 인두암, 후두암, 식도암, 폐암, 췌장암, 신장암, 방광암, 입술암이 있는데 특히 폐암의 경우 네 가지 종류의 폐암 중 담배와 관련된 암은 진행이 빠른 것으로 알려져 있다. 담배가 일으키는 심혈관계 질환은 첫째, 심장 자체에 혈액을 공급하는 관상 동맥의 혈행에 장애를 주어 심장근에 영향을 미침으로써 협심증, 급성 심근 경색증, 급사 등을 일으키는 허혈성 심질환, 둘째, 심실 기외수축이나 빈맥 등을 일으키게 되는 부정맥, 셋째, 그리고 버거씨병(Buerger's disease)이라 불리는 폐색성 혈전맥관염 등이다. 모두 생명과 관계되는 치명적 질환이며, 특히 폐색성 혈전맥관염은 그 부위의 다리를 절단해야 하는 무서운 질환임을 간과해서는 안 된다.

담배를 피우게 되면 폐 융모의 운동성에 장애를 주어 만성 기침, 기관지염 등이 유발되고, 폐의 작은 공기주머니가 파괴되어 폐기종 등이 발생하며 이러한 현상이 계속되는 경우 호흡곤란을 초래하는 만성 폐쇄성 폐질환을 일으키게 된다. 위의 운동성을 저하시키고 위궤양, 위암을 일으키며 역류성 식도염을 악화시키기도 한다.

남성의 경우 정자 수를 감소시켜 수정률을 감소시키며, 여성의 경우에도 산모가 담배를 피우면 유아의 사망률이 높아지고 미숙아 생산의 위험도가 올라가며 피부에 주름이 생기는 피부 노화가 촉진된다. 이러한 질병은 흡연자뿐 아니라 간접 흡연자에게서도 똑같이 나타나므로 흡연은 본인뿐만 아닌 타인에게도 악영향을 줌을 각성해야 한다.

3) 금연 후 나타나는 신체적 이점

〈표 7-2〉는 금연 후 나타나는 신체적 이점을 시간의 경과에 따라 설명한다.

표 7-2 금연 후 나타나는 신체적 이점

시간	신체 증상
20분 후	혈압이 정상이 되고, 맥박과 손발의 체온이 정상이 된다.
8시간 후	혈액 안의 일산화탄소량이 정상이 되어 산소량이 증가되고 머리가 맑아짐을 느끼게 된다.
24시간 후	심장 마비의 위험도가 낮아지기 시작한다.
48시간 후	혈중 니코틴의 감소로 말초신경 기능이 정상화되고, 식욕이 돌아오며 감각이 증가하게 된다.
72시간 후	수축되었던 기관지가 이완되어 숨쉬기가 편해지기 시작한다.
2주~3개월 후	혈액순환이 잘되며 걸어 다니기가 쉽고 폐의 기능이 30% 증가한다.
1~9개월 후	기침, 동공충혈, 피로, 숨 가쁨이 적어지며 객담이 현저히 줄어든다.
1년 후	심장 질환에 의한 사망률이 감소한다.
5년 후	심장 질환에 의한 사망률이 담배 안 피우는 사람의 사망률과 비슷하게 되고 폐암 사망률이 적어진다.
10년 후	폐암 사망률은 담배 안 피운 사람과 동일하며 다른 장기의 암 발생률도 감소된다.

4. 기타 물질이 신체에 미치는 영향

1) 대마 및 대마 유사 제제

대마와 유사한 작용을 가진 제제들은 인디언 대마(*cannabis sativa*)에서 유도된 것들인데 그중에서 정신병 유발과 가장 밀접한 관계를 가진 성분은 THC(dalta-9-tetrahydrocannabinol)이다. 또한 대마 식물에는 암을 유발시키는 물질이 포함되어 있다. 1850년부터 19세기 초반까지 동통, 경련, 기관지 천식, 류머티즘, 분만 동통에 사용하였는데 미국에서 금주법이 발표된 후 대마의 흡연이 급격히 증가하고 범죄의 원인이 된다 하여 1937년 대마 흡연을 법으로 금지하게 된다. 현재 가장 많이 남용되는 대마는 마리화나, 하시시(hashish) 그리고 하시유(hash oil)다. 의학적으로 마리화나는 암 환자의 화학요법 시 일어나는 오심, 구토를 억제시키며, 녹내장 환자의 안압 하강, 후천성 면역 억제 환자에게 도움이 된다고 하지만 마리화나 자체가 암을 유발시킴을 유념해야 한다.

대마가 흡수되면 우선적으로 뇌에 영향을 미친다. 일시적으로 기분이 좋아지고 긴장이 풀려 즐거움에 도취되는데 시간이 흐름에 따라 몸의 불균형, 지각장애, 주의력과 집중력의 저하, 기억력 손상, 환시 현상이 나타나며, 시간 관념이 없어지고, 배가 고프다는 느낌, 오심이나 구토의 감소 등이 나타난다. 아직 확실한 증거는 없으나 계속 흡입 시 영구적인 뇌 기능 손상이 생겨 여러 종류의 사고를 가져온다(교통사고, 화상, 익사, 자살 등). 또한 불안, 초조, 식욕감퇴, 열감, 불면증을 초래하고 갈망감에 사로잡히게 하여 금단증상을 유발한다.

또한 심장 박동을 증가시켜 부정맥이나 허혈성 심장 질환을 악화시킬 수 있으며 혈압을 감소시켜 심한 경우 의식 소실로 사망할 수 있으며 혈관을 확장시켜 안구 충혈을 일으키게 된다.

그리고 땀 배출을 억제시켜 체온이 증가하며 안압을 감소시켜 시력 손상을 일으키게 되고 입이 마르게 됨과 동시에 근육의 힘이 없어지며 근육 경련을 일으키게 된다. 또한 남자의 정자 수와 정자 운동을 감소시켜 불임의 원인이 된다.

2) 코카인

코카인은 남미의 페루, 볼리비아에 있는 안데스 산맥을 따라 자라는 *erythroxylon coca* 잎이 주성분이다. 19세기에 들어 의학자들은 코카인이 정력을 왕성하게 하는 작용이 있다고 하여 많은 관심을 가지고 연구하였다. 1859년 Alfred Nieman이 이 식물의 주성분인 알칼로이드를 분리하여 이를 코카인이라 명명하였다. 코카인은 중추신경계(CNS)를 흥분시키는 작용이 있고 국소 마취 작용이 있어 간단한 안과 수술과 치과 시술에 사용되었다. 1903년 코카인의 남용으로 불면증, 영양실조, 편집증, 망상증, 비중격막의 천공 및 궤양 등이 생기고 심각한 습관성이 있음이 발표되었으며 1914년 처음으로 마약을 규제하는 법안이 생겨 코카인도 아편과 같이 국가에서 통제하는 마약으로 분류되었다.

신체적으로 코카인은 강한 중추신경 흥분제로 혈관을 수축하여 혈압을 상승시키고, 심장 박동 수를 증가시키며, 체온의 상승, 불면, 만성 피로, 체중 감소, 두통, 성욕 감퇴, 구토, 경련 등을 일으킨다. 또한 코로 흡입하기 때문에 비중격의 궤양, 천공을 일으키며 목이 쉬고 음식을 넘기기가 힘들어진다. 또한 흡연할 경우 만성 기침, 기관지염, 폐렴, 객혈, 폐기능 저하, 폐부종을 일으키고, 부정맥을 유발시켜 심장 마비의 원인이 되기도 한다. 그리고 반복되는 정맥 내 주사로 처음에는 피부 염증이 생기다가 시간이 지나면 피부 괴사를 일으키게 되고 심할 경우엔 혈관 내 혈액응고 장애(D.I.C.)로 사망할 수 있다. 더러운 주사기의 반복 사용으로 세균성 심내막염, 간염, 뇌막염, 후천성 면역 결핍증(AIDS)에 감염될 확률이 높아지게 된다. 코카인을 남용하는 임산부의 38% 정도가 자연 유산이 되며 기형아 출산의 위험이 증가한다. 여성의 경우 코카인의 남용으로 혈압 상승이 일어나고 뇌졸중 발생률이 높아진다. 또한 남성의 경우 성욕이 감퇴하고, 성기능 장애(혈관이 수축되어 혈액 순환이 원활치 못해 성기가 위축되며 발기 부전을 초래한다) 등을 유발시키게 된다.

3) 암페타민계 약물

암페타민(amphetamine)계 약물은 주로 중추신경을 흥분시키는 흥분제인데 이 중 가장 많이 사용되는 약물은 흔히 '필로폰'이라 불리는 메스암페타민(methamphetamine)이다.

암페타민은 처음엔 집중력이 산만하고 활동 과잉인 아이들에게 치료 목적으로 사용되었으나 제2차 세계대전 때에는 군인들의 피로 회복, 기분 상승, 활동력 증가를 위해 사용되기도 하였다. 암페타민은 코카인과 비슷한 중추신경 흥분제이며 소량으로도 중추신경의 흥분을 일으켜 혈압 상승, 심장 박동 수 증가, 심계항진 등을 일으키며 구갈, 발한, 체온 상승, 경련 등이 나타나게 된다.

4) 아편계 약물

아편계 약물(opioids)은 화학적으로는 양귀비에서 직접 채취하여 건조한 생아편(opium)이 있으며, 반합성 아편(semi-synthetic opioid)으로 헤로인, 모르핀 등이 있고, 합성된 아편양 제제로 데메롤이나 페치딘 등의 약품이 있다. 아편계 약물은 진통제, 지사제, 진해제 등의 의학적 용도로 널리 사용되나 마약으로서는 다음과 같은 신체적 유해성을 가지고 있다.

아편계 약물은 우선 뇌에 영향을 미쳐 동통 제거, 진정작용, 현운, 오심, 구토, 운동 실조, 평형감각 이상, 반사기능 소실, 동공 축소 등의 작용을 나타내며, 말초 혈관을 확장시켜 혈압을 떨어뜨린다. 또한 호흡 중추를 억제하여 호흡수를 감소시켜 호흡 부전을 일으킬 수 있다. 이 경우엔 치명적일 수 있으므로 신속하게 길항제를 투여하여야 한다. 위장 계통의 운동 능력을 저하시켜 소화 기능의 감소로 식욕 부전이나 소화 장애, 마비성 장폐색 등을 일으킬 수 있다. 그리고 요도 및 방광의 긴장과 수축력을 항진시켜 배뇨 장애를 일으키고 분만 시 자궁의 긴장력을 감소시켜 난산을 초래할 수 있으며 태아가 갑자기 사망할 수 있으며, 이 경우 분만 후 신생아가 아편계 약물의 금단증상을 보일 수도 있다.

아편계 약물은 이러한 약물 자체의 독성 작용 이외에도 오염된 주사기의 사용으로 말미암아 피부염, 정맥 감염, 심장 판막의 감염, 뇌 및 폐의 염증, 간염(B형, C형), 매독 등을 일으킬 수 있다. 특히 오늘날 주사기의 반복 사용으로 후천성 면역 결핍증을 일으키는 HIV에 노출될 위험이 높으며 후천성 면역 결핍증 환자 중 25%가 과거 오염된 주사기를 사용하였다는 사실은 의미가 깊다 할 수 있다.

5) 환각제제

환각제제(LSD, ecstasy, mescalin, psilocybin)는 중추신경 흥분제로서 혈압을 상승시켜 뇌출혈의 위험도를 증가시키며, 맥박을 상승시켜 부정맥에 의한 급사를 초래할 수도 있다.

이 약물의 주작용은 뇌의 신경 전달 물질인 세로토닌(serotonin)과 도파민(dopamin)의 분비를 촉진시켜 처음에는 흥분 상태가 계속되다가 다음에는 우울증, 불안, 초조, 편집증 등이 생기게 되는데, 계속적으로 심장 박동이 빨라지고 혈압과 체온이 상승하므로 충분한 수분의 공급이 없으면 탈진(dehyration) 상태에 빠지게 되어 사망할 수 있다. 또한 구역질이나 현기증, 오한 등이 올 수 있고, 이 갈기에 의한 치아 손상을 일으킬 수 있으며 성욕은 억제되나 음란한 환상을 체험할 수 있다.

몸의 불균형으로 보행에 지장이 있으며 얼굴이 붉게 달아오르는 안면 홍조 현상을 보인다. 또 과도한 땀을 흘리게 되고 동공의 움직임이 양쪽이 다르게 되며 이유 없이 흥분하고 격노하게 되면서 언어장애를 일으키게 된다.

6) 흡입제제

수천 년 전부터 사람들은 향로를 태우거나 약용식물로부터 증기를 흡입하였으며 그 종류도 다양하다. 흡입제의 종류는 100가지도 넘고 집에서나 또는 집 밖 어디에서나 쉽게 구할 수 있고 값이 저렴하여 청소년들이 즐거움을 얻기 위하여 냄새를 코로 들이마시기 시작하였다. 흡입제는 휘발성용 제제와 아질산염 제제로 구분할 수 있다.

휘발성용 제제의 흡입은 뇌신경 계통에 심한 손상을 줄 뿐 아니라 산소의 결핍, 심장 박동의 증가로 사망하는 경우가 많이 발생하게 된다. 처음엔 진정, 흥분작용이 번갈아 나타나며 환상도 나타나나 점점 불안, 초조, 불쾌감과 더불어 신체 감각의 변화, 평형감각 이상, 시간 · 장소 · 사람에 대한 지남력 장애 등을 초래하고 영구적인 뇌 손상 등을 일으킬 수 있다. 또한 골수에 손상을 주어 빈혈을 일으키며 식욕 감소에 따른 체중 감소, 위염, 간 손상에 따른 황달, 신장 기능의 저하, 근육 무력증 등을 일으키기도 하는데 무엇보다도 심각한 것은 흡입 급사증후군(sudden sniffing death syndrome: SSD)이라 하여 위 물질의 남용으로 갑자기 사망하는 경우다.

아질산염 제제의 흡입은 혈액에 공급되는 산소의 결핍으로 인해 두통을 일으키며, 눈, 기도, 코, 입 주위에 손상을 주고, 적혈구를 용해시켜 용혈성 빈혈을 일으키게 된다. 또한 하지의 약화, 동통, 무릎과 발목의 반사 감소, 보행 장애, 방광의 장애로 인한 배뇨 장애, 장 기능 장애로 인한 장폐색, 심장근육의 이등을 초래하며, 비타민(B_{12})의 작용을 억제하여 여러 가지 대사 이상까지 일으키게 된다.

5. 맺음말

인간은 이 세상을 살아가면서 많은 약물을 접하게 된다. 즐거움을 얻기 위하여, 또는 어떤 질병을 치료하기 위하여, 또는 어쩔 수 없이……. 그러나 아무리 좋은 약물이라 하더라도 치료량 이상의 약물을, 혹은 허가되지 않은 약물을 무분별하게 사용한다면 치명적 결과가 초래됨을 인지해야 한다. 얼마나 오래 사느냐가 중요한 것이 아니라 건강의 3대 요소인 신체적 · 정신적 · 사회적 건강을 얼마나 잘 유지하면서 사느냐가 중요함을 강조하면서 이 장을 마치고자 한다.

제8장

중독 재활에서의 사례관리

1. 사례관리에 대한 이해

1) 배경

정신보건 영역은 입원 치료에 역점을 두던 과거와는 달리 1차 예방으로서의 정신건강 증진, 2차 예방인 조기 발견과 조기 개입 그리고 3차 예방으로서의 재활치료를 강조하고 있다(이길홍, 1982). 특히 오랫동안 사회 부적응을 경험한 만성 정신 질환 대상자에게는 적극적인 지지와 다양한 재활 프로그램 및 사회 복귀 훈련이 필요하며, 대상자 스스로가 기능을 회복할 수 있도록 지속적으로 관리하는 것이 매우 중요하다.

사례관리는 복합 욕구를 가진 만성 정신 질환 대상자, 장애인, 알코올 중독자, 노인들을 대상으로 하는 서비스 실천에 매우 효과적인 것으로, 재가중심 영역, 정신보건 영역, 직업재활 영역, 노인복지 영역, 아동 및 가정 복지 영역 등에서 포괄적이고 다양하게 적용되고 있다. 특히 만성 정신 질환 대상자들의 재활치료에 있어 그 핵심 요소로 인정되고 있는 사례관리는 이미 그 유용성이 입증되어 있다(정순돌, 2005; Thornicroft, 1990).

정신보건 영역에서 사례관리가 필요하게 된 이유에 대해 Moxley는 다음의 여섯 가지 주요 요인들에서 그 기원을 찾고 있다. ① 탈수용화, ② 연속성 없이 조각난 서비스 전달체계, ③ 서비스의 단편성 , ④ 복잡한 욕구, ⑤ 사회적 지지체계의 중요성에 대한 인식, ⑥ 비용 효과에 대한 관심 증가 등이다.

2) 사례관리의 개념

1980년대 이후 미국과 유럽 각국에서 사회적 지지망(social support network) 혹은 사례관리 등의 전문용어가 주로 사용되고 있지만, case management, managed care, care coordination, continuing-care coordination, continuity coordination, service integration, service coordination(Netting, 1992) 등의 여러 가지 용어가 사례관리와 교환적인 의미로 사용되고 있다.

사례관리에 대한 학자들의 정의를 요약하면 〈표 8-1〉과 같다.

표 8-1 사례관리에 대한 다양한 정의

학자	사례관리에 대한 정의
Barker(1987)	복잡한 여러 문제와 장애를 가지고 있는 대상자가 적합한 형태로 적절한 시기에 그들이 필요로 하는 모든 서비스를 받을 수 있도록 보장하는 것으로, 서비스를 공급하는 접근법의 하나다.
Anthony 등(1988)	체계의 목표에 의해서가 아니라 대상자의 목표에 따라 움직여야 하며, 사례관리 기법은 대상자가 필요로 하고 원하는 서비스를 받도록 지원해 주는 과정으로 보아야 한다.
Moxley(1989)	복합적인 욕구를 가진 사람들의 기능화와 복지를 위한 공식적, 비공식적 자원과 활동의 망(network)을 조직, 조정, 유지하는 것
Weil 등(1991)	서비스 대상자에게 그들이 원하는 서비스를 통합되고 효과적이며 효율적으로 제공받을 수 있도록 보장하는 과정(process) 또는 방법(method)이라고 정의할 수 있으며, 주요 요소는 보호의 지속성(continuity of care), 접근성(accessibility), 책임성(accountability) 그리고 효율성(efficiency)이다.

이와 같은 학자들에게서 공통적으로 확인할 수 있는 사례관리에서의 중요 개념은 ① 대상자의 '개별적 요구 수준(client level)' 파악, ② 서비스나 기관들이 상충되는 목적을 가지지 않고 서로 조화롭게 활동하도록 하는 '서비스의 조정(coordination of services)', ③ 서로 다른 조직적 권위하에서 제공되는 여러 서비스를 하나의 계획 속으로 합류되도록 하는 '통합(integration)', ④ 대상자가 회복에 이르기까지 적절한 치료적 개입을 지속하는 '보호의 연속성(continuity of care)' 등이다.

3) 사례관리의 목적

사례관리의 목적은 특별한 지지와 격려가 필요한 사람들에게 지역사회에서 지속적인 생활을 보장하기 위한 공식, 비공식 지지망과 자원을 활용하고 확대할 수 있게 해 주는 것으로(Billing 1989), 구체적인 목적은 다음과 같다(김만두, 1993). 첫째, 서비스와 자원들을 이용하고 접근하는 데 있어서 가능한 한 대상자 자신의 생활기술을 증진시키도록 한다. 둘째, 대상자의 복지와 기능화를 증진시키기 위해 사회적 지지망과 관련 대인복지 서비스 제공자(related human service supporter)들의 능력을 발전시키도록 한다. 셋째, 가능한 한 가장 효율적인 방법으로 전달되는 서비스 및 자원이 되도록 하고 동시에 서비스의 효과성을 증진시키도록 한다.

이에 따르는 원칙은 다음과 같다. 첫째, 각 개인의 장점(strength)과 욕구(need)에 서비스 계획을 맞추어야 한다. 둘째, 각 개인의 장점과 욕구의 변화에 따라 서비스의 유형(type)과 강도(intensity)가 변해야 한다. 셋째, 각 개인의 손상의 정도에 따라 제공되는 서비스 수준이 맞아야 하고, 대상자가 가능한 한 독립적으로 기능하도록 격려해야 한다. 넷째, 각 개인에 대한 사례관리 서비스의 책임은 무한하며, 대상자의 요구에 맞춰 평생 동안 지속되어야 한다.

4) 사례관리의 모델

사례관리 모델은 학자마다 다양하게 분류하고 있다. 이에 실무와 관련 있는 모델들을 정리해 보면서 전반적인 사례관리에 대한 모델을 이해하고자 한다.

(1) 사례관리자에 따른 분류 모델

Levine과 Fleming(1984)은 사례관리를 수행하는 사례관리자가 누구인가 또는 어떤 역할을 하는가에 따라 다음과 같이 분류했다.

① **일반 모델**(generalist model)

한 사례관리자가 모든 사례관리 기능에 책임을 지고 필요한 직접 조정, 옹호 서비스를 제공한다. 이 모델은 각 대상자들은 치료계획과 서비스 이슈에 대해 한 사람의 사례관리자와 일하고, 사례관리자는 다양한 기능을 수행하며, 사례관리자의 자율성이 격려된다는 장점이 있다.

② **일차적 치료자-사례관리자 모델**(primary therapist-case manager model)

일반 모델과 비교해서 사례관리자와 대상자의 관계가 보다 치료적이다. 이 모델의 이점은 대상자의 치료, 서비스 사정에 대해 한 사람과 관계한다는 것이다. 사례관리자와 자원이 부족한 영역에서 이 모델은 사례관리 서비스를 제공하는 데 가장 유리하다. 그러나 치료자-사례관리자는 대상자가 요구하는 사례관리 서비스보다 치료를 제공하는 데 더 관심을 두는 문제가 있어 대상자의 협조가 안 될 수도 있다.

③ **인접전문가 팀 접근 모델**(interdisciplinary team approach model)

전문영역에서 서비스 전달의 책임을 갖는 성원들이 모인 전문가들의 팀에 기반을 둔다. 각 사례관리자들은 사례관리 과정의 특별한 요소에 책임을 지고 최상의 서비스를 제공할 수 있다. 또한 다른 전문가들을 위한 지도와 소진(burn-out)

을 예방하는 지지체계가 될 수 있다. 계획과 서비스 조정을 강화함으로써 대상자 관리에 계속성을 제공할 수 있으나 팀 구성원이 상호 협력과 대상자의 복지에 충분히 집중하지 않으면 책임선이 모호하여 책임회피를 할 수도 있다.

④ **가족 모델**(family model)

가족이 전문가들보다 대상자에 대한 사례관리 서비스를 더 잘 제공할 수 있다는 상식에서 나왔다. 병원의 치료자들은 가족에게 정규적인 교육 프로그램을 통해 대상자를 관리하는 기술과 지식을 제공하여 사례관리자의 역할을 위임할 수 있다. 결국에 대상자를 위한 관리의 역할을 가족이 맡게 되므로 가족을 관리의 제공자로서 활용하여 시설로부터 독립시킬 수 있는 방법이라고 할 수 있다.

⑤ **지지적 관리 모델**(supportive care model)

지역사회 성원 중에서 전문성에 관계없이 사례관리의 지지적인 관리제공자가 선택된다. 그리고 이들은 특별한 훈련을 통해 대상자와 일대일로 관계를 맺고 유급으로 일한다. 이들은 매달 훈련 과정과 사례 분석을 통해 지도를 받는다.

⑥ **자원봉사자 모델**(volunteer model)

지역사회 자원봉사자나 관련 대학원생들을 전문적인 지도하에 대상자와의 일대일 사례관리자로 사용하는 것이다. 학생 사례관리자 이용은 병원으로서는 비용상 효율적이며, 학생들로서는 이 프로그램을 통해 임상교육을 받고 경험을 가지며 직접 대상자를 접함으로써, 인간서비스의 기본 가치를 재고하게 된다. 지역사회 자원봉사 사례관리자들은 지역사회 자원을 동원하고 조정하는 데 효과적이며, 이들은 충분한 지도와 훈련을 통해 자신의 역할에 대해 책임감을 가질 수 있다.

(2) 서비스 전달 방법에 따른 분류 모델

이윤로와 성규탁(1993)은 여러 문헌의 모델을 종합하여 서비스 전달 방법에 따라 사례관리를 중개 모델, 판매 모델, 통합된 중개판매 모델로 나누었고, 이 모델들은 사례관리 서비스가 기관이나 가족으로부터 제공될 수 있음을 나타내고 있다.

① **중개 모델**(broker care management system)

사례관리자는 대상자를 위해 필요한 여러 가지 서비스를 통합 · 조정하는 역할을 하지만, 직접 서비스를 제공하지는 않는다. 즉, 필요한 서비스를 중개만 한다.

② **판매 모델**(vender care management system)

중개 모델에서는 사례관리자가 서비스를 정리하고 중개만 해 주는 반면, 판매 모델에서는 사례관리 기관이 대상자에게 직접 서비스를 제공한다. 대상자에게 판매계약을 통해 자체 기관의 서비스를 제공하거나 자체 자금으로 다른 기관의 서비스를 구입하여 제공한다.

③ **통합된 중개판매 모델**(integrated broker-vender model)

사례관리 기관은 제한된 수의 서비스를 제공하고 나머지는 외부 기관과 협력해서 조정하며 주로 위기 개입에 중점을 둔다. 이 모델의 대표적 예는 병원을 기반으로 하는 사례관리다.

(3) 정신보건 체계 내에서 Rubin(1987)의 분류 모델

① **확장-중개자 모델**(expanded-broker model)

확장-중개자 모델은 욕구를 사정하고 기존의 서비스들을 연결시키지만, 일반적으로 직접적인 개입 서비스는 제공하지 않는 단순한 형태다.

② **개인적 강점 모델**(personal strengths model)

개인적 강점 모델은 대상자의 능력을 먼저 파악하고, 각 대상자의 목적을 달

성할 수 있도록 대상자의 강점을 최대한 발휘하게 환경을 만든다. 다시 말해 대상자의 역량을 강화하여 자원을 획득하고 돕는 데 중심을 두는 모델이다.

③ **재활 모델**(rehabilitation model)

재활 모델은 대상자의 부족한 점을 파악하고, 그러한 취약한 부분들을 극복할 수 있도록 여러 가지 기술을 가르친다. 이는 개인적 강점 모델과 같이 정신보건 체계의 목적이나 요구보다도 대상자의 목적과 요구에 초점을 맞춘다.

④ **완전 지지 모델**(full-Support model)

완전 지지 모델은 가장 광범위하게 연구되고 있는 모델이다. 이 모델은 직접적인 관리(care)도 하고, 대상자에게 필요한 다른 서비스들을 연계시켜 주는 중재자 역할도 한다. 즉, 임상 서비스 이외에도 다양한 지지적 및 연계적 역할을 수행하도록 하게 한다.

(4) 팀 모델(team model)

팀 모델은 지역사회 안에서 생활하고 있는 대상자들에게 사례관리를 실천할 때, 개별적인 사례관리(individual case management)보다는 팀을 구성하여 사례관리를 실행하는 것이 보다 효율적인 이점을 주는 것으로 제시하고 있다. 첫째, 대상자에 대해 계속적인 관리(care)와 서비스 조정(coordination)이 가능하다. 둘째, 대상자를 관리하는 데 있어서 특히 중요한 사례관리자의 힘(energy), 창조력(creativity) 등의 재생산과 어려운 문제들을 파악하고 처리하는 기술(skill)의 계획과 실행을 용이하게 해 준다. 셋째, 개별 사례관리자(individual case Manager)가 겪을 수 있는 격리(isolation)와 소진(burn-out)을 예방할 수 있다.

(5) 사례관리의 한국적 모형

황성철(2000)은 〈표 8-2〉에서와 같이 사례관리의 한국적 모형으로 단순형, 기본형, 종합형, 전문 관리형의 네 가지 모델을 제시한다.

표 8-2 사례관리의 한국적 모형

분류 / 내용	단순형	기본형	종합형	전문 관리형
근본 목적	지역사회의 자원과 서비스 연계	지역사회의 자원과 서비스 연계, 기초 상담, 조언	지역사회 자원과 서비스 연계, 심층상담 또는 치료	직접 · 간접 서비스 제공과 관리자로서 서비스 관리
기능	욕구 인식 및 사정, 사례 계획과 서비스 연계, 서비스 점검	적극적 사례 발굴, 사정, 사례 계획 및 개입, 서비스 연계, 상담, 서비스 점검	사례관리의 실천행동과 행정 구조적 기능, 즉 욕구사정, 서비스 계획, 실행, 관찰, 검토 또는 평가 등	기본적인 사례관리 기능과 자원배분, 통솔, 의사결정 기능
역할	자원과 서비스 중개자	중개자, 상담자, 교육자, 지지자, 서비스 점검자	중개자, 상담자, 치료자, 교육자, 옹호자	연계자, 상담자, 치료자, 교육자, 관리자
교육 및 전문성 정도	준전문가, 비전문가(전문대 졸업자, 또는 훈련된 자원봉사자)	준전문가, 전문가(전문대 졸업자, 또는 초년생 사회복지사)	전문가(경력이 풍부한 선임 사회복지사)	특수 분야별 전문가
조직 내 위치 및 지도감독(supervision)	기존의 조직과 업무 수행 부서에서 수행, 전문가에 의한 엄격한 지도감독	기존의 조직 내에서 수행, 경험이 많은 사회복지사의 지도감독이 필요	독립된 사례관리 부서, 최소한의 지도감독	독립된 팀 형성, 지도감독이 필요 없음
담당 사례 수	비교적 많음	적절한 사례(30사례 내외)	비교적 적은 사례(10~20사례)	최소한의 사례(10사례 미만)
개별/팀 접근	개별적 접근	개별적 접근	개별적 접근	팀 형성에 의한 접근
업무에 관한 자율성 및 권위 정도	자율적인 결정권이 없음, 전문가와 협의 요망	어느 정도 자율성이 보장됨	자율적인 의사결정이 보장됨	전문 분야별 자율성 보장, 그러나 공동 결정 요망

구체적으로 살펴보면, 첫째, 단순형 모델의 근본 목적은 단순한 지역사회 자원의 연계에 있고, 사례관리자는 중재자의 역할을 수행한다. 그러므로 사례관리자가 담당하는 사례 수가 비교적 많은 편에 속하며, 지역사회 내의 다양한 자원들과의 연계를 강조하기에 전문가 간 협의가 사례관리의 업무에서 중요한 부분이 된다. 둘째, 기본형 모델은 지역사회와의 단순 연계보다는 직접 서비스가 제공되는 모델로 서비스 내용은 단순한 기초 상담과 조언 수준에서 이루어진다. 기본형 모델에서 사례관리자의 역할은 중재자에서 상담자, 지지자로 확장되고, 30사례 내외를 담당한다. 여기서도 전문가로서의 사례관리자의 수준은 단순형과 비슷하다. 셋째, 종합형 모델은 기본형의 틀과 직접 서비스 부분이 확대된 형태다. 즉, 제공되는 직접 서비스로 심층 상담과 치료가 있으며, 중개자 · 상담자 · 지지자에서 치료자까지 사례관리자의 역할이 확장된다. 또한 사례관리자는 전문가로서의 역할도 수행해야 하기에 경력이 풍부한 선임 사회복지사 등의 자격조건이 필요하다. 담당 사례 수도 전문적이고 집중적인 관리를 위해 10~20사례로 제한된다. 종합형 모델에서 강조하는 것은 사례관리의 기능을 실천하도록 하는 것이다. 끝으로 전문 관리형 모델은 종합형의 내용에 관리(management)의 개념이 추가된 모델이다. 즉, 직접 서비스와 간접 서비스 모두를 강조하면서 관리자로서의 역할을 강조한 모델이다. 이 전문 관리형 모델은 팀 형성에 의한 개입을 강조하면서도 10사례 미만으로 담당 사례 수를 제한하여 집중적인 사례관리가 되도록 하고 있다. 더불어 특수 분야별 전문가로서의 사례관리자 역할을 강조한다.

5) 사례관리의 과정

사례관리를 전개하는 과정은 접수-사정-사례 목표 설정 및 서비스 계획 작성-계획 실시-관찰 및 추후관리-평가-종결로 이어진다. Moxley(1989)에 따르면 일반적으로 사례관리 실천에서 사례관리 절차는 사정, 서비스 계획, 실행, 관찰, 검토 또는 평가의 5단계로 이루어진다고 하였다. 이때 연결(linkage)과 중재의 기능이 강조된다.

(1) 사정

사정(assessment)이란 대상자의 현재 기능에 관한 광범위하고 구조화된 평가의 과정(Gottesman, Ishizaki, & Macbride, 1979)이다. 사례관리자는 우선 대상자의 현재 기능 수준과 욕구에 대한 정보를 수집해야 하며, 그 범위는 대상자의 심리사회적 기능의 능력뿐만 아니라, 대상자를 지지할 수 있는 사회 지지망(social support network)과 지역사회 내의 이용 가능한 자원들의 능력까지 포함하는 다차원적이고 광범위한 정보여야 한다.

또한 대상자와 대상자의 환경에 내재하는 장단점 모두를 사정 대상으로 하는데, 그 구체적 내용으로는 자기관리 및 일상생활 능력, 신체적인 건강상태, 정신적인 건강상태, 기능과 생활양식, 돌보는 사람의 기여도, 사회적 지지망과 지지, 주거와 경제적 상황 등이 있다.

특히 대상자 사정에 있어 중요한 자원이 되는 가족(Appleton, 1980; Ryglewicz, 1981; Smets, 1982; Yess & Spring, 1977)에게는 다음의 사항들을 알아보아야 한다.

- 가족들이 대상자의 병에 대해 어떻게 이해하고 있는지, 대상자를 위해 가족들이 동원 가능한 자원은 무엇인지, 가족들이 추구하는 재활 목표와 희망사항은 무엇인지를 파악한다.
- 대상자의 병으로 인한 가족의 부담을 경제적인 면, 정서적인 스트레스, 건강 문제, 사회적인 고립을 줄일 수 있는 여가활동 등 여러 측면으로 확인해야 한다.
- 대상자가 지역사회에서 활용할 수 있는 그 밖의 사회적 자원들은 무엇이 있는지 확인한다.

사정의 과정은 대상자의 상황을 확실하게 파악해야 하고(valid), 누가 사정을 하더라도 그 결과가 동일해야 하며(reliable), 다른 서비스와의 중복을 피해야

(efficient) 한다. 따라서 대상자가 자신의 관심사항을 말할 수 있는 기회를 최대한 보장해야 하고, 사정의 모든 내용은 분명하게 명료화되어야 하며, 관련된 다른 사람들(사회복지사 또는 돌보는 사람 등)과 긴밀히 협조하여야 한다.

(2) 계획

계획(planning)은 사정에서 얻어진 자료들을 근거로 하여 포괄적이고 구체적인 서비스 제공 방침과 단계 그리고 목표에 대한 개념을 설정하는 단계다. 이 단계에서는 대상자의 능력과 기술의 개선을 위한 목표, 필요한 서비스들의 활용을 위한 목표, 사회망을 통한 개입의 목표 등을 설정하고, 그 목표들을 달성하기 위한 구체적인 개입 계획을 수립하고 서비스 전달에서 나타날 수 있는 장애 요인 등을 명확하게 분석하여야 하며(Wood & Middement, 1989), 점검과 평가를 할 수 있도록 서비스 효과성에 대한 지침을 정확히 설정해야 한다(Moxley, 1989).

특히 사례관리 과정의 계획에서는 안전, 자기결정(self-determination), 생존욕구(survival needs), 사회적 관계 유지, 적절한 시간의 안배, 가족의 협조에 대한 고려 등의 사항이 고려되어야 한다(McGill & Surber 1989). 그러나 무엇보다도 이 단계에서 중요한 것은, 사례관리 계획이 대상자를 위해, 그리고 대상자와 함께 세워져야 한다는 인식이다(Kanter, 1989).

표 8-3 사례관리 서비스 계획의 구체적 예시

사례관리 서비스 계획의 구체적 사항
1. 대상자의 목표
2. 대상자가 스스로가 어떤 일들을 가능하게 할 것인가?
3. 가족의 도움은 무엇이 가능한가?
4. 친척, 친구, 동료, 지역사회 자원봉사자로부터 무엇을 얻을 수 있을까?
5. 사례관리자로부터는 어떤 일들을 얻어낼 수 있을까?
6. 사례관리자가 속해 있는 기관으로부터 무엇을 얻을 수 있을까?
7. 지역사회 내의 공공기관, 민간기관, 나아가서는 복지기관으로부터는 어떤 서비스가 제공될까?
8. 그 결과 대상자는 어떤 상황으로 변한다고 예상할 수 있을까?

출처: 최경익(1992).

(3) 연결

서비스 체계와 연결(linkage)하는 과정으로, 필요한 모든 서비스를 제공하기 위해서 대상자를 의뢰하고, 이동시켜 공식적 · 비공식적 자원들을 연결하여 계속적으로 이용할 수 있도록 하는 것을 의미한다(Monk, 1985). 이 부분에서 사례관리자는 가장 어렵고 복잡한 과정을 수행하게 되는데, 이 과정에서의 노력이 사례관리 전체의 성공 여부를 판가름할 수 있는 중요한 과정이 된다.

정신보건 영역에서는 지역사회 자원을 이용한 새로운 사회적 지지망 구축, 기존의 유대강화 및 유지, 병원(의사)과의 연계, 가족과의 연계 등의 방법을 사용한다.

사례관리자가 대상자를 그의 가용한 자원들과 연결시켰다고 하여 이 과정이 끝난 것은 아니며, 이 연결된 자원을 대상자가 사용할 수 있도록 도와야 한다.

(4) 지속적 점검 및 평가

이 과정은 대상자의 기능을 재검토하기 위한 정기적인 재평가 그리고 서비스 계획과 서비스의 변경의 과정으로 이 부분의 핵심은 대상자와 지속적으로 연계를 맺는 것이다(Gottesman, Ishizaki, & Macbride, 1979).

점검(monitoring) 과정은 다음 네 가지 목적을 위해서 기능한다. 첫째, 서비스의 계획이 적절하게 이행되고 있는지 그 정도를 검토한다. 둘째, 대상자에 대한 서비스와 지원계획의 목표에 대한 성취를 검토한다. 셋째, 서비스와 지원의 산출을 검토한다. 넷째, 서비스 계획의 변화를 요구하는 대상자 욕구의 발생을 알아낸다.

또한 사례관리자는 위와 같은 점검의 목적을 달성하기 위해 노력의 요소, 적정성 요소, 질적인 요소, 결과적 요소들을 대상자의 자기관리 차원, 상호적 관리 차원, 전문가 관리 차원과의 상관관계를 고려하면서 점검한다. 그리고 점검과 함께 시행되는 사례관리의 평가에 대해서 Moxley(1989)는 네 가지 접근책을 논의하고 있는데, 그의 이론에 따라 사례관리 평가의 구체적인 접근책을 보면 다음과 같다(김만두, 1993).

- 대상자에 대한 서비스와 지원 계획이 가치 있는 것인가의 여부를 평가하는 것이다.
  - 투입의 평가, 과정의 평가, 연관성 평가
- 목표 달성에 대한 평가다. 사례관리자는 서비스와 지원 계획이 대상자의 욕구를 달성하는 데 어떻게 영향을 미쳤는지를 평가하는 것이다.
- 사례관리 서비스의 전반적인 효과성에 대한 평가다. 이것은 사례관리와 이 과정의 활동에서 생겨난 서비스의 결과가 대상자의 기능적 상태를 유지하거나 향상시키는 데 기여하였는지 아닌지의 여부를 아는 것이다.
- 대상자 만족에 대한 평가를 들 수 있는데, 이는 여러 가지 이유 때문에 사례관리의 평가 기능에서 중요한 측면이다.

6) 사례관리자의 역할

사례관리자의 역할에 대해서 Holloway(1991)는 "체계 안에서 정책을 수립하고 자원 배치를 지도하며, 보이거나 보이지 않는 손으로 활동하는 촉진자, 체계조정자, 서비스 중개자 등으로 간주된다."라고 하였다. Hepworth와 Larsen(1986)은 "사례관리자는 대상자들이 필요로 하는 자원을 연결시켜 주고 서비스 전달을 조정해 주는 소개자 · 촉진자 · 연결자 · 중재자 · 옹호자 등의 역할을 해야 하고, 이를 위해 지역사회 자원, 대상자의 권리, 정책, 대상자를 옹호 · 중재하기 위한 기술 등 광범위한 지식을 가지고 있어야 한다."라고 하였다. 또한 Moxley(1989)는 "사례관리자는 대상자에 대한 정보를 모으고 처리하여 대상자를 대신해서 자원들의 이전을 협상하고, 서비스 전달에 대한 책임성을 획득하고, 서비스들의 제공 결과를 점검하고 평가하기 위해 모든 기관과 조직체계들의 경계 전반에 걸쳐서 활동해야 한다."라고 하였다. Netting(1992)는 "사례관리자는 문제해결자, 계획가, 지역사회 조직가, 경계 설정가, 서비스 조정가, 평가자, 자문가, 협력자, 조정가, 상담가의 명칭으로 불리는 경우도 많다."라고 하였다.

즉, 여러 학자들은 사례관리자가 역할에 따라 다양한 명칭으로 불리게 됨을 지적하고, 정신보건 영역에서 사례관리자의 역할 중 직접 서비스와 간접 서비스 제공자로의 역할을 강조한다.

(1) 직접 서비스

대상자의 질병에 대한 진단과 사정, 개인 심리치료, 집단 심리치료, 약물치료에 대한 점검, 일상생활 훈련, 가족치료, 정신건강 교육, 타 기관으로의 의뢰, 위기 개입, 직업훈련, 각종 활동 프로그램, 임상 서비스 등(Kanter, 1989)이 포함된다.

(2) 간접 서비스

대상자의 주거시설 마련하기, 직업, 서비스 전달을 촉진하기 위한 기관 치료자의 상호 회의 구성, 대상자의 욕구에 대해 토론하기 위한 공공회의 지도, 대상자들에 대한 잘못된 관념 개선, 지역사회 프로그램 등을 위한 대외 로비활동 등(황성동, 1992)이 포함된다.

이런 직 · 간접 서비스 제공을 위한 구체적 역할은 교육자와 지도감독자, 서비스 제공자, 조정자, 옹호자, 상담자, 자원 연계자, 평가자 등으로 구분한다.

① 교육 및 지도감독

교육　사례관리자는 대상자의 병과 치료에 대해 철저히 알고 있어야 한다. 왜냐하면 사례관리의 성패는 정확한 사정에 달려 있는데, 질병에 대한 정확한 지식이 없다면 완전한 사정을 할 수 없기 때문이다. 또한 치료가 어떻게 이루어지고, 치료로 인해 대상자의 행동이 어떤 영향을 받는가에 대한 인식을 제대로 하지 못하면 뒤따르는 점검 과정이 정확히 이루어질 수 없다. 따라서 대상자의 심한 질병을 돌보거나, 정신보건 전문가로의 훈련 경험이 거의 없는 사례관리자를 고용하고 있는 기관에서는 교육을 필수적으로 실시하여야만 한다.

지도감독　사례관리자의 지도감독자(supervisor)를 두는 것 또한 중요한데,

이들의 역할은 다음과 같다.

- 사례관리자와 함께 정규적인 모임을 가짐으로써 사례관리자의 진행 과정을 전체적으로 점검하는 역할을 한다.
- 지도감독자는 사례관리자에게 여러 가지 교육의 기회를 제공하여 사례관리의 기능을 발전시킬 수 있는 역할을 한다.
- 대상자를 관리하는 사례관리자들에게 계속적인 동기를 제공하고, 지나친 사례 수나 보상 부족으로부터 오는 소진 방지를 위해 이들을 지지하는 역할을 한다.

② 지속적인 서비스 제공자

사례관리자는 지속성을 가지고 서비스를 제공해야 한다. 정신 질환은 대개 만성 질환이며, 대상자들은 장기간 동안 무능력 상태로 있는 경우가 대부분이고, 질병으로 인해 대인관계를 유지하는 것이 방해받는 경향이 많으므로 서비스를 지속적으로 제공해야 한다.

③ 조정자

사례관리자는 대상자의 문제와 타인으로부터 보조를 필요로 하는 욕구를 사정한다. 계획을 세우고 지원자들과의 효과적인 만남을 가질 수 있도록 돕는다. 또한 필요 시에 사례관리자는 지원자들 사이의 갈등을 줄이기 위해 의사소통을 촉진시키고 자원망의 효율성을 증가시킨다.

④ 옹호자

사례관리자는 때로 필요한 자원이 부재하거나(예: 여성 알코올 의존자, 노숙인 알코올 의존자 등) 특정 대상자를 소외시키는 상황이 발생할 수 있음을 인식해야 한다. 옹호자로서의 사례관리자는 필요한 자원을 얻을 수 있도록 일한다. 또 다른 경우에는 사회가 대상자에게 지나치게 과도한 것을 요구하는 상황도 발생한다. 이 경우 사례관리자는 그 요구를 완화하거나 비용을 낮추어 요구를 충족시킬 수 있도록 옹호자로서의 역할을 한다.

⑤ 상담자

상담자로서 사례관리자의 역할은 자신의 대상자를 이해하고, 대상자가 자신을 위해 자원망을 개발하고 유지하기 위해서 알아야 할 것을 가르치는 것이다.

⑥ 자원의 연계

사례관리자에게는 사례관리를 효과적으로 수행하기 위한 다양한 자원이 필요하지만, 그중에서 가장 중요한 것은 대상자의 욕구에 집중하기 위한 충분한 '시간'을 갖는 것이다. 다시 말해 적절한 숫자의 사례대상자(case load)를 유지하라는 것이다. 사례관리자는 대상자의 욕구 정도와 다양성에 대해 잘 알고 있어야 하고, 사례관리 프로그램을 조직하고, 대상자에게 제공되는 다른 치료 접근법들의 단계와 지역사회 안에서의 유용한 지지적 자원의 관계를 알맞게 조정해야 한다.

⑦ 평가자

사례관리 서비스의 평가는 서비스가 제대로 전달되고 있는가에 대한 점검과 대상자 치료 경과의 두 가지 영역에 대해 수행되어야 한다. 평가를 할 때에는 비용 효과적 측면, 재발과 재입원의 예방적 역할, 사회 기능의 촉진과 향상을 포함시켜야 한다.

2. 사례관리의 실제

대상자 관리에서 강조하는 지역사회 연계와 추후관리, 치료 재활의 연속성을 증가시키는 방법으로서의 사례관리는 적절한 방법이다. 이에 사례관리의 실제에서의 한 부분을 간략하게 살펴본다.

1) 원칙

- 정신병리보다는 개인의 능력에 집중할 것
- 책임감과 자율성의 보장

2) 첫 대면

자발적으로 스스로 알아서 열심히 사례관리자를 찾아오는 대상자들은 드물며, 사례관리자는 보통 다른 사회복지사, 의사, 친척, 친구 등으로부터 의뢰를 받게 되고, 때때로 자신의 집 주변이 시끄럽다고 신고하는 주민들로부터도 의뢰를 받게 된다. 이런 비협조적인 관계일수록 첫 대면에서 사례관리자가 대상자에게 주는 첫인상이 대단히 중요하다. 사례관리자는 이 첫 대면에서 치료적인 관계를 형성하고 대상자의 자율성을 유지시키도록 최대한 노력하여야 한다.

사례관리자와 대상자가 만나는 첫 번째 시간에는 중개할 수 있는 사람을 같이 참석시키는 것이 좋다. 대상자에 관한 정보는 과거 또는 현재 대상자의 치료나 관리에 관여하고 있는 사람들과의 접촉을 통해 얻을 수 있다. 만약 전화로 첫 번째 만남의 약속을 한다면 그때부터 정보 교환, 재강화, 설명, 협상 등이 이루어져야 한다. 대상자에 대해 가장 많은 정보를 제공할 수 있는 사람은 대상자 자신이다.

처음 만나는 시간과 장소는 매우 중요하므로 여러 상황을 다각도로 고려하여 결정하여야 한다. 사례관리자는 대상자에게 겸손함, 예절, 그리고 상대방 의견을 존중하는 태도를 보여야 하며, 대상자의 말을 경청해야 한다. 만약 첫 번째 만남부터 논쟁을 하거나 문제를 증명하려는 방식으로 접근한다면, 대상자와 치료적인 관계를 형성할 수 없다.

사례관리자는 대상자에게 신뢰감을 주어야 한다. 사례관리자는 도움을 원치 않는 대상자의 권리를 인정하면서도 궁극적으로는 도움을 요청하도록 만들어야 한다.

3) 관계 형성과 유지

사례관리자가 대상자와 긍정적인 관계를 형성하고 유지하면 결과적으로 협력 관계를 형성할 수 있다. 관계 형성과 유지에는 특히 다음과 같은 자세들이 필요하다.

대상자는 사례관리자가 자신을 왜 찾아왔고, 자신에게 무엇을 해 줄 수 있는지를 명확히 알아야 한다. 사례관리자는 자신이 동원할 수 있는 자원의 한계와 능력의 정도를 정직하게 대상자에게 설명하여 이해시키고, 만약 이러한 한계로 인해 해결하기 어려운 일에 대해서는 해결을 위해 부족한 자원을 대상자와 공동 협력하여 개발하고 보충하는 접근법을 취해야 한다.

사례관리자가 대상자의 의사에 반대되는 방향으로 행동할 수도 있음을 처음부터 대상자에게 직면시킬 필요는 없지만, 대상자는 서서히 이 사실을 인식하여야 한다. 사례관리자는 대상자와의 관계에 있어 명확한 경계선을 가져야 한다. 예를 들어, 친밀한 관계가 형성되었다고 하여 개인적인 친구처럼 행동한다면 대상자와의 경계선이 무너지게 되고, 나중에는 도움을 주는 치료적인 관계를 유지할 수 없으며, 오히려 이러한 불명확한 관계는 대상자를 혼란에 빠뜨리고 손상을 입히게 된다.

사례관리자에 의존하고자 하는 대상자의 욕구가 초기에 나타나는데, 이는 잘못된 것이 아니므로 사례관리자는 일정 기간 동안 이러한 의존 욕구를 충족시키며 지지해야 하고, 대상자의 기능 수준이 향상되고 우선적인 긴급한 욕구가 충족되면 서서히 독립성을 조정하여야 한다. 또한 대상자와의 대화에서는 될 수 있으면 전문적인 용어를 사용하지 말고, 대상자의 수준과 문화적 관습에 맞는 언어와 태도를 사용하여 의사 전달이 명확히 되도록 한다.

제9장

중독과 가정

1. 서론

중독은 한 개인의 문제에 그치지 않고 가족체계 전체에 심각한 영향을 미치며, 가족기능 역시 중독 문제의 지속이나 악화 또는 치료나 회복에 중대한 영향을 미친다. 즉, 중독과 가정은 상호 순환적인 관계라고 간주할 수 있다. 중독자의 가족은 한 구성원이 알코올 중독, 도박 중독 등과 같은 불건전한 요소를 가지고 있더라도 지속적으로 항상성의 추구와 유지를 위해 역기능적인 역할에 적응하고 이를 수행하게 된다. 중독 문제의 발달과 회복 과정에 가족의 역할과 기능은 중요한 위치를 차지하고 있는 것으로 알려져 있다. 전통적으로 알코올 중독치료 방법은 개별 알코올 중독자들에 대한 생의학적, 행동주의적 접근을 중점으로 실행하고 재활 단계에서 집단치료를 실행하는 것이었고 일차적 서비스 대상자는 알코올 문제를 가진 사람들이었다. 1960~1970년대 들어서야 알코올 전문가들은 치료 과정에 가족들을 포함시키는 다양한 방법들을 개발하여 적용하기 시작하였고, 알코올 중독 부부 및 가족치료는 알코올 중독치료에 긍정적이고 비용 효과도 높다는 것이 널리 인정되고 있다(McCrady, 1989; O'Farrell et al., 1993).

우리나라의 경우 약 220~500만 명에 달하는 알코올 중독자와 약 350만여 명에 달하는 도박 중독자들이 있는 것으로 추정하고 있다. 그러나 중독 관련 치료, 재활 자원들이 매우 빈약하고 중독 문제에 대한 사회의 인식이 부족하여 중독자에 대한 일차적 보호의 책임이 가족들에게 남겨져 있는 형편이다(윤명숙, 2003). 또한 미국 등 외국에 비해 가족주의적인 전통이 강한 편이고, 중독 관련 자원의 부족과 낮은 사회적 인식으로 인해 중독 문제에 대한 가족의 일차적 보호 부담의 정도 역시 매우 강해 가족들의 경제적 · 정서적 어려움이 배가되고 있는 실정이다. 많은 경우 중독자 가족들은 자신이 가족 구성원의 중독 문제에 대한 책임을 지고 비난받아야 한다는 죄책감을 가지고 매우 낮은 자존감으로 고통받으며, 반복되는 음주와 도박 등 중독 행동에 적개심을 가지지만, 가족 내의 중독 문제에 대한 수치심으로 사회적 접촉에서 위축 · 고립되고 결국은 중독으로 야기된 문제를 부정하며 문제 자체에 대한 인식을 거절하는 경향이 높다. 이러한 체계론적 관점에서 중독자, 배우자와 자녀 간의 의사소통, 역할 수행은 더욱 역기능화되고 굳어진 상호 유형은 오히려 중독 문제를 지속화하는 데 기여하게 된다. 가족관계는 중독자의 효과적인 치료, 재활에 중요한 요인으로 작용하고 있다. 즉, 중독 가족이란 중독 문제가 가족생활의 중심적인 면이 되는 과정이 명확하게 드러나고 가족기능에 중독 문제가 통합되어 평형을 유지하는 가족을 말한다. 실천적인 의미에서 이런 가족은 중독 중심의 일상적인 행동들로 조직화되고, 감정 표현이나 단기적 문제해결 전략, 역할 규정 등도 중독과 관련된 활동들에 의존할 것이다. 그러나 가족 문제와 중독을 원인-결과론적인 개념으로 보는 것보다 상호영향을 받으며 연결된 관계망으로 보는 것이 중요하다.

그동안 정신의료기관 및 정신보건 센터, 알코올 상담센터, 도박 중독 예방치유센터 등 중독 분야의 상담사들은 실천 현장에서 중독자 및 그 가족들을 대상으로 직 · 간접 서비스들을 제공해 왔다. 중독 문제가 개인적이고 의료적인 면에 국한되는 것이 아니라 사회적으로 다면적인 특성을 가지고 있고 문제해결 또한 다

영역적 측면에 기반을 둔다는 점을 고려할 때, 개인과 환경 상호간의 균형을 고려하면서 중독자와 그 가족들의 삶의 질을 효과적으로 증진시키는 일은 중독 상담의 매우 중요한 목표라고 할 수 있다. 가족주의 전통이 강하고 중독자 자신의 문제인식이 매우 낮으며 중독 관련 자원이 현저히 부족한 상황에서, 가족들은 중독 문제의 일차적 피해자이자 문제의 변화를 시도하는 중요한 매개체 역할을 할 수 있다. 이러한 점을 감안할 때, 중독자에 비해 상대적으로 그 중요성이 덜 인식되고 있는 가족들의 특성과 단계별 과업에 기반하여 중독 가족에게 서비스를 제공하는 것은 중독 문제의 예방, 치료, 재활에 긍정적인 요인으로 작용할 수 있을 것이다.

이 장에서는 중독 가족의 문제점과 특성을 공동의존, 중독자 자녀의 문제 등을 위주로 하여 살펴보고, 상담가의 효과적인 가족 개입을 위한 다양한 개입 방법들을 소개하기로 한다.

2. 중독 가족과 공동의존

1) 중독 가족의 특성

알코올 중독 가족은 혼돈, 불일치, 불명확한 역할, 불예측성, 모호함, 반복적이고 비논리적인 말다툼들, 폭력과 강간 등으로 특징지어진다. 알코올 중독 가족은 정상 가족에 비하여 가족응집력과 생활만족도 및 가족기능 정도가 낮고 역기능적인 의사소통 유형이 두드러지며 견고한 규칙과 역할을 나타낸다고 보고되었다(Steinglass et al., 1987). 도박 중독 가족 역시 신체적 · 정서적 · 경제적 문제를 심각하게 경험하며, 아동학대, 가정폭력, 공동의존, 별거나 이혼과 같은 가족해체 등의 문제를 경험하게 된다(Abbott et al., 1995; Lesieuer & Klein, 1987). 도박 중독의 원인과 발달, 중독 행동 유지에 기여하는 것으로 알려져 있는 도박 중독 가족의 역할에 대해서는 유전적인 관점과 사회학습 관점이 존재하고 있다. 사회학습이론에 따르면 각 개인은 관찰 가능한 행동을 배우고 유지한다. 따라서 친구들뿐만 아니라 가족들이 도박의 중요한 모델이 되기도 한다. 이러한 사실은 도박 중독자의 자녀가 친구들이나 가족들과 도박을 한다는 연구 결과를 통해 알 수 있다(Daghestani et al., 1996). 국내의 알코올 중독 가족 연구 결과, 알코올 중독자 부인들 대다수가 결혼생활에 불만족하고 있으며 남편의 알코올 중독으로 인한 부부갈등 및 가족 문제가 심각한 것으로 인식하는 동시에 역으로 남편의 음주 동기에는 가족관계에서의 불화도 상당히 포함되어 있다고 생각하는 것으로 나타났다(윤명숙, 2003). 이러한 알코올 중독은 자녀들에게도 영향을 미쳐서 부모가 음주 문제를 가진 집안의 자녀들이 일반 가정의 자녀들에 비해 적개심을 뚜렷하게 나타내고, 사회적 공격성이 높으며, 반사회적인 행동을 하는 비율이 더 높은 것으로 나타났다.

많은 연구자들은 알코올 중독 가족이 정상 가족에 비하여 가족응집력과 생활 만족도 및 가족기능도가 낮으며 역기능적인 의사소통 유형이 두드러지고 견고한 규칙과 역할을 나타낸다는 것을 보고하였다.

약물 남용 가족 구성원들은 다음과 같은 4단계를 거치며(Johnson, 1990), 이들 공동의존의 단계들은 가족 구성원들이 각기 다른 시기에 시작할 수도 있다는 점을 유의해야 한다. 첫째, 배우는 단계로서 자녀의 약물 남용이 더 진행됨에 따라 가족 구성원들에게 스트레스가 존재하고, 가족생활이 변화되어 간다는 것을 안다. 가족 구성원들은 서로를 보호하고 가족 안정을 유지하기 위해 너무 잘해 주거나 너무 반항적이거나 너무 냉담한 세 가지 방어 행동을 취한다. 둘째, 찾는 단계로서 문제가 무엇이며 어떻게 해결할 수 있는지를 알고 싶어 한다. 그러나 이 단계에서는 약물 사용이 문제라는 것을 모르고 있다. 약물 사용이 문제일 수도 있다는 것을 서로 이야기하지만, 약물 사용이 정말로 문제가 아니라는 마음속의 생각이 더 강하다. 이 과정을 '가족부정(family denial)'이라고 한다. 이 시점에서 중요한 문제는 가족 구성원들이 가족 환경을 조작해서 약물 남용을 통제할 수 있다고 믿는 것이다. 더욱더 사랑하고, 비난하고, 화내는 것은 약물 사용을 조작하는 방식일 수 있다. 가족이 약물 사용을 통제할 수 있다는 신념이 바로 '가족망상(family delusion)'이다. 가족부정과 가족망상은 약물 남용자를 더욱 자기파괴적인 중독으로 유도할 수 있다. 셋째, 해로운 단계로서 이 단계에서 가족의 방어적인 행동은 의무적으로 되고 중독자의 행동처럼 예측 가능하며 자동적으로 된다. 공동의존자의 특징은 중독자를 통제하려는 가족 구성원처럼 경직되어 간다는 것이다. 이 단계에서는 중독자의 습관적인 약물 사용에 관해 중독자를 직면할 사람이 없다. 가족 구성원들은 약물 사용을 통제할 수 없다는 무력감을 느끼지만, 아직도 망상적이어서 자신들의 행동 때문에 약물 남용자가 약물을 사용한다고 믿기 시작한다. 가족 구성원들은 이러한 죄의식, 수치감, 자기비난 때문에 소외와 외로움을 경험하며, 심해지는 고통에 대처하기 위해 정교한 '부정체계(denial system)'를 만들게 된다. 넷째, 회피 단계로서 이 단계는 가족질환의 마지막 단계다. 반복되는 주요한 위기로 인한 학교 문제, 신체적 · 정서적 · 사회적 문제가 일시적으로 일어나며, 가족 별거와 유기가 일어나기도 한다. 심한 경우 문제를 해결하는 방식으로 자살을 선택하기도 한다. 가족 구성원들은 심리적으로 소모되어 막다른 지점에 이르게 되고, 잘못된 죄의식 때문에 말이 없어지고, 더 이상 대처할 능력이 없는 상황에 도달하게 된다.

알코올 중독자 가족은 사회 내에서 고립되고 지나치게 견고한 가족경계를 갖는 것으로 나타났다. 알코올 중독자 가족이 폐쇄된 체계를 유지시키기 위해 발달시키는 경직되고 불건전한 규칙은 다음과 같다(Steinglass et al., 1987).

- 알코올 중독자는 계속 술을 마시려는 강박관념에 사로잡혀 있고, 가족들은 이를 중지시키려고 하는 것이 가정생활의 중요한 일이다.
- 알코올 중독자와 가족은 알코올 중독자의 알코올 중독 사실을 부정한다.
- 알코올 중독자는 자신의 죄의식을 다른 사람에게 투사하고 술 먹는 원인에 대해 다른 사람이나 어떤 일로 핑계를 돌린다.
- 알코올 중독자는 변화로부터 자신을 방어하기 위해 가족체계를 엄격하게 유지하고 어떤 희생을 치르더라도 그 상태를 지키려고 한다.
- 알코올 중독자가 술로 인해 저지른 문제에 대해 가족 중의 누군가가 반드시

뒷수습을 해 주는 과보호적인 행동을 보임으로써 알코올 중독 행동을 되풀이하게 만든다.

- 가족들이 상호간 또는 외부 사람들과 가정에서 일어난 일들에 대해 논의하지 않는다.
- 알코올 중독자는 모든 가족들에게 그들의 감정을 숨기도록 요구하며 결과적으로 가족 구성원들과의 의사소통이 심각하게 손상을 입어 가족기능에 심각한 장애를 갖게 된다.

알코올 중독 가족의 네 가지 주요 유형을 살펴보면 다음과 같다(Kritsberg, 1985).

- 유형 1: 매 세대마다 알코올 중독자가 있는 가족체계로, 각 가족세대는 알코올 문제와 성인아이의 문제를 함께 다루어야 한다. 이 체계에서는 모든 초점이 알코올 중독자의 행동에 주어지며, 비중독자나 다른 가족 구성원의 문제에는 거의 관심이 주어지지 않는다. 알코올 중독이 가족체계에 영향을 미치는 것을 쉽게 볼 수 있다.
- 유형 2: 핵가족 내의 음주하던 가족 구성원이 음주를 중단하였으나 실제로는 알코올 중독자와 같은 방식으로 계속 작용하는 경우다. 즉, 알코올이 체계에서 사라졌으나, 만일 가족들이 아무런 치료도 받지 않고 남아 있을 경우 문제는 그대로 존속한다. 이러한 체계에 속해 있는 많은 성인아이들은 매우 심한 갈등을 느낀다. 이 가족 내 성인아이의 경우 부모가 음주를 중단하게 하려면 자신들이 위대해져야만 한다고 느끼거나 또 다른 측면으로는 스스로 이해할 수 없는 감정이나 행동에 사로잡히거나 분노 또는 상처 받은 감정을 느낀다.
- 유형 3: 한 세대 또는 그 이상의 가족세대에서 가족 구성원이 실제로 음주를 하지는 않으나 부모 중 한쪽이나 조부모 중 한 사람이 알코올 중독이었던 가족이다. 비록 실제적인 음주가 가족 내에 없으나 아직도 알코올 중독 가족의 특성을 가지고 기능한다. 많은 성인아이들이 이러한 유형의 가족에서

나온다. 이들의 부모는 알코올을 남용하지 않았으나 조부모 중의 한 사람이 그러했고 이들 가족이 계속해서 알코올 중독 가족의 행동과 규칙을 계속하는 것이다. 이러한 가족체계에 속한 가족 구성원이 이해해야 하는 중요한 사실은 알코올 중독의 행동 특성들은 실제적인 음주가 중단되어도 세대 간에 전달될 수 있다는 것이다. '숨겨진 알코올 중독 요인들'을 잘 파악하기 위해서는 철저한 가족사정이 필수적이며 이러한 가족체계의 구성원들은 자신들이 성인아이의 특성에 개인적으로 익숙함을 느끼는 것을 이해하지 못하다가 철저한 사정 후 안도감을 발견하게 된다.

- 유형 4: 이전에 알코올 중독 음주력을 갖지 않은 체계이며 현 세대의 구성원이 음주를 시작하고 그 세대의 자녀들은 알코올 문제의 높은 위험성에 노출되게 된다. 이 자녀들이 자라날 때 성인아이의 문제를 가지게 될 가능성이 높다.

가족체계는 중독자의 회복에 따라 다른 특성들을 나타내게 된다. 알코올 중독자의 단주란 단계적이고 발달적인 회복 과정이며(Brown, 1985), 회복이란 단계별 과업을 가지고 있으며 궁극적으로는 알코올 중독자 자신과 가족들의 삶의 질을 높이는 연속적인 개념으로 볼 수 있다. 즉, 회복은 단지 알코올 중독자의 절주(abstinence)만을 의미하는 것이 아니라 술 없는 삶에 대한 적응, 직업적 적응, 중요한 생활유형의 변화, 가족의 재적응을 포함하는 복합적이고 진행적인 과정이다. 알코올 중독자가 절주하여 회복 과정이 시작되면 가족들은 음주에 적응되었던 익숙한 기제에서 벗어나 새로운 변화에 대한 불안과 재적응의 문제를 경험하기 시작하고(Brown, 1985), Al-Anon에 참여하여 자신만의 회복을 증진시키기 시작한다. Brown은 회복 과정을 음주 단계, 전환 단계, 초기 회복 단계, 지속적인 회복 단계로 나누어 새로운 정체성 확립, 새로운 세상과의 관계기술, A.A에의 강한 동일시가 중요한 요소임을 강조하였다. 또한 가족들의 회복 과정 역시 연속적이고 발달적인 관점에서 음주 단계의 가족, 전환 단계의 가족, 초기 회복 단계의 가족, 지속적인 회복 단계의 가족으로 나누어 각 단계 가족들의 특성과 과업을 제시하였다(Brown & Lewis, 1995).

회복 프로그램과의 관계성을 기준으로 알코올 중독 부부를 세 가지로 유형화해 보면, 제1유형은 알코올 중독 또는 공동의존자로 인식하여 회복 과정에 모두 참여하는 부부, 제2유형은 한쪽 배우자만이 회복 프로그램에 있고 다른 한쪽은 참여하지 않는 부부, 제3유형은 배우자 모두 회복 프로그램에 참여하지 않는 부부로 분류할 수 있다. 이러한 알코올 중독 부부의 유형별 특성을 살펴보면 제1유형의 부부는 A.A.나 Al-Anon과 회복에 초점을 둔 치료에 적극적으로 참여하고 자원에 수용적이며, 각 배우자들이 자신이 변화가 되어야 하는 주체라는 것을 인식하며, 익숙한 생활유형 상실에 대한 수용과 변화에 대한 희망을 보인다고 하였다. 반면, 제2유형과 제3유형의 경우 한쪽 배우자 또는 양쪽 배우자 모두 변화를 수용하지 못하고, 가족체계는 음주역학에 익숙하게 패쇄적으로 조직화되어 있으며, 변화에 저항을 한다. 이들은 외부의 변화에 반응적이지 못하고 회복보다는 방어적으로 조직화되는 특성을 가진다고 하였다.

회복 기간 중에 알코올 중독 부부들은 커다란 상실감, 균형감각의 상실, 두려움 등을 느끼고 정서적으로 분리되는 경험을 하는 것으로 나타났으며, 이러한 정서적 분리가 개인적 자율성 형성에는 매우 필수적이라는 인식을 하지 못하는 것으로 나타났다. 또한 절주 이후 배우자들이 깊은 애도, 우울, 신혼기가 박탈된 것 같은 느낌 등을 경험하고 갈등하는 것으로 나타났다(Kaufman, 1994). 특히 중독자 초기 회복기에는 중독자의 가족 구성원들이 불안, 무력감, 수면장애, 심할 경우 자살을 생각하는 경우도 있는 것으로 보고되고 있다. 실제로 표면적으로 잘 기능하는 것처럼 보이는 알코올 중독자의 배우자들이 오랜 기간 남편의 음주와 관련된 우울, 상실감 등을 가지고 있었고, 단주를 시작하게 될 때 오랜 기간 지속된 부정의 방어 기제가 사라지면서 음주로 인한 과거의 기회 상실 등에 대한 인식 및 만족스러운 결혼에 대한 인식이 증가하여 우울을 경험하는 비율이 높은 것으로 나타났다(윤명숙, 2003).

1년 이상 단주를 유지 중이고 배우자가 집단치료에 참여하는 알코올 중독자(60사례)의 가족기능과 배우자가 참여하지 않은 회복 중인 알코올 중독자(40사례)의 가족기능을 비교한 연구(Osterman & Grubic, 2000)에서는 배우자가 집단치료에 참가하지 않은 대상자들의 가족기능 문제가 더 심각했으며, 의사소통 역시 덜 효과적이었고 메시지의 내용이 불명확하고 간접적이었다. 또한 정서적 반응 역시 상대적으로 제한되고 부부 사이의 가치갈등이 높은 것으로 나타났다. 3개월 이상 단주 중인 부부들 51쌍을 대상으로 입원 중인 알코올 중독자 부부 46쌍과 비교 연구한 결과(윤명숙, 1997), 단주 중인 부부들이 음주 중인 부부들보다 결혼만족도는 높은 것으로 나타났으나, 부인들의 공동의존도에는 유의미한 차이가 나타나지 않아 남편의 음주 중단 이후에도 공동의존이 상당 기간 지속되는 현상을 볼 수 있었다. 이러한 연구 결과들은 단주 기간이 길어지는 것이 곧 부부 및 가족관계의 증진을 의미하는 것이 아니며 단주는 가족관계, 정서적 기능을 재정립하는 시발점이라는 것을 추론하게 한다. 이상의 연구 결과들을 종합해 보면 회복 과정, 특히 초기 회복 과정 중의 부부관계는 불안, 정서적 갈등, 결혼관계의 갈등, 우울, 낮은 의사소통, 두려움 등을 경험하고 가족관계의 새로운 역할에 대한 재적응, 새로운 자아의 확립 등에 많은 어려움을 경험하는 것으로 나타났다.

지난 수십 년 동안 알코올 중독자의 부부관계에 관해 행해진 연구는 크게 성격이론, 사회스트레스이론, 정신사회적 이론 입장의 세 영역으로 구분할 수 있다(윤명숙, 1997).

첫째, 성격이론은 초창기에 알코올 중독자와 결혼한 부인들의 성격적인 면에 우선적으로 초점을 두었다. 성격이론 중 '혼돈된 성격가설(The Disturbed Personality Hypothesis: DPH)'은 1930년대에 처음으로 소개된 것으로서 알코올 중독자의 부인들이 신경증적인 갈등, 성에 대한 두려움, 의존성에 대한 갈등, 통제력이 낮은 공격 충동들, 그리고 약한 남성을 지배하고자 하는 열망을 가진 것으로 묘사하였다. 이 가설은 정신역동적인 개념에서 나온 것으로서 알코올 중독자의 부인들이 특정한 정신성적 단계(psychosexual stage)에 고착하여 초기 고착의 결과인 의식적·무의식적 갈등을 계속적으로 경험하는 것이라고 보았다. 따라서 알코올 중독자 또는 잠재적 알코올 중독자와의 결혼은 자신의 갈등에 대한 신경증적 해결이며 알코올 중독자 또한 자신의 신경증적 욕구를 충족시키기 위해서 이러한 여성과 결혼한다고 가정하였다. 그러나 이 가설이 정신분석적인 가설이기 때문에, 무의식 과정을 직접적으로 측정하기가 불가능해서 검사나 일반화의 문제점을 갖고 있는 것으로 드러났다. 이 가설을 검증하기 위해 알코올 중독자 부인들의 정신병리를 측정한 대부분의 연구에서 부인들이 정신적으로 정상적인 범위에 있는 것으로 나타났고 다만 Kogan 등(1963)의 연구에서만 부인들의 심리적 혼돈이 발견되었다.

알코올 중독자의 부인에 대한 또 다른 성격이론으로는 '보상 상실 가설(The Decompensation Hypothesis: DH)'을 들 수 있는데, 이 가설은 알코올 중독자가 성공적으로 단주를 하면, 그 부인은 그동안의 보상을 상실하게 된다는 것이다. 알코올 중독자와의 결혼이 무의식적인 심리적 갈등에 대한 방어이기 때문에 알코올 중독자가 음주를 중단하면 심리적 갈등에 대한 보상이 사라지게 된다고 보는 것이다. 이 가설에 따르면 단주로 인한 방어의 제거는 심한 우울이나 정신병 같은 심각한 정신적 문제의 발생과 같은 성격적 통합의 해체를 가져오는 것으로 생각된다. 많은 임상가들이 이러한 관찰을 하였고 Macdonald 등(1956)은 남편의 음주 중단과 부인의 정신과 입원 치료 사이에 상관관계가 있다고 주장하였다. 그러나 이 가설의 타당성을 고려하는 데 나타나는 두 가지 중요한 문제가 있다. 첫째, 연구 대상자들이 이미 정신과에서 치료 중인 여성이나 치료 중인 부부였고, 이것은 분명히 인위적인 집단을 나타내는 것이다. 또한 회복 중인 알코올 중독자의 부인들 중 정신과 치료를 받지 않은 대상자들에 대한 연구가 없었다. 둘째, 관련 연구에서 임상적인 관찰에 대한 대안적인 설명이 결여되어 있다는 것이다. 예를 들어, 지난 수년 동안 남편을 대신해서 다양한 기능을 함께 수행해 오던 여성의 배우자가 예전처럼 그에게 의지할 만한 상태로 회복되었을 때 여성은 자신의 욕구, 갈등, 문제들에 집중하게 되는데 이것이 보상 상실로 보일 수도 있다는 것이다.

둘째, 알코올 중독 부부의 결혼생활에 대한 또다른 접근은 '사회스트레스이론'으로서 배우자 성격 연구에서 벗어나 알코올 중독과 부부관계의 상호관련성을 고려하는 것으로 방향이 전환되었다. Jackson 등은 배우자가 결혼 전에 정상

성격을 가졌다고 하더라도 지속적이고 역기능적인 남편의 음주로 인한 스트레스에 적응하기 위해 신경증적 성격을 갖게 된다고 주장하였다. Jackson은 남편의 지속적인 음주에서 발생하는 부부 사이의 압력과 예측 불가능한 행동들로 인해서 생겨나는 스트레스를 처리하려는 부인들의 욕구를 강조하였다. 그녀는 가족들이 부정과 축소의 1단계, 긴장과 고립의 2단계, 열등감과 분열의 3단계, 가족 재조직의 시도 및 역할 이동의 4단계, 별거, 도피하기의 5단계, 알코올 중독자를 제외한 가족 재조직의 6단계, 알코올 중독자의 회복과 재조직의 7단계를 거쳐서 적응해 나간다고 주장하였다. Jackson(1954)은 부인들이 나타내는 혼돈이나 불안이 남편의 음주와 직접적으로 연관된 반응이라고 보았다. 손봉기 등(1992)도 부인들의 인성적 특성이 알코올 중독자와의 결혼생활에 영향을 미쳤을 것이라고 생각하지 않으며, 오히려 부인들의 신경증적 양상이나 태도 등이 남편의 만성적이고 누적된 음주 관련 자극에 대한 반응일 것으로 추정하였다.

셋째, 알코올 중독 부부의 결혼 생활에 대한 세 번째 이론은 정신사회적 이론으로서 알코올 중독자의 부인들이 정신사회적 증상이 높으며, 어린 시절에 학대받은 경험이나 부모와의 관계에 어려움을 가졌거나 성적 역기능을 가진 경우가 많다는 것이다. 예를 들어, Bailey는 알코올 중독과 결혼에 관한 연구에서 성적 역기능과 갈등이론 양자의 관점을 통해 알코올 중독 부부의 관계를 보려는 입장을 취하였으며 이 입장은 과거의 성격이론과 사회스트레스이론 양쪽의 입장을 받아들인 것이다.

이러한 세 가지 이론적 입장은 배우자 사이의 상호작용 과정에 초점을 둔다고 할 수 있다. 최근에는 부인의 성격이 남편의 음주에 기여하는가에 초점을 둔 원인론적인 시각보다 알코올 중독 남편을 둔 배우자의 다양한 음주 대처 행동과 그 영향에 초점을 둔 체계론적인 접근법 또는 사회학습론적인 접근법이 임상가들 사이에서 크게 각광받고 있다.

2) 공동의존

(1) 공동의존의 개념

중독자 가족관계의 대표적인 특성으로 간주되는 공동의존(co-dependency) 개념은 초기에 알코올 중독자와 그 가족의 상호작용 속에서 나타나는 가족관계의 대표적인 특성으로 간주되었다(Gierymski et al., 1986). 공동의존은 알코올 중독자 또는 알코올 중독 가족체계 내에서 함께 살면서 습득하는 특정한 성향 및 행동을 일컫는 개념이었지만 1990년대 들어와서는 중독 분야뿐만 아니라 정신건강 전반에 그 개념이 확산되었다. 현재 공동의존에 관한 다양한 관점들이 존재하고 있고 공동의존의 개념에 대한 공통된 합의가 이루어지지 못하고 있다. 알코올 중독자와의 일상적인 상호작용의 직접적인 결과로 나타나는 정신의학적인 장애를 공동중독증(co-addiction) 또는 공동의존증으로 부르기도 하며, 이외에도 공동 알코올 중독자(co-alcoholic) 또는 준알코올 중독증(para-alcoholism) 등으로도 명명된다. 윤명숙(1990, 1997)은 공동의존이란 알코올 중독자와 밀접한 관계를 맺고 함께 생활한 결과 사람들이 친밀감, 경계선, 주체성과 감정표현 등에서 어려움을 경험하는 역기능성으로 정의하고 있다. 아직까지 공동의존에 대한 합의가 존재하지는 않으나 이제 공동의존이라는 용어가 더 이상 알코올 중독자와의 관계에만 국한되지 않는다는 점을 고려할 때 공동중독보다는 공동의존이 더 적합한 용어라고 생각할 수 있다. 공동의존에 대한 여러 관점들을 크게 분류해 보면 다음과 같다.

첫째, 정신역동적인 관점에서 공동의존을 보는 학자들은 공동의존자들이 자존감이 낮고 자기정체성의 문제를 가지고 있다고 본다. 즉, '공동의존은 인생을 고통스럽게 만드는 학습된 행동, 믿음, 감정들의 의존 유형을 표현하는 데 사용하는 용어'라고 하며, 공동의존자들은 자신을 위한 삶보다는 타인의 가치와 기준에 맞추어 살아가는 사람들이라고 보았다(Smalley, 1984). 공동의존자는 주변 사람들로부터 버림받을 것에 대한 두려움과 불안을 가지고 있는데, 이런 감정이나 행동들은 자신의 인생보다 중독자를 관리하고 조절하는 데 자신의 모든 시간을 보내는 중독 가족체계와 연관되어 있다.

둘째, 질병모델로 공동의존을 보는 입장에서는 공동의존 그 자체를 가족 구성원들이 경험하는 심리적 · 신체적 증상을 가지는 하나의 질병으로 결론짓는다. 대표적 연구자들인 Wegscheider-Cruse와 Schutt(1985) 등에 따르면 공동의존은 신체적 · 심리적 구성 요소를 가지고 특정 과정에 따라 발전하는 만성적이며 진행적인 질병이다. 또한 공동의존자들은 건강하지 못한 방법으로 행복해지기 위해서 병든 사람들을 필요로 한다. 예를 들어, 알코올 중독자의 부인들은 중독자를 필요로 하거나 결혼할 때 중독자를 선택하는데, 그 이유는 알코올 중독자의 음주를 통해 자신의 무의식적 욕구를 만족시키려고 하기 때문이다. 공동의존을 질병으로 보는 사람들 가운데서도 특히 Cermak(1986)은 공동의존을 인격장애의 한 형태로 파악하고, 알코올 중독자와의 상호작용에서 발생하는 개인의 정체성과 경계선(boundary) 장애가 공동의존이라고 주장하였다. 공동의존 인격장애의 진단 기준은 다음과 같다. ① 심각한 역기능적 결과에도 불구하고 타인을 조절하는 능력 안에서 자신의 자존감을 추구한다. ② 자신의 욕구를 무시한 채 타인의 욕구를 충족시키는 데 과도한 책임을 떠맡는다. ③ 타인과의 친교 및 분리와 관련하여 불안 및 경계선의 왜곡현상을 나타낸다. ④ 인격장애, 약물의존, 또 다른 공동의존 또는 충동 조절 장애를 가진 대상자들과의 관계에 몰입한다. ⑤ 부정, 감정의 억압, 우울, 지나친 경계심, 강박적인 행동, 불안, 약물 남용, 신체적 또는 성적 학대의 경험, 스트레스와 관련된 질환, 최소한 2년 동안 외부의 도움을 구하지 않은 상태에서 중독자와 친밀한 관계를 유지해 오고 있는 것 중 적어도 세 가지 이상이 존재하는 경우를 뜻한다.

셋째, 공동의존을 역기능적인 가족의 관점에서 보는 연구자들은 성인아이들이 보이는 공통적인 문제들을 강조한다. Subby(1987)는 정서적 · 심리적으로 혼란스러운 가족체계, 신체적 또는 성적으로 학대적인 가족체계 그리고 원리주의적이거나 교조주의적인 가족체계가 공동의존이 발달할 가능성이 높은 가족체계라고 제시하였다. 그는 공동의존이 "일련의 엄격한 규칙과 실제적인 생활에 개인이 장시간 노출된 결과로 발달된 감정적 · 심리적 · 행동적인 상태"라고 정의하였다.

실제로 임상 현장에서 공동의존자들 중의 많은 수가 성인아이로 나타나고 있으며 알코올 중독 치료 환경에서 공동의존증과 알코올 중독의 문제를 동시에 다루거나 성인아이 치료에서 성인아이 문제와 공동의존의 문제를 동시에 다루는 것의 필요성이 강력히 대두되고 있다. 종합해 보면 공동의존은 양분된 개념으로서가 아니라 진행적인 과정으로서 연속선 내에서 생각될 수 있으며, 정체감의 상실에서부터 강한 정체감 및 친교의 능력에 이르기까지 하나의 연속선상에서 측정될 수 있다고 보아야 할 것이다.

(2) 공동의존의 단계와 유형

공동의존의 단계를 살펴보면 〈표 9-1〉과 같다.

표 9-1 공동의존의 단계

단계	특성
1단계: 의존이 형성되는 단계	인생의 초기 단계에서 정상적인 대인관계의 애착이 형성되지만 공동의존은 더 강렬하고 일방적이며, 공동의존의 단계로 진전되는 단계로서의 특성을 전개한다.
2단계: 두려움	의존이 점점 더 커지면서 일방적인 의존이라는 것을 알게 될 때 상실과 분리에 대한 두려움과 공포감을 경험하면서 동시에 통제하거나 사랑할 능력이 없음을 깨닫기 시작한다. 버림받을 것에 대한 두려움, 소외감과 권위, 반응적인 사람이 된다는 것에 두려움을 경험한다.
3단계: 정서적인 마비	첫째, 사랑하는 사람을 상실하는 데 대한 두려움으로 인해 발생한다(내가 화를 내지 않는다면 그는 나를 사랑할 것이고 나를 떠나지 않을 것이고 나를 버리지 않을 것이다.). 둘째, 고통스러운 때나 감정을 회피하려고 할 때 기쁨이나 즐거움을 느끼지 못하게 된다.
4단계: 행동상의 고착	어떤 상황에서 정서적으로 옴짝달싹할 수 없을 것 같은 고착은 공동의존의 대표적인 표시다. 행동상으로 보면 고정된 행동자세, 보호적인 방어, 반복, 의식화된 행동 유형, 만성적이고 잘 알 수 없는 병에 걸리는 경우 지나치게 일에 몰두하거나 강박적인 도박 등으로 나타난다. 예를 들자면, 알코올 중독 및 약물 중독, 강박적인 쇼핑 중독, 거식증과 대식증, 골초 등이 나타난다. 이 단계에서는 자신에 대한 객관성을 가질 능력이 없고 되돌아보거나 현재 무엇이 일어나고 있는지를 알 수 없다.

일반적으로 우선 먼저 의존이 형성되는 단계에서는 공동의존이 발생하지만 그 존재에 대해 깨닫지 못하고 악화되는 과정이 시작되며, 2단계의 두려움, 3단계의 정서적 마비를 거쳐 최종적으로 행동적 반응이 고착화되는 경과를 밟는다.

(3) 공동의존의 영향을 받는 사람들 및 유형

공동의존에 가장 쉽게 영향을 받는 사람들을 접촉의 빈도와 근접성에 의해 살펴보았을 때, 알코올이나 다른 약물 중독자의 배우자, 알코올 중독자인 부모의 어린 자녀, 조부모, 혹은 형제들, 회복 중인 알코올 중독자들, 역기능적이고 어려움 많은 규칙과 왜곡된 의사소통을 하는 가족체계에서 사는 사람들, 알코올 중독이나 약물 중독은 없더라도 부정(denial), 강박적인 행동과 정서적 억압이 있는 가정에 사는 사람, 중독자와 일하는 전문가들이다.

실제로 공동의존의 유형은 합의된 단일 유형이 없고 학자들에 따라 다양한 유형이 존재하고 있다. 첫 번째 유형은 반응적인 공동의존자로서 중독 문제를 가진 가족 구성원과 살기 위한 기능으로서 상황적인 혼돈을 발달시킨 사람들이다. Beattie(1987)는 "공동의존자란 타인의 행동이 자신에게 영향을 미치도록 방치하며 또한 타인의 행동을 조절하는 데 강박적인 사람으로서 다른 사람의 행동을 조절하는 데 몰입한 결과, 스스로에게 그 영향이 돌아가는 사람"이라고 하였고 공동의존을 '반응적 과정'으로 강조하였다. 두 번째 유형은 공동의존적 성격장애로서 알코올 및 기타 중독자들과 파괴적인 관계를 가지고 유지하게 만드는 만성적인 성격 유형을 가진 사람들을 뜻한다. 이러한 공동의존에 기여하는 가족의 역동성은 첫째, 중독 관련 사실을 모르는 척하거나 아무 일도 발생하지 않은 척하는 가족의 비밀주의, 둘째, 가족의 상처를 직접적으로 말하는 것이 금기시되면서 사실에 직면하기보다 회피 또는 억압하는 가족의 외상적 사건들, 셋째, 가족의 경직성과 독단성 등이다. 공동의존자의 유형을 달리 분류하기도 하는데, 순교자형, 박해자형, 공모자형, 술친구형, 냉담자형 등이 있다.

(4) 공동의존의 특성

일반적으로 볼 때 공동의존자는 낮은 자존감, 부정직성, 분노, 적개심, 조절, 혼돈, 완벽주의, 의존성, 부정주의 등의 특성을 가지며, 타인과 기능적인 경계를 형성하는 데 어려움을 가지기 때문에 관계 형성의 어려움을 경험한다. 또한 자신의 욕구를 인식하고 충족시키기보다 중독자의 욕구를 충족시키는 데 우선 중점을 둔다(윤명숙, 1997). 따라서 공생적인 상호작용의 관계를 깨뜨리려는 위협에 대해 불안을 느끼고 공생관계 속에서 만들어진 잘못된 자아상실에 대해 두려움을 갖는다. 이런 이유로 가족 구성원 중에서 공동의존자는 중독자의 치료에 거부감 또는 불안, 두려움을 강하게 갖는다. Whitfield(1991)는 공동의존을 자신의 정체성에 대해 부정하는 자아를 상실하는 질병으로 설명하면서, 공동의존의 특성

표 9-2 공동의존자의 특징적 증상

- 자신의 현재 감정을 인식하는 데 어려움을 느낀다.
- 자신의 감정을 표현하는 데 어려움을 느낀다.
- 타인과 친밀한 관계를 맺거나 유지하는 데 어려움이 있다.
- 완벽주의적인 성향이 강하다.
- 변화를 시도하지 못하고 경직되거나 정체된 태도와 행동을 보인다.
- 변화에 적응하는 데 어려움을 느낀다.
- 타인의 행동과 감정에 과도한 책임감을 느낀다.
- 지속적으로 타인의 인정을 필요로 한다.
- 의사결정을 잘 못한다.
- 삶의 무기력감을 느낀다.
- 낮은 자존감과 수치심을 느낀다.
- 순교자적인 자세 또는 비난적 자세를 취한다.
- 자신의 감정들에 대해 타인에게 책임감을 전가시킨다.
- 중독자의 행동을 덮어 주고자 거짓말을 하고 핑계를 댄다.
- 실제 문제들을 부정한다.
- 자신의 정체감이 분명치 못하다.
- 남을 돕고 난 후 화가 난다.
- 자신의 도움이 타인에게는 실제적으로 해가 되거나 상처가 됨에도 불구하고 타인을 돕는다.
- 정상적인 행동이 무엇인지 잘 구분하지 못한다.
- 흑백논리와 부정주의가 강하다.

은 첫째, 후천적이며 습득되는 것, 둘째, 외부 세계에 집중하는 것, 셋째, 자아를 상실하고 개인의 경계선이 왜곡되는 것, 넷째, 정서장애, 공허감, 자존감 저하, 수치심과 공포 등을 경험하는 것, 다섯째, 관계 형성의 어려움을 경험하는 것이라고 하였다. 많은 학자들의 의견들을 종합한 공동의존자의 특성을 정리하면 〈표 9-2〉와 같다.

최근 들어 많은 알코올 및 중독 분야 전문가들은 이 개념을 중독자를 둘러싸고 있는 가족 역기능을 평가하고 치료할 수 있는 구성틀로서 사용하기 시작하고 있다. 그러나 공동의존이 중독자 부부 및 가족관계의 대표적 특성임에도 불구하고 중독의 각 단계별로 나타나는 공동의존 양상과 영향을 미치는 요인들에 대한 연구는 거의 없었다. 공동의존도의 향상은 건강한 부부 및 가족관계에 기여하고 중독자의 회복 과정에도 중요한 요인으로 작용하기 때문에 통합적인 가족 회복 과정의 중요한 요소로 간주되어야 한다.

(5) 공동의존의 치료

공동의존의 개입은 어렵지만 치료는 공동의존에 필수적이다. 공동의존은 심하게 파괴적이거나 신체적 또는 정신과적인 문제의 주요 원인이 되는 경향이 높다. 치료받지 않은 공동의존자들, 특히 반응적인 공동의존 또는 공동의존적 성격장애를 가진 경우는 중독자의 치료에 역기능적 영향을 미치는 경우가 많다. 공동의존은 가족 구성원의 동기, 태도, 지각 등에 영향을 미친다. 또한 인지적이고 정서적인 기능이 중독자를 중심으로 조직화되기 시작하며 특히 공동의존적인 성격장애를 가진 경우에 그런 경향이 높다. 중독자가 치료를 받게 되면 공동의존자들의 세계는 심하게 위협받기 시작하고 불안이 증가하게 된다. 익숙해졌던 가족 구성원들의 역할은 흔들리기 시작하고 중요한 변화가 필요하게 된다. 중독자를 위해 공동의존자에 의해 형성된 거짓자아는 더 이상 중독체계에 의하여 지지되지 못하며 가족 구성원들은 자주 공허하다고 느끼고 목적이 없는 것처럼 느낀다. 그 결과, 치료받지 않은 공동의존자는 중독자가 치료를 그만두게 노력하거나 치료를 거부하도록 연합하게 된다.

가족 구성원들 자신을 위한 치료의 욕구뿐만 아니라 중독자의 재활에 긍정적인 측면을 불러일으킨다는 점을 감안하여, 중독자의 치료와 병행하여 실시되는 공동의존치료는 초기 회복 단계 동안 발생할 수 있는 관계의 긴장을 예방하는 데 필수적이다. 합동치료는 동시에 회복을 시작하게 하고 상대방의 상태에 대한 공감을 증가시키게 된다(윤명숙, 2003).

① 치료 모델

집단치료 공동의존자의 치료는 많은 회기로 이루어진 집단치료가 개별치료보다 더 효과적이다. 집단 환경은 지지와 보편성을 주기 때문에 공동의존자가 자신을 식별할 수 있게 하고 동료들에 의해 지지받는다는 느낌을 가지게 한다. 치료자의 목적은 공동의존적인 생활 유형이 아닌 사회적 규범을 창출하는 집단 응집을 창출할 수 있도록 도와주는 것이다. Yalom의 대인관계 집단치료 모델은 집단응집력을 증가시키는 데 우수한 것으로 보고되고 있다. 전형적으로 중독적 가족체계 내에서 나타나는 의존자의 동일 유형은 치료집단 내에서 재연된다. 동일 유형을 식별하고 교육받고 새로운 행동을 습득하는 것이 집단치료의 필수 과정이 된다.

자조집단 Al-Anon, Co-dependent Anonymous 등의 자조집단에서는 같은 공동의존자들끼리 위기 상황에서 또는 치료 후에도 상호 지지, 구조, 안내를 통해 서로 협력한다. 사랑과 공감을 나누는 집단에서 그들의 수치심과 공동의존자의 부정(denial), 내적 스트레스 등을 다루게 된다.

교육집단 집단치료와 병행하여 교육집단을 수행하는 것이 좋다. 교육적 영화나 강좌는 내담자에게 공동의존과 중독, 회복에 대한 기본적인 정보를 제공해준다. 이것은 공동의존 발달에 기여하는 중독적인 체계에 대한 지식을 증진시켜준다.

Johnson의 개입 모델 공동의존자에 대한 개입은 알코올 중독자의 개입과 유사하다. 공동의존자의 개입에 필요한 간략한 개요는 다음과 같다. 첫째, 2~3인의 보호자를 선정한다. 보호자는 공동의존자의 행동을 경험하고 이 경험을 직접 말해 줄 수 있는 사람들로 선정한다. 둘째, 중독 상담사는 공동의존자의 문제에 대한 공식적이고 체계적인 훈련과 교육을 제공한다. 셋째, 공동의존자의 자기파괴적인 행동들(강박적 행동, 분노, 상처, 외로움, 슬픔, 공포, 부적절성과 같은 부정하는 감정들, 무력감 등)에 대한 자세한 자료를 수집한다. 이런 종류의 정보를 수집하는 것은 알코올 중독의 개입에 관한 자료를 모으는 것보다 어렵다. 그러나 공동의존자에 관심이 있는 사람들이 자료를 명확히 하고 명료하게 하기 위하여 가능한 한 많은 정보와 교육을 받아야 하는 것은 매우 시급한 일이다. 넷째, 개요 설명이 상세한 치료 계획을 준비한다. 공동의존자의 강한 저항과 약한 의지 때문에 잘 준비된 치료 계획이 필요하다. 다섯째, 공동의존자에게 예측되는 결과를 명확하게 제시해 준다.

② 단계별 프로그램

1단계 프로그램 24주의 프로그램으로 구성되어 있다. 매주 교육집단 프로그램 진행 후 토론과 집단치료를 연속하여 실시한다. 이 프로그램의 목적은 내담자들이 자신의 공동의존적인 행동들을 식별하고 수정하며, 중독과 공동의존에 대한 기본적인 지식을 얻는 것에 일차적 초점을 둔다. 또한 프로그램을 통해 Al-Anon과 같은 자조집단에 참여하도록 강력히 권유한다. 이 프로그램은 약한 형태의 공동의존을 가진 가족 구성원들, 즉 반응적인 공동의존자들이 주로 참여한다.

2단계 프로그램 좀 더 심한 공동의존을 가지고 있거나 공동의존적인 성격장애를 가진 사람들은 집중적인 1년 치료에 참여한다. 이 치료는 집중적인 집단과 개별 상담으로 이루어져 있다. 초기 6주 동안(일차적 보호)과 4주의 전이 기간 동안 내담자는 매주 3회의 집단치료에 참여한 후 매주 1회씩의 사후관리 프로그램에 남은 1년의 기간 동안 참여하게 된다. 이 치료를 통하여 개별상담이 정규적으로 제공되며 이 치료는 집단 참여를 지지하는 형태에 초점을 두게 된다. 추가적인 치료가 필요한 경우 개별 심리치료가 내담자의 치료와는 독립적으로 제공되기도 한다.

모든 치료의 결과는 공동의존자가 일차적인 보호와 사후치료를 통해 중독자와의 합동치료에 얼마나 잘 참여하는가에 좌우된다. 모든 중독자와 공동의존자는 중독 상담사와 공동의존 상담자로 이루어진 치료팀에 소속되며 각각은 독립적으로 개별적인 집단치료를 수행하고 합동집단을 지도한다. 공동의존치료의 장애 요인들은 다음과 같다. 첫째, 공동의존자가 공동의존의 문제를 인식하지 않는 것이다. 둘째, 통제(control)의 문제로서, 전통적 심리치료의 책임 문제와 공동의존자의 통제 문제가 충돌할 때 발생한다. 셋째, 분열주의로서, 공동의존자들이 문제의 전체를 보지 않고 문제의 조그마한 부분에 초점을 둠으로써 현실적인 문제를 다루는 데 장애를 경험한다. 넷째, 공동의존자들이 인지적이고 지적인 부분에 초점을 둠으로써, 감정 처리를 회피하려는 경향이 있기 때문에 인지적이고 지적인 부분보다 내담자의 내적인 과정과 감정들을 먼저 다루고 그다음에 인지적인 수준으로 접어드는 것이 필요하다. 다섯째, 공동의존으로부터의 회복과정에서 영적인 부분들을 인정하고 다루어 나가는 것은 매우 중요하다.

3. 중독과 자녀

1) 중독자 자녀들의 특성

건강한 가정에서 자라나는 자녀들은 안전함, 따뜻함, 양육 그리고 안내에 대한 욕구들을 대부분 채우고 있다. 이 같은 자녀들은 그들 자신의 내면에 안전감과 신뢰감을 가지고서 성인 시기로 들어선다. 역기능 가정들에서 이 같은 필요들은 충분히 충족되지 않거나 전혀 충족되지 않는다. 이 같은 자녀들은 그들 자신의 내면에 미완성감, 불신감 그리고 두려움을 갖고서 성인 시기에 접어든다(고병인, 1997). 임상 문헌들에서는 부모의 음주 문제로 고통받는 자녀들이 부모와의 관계에서 비일관적인 양육, 이중 구속적 메시지, 숨겨진 감정, 수치심, 불확실성, 불신을 경험하면서 생애 전반에 걸쳐 지속적인 문제를 일으키는 엄격한 역할 행동을 발달시킴을 강조하고 있다(박현선, 이상균, 2001; Wegscheider-Cruse, 1989).

부모의 중독은 자녀의 정신사회적 발달에 부정적인 영향을 미치는 위험 요인으로 작용한다. 중독자 자녀 연구로는 부모의 음주 문제가 자녀에게 어떠한 영향을 미치는지에 대한 연구가 주로 이루어졌다. 특히 유아에게 첫 번째로 입증된 태아 알코올 증후군(Fetal Alcohol Syndrome: FAS)을 포함하여 아동기의 심리정서적 문제, 청소년기 정서 및 품행 문제, 성인기 알코올 중독과 같은, 알코올 중독자 자녀(Children of alcoholics: COA)가 생애에 걸쳐 경험할 수 있는 문제들을 정리해 온 ElGuebaly와 Offord(1977)에 의해 경험적 발견이 많이 이루어진 이후 그러한 연구가 활기를 띠기 시작했다(Kenneth, 1997 재인용). 대부분의 연구에서는 알코올 중독 가정과 비알코올 중독 가정의 자녀들을 비교하였으며, 그 결과 문제음주자 가정 자녀가 외현화 및 내현화의 문제를 경험할 가능성이 더 많다고 보고되어 왔다(Hill et al., 2008; McCord, 1999). 즉, 알코올 중독자의 청소년 자녀들이 일반 가정 자녀에 비해 불안과 우울수준이 높았으며(Sher et al., 1991), 내적 통제감 및 자존감이 낮은 것으로 나타났다. 또한 과잉행동, 정서 문제, 품행 문제, 또래 문제를 보이는데(Hill et al., 2008), 남학생은 품행 문제, 여학생은 정서 문제가 두드러지는 것으로 나타났다. 이외에도 언어능력이 부족하고, 학업성취가 낮고, 반사회적 행동을 보이며, 음주에 대한 기대가 높고, 음주를 더 많이 하는 것으로 나타났다(윤명숙, 조혜정, 2009). 초등학생 자녀를 대상으로 한 연구(김진희, 2000)에서도 음주 문제를 지닌 부모의 초등학생 자녀 집단은 비교집단에 비해 부모와의 의사소통과 가족응집력이 낮았다. 또한 부모의 문제음주는 우울 및 불안에 직접적인 영향을 미칠 뿐만 아니라 부모와의 의사소통 및 가족응집력을 통해 우울 및 불안에 간접적인 영향을 주는 것으로 나타났다.

이처럼 청소년 음주의 위험 요인으로 부모의 문제음주가 지목되어 왔고 알코올 중독 가정에서 자라난 자녀들의 경우 일반 가정에 비해 알코올 중독자가 될 가능성이 높은 것으로 보고되고 있다(Johnson & Leff, 1999). 부모의 문제음주나 문제성 도박은 부모의 음주 상황이 자녀에게 모델링하는 것 이상으로 부적절한 양육 태도 및 가족관계 갈등이 함께 동반되면서 가족생활 전반에 걸쳐 혼란을 가중시킬 수 있다. 즉, 음주 후 발생되는 부부갈등이 별거 및 이혼으로 연결되거나, 부모로서의 부적절한 양육 태도 및 역할로 인한 애착 및 가족기능이 약화되면서 자녀의 적응에 부정적인 영향을 미친다는 점이다(김혜련, 최은정, 2003; 윤명숙, 조혜정, 2009). 부모의 문제음주나 문제성 도박은 부부갈등을 증폭시키고, 자녀에 대한 민감성이 낮아지면서 자녀와의 불안정한 애착관계를 형성할 가능성이 높다. 알코올 중독 가정에서 성장한다는 것은 역기능적이고 혼돈된 가정생활의 외상과 스트레스를 견뎌 내야 하는 것이고, 가정폭력을 목격하거나, 아동학대를 경험하거나 또는 발달단계상의 부정적인 손상을 가져오는 위험에 노출될 가능성이 더욱 높다는 것을 뜻한다. 알코올 중독자 자녀들이 불안, 우울, 알코올 중독, 반사회적 행동 등 다양한 종류의 부정적인 결과를 발달시킬 수 있는 위험성이 높다는 연구들이 보고되었다. 알코올 중독 가정의 자녀들은 정신사회적으로 독립이 요구되는 성인기에 이르러서 충동적이고 미성숙하여 강박적인 사고 특성, 권위 지향적이고 타인 의존적인 대인관계 특성과 같이 다각적인 측면에서의 미성숙한 발달지연, 즉 알코올 중독 가정의 성인아이 문제성향 또는 성인아이 증후군(adult children syndrome)이나 공동의존 등의 부정적인 적응형태를 보일 가능성이 높으며, 알코올 및 약물 중독자가 되기도 한다(박현선, 이상균, 2001). 이와 같이 자녀의 역할 유형을 강조하는 임상가들은 알코올 중독 가정 내 역기능적 역할의 유형화와 분류에 대해서 주목하고 있다. 이들 역기능적인 가족 역할은 다양한 문헌에서 상이하게 표현되고 있지만 대체적으로 가족영웅, 희생양, 귀염둥이, 잊혀진 아이와 같이 네 가지 정도로 요약된다(박현선, 2003; 윤명숙, 2001).

(1) 가족영웅의 역할

가족 내에서 가사에 대한 책임을 지면서 더 어린 동생들을 돌보고, 학교에서도 평균 이상의 성적을 유지해야 한다고 생각하는 아동들이 주로 수행하는 역할이 가족영웅(family hero)이다. 이들은 자신의 어려움에도 불구하고 다른 성원들을 돕는 것에 우선순위를 두며, 가족 구성원 중 부모와 지나치게 밀착된 경계를 갖는다. 이들은 주로 첫 번째 자녀인 경우가 많으며, 특히 장녀들이 이러한 역할을 맡기 쉽다. 가족영웅의 역할을 수행하는 아동은 알코올 중독자가 자신의 가족에 문제가 있음을 부정하는 것을 도와주고 있다는 점에서 알코올 중독자의 관리인으로 간주되기도 한다. 이에 영웅 역할을 수행하는 아동은 '작은 협력자(little enabler)'라 칭해지기도 한다. 이들은 알코올 중독 부모가 수행하지 못하는 일들을 보충하기 위해 상당한 양의 집안일을 수행하면서 가족체계의 유지에 기여한다. 이들은 부모의 역할을 대신하며, 높은 성취욕을 보이고 매우 성공적인 행동을 행하며, 자신보다는 타인의 욕구를 먼저 생각한다. Black(1990)은 가족영웅 역할을 수행하는 아동을 과도한 책임을 맡은 아동으로 지칭하였고, 애어른, 집안의 하사관과 같은 역할을 수행한다고 보았다.

(2) 희생양 역할

희생양(scapegoat) 역할을 수행하는 아동들은 경찰, 교사 등 사회적 권위를 가진 인물과 말썽을 일으킴으로써 부모의 음주 문제로부터 관심을 돌리고자 노력하며, 둘째 자녀들에게서 많이 발견된다. 희생양 역할을 수행하는 아동은 가족의 가치와 의견에 반대하며, 가족 내 규범에 정면으로 대치하고 부모의 정서적인 기대에 반하는 행동을 보인다(Wegscheider-Cruse, 1981). 희생양 역할에 대해 Black(1990)은 행동 표출적인 아동이라 지칭했으며, 이들은 알코올 중독 가족 내의 다른 성원들보다 부정의 규범을 덜 따르는 것으로 보았다. 희생양 역할을 수행하는 아동은 자신의 가족과 관련된 진실에 보다 가까이 접근해 있으며, 가족체계의 역기능에 대해 행동의 표출로 대처한다고 본 것이다.

(3) 귀염둥이 역할

귀염둥이(mascot) 역할을 수행하는 아동들은 유머를 즐겨 사용하고 귀여움을 받을 만한 행동을 주로 하는 이른바 가족 내의 '귀염둥이'다. 이들은 가족의 관심을 한 몸에 받고, 다른 가족 구성원을 편안하게 만들기 위해 걱정이 없는 것처럼 가장하여 가족 내 갈등을 숨기는 데 일조한다. 귀염둥이 역할을 수행하는 아동은 대개 막내일 경우가 많으며, 자신의 가치를 인정받기 위해 타인의 승인을 필요로 한다. 이들은 기본적으로 미성숙한 성격을 가지며, 스스로 독립적이고 책임을 져야 하는 성인으로의 성장을 두려워한다. 귀염둥이 역할은 외부 지향적이라는 점에서는 희생양 역할과 동일하나, 역할의 수행방식이 가족갈등을 봉합 · 위장하려는 외유자라는 점에서 가족규범을 거역하는 반항자인 희생양의 역할과는 차이가 있다.

표 9-3 알코올 중독자 자녀의 네 가지 역할 유형과 특성

	가족영웅, 위대한 아이	희생양, 문제아	귀염둥이, 가족광대	잊혀진 아이
외적인 특성	• 과도한 책임감 • 즐거움을 갖지 못함 • 작은 엄마 역할	• 적대감, 반항, 위축 • 부정적 관심 받음 • 말썽꾸러기	• 미성숙, 과다행동 • 집중력/학습 장애 • 보호받기 원함	• 조용하고 수줍음 • 백일몽, 무시됨
내적인 특성	• 혼란, 죄책감, 두려움 • 낮은 자존감, 부적절감 • 자신에게 불만족	• 분노, 부적절감 • 낮은 자존감 • 버려진 느낌	• 낮은 자존감 • 외로움, 공포심 • 부적절감	• 외로움, 버려진 느낌 • 자신이 중요하지 않다는 느낌
가족에게 나타나는 행동	• 가족에게는 자랑스러움을 가져다줌	• 부정적 행동으로 가족의 주목을 받음	• 즐거움, 유머를 가져다주므로 안도	• 걱정, 근심을 일으키지 않으므로 안도
도움받지 않은 경우	• 일 중독자 • 조절 통제 요구가 큼 • 충동적, 의존적 배우자와 결혼	• 알코올/약물 중독자 • 계획하지 않은 임신 • 법적 문제 야기	• 충동적, 히스테리적 • 스트레스 조절 못함 • 가족영웅과 결혼	• 우유부단, 무기력 • 즐거움이 없고 혼자 지냄 • 무절제한 성생활
도움받은 경우	• 책임감과 능력이 있고 조직적인 사람으로 성공	• 회복, 현실 수용 • 타인을 도우며 살아감	• 독립성, 기지, 유머를 지닌 매력적인 사람	• 독립적, 창조적 • 상상력이 뛰어남 • 자기주장적

(4) 잊혀진 아이 역할

잊혀진 아이(lost child) 역할을 수행하는 아동들은 가족을 곤란하게 만들 어떠한 사건도 유발하지 않으며, 다른 사람들로부터 고립되어 있고, 공부를 아주 잘하지도 아주 못하지도 않은 채 성장한다. 잊혀진 아이들은 비록 행동상의 문제는 가시화되지 않지만, 낮은 자존감으로 인해 내면적으로는 매우 혼란스러워하며, 무기력감을 느끼고 있다. 잊혀진 아이와 가족영웅의 역할을 수행하는 아동들은 알코올 중독자 가족의 규범을 내면화한다는 점에서 공통점을 가지고 있다.

(5) 가족 환경 속에서의 역기능

Black(1981)은 알코올 중독 가족 환경 속에서 자녀들이 발달시키게 되는 역기능을 다음과 같이 전형적인 가족규범으로 설명하고 있다.

① 말하지 마라!(Don't Talk)

알코올 중독 초기 과정에서 누군가의 음주가 가시적인 문제로 등장할 때 가족 구성원들은 보통 그 행위에 대해 합리화하는 태도를 보인다. 술 마시는 양과 횟수가 늘어남에 따라, 음주와 이에 따른 비정상적 합리화는 점점 '정상적인 생활'의 일부분이 되어 간다. 가족 구성원들은 술을 마시는 그 자체만을 문제시할 뿐 근본적으로 알코올 중독의 결과로 나타나는 측면을 연관지어 생각하지 못하고, 문제에 관해 전혀 언급하지 않거나 그 사건을 그냥 무시해 버리면 그냥 괜찮을 거라고 생각하는 경향이 있다.

알코올 중독 가정의 아동들은 자기 부모의 문제를 남에게 이야기하는 것에 대해 죄책감을 느낀다. 아동들은 그 가족의 상황이 너무나 복잡하고 혼란스럽다고 느끼기 때문에 그 문제들을 이야기하고자 하는 시도조차 어렵다고 느낀다. 즉, 남에게 어떻게 말해야 할지 모르는 것이다. 아동들은 결국 자신의 부모들에게 매우 충실하게 되고 그런 비정상적인 상황들이 그렇게 힘이 드는 것만은 아니라고 합리화하게 되며 현재 일어나는 일들을 부정하면서 변함없이 부모님을 옹호한다.

② **믿지 마라!**(Don't Trust)

알코올 중독 가족체계에서 성장한 자녀들은 타인을 신뢰하지 못하기 때문에, 현실의 문제들을 다른 사람들에게 이야기하지 않는다. 그들은 또한 다른 사람들이 감정적 또는 심리적으로 그리고 심지어 신체적으로 자신을 도울 수 있다는 사실을 믿지 못한다. 이러한 자녀들이 다른 사람을 신뢰하기 위해서는 안전감을 느끼는 것이 무엇보다도 중요하다. 그러나 알코올 중독 가정에서는 자녀들에게 이러한 '안전감'이 결코 제공되지 않는다. 오히려 공포감이 도는 환경에서 생활하고 있다. 계속해서 자신에게 당혹감과 굴욕감, 실망 또는 신체적인 위협을 주는 사람을 신뢰하기란 거의 불가능하다. 가족 구성원들이 가정에서 발생한 좋지 않은 일을 최소화하고 합리화하며 터무니없이 부정하거나 아예 언급하지 않는 환경하에서 그러한 구성원들을 믿거나 믿으려고 노력하는 일은 더욱 힘들다.

알코올 중독 가정에서 성장한 자녀들은 끊임없이 혼란스러운 메시지를 받게 된다. 현실로부터 그 자녀를 보호한다는 빈약한 명목하에 부모들은 종종 그의 자녀들에게 의도적으로 거짓말을 하곤 한다. 부모가 실제로는 기분이 말이 아닌데 자녀에게는 지금 행복하다고 말한다. 그 자녀는 부모가 하는 말과 그들이 보이는 행동이 전혀 일치하지 않거나, 어투와 신체 행동상의 의미가 전혀 조화를 보이지 않기 때문에 곧 혼란에 빠진다. 이런 혼란스러운 사건들로 인해 이들은 정말 일어나고 있는 일이 무엇인지에 대해 그저 어렴풋이 추측하는 버릇을 갖게 된다.

알코올 중독 가정의 자녀들은 성장한 이후에도 그들의 주위 환경을 안전하게 느끼거나 다른 사람을 신뢰할 수 있다는 믿음을 갖지 못했기 때문에 여러 가지 문제에 직면한다.

③ **느끼지 마라!**(Don't Feel)

알코올 중독 가정의 '말하지 마라' '믿지 마라' 등의 법칙들은, 그들의 자녀들로 하여금 다른 사람과 자신의 감정을 나누는 것을 위험하다고 믿게끔 한다. 그래서 알코올 중독 가정의 자녀들은 자신의 감정을 남과 나누지 않고, 이러한 자신의 감정은 가족이나, 친척, 친구들로부터 받아들여지지 않는 무가치한 감정이라고 믿게 되기 때문에 감정 자체를 부정하게 된다. 자신의 감정을 말함으로써 다른 사람으로부터 위로와 도움이 될 해결책을 얻을 수 있다는 사실을 그들은 알지 못한다.

알코올 중독 가정의 자녀들은 타인을 하나의 도움을 주는 공급자로 생각하지 않으며 동시에 두려움, 걱정, 당혹, 죄책감, 분노, 외로움 등의 감정으로 고립된 채 혼자서 살아가는 것이다. 그 때문에 이들은 결국 자신을 절망과 주체할 수 없는 상황에 빠지게 만든다. 이러한 상황에서는 혼자서 생존할 수 없기 때문에 그 자녀들은 대응책을 찾게 되는 것이다. 그들은 감정을 대수롭지 않게 억누르는 법을 스스로 터득한다. 그들은 단지 그런 불행을 부정해 버리거나 아무 일도 없는 체함으로써 자신의 가정도 다른 가정들과 마찬가지로 행복해질 수 있다고 스스로 위로하기 때문이다. 따라서 그들이 자라서 성인이 되었을 때 이들의 감정적·심리적 안정성이 궁극적으로 파괴되는 결과가 발생하는 것이다.

요약하면, 알코올 중독자 자녀들은 혼란스러운 가족 환경에서 받는 스트레스에 적응하기 위하여 알코올 중독 문제, 자신의 죄책감, 수치심, 외로움에 대해서 말하지 않는 '말하지 마라', 부모의 일관성 없는 태도와 깨어진 약속의 경험으로 아무도 믿지 못하는 '믿지 마라', 고통을 인식하고 다루는 것보다 차라리 잊으려고 하는 '느끼지 마라'의 역기능적인 적응 방법을 가진다는 것이다. Black은 알코올 중독자 자녀들이 가족 내부의 규범과 관련된 비일관적인 양육 태도, 이중 구속적인 메시지, 감추어진 감정, 수치심, 불확실성, 불신 등을 경험한 결과, 생애발달 전반에 걸쳐 어려움을 지속시키는 엄격한 역할 행동을 수행한다고 보았다. Wilson(1982)은 부모가 음주 문제를 가진 가정의 자녀들이 일반 가정의 자녀들에 비해 적개심이 뚜렷하게 나타나고, 사회적 공격성이 높으며, 반사회적인 행동을 하는 비율이 높다고 보고하였다.

이러한 알코올 중독자 자녀들의 특성을 그 원인과 삶에 미치는 영향으로 나누어서 살펴보면 다음의 〈표 9-4〉와 같이 요약할 수 있다(최승희, 2002).

알코올 중독자 자녀들은 자신들이 스스로 해결할 능력이나 책임이 없는 가족 문제에 지나치게 관여하는 경향이 있다. 알코올 중독자 부모에게는 자신의 행동을 변명하고 화를 내며 정상적인 부모를 비난하는 태도를 보인다. 알코올 중독자 자녀가 사랑과 관심이 알코올 중독을 치료할 수 있다는 믿음을 가진 다른 알코올 중독자와 결혼하게 되는 경우가 많다.

표 9-4 알코올 중독자 자녀들의 특성, 발달 원인, 삶에 미치는 영향

특성	원인	삶에 미치는 영향
대인관계의 어려움	부모의 비일관적인 양육 태도와 알코올로 인해 예측할 수 없는 문제들이 자신과 타인을 신뢰하기 어렵게 한다	타인과의 관계 형성과 유지의 어려움으로 인한 두려움과 실패를 회피하고자 하면서 점점 고립된다.
낮은 자존감	부모의 불안정, 비일관적인 부모의 기대, 규범, 보상은 자녀에게 불안감과 불확실성을 준다.	개인의 가치를 확인하고자 타인으로부터 맹목적인 인정을 구하게 된다. 사고와 행동에 대한 불명확성으로 인해 자존감을 높이고자 약물 남용을 하게 되거나, 자신이 성취한 것에 대해 자부심을 갖지 못하고, 오히려 무능력과 무력감을 경험한다.
왜곡된 인식	부모의 음주 행위를 축소하거나 부정함으로써 음주 행위에 대한 인식을 그릇되게 한다.	자신의 인식, 판단, 신념에 대한 의심과 다른 사람에 대한 의존이 상대적으로 높아진다.
가족문제에 대한 지나친 관여	외부에는 비밀로서 취급되는 부모의 음주 문제가 아동의 사회적인 소외를 촉진하게 되고, 자녀들은 부모의 보호자로, 촉진자로 익숙하게 된다.	심리적으로 가족문제에 매우 얽매이게 된다.
약물 중독	유전적인 이유와 부모의 모델링	부모의 칭찬을 얻기 위한 무의식적인 욕구는 약물 중독으로 이어지고, 심지어 술을 마시지 않는 성인일지라도 알코올 중독자가 될지도 모른다는 두려움을 항상 내면에 가지게 된다.
통제에 대한 욕구	혼란스러운 집에서 자녀들은 언제 일어날지 모르는 상황에 대해 지나치게 예민해져 있다. 이는 자신과 타인, 주위 상황을 통제하려는 극단적인 욕구를 일으킨다.	자발성이 결여된 단순한 반응자가 되게 하고 통제되지 않은 감정들을 경험하게 된다.
부정, 억압	부모의 음주 사실에 대한 부정은 부모가 자녀로 하여금 부모의 호감을 계속적으로 얻기 위해서는 비밀을 유지하고 은폐시키는 일에 공모해야 한다는 압박감을 준다.	왜곡된 인식과 방어의 수단으로 인성의 중요한 기질이 된다. 이를 정당화하기 위해 부모와 유사하고 익숙한 타인을 찾게 된다.

죄의식	가족문제에 대한 비난의 화살이 자녀들에게 향하게 되고, 부모의 금주에 대한 책임감을 느낀다.	지나친 죄의식은 자신의 범주에 속하지 않은 경우에도 많이 일어나게 된다.
자기정체감의 혼돈	부모의 역할 변동은 아동에게 불안감을 형성한다.	자신의 욕구, 감정, 목표에 대한 불명확성을 유발한다.
극단적인 생각	극단적인 사고, 태도, 기대에 일찍 적응한다.	미묘한 차이점을 잘 인식하지 못하며, 실패에 대한 두려움으로 완전주의 성향을 갖게 된다.
충동 통제를 잘 못하고, 반사회적인 행동을 함	부모의 적절한 모델링, 애정과 훈련이 결여되고 명확한 한계를 설정하지 못하였기 때문이다.	상황을 생각하기보다 행동이 먼저 앞서고, 공격적이며, 약물 남용이 나타나기도 한다.
우울, 공포, 과다행동	유전적 · 환경적 요인에 기인한다.	잠재적인 정신적 질병을 가지게 되거나 인생의 소망을 상실하게 된다.

알코올 중독 가정의 자녀들이 보이는 특성을 정리해 보면 〈표 9-5〉와 같다 (McConnell, 1986).

표 9-5 알코올 중독자 자녀들의 심리 및 행동적 특징

- 버림받을 것에 대한 두려움이 있다
- 친밀감 형성, 정체성 경계선 설정에서 어려움을 경험한다.
- 불신감이 크다.
- 감정이 격렬하고 감정의 기복이 심하다.
- 낮은 자존감을 나타낸다.
- 거짓말을 많이 한다.
- 의존적이다.
- 폭력적인 행동 또는 의미 있는 타인에 대한 폭력적인 행동을 한다.
- 모든 사물이나 일들에 대한 과도한 또는 지나치게 취약한 책임감을 가진다.
- 긴장을 푸는 것에서 어려움을 경험한다.
- 인정받고자 하는 욕구가 높다.
- 통제하고자 하는 욕구가 높다.
- 비판적인 판단을 한다.
- 지나치게 빨리 성장하거나, 성취에 초점을 둠으로써 성적으로는 빠른 발달을 보이지만 비행의 문제를 더 많이 경험할 수 있다.
- 과도한 책임감을 가지는 경향이 있다.

1980년 초반부터 서구에서는 알코올 중독자 자녀가 부모의 알코올 중독으로 야기된 심각한 정서적 · 행동적 문제를 가진 집단으로서 관심의 대상이 되어 이에 대한 프로그램 개발이 활발히 이루어지고 있으나 국내에서는 1990년대 중반부터 연구가 시작되었다. 그러나 이들에 대한 연구가 아직도 미비하며 적극적인 개입이 이루어지지 못하고 있는 실정이다. 이는 알코올 중독 가정에서 성장한 자녀들 스스로 치료적인 환경으로 유입되는 데 어려움이 있고, 또한 이들에게 지속적으로 개입되는 프로그램이 절대적으로 부족하기 때문이다.

알코올 중독자 자녀들이 지역사회 기관이나 치료 환경으로 유입되지 못하는 이유는 크게 두 가지다. 첫째, 그들 스스로 두려움, 분노, 죄의식, 수치심 등을 경험하고 있기 때문이다. 이는 대부분의 아이들이 경험하는 것보다 알코올 중독자 자녀가 경험하는 상처, 감정들의 강도, 깊이, 빈도가 더 크기 때문이다. 알코올 중독자 부모와 함께 산다는 것이 아동의 심리정서적 상태를 손상시킬 수 있음은 새삼스러운 것이 아니며, 이는 전쟁을 겪은 군인들의 심리 상태와 종종 비교된다. 알코올 중독자 자녀가 겪는 외상 후 스트레스 장애(PTSD) 증상들은 그들이 유년 시절에 정상적이고 건강한 생활을 하지 못했음을 말해 준다. 둘째, 아직까지 알코올 중독자 자녀들의 문제를 충분하게 치료적인 입장에서 개입하여 돌봐주는 체계가 없는 상태다. 알코올 중독 가정의 배우자들은 높은 수준의 우울증이나 불안감을 호소하고 있으며, 이런 가정에서 양육되고 있는 자녀들은 알코올 중독인 아버지(어머니)와, 우울 · 불안으로 인해 자기 감정을 통제하지 못하는 어머니(아버지), 양쪽으로부터 충분한 지지와 관심과 돌봄을 받으면서 자라지 못하는 이중고의 어려움을 경험하게 된다(김용진, 2009).

2) 성인아이의 특성

성인아이(adult child)에 대한 논의는 크게 역기능적인 가정의 자녀들에 대한 전반적인 논의와 알코올 중독이라는 구체적인 역기능 상황에 놓인 자녀들에 대한 논의로 구분된다. 따라서 역기능이라는 상황은 부모의 부재와 같은 가족구조의 결손으로 인해 불가피하게 성인 역할을 부여받은 상황과 부모가 있으나 실제적인 부모로서의 기능을 손상당한 기능적 결손 상태에서 자녀가 부모를 돌보거나 성인의 역할을 해야 하는 상황 모두를 포함한다(박현선, 이상균, 2001). 중독가정에서 성장한 배경을 가진 사람들이 보이는 임상적인 특성 중 대표적인 것이 성인아이 증후군(adult children syndrome)이다. 성인아이 성향은 부모의 알코올 문제라는 가족력을 지니면서 동시에 정서적 · 사고적 · 대인관계적 측면에서의 개인적인 성향을 내포하고 있는 개념이다. 아직까지 우리나라에서 알코올 중독자의 자녀 중 성인아이의 수는 공식적으로 언급된 바가 없으며, 최근 김혜련 등(2004)이 여대생 463명을 대상으로 실시한 연구에서 36% 정도가 성인아이인 것으로 보고되고 있다. 외국의 경우, 대학생들을 대상으로 실시한 외국의 연구에서는 전체 대상자 중의 31.5%가량이 성인아이인 것으로 나타났으며(Fisher et al., 2000, p. 153), 18세에서 70세의 연령에 속한 자녀를 대상으로 연구한 경우에도 참여자의 약 30% 정도가 성인아이인 것으로 나타났다(Churchill, Broida, & Nicholson, 1990).

알코올 중독자 자녀들은 역기능적인 가족체계에서 자라나 성인이 되면 어린 시절의 상처가 잔류된 상태에서 성인아이가 되는데, 이들은 어떤 특별한 생존 역할을 취함으로써 어린 시절을 무사히 넘기기도 하지만 성인기에 들어서면서 과거의 생존 역할이 효과를 발휘하지 못하면서 생활에 대한 불만족감, 공허감, 우울의 위험이 높다는 보고(Rydelius, 1981)가 있다. Cermark과 Brown(1982)은 이들의 중심문제로 조절의 문제, 불신의 문제, 자기 요구의 무시, 감정의 부정, 책임감이나 확실히 매듭 짓는 능력 부재의 어려움, 자기정체성의 문제, 대인관계의 친밀감에 대한 어려움, 비정상적인 죄책감과 낮은 자존감 등을 제시하였다. 미국의 경우, 18세 이상 성인 중 2천 8백만 명이 성인아이 증후군을 보인다고 보고되고 있는데, 이들에게서 보이는 특성으로는 다음의 것들이 지적되고 있다(윤명숙, 2005).

(1) 정서적 문제의 경험

알코올 중독자 자녀 중 성인아이 증후군을 경험하는 사람은 아동기에 부모의 알코올 중독으로 인해 지나치게 일찍 보호자의 역할을 담당함으로써 과도한 책임감을 보이는 경우가 많다. 이러한 책임감은 자신과 가족에게 발생하는 문제에 대해 적절하게 대처하지 못할 경우, 자신의 책임이 아님에도 불구하고 죄책감으로 연결되기 쉽다. 또한 자신에게 주어지는 비난이나 질책에 대해 지나치게 두려워하게 되고, 이는 낮은 자존감과 자신의 감정을 솔직히 표현하지 못하는 것으로 이어진다. 또한 즐기거나 즐거움을 갖는 것을 어려워하며, 지나치게 충동적이고 반항적인 경향이 있다(Woititz, 1983). 성인아이들은 무감각하며 혼란, 부인, 강박적 행동들, 왜곡된 실재와 거짓말 같은 생존 기술들이 있고 때로는 가족 외의 사람들에게 기능적으로 보여지기도 한다. 성인이 된 후 평균 이상의 정서적 · 심리적 스트레스, 섭식장애, 성격장애, 높은 수준의 우울 · 불안, 충동적 의사결정, 자기평가 절하, 반사회적 경향, 낮은 자존감 등과 같은 정서적 문제를 보일 가능성이 높다(Culter & Radford, 1999)

(2) 행동상의 문제

정상적인 발달단계에 맞는 역할 수행을 경험하지 못함으로써, 성인기를 맞이하였을 때 미성숙한 대처 행동을 보이기 쉽다. 권위를 가진 다른 사람들에게 완전히 복종하거나 인정받기를 바라고, 모든 것을 다 잃어버려 가면서까지 상대방에게 집착하는 사회생활의 유형을 보인다. 아울러 이들은 알코올 중독 위험이 높거나 알코올 중독자를 배우자로 맞이할 가능성이 높은 집단으로 분류되고 있다.

(3) 사회적 관계상의 문제

성인아이 증후군을 경험하는 사람들은 대인관계에서 고립감을 많이 느끼고 있으며, 권위적 대상에 대한 두려움이 많다. 또한 성장하면서 신뢰할 수 있고 애정을 주고받을 수 있는 대상을 경험하지 못함으로써, 특정한 대상에 대해 의존적인 성향이 높을 수 있다. 관계 면에서 사람들을 불신하며, 성인기에 이혼율이 높고(Wilson, 1989), 타인과의 친밀감 형성이 어렵다.

이처럼 성인기에 나타나는 알코올 중독 가정 자녀의 성인아이 문제는 중독자 자녀의 아동기 경험이 갖는 심각함을 알려 준다.

실제로 많은 성인아이들은 다음과 같은 증상을 가진다(Woititz, 1983).

- 무엇이 정상인지에 대해 잘 구분하지 못한다.
- 처음부터 끝까지 일을 완수해 내는 데 어려움이 있다.
- 진실을 말하기 쉬운 때조차도 거짓말을 한다.
- 자기 자신을 무자비하게 평가한다.
- 즐거움을 느끼기가 어렵다.
- 늘 심각하다.
- 다른 사람들과 친밀한 관계를 가지기가 어렵다.
- 자신이 통제할 수 없는 변화에 대한 과도하게 반응한다.
- 지속적으로 사람들의 인정과 확인을 받고 싶어 한다.
- 자기 자신을 다른 사람과 다르게 느낀다.
- 지나치게 책임감 있거나 지나치게 무책임하다.
- 어떤 사람이 충성할 대상이 아니라는 것이 명백하게 드러나더라도 지나치게 충성한다.
- 대안적인 행동이나 예상되는 결과에 대한 충분한 고려 없이 행동 과정에 자신을 몰입시킨다.
- 실제 상황에 부적절한 죄의식, 수치심, 불안 등을 경험한다.
- 만성적인 공포를 경험하는 경우가 많다.
- 분노를 표현하거나 감정을 표출하는 데 있어서 어려움을 갖는다.

이처럼 중독 가정에서 자라난 자녀들의 경우 중독 가정 내의 폐쇄성, 침묵, 부인, 고립의 대표적 규칙의 영향을 받게 되고 그 결과 〈표 9-6〉과 같이 유사한 특성들을 발달시키게 된다(Kritsberg, 1985).

표 9-6 알코올 중독 가정 성인아이의 특성

정서적 특성들	정신적 특성들	신체적 특성들	행동적 특성들
• 공포 • 분노 • 상처 • 적개심 • 불신 • 외로움 • 슬픔 • 수치심 • 죄의식 • 무감각	• 절대적인 생각 (흑백논리) • 정보의 부족 • 강박적인 사고 • 우유부단 • 발달장애 • 혼돈 • 지나친 경계심	• 긴장한 어깨 • 축 처진 등 • 위장-내장기 장애 • 스트레스 관련 행동 • 알레르기 • 심인성 질환	• 위기 중심적인 생활 • 조작적 행동 • 친밀감 문제 • 즐거움을 가지는 것의 어려움 • 충동적이고 중독적인 장애 • 알코올 및 약물 사용, 섭식장애, 관계 중독, 섹스 중독, 완벽주의 등

이처럼 중독 가정의 자녀들은 부모의 부당함을 거부하지 못한 채 도움을 청하지도 않고 중독자와 함께 살아가기 위해 중독자의 행동에 자신의 행동을 적응시키게 된다는 것이다(Carroll & Robinson, 2000). 이 과정에서 성인이 된 자녀들은 사회생활을 하면서 왜곡된 신념으로 자신의 감정을 들키지 않게 하기 위해 부정하고 가면을 쓰기 위한 행동을 하게 된다. 즉, 역기능적인 가족체계 속에 적응하기 위해 자신의 핵심 감정을 숨기고 왜곡된 사고를 한다는 것이다. 성인아이의 왜곡된 신념과 긍정적 사고, 핵심 감정에 대해 다룬 내용을 〈표 9-7〉과 같이 제시할 수 있다(Woititz, 2002). 중독 전문가들은 중독 가정 자녀들의 적응은 이러한 자신의 왜곡된 사고를 받아들이기보다는 핵심 감정을 통찰함으로써 객관적인 사실을 깨닫고 긍정적인 사고로 전환하는 것이 필요하다고 지적한다.

국내 알코올 중독 가정의 자녀에 대한 개입 서비스 개발은 주로 1990년대 들어서서 조금씩 움직임을 보이기 시작하였으며, 특히 1990년대 중반 이후 알코올 중독 가정의 자녀들에 대한 임상 문헌에 기반하는 연구들과 경험적 연구들이 함께 이루어지고 있는 실정이다. 알코올 중독 가정 자녀의 상처 회복을 위한 집단 개입의 전략에 대해 살펴보면 다음과 같다(김용진, 2008).

첫째, 인식(awareness)이다. 성장하면서 겪었던 자신의 가족에 대한 이해와 자

표 9-7 알코올 중독 가정 성인아이의 왜곡된 신념과 긍정적 사고(Woititz, 2002)

왜곡된 신념	긍정적 사고(사실)	핵심 감정
나는 상대방과 함께 있지 않다면 견딜 수 없다.	건강한 관계는 스스로 있거나 누구에 속해 있는 것은 아니다.	나 자신을 잃을 것에 대한 두려움
나의 참 모습을 안다면 그는 나를 떠날 것이다.	당신은 당신이 생각하는 좋은 배우(여배우)가 아니다. 당신을 사랑하는 사람은 이미 당신에 대해 알고 있다. 그리고 누가 뭐라 해도 당신을 돌볼 것이다.	자신의 존재에 대한 두려움
완벽해야만 한다. 그렇지 않다면 그것은 나를 포기하는 것이다.	누구나 완벽하지 않다. 완벽한 것은 존재하지 않는다.	포기에 대한 두려움
우리는 하나다.	너는 너, 나는 나다.	밀착
항상 상처를 많이 받아서 앞으로도 나쁜 결과만 있을 것이다.	때때로 상처를 받아서 부정적인 결과가 생기기는 하지만 긍정적인 결과를 가져오기도 한다. 그것은 친밀감에 대한 과정이다.	취약성
결코 싸우거나 다른 사람을 비판하지 않을 것이다.	부부간에 때때로 싸우기도 하고 다른 사람의 행동을 비판하기도 한다.	분노
무엇이든지 나의 잘못이다. 나는 무서운 사람이다.	때때로 잘못하거나 그렇지 않을 수 있다. 무서운 일이 벌어지지만 당신에게는 그것이 대단한 일은 아니다.	죄책감과 수치심
난 언제나 행복해야만 한다.	때때로 사람은 행복할 때도 있고 그렇지 않을 때도 있다.	우울
모든 일에 정직할 것이다.	현실 세계 속에서 진실은 천천히 만들어진다.	진실
모든 것을 함께해야 한다. 우리는 하나다(따로 존재할 수 없다).	우리는 현실적으로 부부가 함께 시간을 보낸다. 혼자 또는 친구와 함께 시간을 보낸다.	경계선 문제
나의 모든 욕구와 욕망, 바라는 것을 본능적으로 알아차려야 한다.	현실 세계에서는 욕구와 욕망, 하고 싶은 것들에 대해 정확한 의사소통이 이루어지지 않는다. 있을 것 같지 않고 그것은 이행되지 않을 것이다.	기대
내가 모든 상황을 완벽하게 통제하지 않는다면 혼란에 빠질 것이다.	의식적인 결정과 동의에 의해, 필요에 따라 상황을 조절할 수 있고, 통제하는 것을 포기하고 통제를 나눌 수 있다.	통제
정말 사랑한다면 우리는 영원히 함께 머물 것이다.	인간은 함께 머물고 여러 다양한 이유로 헤어진다. 당신은 때때로 관계를 종결할 때 아직도 사랑할 수 있다.	충성
나의 배우자는 항상 나에게 지지적이고 날 비판하지 않을 것이다.	언제든지 당신의 감정에 대해 서툴지라도 표현할 권리를 가질 수 있다.	타당성

기에 대한 인식이 우선적으로 필요하다. 성장 과정에서 형성해 왔던 감정을 자연스럽게 표출할 기회를 제공함으로써 자신과 부모에 대한 이해를 높이도록 한다. 수치심과 분노, 부정, 무력감과 무능함, 혼돈의 감정을 인식하고 대처할 수 있도록 정서적인 관점에서 이들을 돕는다.

둘째, 자신의 비효과적인 행동을 중단하도록 하는 것이다. 가족 내부와 외부에서 달라지는 자신들의 행동 유형과 부모의 음주 사이의 관계를 재인식하여 자신의 반복적인 행동을 평가하고 그 가운데 비효과적인 행동을 멈추고 새로운 대처기술을 습득하도록 돕는 것이다. 예전에 행동했던 방식, 즉 거짓말하고 학교생활에 부적응하고 과도하게 잠을 많이 자거나 일에만 몰두하는 삶의 이면에 존재하는 섬세한 검정을 평가하도록 돕는다. 이는 분노와 실망, 좌절과 두려움의 감정에 대한 긍정적인 배출구를 찾도록 도와주며 가정 내에서의 폭력과 다툼을 피하는 방법에 대해서 토의하고 그에 대한 대처기술들을 배우도록 하는 데 그 목적이 있다.

셋째, 자신만의 특별한 목표를 수립하도록 돕는 것이다. 상처로 인해 낮아졌던 자존감을 회복하고, 자기 자신에 대해 좀 더 긍정적으로 느끼도록 돕는다. 특히 청소년들에게는 자아개념을 형성하는 것이 매우 중요한 치료 목표이므로 자신의 긍정적인 장점을 찾도록 보조하며 바람직한 자아상을 갖도록 지원한다.

넷째, 비효과적인 사고를 변화시키는 것이다. 성장 과정에서 자신의 왜곡되고 비합리적인 사고를 변화하도록 돕는다. 예를 들면, 음주에 대한 태도나 가족을 바라보는 생각이나 관점들을 정상적인 것과 그렇지 않은 것에 대한 차이를 깨달을 수 있도록 돕는다.

다섯째, 새로운 유형이 익숙해지도록 강화하는 것이다. 알코올 중독 가정의 자녀들이 집단 경험 속에서 변화하고자 하는 의지를 증진시키고 유지할 수 있도록 돕는다.

4. 가족 상담

모든 중독 가족 개입 프로그램들은 중독자의 중독 관련 문제양상, 가족들의 대처 기제, 기능 등의 여러 요인들에 의해 영향을 받으며 가족에 의한 단일 접근 방법만이 효과적이라고 주장할 수는 없다. 무엇보다 중요한 것은 중독 가족에 대한 정확한 사정이며 중독자의 중독 문제에 일차적인 초점이 주어져야 한다. 이에 따라 적절한 개입방법론이 시행되어야 하며 가족 개입 프로그램에 대한 충분한 이론적 지식과 훈련을 받은 임상가가 개입을 해야 한다. 특히 아직까지 감추어져 있는 지역사회 중독자 또는 병적 도박, 문제음주자 가족들에 대한 접근은 입원 등 치료체계에 의뢰하여 문제가 이미 드러난 중독자 가족들에 대한 접근 방식과는 명확하게 다르다. 가족들의 음주 문제에 대한 인식 수준, 지역사회 문화(음주 수용 정도), 치료비 부담 등의 경제 수준, 가정 폭력 및 정신 질환 등 가족 내 관련 문제의 존재 유무 등을 고려하여 접근하는 것이 중요하다(윤명숙, 2003).

1) 알코올 중독 가족 개입 프로그램과 사정

(1) 중독자 가족의 주요 주제와 역할 사정

중독 가족체계에서 나타나는 정보를 취득하여 다음과 같이 주요 주제별로 가족의 기능과 역할을 평가하게 되는데, 해당 주제를 예로 들면 지위, 권력, 권위, 체계의 요소들, 드러나거나 숨겨진 갈등, 관계, 의사소통 방식, 가족신념체계, 비중독 가족 구성원의 피해, 치료기대, 경계와 사생활의 개념 등을 들 수 있다.

(2) 중독자 가족의 역할에 대한 사정

가족의 역할을 사정할 때, 중독 상담사는 가족이 속한 지역사회와 문화에 대하여 신중하게 고려해야 한다. 중독 가족 구성원들의 역할의 위치를 결정하고 확인하기 위한 노력 안에서 중독 상담사는 〈표 9-8〉의 사정 목록을 가족들에게 보여 주고 해당 역할들을 표시하게 한 후, 이 역할에 관련하여 가족의 역사, 상황, 빈도, 파생되는 문제점들을 집중적으로 논의한다.

표 9-8 중독 가족 구성원들의 역할에 대한 사정 목록

중독 가족 구성원들의 역할 유형	각 역할에서 중독자에 대한 반응
원조(구원)자	사랑은 모든 것을 지배한다.
보호자	불쌍한 사람, 그는 내 도움이 필요해요.
장기간 고통받고 있는 희생양이나 후원자	불쌍한 나, 그들을 위해 내 모든 최선을 다 바쳤어요.
지나치게 확장된 극도의 책임자	내가 돌보아야 할 것입니다.
중요한 협력자	나는 그저 도와주려고 노력하고 있다.
희생양	그가 술을 많이 마시는 것을 포기해 준다면 우리 모두는 한결 더 잘살게 될 것입니다(형편이 나아질 것입니다.).
우울증적	나는 모든 것이 다 좋지 않아
중독의 합류자	함께 취합시다.
위로자 또는 중재자(조정자)	그리 나쁘진 않았어요. 그는 정말로 그런 것을 의도한 것이 아니예요.
나무라는 사람(비난자), 도덕, 양심	당신은 우리의 인생을 파멸시키고 있어요.
제한자	오늘 밤에는 술을 한 잔 이상 마시지 말아요.
단절되거나 적대적인 역할	난 신경 쓰지 않아요. 마지막 큰 실패 이후, 나는 나의 가족들과 더 이상 함께할 필요가 없어요.
공동의존으로부터의 회복, 중독으로부터의 해방, 그리고 치료적 의뢰에 대한 시도	사랑해요. 하지만 더 나아지기 시작하기 전까지는 당신과 함께 할 수 없어요.

(3) 가족 개입의 주요 목표(윤명숙, 2001)

① 회복을 위한 동기 증진시키기

중독 문제로 인한 고통이나 불안감이 변화에 대한 고통이나 두려움보다 더 클 때, 가족들은 동기를 가지게 된다. 중독 상담 분야에서 상담사가 흔히 경험하는 일이지만 가장 많은 정서적인 고통을 겪는 가족 구성원은 보통 중독자가 아니라

부모나 배우자들이다. 이들은 보통 먼저 울기 시작하거나, 심신장애 증상들을 토로하거나, 가족 모임에서 가장 먼저 감정적으로 반응한다. 이들 가족들은 매우 지쳐 있고, 자신들의 감정적인 문제들을 해결하고 싶어 한다. 동시에 중독자들 역시 개별치료나 집단치료에 비해 직접적인 가족치료에 더욱 민감하게 반응하는 경향이 있다. 기본적으로 가족의 참석이나 가족의 존재로 인하여 생기는 불안감은 변화에 매우 필수적이다. 그 이유는 첫째, 중독자는 자신들이 술이나 약물, 도박을 계속 하게 되면 가족들을 잃게 될지도 모른다는 불안과 고독, 상실감 등을 경험하게 된다는 것이다. 둘째, 중독자 자신이 가정 폭력이나 갈등, 싸움 등에 매우 지쳐 있을 수도 있다. 물론 궁극적으로 성공적인 회복이란 중독자 자신이 일차적 변화의 동인이 되어야 하나, 가족의 변화는 보다 효과적인 변화 동기와 회복 증진을 도울 수 있다. 일반적으로 중독 가족 내에서 조장자(enabler) 역할을 하는 가족 구성원은 자신의 행동에 대한 고통이나 죄의식이 없는 한 자신의 행동을 변화시키려 하지 않는다. 따라서 치료 회기에서는 공동의존에 대한 인식을 증가시키고, 공동의존자를 위한 회복 프로그램을 분리해 만들어야만 한다. 또한 가족 구성원들의 강박적인 행동이나 섭식장애 또는 심신장애들은 매우 일반적인 증상들이기 때문에 치료자는 일차적으로 가족 구성원들의 건강 상태와 증상들(수면장애, 고혈압, 편두통, 소화기 장애, 신경 상태 등)을 파악해야 한다. 이렇게 파악된 증상들은 중독자의 회복을 동기화시키기 위한 방법으로 치료 회기에서 함께 이야기될 수 있다.

② 전체적인 가족 메시지를 전달하기

중독 상담사들은 가족들이 중독 문제가 가족에게 미치는 영향의 정도를 잘 알고 있으리라고 생각하지만 실제로는 그렇지 못하다. 따라서 가족 개입에서의 초점은 중독 문제가 지속될 경우 야기될 수 있는 정서적 · 행동적 · 경제적 · 영적 문제 등을 가족 구성원들이 인식하도록 돕는 것이다. 일차적인 초점은 중독의 문제점을 치료하는 것이다. 가족들의 변화는 중독 문제가 가족들 개개인에게 어떻게 영향을 미치는가에 대한 간단한 인식으로부터 시작된다. 가족 구성원들이 전체 가족의 입장에서 중독의 문제를 보기 시작하면 그 가족 구성원의 중독과 다른 가족문제와의 관련성을 만들 수 있게 된다. 예를 들어, 10대 자녀가 늘 음주 문제를 일으킨다면 그 음주 문제에 온 가족의 비난과 관심이 모아지기 때문에 일종의 희생양 역할을 통해 다른 가족의 문제를 덮어 두는 역할을 하게 되는 것이다. 따라서 가족을 상담할 때, 이러한 상관관계의 가능성과 전체 가족의 입장에서 본 문제의 역학을 중독 상담사가 직접적인 기법으로 솔직, 명료하게 지적해 주는 것이 필요하고, 영화나 강의, 토론 등의 가족 교육을 통하여 가족질병 개념을 알려 주는 것이 매우 중요하다.

③ 회복에 장애가 되는 가족 유형들을 변화시키기

가족들은 자신들의 문제를 부정 또는 합리화하고, 약물 남용자의 문제에만 초점을 두려는 경향이 강하다. 그러나 가족 개입을 통하여 자신의 역기능적인 유형을 배우고 변화시킴으로써, 건강한 관계 유형을 만들어 낼 수 있다. 예를 들어, 가족 구성원들이 도박 중독자 앞에서 계속적으로 도박을 할 경우 자극 요인으로 작용할 수 있고, 중독자의 어머니가 얼굴이 피곤해 보이는 회복 중인 알코올 중독자에게 와인은 술이 아니므로 마셔도 된다고 권유하는 등의 역기능적인 유형들을 변화시켜야 한다.

④ 초기 회복 과정에서 예측되는 것들을 가족들에게 준비시키기

중독자들이 도박이나 알코올 문제를 변화시키는 초기회복 과정에 대해 가족들의 기대는 많은 경우 비현실적이다. 이것은 알코올이나 약물, 도박 행동을 중단하면 모든 문제가 사라질 것이라는 중독에 대한 잘못된 믿음에서 나온 것이다. 물론 알코올이나 도박 행동을 중단할 때에는 현저한 행동 변화나 문제의 감소가 있다. 그러나 처음 1년의 회복 기간 동안 가족들은 전혀 예측할 수 없었던 많은 장애 요인들을 경험하게 된다. 치료 목표는 재적응 과정에서 생길 수 있는 문제점들에 대한 가족 인식을 높이는 것이다. 비록 가족들이 독특한 방법으로 문제 처리를 하지만 치료자는 중독 행동 중단 후 일주일이나 한 달 내에 나타날 수 있는 다음과 같은 가족 반응들을 예측할 수 있어야 한다. 즉, 예측하지 못했던 만큼의 분노나 갈등의 표출을 경험하거나 중독자가 알코올이나 도박을 하지 않는 삶에 적응하는 데 따르는 감정의 변화를 겪게 된다. 중독 전문가들을 이 시기에 경험하는 가족의 반응을 '날계란 위를 걷는 것 같은 감정' 으로 설명하고 있다. 많은 경우 가족들은 중독자를 불신하는 데서 나오는 언쟁들을 하게 되고, 회복 중인 중독자의 감정을 상하지 않으려고 극도로 조심하는 현상들을 보이게 된다. 만일 중독자가 자조집단 모임이나 다른 활동의 참여를 중단한다면 재발의 초기 예측 요인으로 보고 사전에 가족들을 교육시켜서 중독 상담사에게 알리도록 해야 한다. 이러한 가족 반응들을 치료자가 미리 가족 개입 프로그램을 통하여 주지시킴으로써, 반응들이 나타났을 때 가족들의 절망과 고통을 경감시킬 수 있고, 무엇보다도 이를 예방하기 위한 계획들을 세우도록 도와줄 수 있다.

⑤ 가족 구성원들에 대한 장기적인 지지를 격려하기

단기적인 회복은 중독 문제에 대한 치료로부터 시작하지만, 중독 행동의 중단 후 가족들의 낮은 자존감, 분노, 불안, 수치심, 공포 등의 제반 감정들과 연관된 가족문제들을 다루기 위하여 장기적인 사례관리 프로그램이 필요하다. 가족 구성원들은 자신들의 행동에 대한 책임을 지고, 자신들의 독자적인 정서적 · 영적 회복 프로그램을 시작할 필요가 있다. 중독 상담사는 가족 구성원들에게 자조집단을 소개, 참여를 격려하는 것이 필요하다. 외국의 경우 Al-Anon이나 마약 사용자들의 가족과 동료들이 참여하는 Naranon, 약물 중독 가족 중 10대들을 위한 자조집단인 Al-ateen, 그리고 약물 중독 자녀를 가진 부모들의 모임인 Families Anonymous 등이 있다. 가족 구성원들의 지속적인 회복과 성장은 중독자의 회복 과정에 필수적인 요소다.

2) 개입 시점에 따른 프로그램

알코올 중독자 가족들을 위한 연속적인 개입은 뚜렷하게 구분된 세 단계로 나누어진다.

(1) 첫 번째 단계

알코올 중독에 대한 인식과 수용, 다른 가족 구성원에게 스트레스 관련 장애를 불러일으켰던 알코올 중독의 중요한 결과들을 이해하는 단계다. 이 단계에서는 음주를 줄이거나 중단하고 변화하고자 하는 알코올 중독자의 노력을 지지해 주고, 이를 위해서 우선적으로 음주와 관련된 과거의 상호작용 유형을 변화시킨다(Maisto et al., 1988). 알코올 중독자의 치료 전이나 치료 중에 가족들이 중독의 파괴적인 영향들을 인식하고 알코올에 초점을 두지 않고 살아가기 시작하는 것을 위한 개입 · 교육 · 지지 프로그램을 제공하는 것이 이상적이다.

(2) 두 번째 단계

치료 후 단계이며 절주 치료 및 관련 교육 후의 9~18개월 동안에 가족들은 특정한 치료 형태 없이도 '정상화'의 경험을 필요로 한다. 치료적인 생활 경험은 우정, A.A., Al-Anon, ACOA, Al-ateen 등 자조집단의 멤버십, 교회 및 종교기관 참석, 교육적인 환경의 형태로 계속된다. 이 시기에는 특히 자조집단에 참여하는 것이 중요하다. 단주 첫해 동안 알코올 중독자와 그 가족들은 스트레스를 최소화시키는 환경 속에 있도록 해야 하며 높은 불안을 야기시키는 문제들은 연기해야 한다. 이 단계의 중요한 개입 목적은 좀 더 생산적인 단주를 할 수 있는 환경을 제공하기 위하여 일반적인 결혼 및 가족 유형을 변화시키는 것이다. 과거 역기능적인 음주로 인해 손상받았던 관계를 다시 회복하기 시작하고, 가족들로 하여금 직접적으로는 알코올 중독에 관련되지 않았을 수도 있는 가족의 어려움들을 해결하도록 도와주는 것이다.

(3) 세 번째 단계

장기적인 변화 유지 단계로서 가족들의 스트레스에 관련된 장애가 줄어들고 신체 · 심리적인 회복이 증진될 때에야 개입이 이루어진다. 이 시기에 가족들은 집단모임 등의 형태를 통해서 음주 기간 동안 처리되지 못하고 오랜 기간 남겨졌던 해결되지 않는 문제들을 직면할 수 있다. 이 단계에서는 부부 및 가족들이 음주의 재발을 예방할 수 있도록 도와주고 장기적인 회복 과정에서 발생할 수 있는 부부 및 가족 문제들을 처리하여 삶의 질을 향상시킨다(O'Farrell & Cowles, 1989). 실제로 많은 부부나 가족들이 이러한 고통스러운 친밀감 문제 등을 다루는데 실패하기 때문에 중독자의 회복 중에 가족갈등이 오히려 심화된다. 그러한 갈등을 공개하는 것, 그리고 새로운 의사소통과 갈등해결 방법을 습득하고 가족 구성원들 사이에 지지적인 상호작용 경험을 갖는 것은 이 단계의 중요한 관심사다(Renaud & Browen, 1984).

① 지역사회 중심의 가족 개입 프로그램(예방, 교육과 의뢰 프로그램)

지역사회 문제음주자의 식별 및 문제음주자의 치료체계 유인을 위한 매개체적 성격의 가족 개입 프로그램으로 빈곤 문제, 가정폭력 문제 등의 결합 문제, 가족들의 교육 및 인지 수준 등을 고려해야 한다. 지역사회 프로그램의 대표적인 실천가로 Sisson과 Azrin(1986)을 들 수 있으며 이들은 배우자에 대한 전통적인 알코올 중독 프로그램과 비교되는 지역사회 강화 프로그램(community reinforcement training: CRT)을 개발하였다. CRT는 비음주자이면서 협력적인 배우자들을 포함하여 신체적 학대를 감소시키는 법, 단주를 격려하는 법(알코올 중독자의 단주 기간 동안 강화), 알코올 문제를 가진 가족 구성원이 치료에 참여하도록 격려하는 방법 등을 다룬다. CRT와 단일 가족치료(Unilateral Family Therapy: UFT)는 모두 사회학습이론에 근거하고 일부 유사한 구성 요소들을 가지고 있다. 그러나 UFT에서는 배우자가 음주자에게 치료를 요구하지만 CRT에서는 음주자가 음주를 중단할 마음을 가질 때까지 기다린다.

② 입원 및 외래 치료 가족 개입 프로그램

알코올 중독자의 입원 및 외래 치료와 연계한 부부 및 가족 개입 프로그램으로서 중독자 가족에 대한 위기 개입, 정신사회적 교육 중심 프로그램으로 구성된다.

③ **회복 중인 알코올 중독자 가족 지원 프로그램**

치료 및 퇴원 후 회복 기간 중 나타나는 가족관계 갈등의 어려움을 개선하고 재발 예방에 중심을 둔다.

3) 치료 유형에 따른 프로그램

외국의 경우 부부치료, 자녀치료, 배우자 중심 가족치료, 개별치료 등 다양한 가족 개입 프로그램이 활용되고 있고, 각 가족의 회복단계 그리고 중독자의 회복단계가 개입 프로그램의 치료유형을 결정하는 데 매우 중요한 요인이 된다(Salinas et al., 1991). 이 책에서는 그중에서 단일 가족치료, 부부치료, 가족치료 등에 관해 주로 논의하겠다.

(1) 단일 가족치료, 단일 가족 구성원을 이용한 가족교육

많은 경우 문제음주자들이나 알코올 중독자들은 자신이 음주 문제를 가지고 있다는 것을 인식하지 못하거나, 인식하더라도 자발적으로 도움을 받으려고 하지 않기 때문에 문제가 심각하고 만성화될 때까지 치료체계에 접근하는 것이 어려운 실정이다. 도박 중독의 문제 역시 본인 스스로 중독 문제를 인지하지 못하는 경우가 많기 때문에 중독으로 인한 직접적인 피해를 경험하는 가족 구성원을 치료체계에 개입시키는 UFT 방법이 효과적이다. 대부분의 전통적인 치료 방법론에서는 이런 문제에 접근하기가 매우 어려웠다. 그래서 발달된 방법 중의 하나가 중독자를 치료에 끌어들이기 위해 가족이나 중요한 사람들이 알코올 남용자에게 조직화되고 체계적인 직면을 사용하는 것이다. 그러나 배우자나 협력적인 가족 구성원들을 비협력적인 가족 구성원들의 변화를 조정하는 데 활용하는 UFT 프로그램(Thomas & Santa, 1982)은 알코올 중독자에 대한 배우자나 가족의 대처기술을 증진시키고, 알코올 중독자로 하여금 적절한 치료를 찾게 하는 것이다. 이러한 접근법의 기본 가정은 다음과 같다. 첫째, 성공적이고 체계적인 직면 방법은 음주 상태의 악화를 막는 데 상당히 효과적이다. 둘째, 대부분의 중독자들은 과도한 문제음주 때문에 가족 등 외부 압력에 의해 치료를 선택하는 것으로 보인다.

비록 전문가는 참여하는 가족 구성원 1인과 만나지만 그 목적은 이들의 가족체계에 대한 영향력을 활용하여 중독자의 동기 증진과 행동 변화를 추구하는 것이다. 우리나라의 경우 대부분의 연구 결과에 나타난 것처럼 일차적인 치료체계에서의 접촉자가 가족—배우자, 부모들—이다. 따라서 이런 프로그램의 적절한 활용은 잠재적 내담자를 실제적인 내담자로 전환시키는 데 매우 효과적일 수 있다. 이런 프로그램 하나만을 활용할 수는 없고 다른 접근법과 병행하는 것이 좋으며, 프로그램에 참여하는 가족 구성원을 미리 잘 준비시키지 않고서는 성공적으로 활용할 수 없다(Thomas et al., 1987).

(2) 부부치료, 부부교육

알코올 중독자에 대한 부부치료에서는 부부 간의 의사소통, 갈등해결 방법, 효과적인 대처기술의 습득 등을 다루어 준다. 회복 기간 중에는 부부관계 증진, 부부관계 재구조화, 부모기술훈련, 스트레스 관리 등을 다루어 준다. 알코올 중독자에 대한 부부단위 치료에 관한 연구는 비교적 적다. 약물 남용자들에 대한 가족치료 연구들을 검토한 Stanton(1978)에 의하면, 비록 중독자와 배우자에 대한 부부치료를 발달시키려는 여러 노력들이 있었지만, 대부분은 단일 사례연구이거나 방법론적인 엄격성이 부족한 경우였다는 점을 지적하고 있다.

(3) 집단치료

부부집단치료는 부부문제 해결과 단주의 지속적인 유지를 위해 부부간의 의사소통과 문제해결에 초점을 둔다. 부부집단 치료는 집단을 통하여 자신들의 숨겨진 모습이나 갈등을 겪고 있는 영역을 보다 잘 볼 수 있고, 같은 종류의 문제를 가진 집단 성원들을 통하여 심리적 · 사회적 지지체계를 형성할 수 있다는 장점이 있다. Cadogan(1973)은 상호작용적인 부부집단치료의 알코올 중독자 20명과 배우자의 치료를 기다리고 있는 부부집단 20명을 비교하였다. 이 부부집단치료는 부부문제 해결과 단주의 지속적인 유지를 위해 부부간의 의사소통과 문제해결에 초점을 두었다. 치료 6개월 후에 치료집단과 비교집단은 유의미한 차이를 보였는데, 부부집단치료의 대상자 9명은 단주를 유지하고 있었고, 4명은 약간의 음주를 하고 있다고 보고했으며 7명은 재발했다. 반면에 통제집단은 단지 2명만이 단주를 유지했고, 5명이 약간의 음주를 하는 것으로 그리고 13명이 재발한 것으로 나타났다. O'Farrell 등(1985)은 결혼한 남성 알코올 중독자들에 대한 외래 치료와 부부집단치료를 함께 행했을 때의 효과를 연구하였는데, 이들에 따르면 행동주의적 부부집단치료가 알코올 중독자의 부부관계에는 분명히 유용한 것으로 나타났다. 부부집단치료의 효과성에 대한 통제된 연구는 McCrady 등(1979)이 최초로 실시하였다. 이들은 합동입원, 부부단위에 대한 외래 치료, 환자에 대한 개별 입원 및 외래 치료라는 세 개의 집단 중 하나에 조사 대상자들을 무작위로 배치하였다. 그 결과 모든 집단들이 우울증, 불안, 알코올과 관련된 손상, 부부문제의 면에서 현저하게 감소하였지만, 그중에서도 특히 음주량에 있어서 합동입원과 부부 외래 치료 집단이 현저하게 유의미한 감소가 있는 것으로 나타났다.

(4) 가족치료

알코올 중독에 대한 가족치료 연구 문헌을 검토한 Steinglass(1987)에 따르면, 전반적으로 가족치료는 알코올 중독자의 회복에 매우 긍정적인 영향을 미치는 것으로 나타났다. Esser(1968)는 알코올 중독자를 위한 치료가 성공하기 위해서는 A.A.와 같은 자조집단과 함께 동참적 가족치료를 사용하는 것이 필요하다고 제시하였다. 특히 구조주의적이고 전략적인 접근 방법이 알코올 중독자들에게 효과적이라는 연구 결과들이 발표되고 있다.

(5) 복수 가족치료

이 방법은 집단치료와 가족치료가 결합된 형식이라 매우 강력하며, 다른 가족들의 변화를 통해서 자기 가족을 쉽게 볼 수 있으며, 혼돈된 상호작용을 하던 것에서부터 좀 더 안정되고 신축성 있는 구조로 진보하는 것을 도와준다. Hogan 등(1986)은 여덟 가족을 대상으로 16주 동안 복수 가족치료를 행했는데, 이들 가족들은 사전 · 사후 비교연구를 통하여 전반적인 가족기능, 구조, 문제해결, 자율성 면에서 유의미한 향상을 보였다고 보고하였다.

제10장

중독과 연관된 기타 문제

1. 이중장애

정신장애와 습관성 물질에 대한 중독 문제를 함께 갖고 있는 개인은 중독 문제 없이 정신 질환 문제만 가지고 있거나, 정신 질환의 문제 없이 중독 문제만을 가지고 있는 사람들과는 매우 다른 재활 및 회복 프로그램이 필요하다.

정신장애와 물질 사용장애의 공존을 이중장애 또는 이중진단(dual diagnosis)이라고 명명한다. 전통적으로 정신장애 영역과 약물 남용의 영역에서 전문가들의 초점은 정신 질환이나 물질 사용 어느 한쪽으로 치우쳐 있었다. 정신장애 영역에서는 정신 질환의 문제에만 초점을 맞추고 약물 혹은 알코올 남용의 문제는 거의 다루지 않았던 반면, 알코올 및 약물 남용 치료 영역에서는 상대적으로 공존하는 정신 질환의 진단 및 사정과 치료에 대한 관심이 적었다. 그렇기 때문에 실제적으로 두 가지 문제를 갖고 있는 내담자들의 문제가 적절하게 사정되거나 평가되기 어려웠다. 일반적으로 '이중진단'은 중독 분야에서 바라보는 시각을 드러내는 것이고 정신장애 영역에서는 '공존질환'이라고 표현한다. 이는 약물 사용으로 인해 자신이 담당하는 역할을 수행하는 데 반복적으로 실패하고, 신체적으로 해가 되는 상황에서 약물을 사용하며, 법적 곤란을 경험하고, 사회적 인간관계 문제 등 부정적인 결과들을 경험하는 등의 증상이 정신 질환과 함께 공존한다는 의미다. 이렇듯 사정 및 평가에서 각 영역 전문가에 따라 초점을 달리했기 때문에 적합한 치료 및 재활 프로그램의 개발 및 적용이 어려웠다.

이미 여러 역학 연구에서 정신장애를 갖고 있는 이들에게서 물질 사용장애가 흔히 동반된다는 사실이 보고되었다. 37%의 알코올 남용자와 53%의 마약 남용자는 적어도 한 개의 심각한 정신 질환을 갖고 있다. 정신 질환으로 진단받은 사람들 중에서 29%는 알코올이나 마약을 남용하고 있다. 특히 물질 사용장애와 정신장애의 이중장애는 물질 사용장애가 없는 정신장애에 비하여 보다 만성적이고, 치료 경과가 좋지 않으며, 치료에 저항을 보인다는 점에서 임상적으로 주목을 받아 왔다.

일반 인구를 대상으로 한 최근의 역학 연구들은 정신장애와 물질 사용장애의 병발이 단순한 우연 이상으로 잘 나타남을 일관되게 보고하고 있으나 현재까지 이중장애의 관련 요인이나 그 유형에 대해서는 알려진 바가 그리 많지 않다.

미국에서는 1980년대 중반 이중장애에 대한 학계 및 전문가들의 관심이 증가했고 그 결과 약물 남용 문제와 다른 정신의학적 장애를 가진 대상자들을 위한 새로운 프로그램들을 개발하기 시작했다. 우리나라의 경우 이중장애에 관한 연구는 1990년대에 비로소 소개 수준으로 시작되었으나, 이중장애를 가진 이들을 위한 특수한 프로그램은 전무하다.

1) 이중장애의 진단 및 발견

중독 영역과 정신건강 영역에서 정확한 진단은 치료 과정에서 매우 중요하다. 또한 습관성 물질의 사용과 정신과적 증상에 대해 세밀한 조사가 이루어져야 한다. 습관성 물질의 사용과 정신과적 증상 및 장애 사이에는 몇 가지 관련성이 있다. 습관성 물질의 사용은 정신과적 증상을 악화 또는 경감시키거나 복잡하게 할 수 있다. 이러한 모든 가능한 관련성은 다음과 같은 이유로 반드시 선별과 사정 단계에서 고려되어야만 한다.

- 습관성 물질의 사용은 정신과적 증상의 원인이 될 수 있으며 이러한 약물로 인한 증상은 정신과적 증상과 유사하다.
- 습관성 물질의 사용은 정신과적 장애를 촉발하거나 악화시킬 수 있다.

실제로 이중장애는 매우 흔하며, 3개 이상의 장애를 동시에 겪는 경우도 종종 있다. 미국의 경우 약 25%의 성인이 일생 동안 한 번의 정신과적 질환을 갖게 된다고 하며 그중 3분의 1이상이 정신과적 장애와 더불어 중독 문제를 갖고 있다. 반사회적 성격장애, 경계선적 성격장애, 양극성 장애 및 정신분열증을 가진 개인이중독률이 높다.

(1) 중독과 정신 질환의 관계

정신 질환을 갖고 있다는 것은 중독의 위험을 동시에 갖는 것이다. 중독과 정신장애는 많은 면에서 상호작용한다. 중독은 직접적으로 정신장애 발생의 원인이 될 수 있고 기존의 정신 질환을 악화시키는 원인이 되기도 한다. 정신장애를 갖고 있는 사람들은 불편한 정서를 감추기 위해 자신에게 처방된 약물 이외의 습관성 물질을 사용하기도 한다. 어떤 정신 질환은 마약 사용에 좀 더 취약하게 만들어 중독에 이르게 하기도 한다. 중독 문제를 갖고 있다는 것은 또한 정신장애를 촉발시킬 위험을 증가시킨다. 습관성 물질을 사용하는 것은 자신의 정신과적 질환에 대한 대처 동기를 약화할 수 있다. 또한 습관성 물질의 사용은 정신과적 처방약의 효과성을 방해하거나 위험한 방식으로 상호작용할 수 있다. 중독과 정신 질환은 다른 시기에 발생할 수 있다. 때로 정신 질환이 중독보다 먼저 발생하기도 하고 그 반대가 되기도 한다. 중독이 치료되지 않을 경우 정신 질환의 회복을 방해할 수 있고 정신 질환이 치료되지 않으면 중독으로부터의 회복을 방해받을 수 있다. 하나의 장애가 재발하면 다른 장애의 재발을 불러올 수 있다.

(2) 이중장애의 사정

적절하게 진단을 하기 위해서는 정확하고 자세한 증상과 습관성 물질의 사용에 대해 치료자가 알아야 한다. 왜냐하면 약물로 인한 효과가 정신장애의 유형과 유사할 수 있기 때문에 정확한 진단이 이루어지기 위해서는 몇 주 또는 좀 더 길게 습관성 물질을 하지 않은 상태를 유지해야 하기 때문이다. 중독과 정신장애는 다름과 같은 방법의 조합으로 평가되고 진단된다.

- 현재 및 과거의 정신과적 증상과 약물 사용에 대한 당사자 면담(때로 당사자뿐만 아니라 가족 및 중요한 타인까지 포함)
- 정신 상태 조사(Mental Status Examination: MSE)
- 습관성 물질이 체내에 얼마나 잔존하는지에 대한 검사
- 의료 문제가 존재해서 정신과적 증상을 야기하는지를 알아보는 신체적 조사
- 습관성 물질의 사용, 구체적인 정신과적 장애, 일반적 건강, 전반적인 기능에 대한 설문

(3) 이중장애의 영향

중독과 정신장애를 함께 겪는다는 것은 삶의 모든 영역에서 영향을 받는다는 것이다. 단순한 물질 혹은 행위에 대한 중독이 아닌 이중장애는 치료에 대한 순응도를 떨어뜨리거나, 자살의 위험성을 증가시키기도 하고, 중독 혹은 정신과적 질환의 재발에 영향을 주기도 한다. 또한 HIV나 성병의 감염을 포함한 의료적 문제를 야기하기도 한다. 그리고 흔히 노숙 등 주거 문제가 불안정해지며, 폭력 등과 연관된 법적 문제가 동반되기도 하고, 직장을 잘 유지하지 못하게 되는 등 여러 영역에서의 기능이 저하되어 개인뿐 아니라 가족 및 사회생활에 지대한 영향을 미친다.

2) 정신장애의 유형

정신장애는 개인의 삶에 불편과 손상을 야기하는 증상군들의 상태를 지칭하는 것이다. 증상들은 신체적 · 인지적 · 심리적 · 사회적으로 드러난다. 정신장애로 인한 손상은 경증, 보통, 중증 및 생명을 위해하는 수준이다. 정신장애는 '단일 삽화' 로 한 번 경험하고 다시는 경험되지 않을 수 있다. 예를 들면, 우울증을 가진 사람들 중 절반 정도가 자신들의 삶에서 그러한 우울증을 한 번 경험한다. 반면 또 다른 장애는 잦은 재발을 하기도 하는 데 시간이 경과하면서 두 번 이상 발생하는 것이다. 예를 들면, 양극성 장애를 가진 사람들 중 많은 수가 시간이 경과하면서 조증과 울증을 여러 번 경험하며, 우울증 환자의 일부에서도 반복적으로 우울삽화가 관찰되기도 한다. 각각의 삽화가 발생하지 않는 동안은 기능을 잘 할 수도 있고, 그렇지 못할 수도 있다. 정신장애는 만성적 또는 지속적일 수 있고, 어떤 증상들과 장애는 치료를 받는다 해도 항상 나타날 수 있다는 것이다. 정신분열증의 치료를 위해 치료제를 복용하는 사람의 경우에는 급성기 상황이 지난 이후에 두드러진 환청이나 망상에 의해 삶이 방해받거나 피해를 보지는 않지만 어느 정도의 환청은 남아 있는 경우도 있다. 강박장애로부터 회복 중인 사람은 여전히 어떤 일에 강박적으로 행동하고 만성적인 불안을 가질 수 있다. 비록 증상이 상당히 호전되었다고 해도 지속적으로 자신에게 남아 있는 강박과 불안에 대처하는 연습이 필요하다.

현재 정신과에서 진단 기준으로 널리 사용되는 DSM-IV-TR은 물질 사용장애 이외의 다양한 정신과적 증상들을 〈표 10-1〉에서와 같이 분류하고 있다. 이러한 다양한 질환은 어느 것이나 물질 사용장애와 동반될 수 있으나, 그중에서도 특히 불안장애, 정동장애, 성격장애, 정신분열증과 기타 정신과적 장애 등이 흔히 중독성 질환과 함께 공존한다.

표 10-1 DSM-IV-TR에 의한 정신장애의 범주

- 정신분열증과 기타 정신과적 장애
- 기분장애
- 불안장애
- 신체형 장애
- 허위성 장애
- 해리장애
- 성 장애 및 성정체감 장애
- 섭식장애
- 수면장애
- 충동 조절 장애
- 적응장애
- 성격장애
- 유아기, 유년기 혹은 청소년기에 최초로 진단되는 장애들

(1) 불안장애

모든 사람들은 어느 정도의 불안을 갖고 있다. 불안의 모습인 '대면 혹은 도피(fight or flight)'의 반응은 우리들을 보호해 준다. 하지만 불안이 부적절하게 발현되면 그 자체로서 장애가 된다. 예를 들면, 불안의 정도가 너무 심하면 대인관계, 직업적 업무의 수행, 학업 등에 부정적 영향을 주거나, 혹은 불안에 대한 걱정으로 외부 상황에 흥미를 느끼지 못하게 되거나 휴식을 취하기 어렵게 된다. 중독성 질환과 관련된 가장 일반적인 불안장애의 형태는 공황장애, 공포증, 외상 후 스트레스 장애 등이다.

① 공황장애

공황장애(panic disorder)는 이유 없이 삽화적으로 갑자기 불안이 극도로 심해지며 숨이 막히거나 심장이 두근대고 죽을 것만 같은 극단적인 공포 증세(공황 발작)를 보이는 상태다. 이러한 불안 상태가 대개 1시간 이내의 기간 동안 지속되며, 시간이 경과하면 자연스럽게 소실되나, 또 다른 불안이 엄습할 것에 대한 두려움이 지속적으로 존재하게 된다. 공황장애의 주된 증상 중 공황 발작에는 〈표

10-2〉의 증상 중 전부 혹은 일부가 포함된다.

이러한 증상들을 경험하게 되면 환자들은 자신이 심장 마비와 같은 심혈관계 질환을 가지고 있다고 믿기도 하며, 원인을 규명하기 위해 심장 전문 병원에서 여러 검사를 시행받는 경우가 흔하다. 공황장애를 가진 사람은 반 이상이 우울증을 갖고 있다. 공황장애는 남성보다 여성에게서 2~3배 더 많다. 어떤 사람은 공황장애와 더불어 광장공포증을 갖기도 하는데, 광장공포증이란 사람이나 차가 붐비거나 막혀 있는 등의 상황에서 급하게 빠져나가는 것이 어려운 상황에 놓여 있는 경우에 느끼게 되는 불안이다. 광장공포증을 가진 사람의 약 2/3에서 공황장애를 볼 수 있다.

중독자, 특히 알코올 의존이나 도박 중독이 있는 사람에게서 공황장애가 흔히 관찰되기도 한다. 알코올은 섭취 직후에는 불안을 감소시키는 경향이 있기 때문에, 공황장애 환자들이 자신을 안정시키기 위한 목적으로 음주를 하기도 한다. 그러나 음주 후 숙취에서 벗어나면서 불안 증상이 악화되기도 하며 공황 발작을 경험하기도 한다. 이 때문에 또 다른 불안 증상의 발생을 예방하기 위해 지속적으로 음주를 반복함으로써 재차 음주 문제가 악화되기도 한다.

표 10-2 공황 발작의 일반적인 증상

- 어지러움과 현기증
- 호흡의 어려움
- 떨림
- 땀 흘림
- 복통
- 전신 열감 또는 한기
- 급격한 심장 박동
- 흉통(가슴 통증) 혹은 불편감
- 죽을 것 같은 공포
- 미칠 것 같은 두려움
- 자신이나 주변이 달라진 것 같은 느낌

② 공포증

공포증(phobia)은 특정 물체나 상황에 강한 두려움을 갖는 것을 말한다. 이러한 두려움은 심한 불안을 야기하여 일상생활과 사회 활동 및 관계에 영향을 미친다. 공포증은 중독된 사람들에게 상당히 일반적으로 볼 수 있고 특히 다른 사람 앞에서 이야기하는 것을 두려워하는 사회공포증은 회복 과정을 방해할 수도 있다. 즉, 이 두려움 때문에 집단 상담을 회피하기도 하며, A.A. 등의 자조집단 참석을 피하게 되기도 한다.

③ 외상 후 스트레스 장애

외상 후 스트레스 장애(post-traumatic stress disorder: PTSD)는 전투, 사고 및 자연재해, 신체적 · 성적 공격과 같은 인간의 일상 경험의 범주를 벗어난 심리적 외상과 관련이 있다. 외상 후 스트레스 장애와 중독이 일어날 비율은 남성보다 여성에게서 높다. 외상 후 스트레스 장애 환자들은 외상과 연관된 불안을 반복적으로 재경험한다. 또한 이러한 경험의 와중에서 본인이 할 수 있는 역할은 극히 제한적이라는 점을 재차 확인하며 무기력감과 절망감 등을 느낀다. 이러한 경우 알코올이나 약물을 이용하여 자신의 어려움을 극복하고자 시도하게 된다. 또한 경우에 따라서는 외상 치료의 과정에서 통증의 조절을 위해 투여된 마약류 진통제에 중독이 된 이후에 알코올이나 기타 습관성 물질에 대한 중독 증상이 심해지기도 한다. 외상 후 스트레스 장애와 중독이 일어날 비율은 남성보다 여성에게서

표 10-3 외상 후 스트레스 장애의 일반적인 증상

- 반복적으로 (심리적) 외상을 유발한 두려운 사건을 침습적으로 떠올리거나 꿈을 꿈
- 플래시 백(외상적 사건이 다시 일어난 것 같은 느낌)
- 사람이나 사물에 관심을 잃음
- 다른 사람들에게서 동떨어진 느낌
- 집중하기 어려움
- 쉽게 놀람
- 수면 유지 곤란
- 외상을 회상시킬 수 있는 자극에 대한 회피 행동

높다. 외상 후 스트레스 장애를 경험한 사람들은 〈표 10-3〉과 같은 증상을 복합적으로 경험한다.

(2) 기분장애

기분이라는 단어는 전반적이고 유지되는 감정적 상태로 개인의 삶과 인지의 전 영역에 영향을 끼친다. DSM-IV-TR에서는 기분장애를 주요 우울장애, 기분부전 장애, 제1형 혹은 제2형 양극성 장애, 순환성 장애 등으로 나눈다. 그 외에도 일반 의학적 관점에 의한 기분장애, 물질 유도성 기분장애 등이 포함된다.

① 주요 우울장애

주요 우울장애(major depressive disroder)는 기분장애의 한 유형이다. 주요 우울장애를 가진 사람의 반 정도는 일생에 한 번 정도의 우울 경험을 한다. 그 외의 절반은 시간이 지나면서 수회의 삽화가 반복되기 때문에 재발성 주요 우울장애라 부른다. 주요 우울장애의 경우 2주 이상 지속되는 우울한 기분을 경험하며, 수개월 혹은 그 이상 지속되기도 한다. 주요 우울장애에 이환된 사람은 〈표 10-4〉와 같은 증상을 복합적으로 경험한다.

표 10-4 주요 우울장애의 일반적인 증상

- 수 주 혹은 그 이상 기분이 우울하거나 슬프다.
- 보통 자신이 즐기던 것들에 대해 흥미를 잃는다.
- 노력하지 않아도 체중이 감소하거나 증가한다.
- 입면하기 어렵거나 수면을 유지하기 어렵다.
- 과도한 수면
- 안절부절못하는 느낌
- 평소보다 에너지가 없거나 훨씬 피곤함을 느낀다.
- 성욕의 감소 혹은 감퇴
- 무가치함 또는 죄책감을 느낌
- 집중하거나 선명하게 사고하기 어렵다.
- 자살이나 죽음에 대한 생각
- 자살 계획 혹은 시도

최근 연구에 따르면 주요 우울장애 환자의 약 27%에서 물질 사용장애 진단이 동반된다고 하며(Cornelius et al., 2003), 습관성 물질 의존 환자에서 주요 우울장애의 평생 유병률은 40.3%에 달한다고 한다(Hasin & Kats, 2007).

② 기분 부전 장애

기분 부전 장애(dysthymia)는 비교적 약한 우울 증상이지만, 그 경과가 만성적일 때 진단하게 된다. 기분 부전 장애는 주요 우울장애와 비교할 때 손상이 비교적 적다고 보일 수 있지만, 이러한 손상이 2년 이상 지속된다는 점에 어려움이 있다. 기분 부전 장애 또한 주요 우울장애와 마찬가지로 여성에서 더 많다. 기분 부전 장애는 그 자체만으로는 주요 우울장애보다 경할 수 있으나, 기분 부전 장애 증상이 있는 도중에 재차 주요 우울장애가 발생할 수도 있으며, 이 경우 치료 경과의 진행을 심각하게 방해하기도 한다.

③ 양극성 장애

흔히 조울증이라고도 불리는 양극성 장애(bipolar disorder)는 우울증과 조증을 동시에 경험하는 질환이다. 우울과 조증이 교대로 발생하기도 하지만 때로 우울과 조증의 증상이 공존할 수도 있다. 진단을 위해서는 조증의 상태가 최소 일주일 이상 지속되어야 한다. 심각한 조증 상태가 동반되는 양극성 장애의 경우를

표 10-5 양극성 장애 조증 삽화의 일반적인 증상

- 비정상적이고 고양된 혹은 과민한 기분이 일주일 또는 그 이상 계속됨
- 과대한 자기평가 및 과장
- 수면의 필요 감소
- 평소보다 다변이거나 계속 말을 하려는 압력을 느낌
- 사고의 비약 또는 사고가 연달아 일어나는 주관적인 경험
- 주의 산만
- 직장, 학교 혹은 성적인 활동의 증가
- 초조
- 심각한 문제를 초래할 활동에 지나치게 몰두

제1형 양극성 장애로 진단하며, 조증의 정도가 비교적 약한 경조증이 동반되어 있는 양극성 장애를 제2형 양극성 장애로 진단한다. 조증의 증상은 〈표 10-5〉와 같다.

양극성 장애를 갖고 있는 사람들 중 60% 이상이 알코올이나 마약 등의 중독을 경험하고 있다. 또한 도박 중독자에서 양극성 환자의 유병률은 일반 인구에 비해 약 8배 정도 높다(Petry et al., 2005).

(3) 인격장애(성격장애)

인격장애는 고정된 습관이나 성격, 사고방식이 사회적 기준에서 극단적으로 벗어나 사회생활에 문제를 일으키는 경우를 말한다. 이 장애는 행위와 증상을 보면서 진단을 한다. 특히 중독과 관련되어 치료 현장에서 치료자에게 가장 도전을 주는 5개의 성격장애는 반사회적 인격장애, 경계성 인격장애, 자기애성 인격장애, 수동 공격성 인격장애 및 히스테리성 인격장애 등이다.

① 반사회적 인격장애

반사회적 인격장애를 갖고 있는 사람들은 종종 쉽게 짜증을 내고 자신의 방법이 언제나 통용되길 바라며 타인에 대한 진정한 관심이나 배려를 보이지 않고 타인을 자신의 목적을 이루기 위한 수단으로 사용한다. 반사회적 인격장애를 가진 사람들은 매우 자기중심적이며 종종 타인을 자신의 이익을 위해 이용한다. 친밀한 관계나 직업을 유지하기 어려워하고 범죄 행위를 저지르기도 한다. 반사회적

표 10-6 반사회적 인격장애의 일반적인 증상

- 타인의 기분에 대한 공감 결여와 자기 행동에 대한 반성의 결여
- 개인의 이득을 위해 타인을 속이는 반복적 사기성
- 충동적 행동과 무계획성
- 반복적인 싸움과 공격
- 자신과 타인에 대한 안전의 무시
- 직업이나 재정적 의무 면에서 지속적인 무책임성
- 타인을 해한 것에 대한 후회 또는 죄책감의 결여

인격장애를 가진 사람들은 종종 우울증을 경험하는데 이 중 85%의 사람들이 중독을 겪고 있다. 반사회적 인격장애와 관련이 있는 행동은 〈표 10-6〉과 같다.

② 경계성 인격장애

경계성 인격장애는 가장 심한 인격장애 중 하나다. 경계성 인격장애를 가진 사람들은 불안장애, 기분장애 및 섭식장애를 갖고 있고 경우에 따라서는 정신병이 유발되기도 한다. 경계성 인격장애를 갖고 있는 사람의 2/3가 중독의 문제를 가지고 있다. 경계성 인격장애는 심각한 정신 질환으로 대인관계나 자신의 이미지에 대한 생각과 그에 따른 기분과 행동이 늘 불안정한 상태인 것을 말한다. 이러한 심리적인 불안정이 가족과 친구 관계 및 직장에서 악영향을 미치고 자신의 존재에 심한 회의감을 주게 된다. 경계성 인격장애는 감정 조절이 제대로 이루어지지 않고 성인의 약 2%, 특히 젊은 여성에게 많이 나타나는데 높은 자해율을 보이며 심한 경우 자살로 이어지기도 한다.

표 10-7 경계성 인격장애의 일반적인 증상

- 실제적이나 가상적인 유기를 피하기 위한 필사적 노력
- 극적인 이상화와 평가 절하가 반복되는 불안정하고 강렬한 대인관계 양식
- 성적 취향, 자기 이미지 또는 직업 목표 등 전반적인 정체감 혼란으로 심각하고 지속적이며, 불안정한 자아상 또는 자기지각
- 알코올이나 마약 사용, 폭식, 위험한 운전 및 난잡한 성행위와 같이 자신에게 손상을 줄 수 있는 충동
- 반복적인 자살 행동, 자살 시늉, 자살 위협, 신체에 대한 자해 행위
- 현저한 기분의 변화에 따른 정동의 불안정성
- 만성적인 공허감 혹은 권태
- 부적절하고 심한 분노 또는 분노를 조절하기 어려움
- 일과성으로, 스트레스에 의한 망상적 사고 또는 심한 해리 증상

③ 자기애성 인격장애

자기애성 인격장애의 핵심 특징은 과대 과장, 허세, 존경에 대한 욕구, 공감 능력의 부족함 등이 다양한 맥락에서 지속적으로 나타난다는 것이다. 이 장애를 가

진 개인은 자아의 중요성에 대한 과장된 감각 때문에 자신의 능력을 과도하게 평가하고 성취를 과장해서 부풀리는 반면, 종종 다른 사람의 공헌은 과소 평가한다. 자기애적이기 때문에 무제한의 성공, 권력, 아름다움의 추구, 이상적 사랑에 종종 상상적으로 집착하고 자신을 유명한 사람 혹은 특권을 가진 사람과 비교한다.

④ **수동 공격성 인격장애**

수동 공격성 인격장애의 특징은 은밀한 공격성에 의존적인 관계를 보인다는 것이다. 권위적인 인물과 관련하여 적응적이고 자기주장적인 사회 기술이 결여되어 있다. 이 장애를 가진 개인은 종종 적절한 사회적 및 직업적 업무 수행 요구를 수동적으로 거부한다. 타인에 대한 적개심이나 분노가 종종 자신의 수동 저항적 행동과 관련이 있다는 것을 깨닫지 못한다.

⑤ **히스테리성 인격장애**

히스테리성 인격장애는 과도한 감정의 양태를 보이는 것과 주의를 끄는 행동으로 특징지어질 수 있다. 이 성격은 끊임없이 인정과 주의를 받으려는 행동을 보이고 자기중심적이며, 부적절한 상황에서 성적으로 유혹하기도 한다.

(4) 정신분열증과 기타 정신과적 장애

정신분열증은 인지 · 지각 · 정동 · 행동 · 사회활동 등 다양한 정신 기능에 이상을 초래하는 주요 정신병이다. 최근 생물학적 연구의 진전과 임상적 치료의 발전에도 불구하고, 아직까지 병의 정확한 원인이 규명되어 있지 못하다. 정신분열증의 가장 기본적인 핵심 증상은 사고의 장애다. 사고의 과정이나 사고의 내용에 이상이 발생하여 논리적인 사고가 이루어지지 못하는 '연상의 이완 (loosening of association)'이 일어난다. 또한 망상과 같은 사고 내용의 장애도 동반되어 주변의 객관적인 설득에도 수정되지 않는 자신만의 신념체계를 가진다. 정신분열증 환자들은 그 외에도 환청을 호소하는 경우가 많으며, 정서적인 반응이 무척 제한적이거나 부적절한 경우도 흔하다. 또한 사회적인 관계에서 급격히 후퇴되는 등의 음성 증상이 관찰되기도 한다.

DSM-IV-TR에서 정신분열증은 여러 아형으로 나뉘는데, 의심과 환각이 저명한 편집형 정신분열증, 와해된 행동이 두드러지는 혼란형 정신분열증, 강경증(납굴증)의 증상이 보이는 긴장형 정신분열증 등이 그것이다.

정신분열증 환자들은 흡연, 음주 등이 흔하며, 절반 정도가 중독과 관련된 문제를 가지고 있다.

3) 습관성 물질 중독

미국의 경우 16%의 성인이 일생 동안 한 번은 약물 남용의 문제를 경험한다고 한다. 이러한 한 가지 약물 남용의 문제를 가지고 있는 사람들에게서 가장 흔히 발생하는 문제는 다른 종류의 약물 사용 문제 혹은 행위 중독의 문제다. 의존에 대해서는 제9장에서 자세히 상술하고 있기 때문에 이곳에서는 생략하기로 한다.

4) 이중장애 회복을 위한 프로그램

(1) 각 영역의 역할

① 전문가의 역할

이중장애가 있는 경우, 두 영역의 전문가들에게 각기 별도로 상담 혹은 치료를 받는 경우가 흔히 있지만, 실제로는 해당 영역이 아닌 증상에 대해 각 영역에서는 흔히 간과하여 거의 다루지 않거나 다루더라도 그 증상을 가볍게 생각한다. 그러므로 이 두 부분의 문제에 대해 통합적인 시각을 가지고 바라보는 전문가가 필요하다.

정신과 의사들은 이중장애를 갖고 있는 사람들에게 약을 처방해 주는 것 이외에 문제를 인정하는 것을 도울 수 있을 뿐 아니라 변화를 위한 목표 설정 및 과정에 대한 평가를 도울 수 있다. 전문가는 재발에 대한 경고 신호에 대해 함께 탐색하고 대처 방안을 모색할 수 있으며 또한 의존 약물의 사용 없이 일상의 문제들에 대처하는 방법을 학습하도록 돕는다. 전문가의 역할이 중요하다고 해도 가장 중요한 것은 당사자 자신의 역할이다.

② 당사자의 역할

당사자가 회복에 적극적인 역할을 할수록 장애를 관리하는 방법을 배우고 조기의 재발 신호를 알아채는 것이 용이하다. 치료 회기 때마다 자신의 생각과 감정을 표현하고 자살 혹은 물질 사용을 하고픈 감정 등에 대해 치료자에게 개방할 뿐만 아니라 문제점과 해결해야 할 것들에 대한 목록을 만들어서 각 회기에 한두 개씩 논의하고 치료자로부터 피드백을 듣는 것이 중요하다. 만일 정신병원이나 재활시설 혹은 이중장애 재활 프로그램으로부터 퇴원했다면 퇴원 계획이나 사후관리 치료 계획을 따르는 것이 중요하다.

③ 가족의 역할

중독 문제나 정신장애 문제 중 하나의 문제만 있는 대상자들도 이미 가족에게는 커다란 짐이 될 수 있다. 그러나 이 두 문제를 동시에 가지는 경우 가족이 겪는 고통은 더할 나위 없이 크다. 가족들이 주관적으로 경험하는 고통은 큰 반면, 두 질환에 대한 가족들의 이해가 부족하고 적절히 대응하지도 못한다.

이에 가족들이 두 질환의 병발에 대해 충분히 이해할 수 있고 대처할 수 있도록 교육이 필요하며, 대상자의 질환에 따라 가족들이 겪게 되는 고통에 대한 공동의존 차원의 접근 또한 절실하다. 가족들은 스스로가 문제를 겪고 있을 가능성이 높지만 동시에 안정된 보호자의 입장에서 대상자를 대하도록 노력해야 한다.

(2) 치료의 순서

이중장애가 있는 대상자에 대한 치료는 순차적 치료, 병행적 치료, 통합적 치료 등으로 구분할 수 있는데, 순차적 치료는 한 가지 장애씩 시간을 두고 치료하는 것이고, 병행적 치료는 두 개의 장애를 별도의 장소에서 혹은 같은 프로그램이지만 별개의 전문가들이 치료하는 것이며, 통합적 치료는 정신장애와 중독의 이슈를 통합적으로 치료하는 것이다. 통합적 치료는 치료를 단순화하고 한 군데서 치료를 받을 수 있는 장점이 있어 선호되지만, 기관의 상황에 따라 순차적 치료나 병행적 치료를 시행해야 하는 경우도 있다. 다시 말해서, 통합적 치료가 불가능한 현실이라고 이중장애의 개입을 포기할 것이 아니라, 사용 가능한 자원을 동원하여 병행적 치료 혹은 순차적 치료를 적용하는 것이 바람직하다.

통합적 치료를 시행하는 경우에도 두 질환 중 어느 것에 보다 중점을 둘지에 대한 고민이 있을 수 있는데, 대부분의 경우 심각한 상태를 보이는 증상부터 치료하는 것이 일반적이다. 즉, 중독 증상이 동반된 환자이지만, 심각한 정신병적 증상을 보일 경우에는 정신질환 치료가 우선시되어야 한다. 특히 자살사고가 있거나, 위험한 망상 등의 주요 정신과적 장애의 급성 삽화를 보이는 환자에게는 우선 정신과 폐쇄병동에서 입원 치료 후 중독치료 프로그램이 있는 병원으로 입원 또는 외래로 전원하는 것이 필요하다.

(3) 프로그램의 내용

프로그램의 주된 내용은 신체적 회복과 삶의 양식 변화를 추구하는 것으로 구성되어 있다. 치료의 방식으로는 정신질환 및 중독 질환에서의 접근과 유사한 점이 많은데, 우선적으로 치료 동기를 강화하거나, 인지행동적인 접근을 하는 경우가 흔하다.

치료의 내용은 우선적으로 이중장애라는 사실에 대해 대상자에게 명확히 전달해 주며, 두 질환의 치료 과정 및 재발에 대해 알려주는 것이 필요하다. 두 질환이 상호 어떻게 관여하며, 호전과 악화에 영향을 주는지, 치료 및 상담 기관에서는 어떠한 방식으로 두 질환에 접근하고 있는지에 대해 인식시켜 주어야 한다.

중독질환이나 정신장애의 재발을 경험하기 전에 조기에 증상이나 신호가 나타날 수 있다. 일반적인 경고 신호는 자의적으로 약의 복용을 중단하고, 상담 회기에 나타나지 않고, 회복 계획을 따르지 않는 것이다. 정신장애의 재발의 경고 신호는 특정 장애의 증상이 심각하게 악화되거나 경감된 증상들이 다시 나타나는 것이다. 이러한 정신장애의 증상이 본격적으로 드러나기 전에 일찍 발견하여 도움을 받는 것이 중요하다.

또한 두 질환이 동시에 존재하는 경우 자살과 같은 극단적인 상황이 발생할 위험이 높다. 자살의 경고 신호는 종종 정신장애의 증상이 악화되거나 일정 기간 향상되다가 증상을 다시 경험하게 될 때 나타난다. 자살에 대한 잦은 언급, 기분의 악화, 삶에 대한 관심 저하 등 위험 징후가 관찰되는 경우에는 응급적으로 대처하는 것이 필요하다.

(4) 통합적 치료 접근

치료는 주로 상담과 약물 투여(또는 상담 또는 약물 투여)로 이루어진다. 단기 입원도 때로 정신과적 급성 증상이나 습관성 물질의 해독으로부터 안정화를 필요로 할 때 필요하다. 정신과적 및 중독 또는 이중장애의 재활 프로그램은 각 장애를 관리하는 기술을 습득하도록 도와준다. 이러한 프로그램들은 거주 혹은 주간 치료 프로그램의 형태로 존재한다. 치료 시설에서 퇴소하는 가장 중요한 요소는 처방된 약을 복용하고, 약속 일정을 지키고, 회기에 세운 목표를 달성하기 위해 자신만의 고유한 프로그램을 달성하려고 노력하는 것이다. 만약 한 종류의 약이나 치료 기법이 효과적이지 않다면 다른 치료 기법이나 약의 처방이 효과적일 수 있다.

① 치료 내용

이중장애의 통합적 치료과정에서는 우선적으로 모든 장애를 받아들이고 변화하려는 동기를 증진시키는 단계를 거쳐야 한다. 또한 병존하는 중독 및 정신과적 장애에 대한 치료와 회복의 과정, 재발에 대해 교육 등이 행해져야 한다. 정신 질환자에게 당장 알코올과 기타 마약의 남용을 중단하거나 완전 단주하는 것이 어렵다면 줄이는 것도 고려해 볼 만하다. 환자가 현재 급성 정신과적 증상이 있는 경우에는 우선적으로 증상의 안정화를 도모해야 한다. 동반장애를 일으키거나 동반장애를 야기하는 문제뿐만 아니라 동반장애의 증상을 관리하는 능력 및 대처기술의 향상도 치료에 포함되어야 한다. 또한 전반적으로 긍정적인 삶의 양식으로 변화하도록 도와야 한다.

② **회복의 추구**

회복은 문제를 인정하고 목표를 세우고 그 목표를 도달하기 위해 필요한 변화에 대해 자신이 책임을 지는 것이다. 이러한 과정을 프로그램을 수행한다고 표현한다. 회복의 모습은 다음과 같다.

- 올바른 태도를 취한다. 회복 프로그램을 삶의 최우선으로 둔다. 회복에 대한 헌신은 필수 불가결이다. 회복을 위한 쉬운 길은 없다. 회복을 위해서는 절제 및 행동 계획이 필요하다.
- 지식을 습득한다. 장애에 대한 것, 치료(상담, 약, 자조집단)의 역할과 한계, 회복의 과정, 재발 촉진 요인 등을 교육한다.
- 변화를 위한 동기가 있다. 동기는 변화하기 때문에 동기가 약하게 될 때 자성(self-talk)이나 자가 코칭 방법을 사용하여 동기화되도록 한다. 동기는 변화하기 때문에 특히 동기가 약해졌을 때 상담이나 자조 모임을 지속해야 한다.
- 자기인식을 향상시킨다. 장애가 자신과 타인에 주는 영향을 이해한다. 변화에 대한 걸림돌뿐만 아니라 변화를 위한 자신의 긍정적인 대처 기제, 힘 및 자원을 인식한다.
- 적극적인 대처 기술들을 활용한다. 이중장애와 관련된 행동이나 증상을 관리할 수 있는 기술을 개발하고 강화한다.

2. 특수 집단

1) 여성

여성의 습관성 물질 문제에는 별도로 주의를 기울여야 하는 점이 존재한다. 습관성 물질의 문제를 갖고 있는 여성은 양육권 문제에 있어서 부적합한 부모로 낙인찍힐 거라는 두려움을 갖고 있다. 현재 중독의 치료와 관련하여 남녀 혼합 프로그램보다 여성만을 위한 프로그램이 좀 더 효과적인지에 대해서는 아직 연구가 불충분하다. 하지만 많은 임상가들은 중독 문제가 있는 여성들이 공통적으로 갖고 있는 문제가 성 학대 및 가정 폭력 등의 문제이기 때문에 여성들만의 치료 프로그램이 효과적이라고 주장하고 있다. 여성의 중독 문제와 관련하여서는 태아 알코올 증후군(Fetal Alcohol Syndrome)과 관련되어 이슈화되었고 많은 연구가 이루어졌다.

(1) 습관성 물질을 남용하는 여성에 대한 이해

여성 중독자가 그 의존성을 극복하는 것은 가능하다. 중독으로부터 성공적으로 벗어나는 여성들 중에는 타인과 가족 구성원, 친구 및 치료 영역에 있는 전문가와 지역사회에 매우 큰 지원을 해 온 여성들도 있다. 특히 여성 중독자는 사회경제적 지위를 불문하고 다양한 계층에서 발생한다. 연구에 의하면 70%의 마약 남용 여성들이 신체적 · 성적 학대 경험을 보고하고 있고, 남성들에 비해 부모 세대의 습관성 물질 남용이 훨씬 더 많았음을 보고하고 있다. 또한 습관성 물질 의존 여성은 낮은 자아존중감을 갖고 있다.

① 건강상의 위험

연구에 의하면 여성들은 남성에 비해 비록 실험적 혹은 잠시 마약에 손을 대었다 하더라도 크랙 코카인과 같은 마약에는 좀 더 빨리 중독된다고 한다. 중독 자체의 발생 이외에도, 마약 등에 중독된 여성들에게는 신체적 및 정신적 건강의 위협이 다양하게 발생될 수 있는데, 영양 결핍, 신체적 학대에 의한 신체 손상, 임신 시 조산, 성병, 각종 감염증, 낮은 자아존중감이나 심각한 우울증 등이 흔한 증상의 예가 될 것이다.

② **자녀양육 및 파트너와의 관계**

여성 중독자들이 치료를 받지 않는 데는 자녀양육이 중요한 요인 중 하나다. 비록 중독으로 인해서 적절한 자녀양육이 이루어지고 있지 않다고 해도 자녀를 떠나서 입원하는 치료는 양육자로서 내릴 수 있는 쉬운 결정은 아니다. 더구나 자녀양육을 대신 해 줄 수 있는 친인척이 없을 경우에는 더욱 그러하다. 습관성 물질을 사용하는 여성들의 경우 자신의 성적 파트너가 물질 사용을 시작하게 했다고 보고하고 있다. 그렇기 때문에 여성들이 그러한 자신의 파트너를 떠나지 않는 한 단약의 삶을 살기가 어렵다고 스스로 생각한다.

(2) 습관성 물질의 사용과 임신

습관성 물질을 사용하면서 임신한 여성의 숫자를 추산하는 것은 쉽지 않다. 또한 태아 때 습관성 물질에 노출된 영아들의 숫자를 추산하는 것도 어렵다. 더욱이 우리나라에서는 여성의 알코올 혹은 습관성 물질 사용을 사회적으로 드러내기 어려운 분위기로 인해 더더욱 어렵다. 이런 이유로 어머니의 습관성 물질 사용으로 인해 습관성 물질에 노출된 영아들의 증상들이 종종 오진단되거나 간과된다.

이러한 어려움에도 불구하고 몇몇 연구에서는 여성의 약물 사용과 임신에 대한 보고들을 하고 있는데, 미국 국립과학원 부설 의학연구소(The Institute of Medicine of the National Academy of Sciences)의 연구에 의하면 미국에서는 매년 350,000～635,000명의 임산부가 한 개 이상의 불법 마약을 임신 기간 중에 사용하는 것으로 추정된다고 한다. 또한 대부분의 마약 사용자들은 마약과 알코올을 복합 사용한다고 한다. 또한 이 연구소에서는 매년 약 40,000명의 신생아가 태아 알코올 증후군의 위험에 노출되어 있다고 한다.

임산부가 알코올에 노출되는 것은 〈표 10-8〉과 같은 다양한 임상적 문제를 야기한다.

표 10-8 알코올을 사용하는 임산부에게서 발생하는 임상적 문제

- 유산 혹은 조산
- 수유 부족
- 급작스러운 음주의 중단에 따른 금단증상, 그 자체에 따른 위협
- 영양 부족
- 췌장염
- 알코올성 케톤산증
- 알코올성 간염
- 간경변

임산부의 알코올 섭취는 임산부의 건강이나 임신 자체에 미치는 영향 못지않게 태아에게 미치는 영향 또한 무척 심각할 수 있다. 이 책의 제7장 '신체 질환과 중독'에서 이미 다룬 바 있지만, 태아기에는 알코올의 영향에 의해 여러 가지 심각한 선천적 기형(심장 기형, 신생아 근육긴장 저하, 과잉행동, 생식기 기형, 골격 및 근육 기형, 시력 문제, 혈관종 등)들이 유발되기도 하며, 그중 발달장애, 중추신경계 결손, 안면 기형 등이 두드러진 경우를 태아 알코올 증후군이라고 한다.

(3) 여성을 위한 치료 방법

습관성 물질 중독은 연령과 성별에 관계없이 건강을 위협하는 중대한 문제로서 만성적이고 재발 가능성이 높다. 그렇지만 여성의 경우 습관성 물질 남용 및 의존이 건강에 다른 식으로 영향을 미치고 질병이 다르게 진행되기 때문에 다른 치료 접근이 필요한지에 대해 고민하여야 한다.

여성을 대상으로 한 습관성 물질치료의 중요 요소들 미국 국립 보건부 소속의 '물질 남용 및 정신보건국(Substance Abuse and Mental Health Services

Administration: SAMHSA)' 산하의 국립 물질 남용 치료 센터(Center for Substance Abuse Treatment: CAST)에서는 여성을 위한 치료 과정의 부분으로서, 직접 서비스 혹은 서비스 가능한 기관으로 의뢰를 통해 다음과 같은 서비스가 제공되어야 한다고 권고하였다. 즉, 〈표 10-9〉에 정리된 종합적인 서비스를 제공함으로써 여성들의 기본적인 욕구를 충족시킬 수 있으며, 이 경우 보다 효과적인 치료 성과를 기대할 수 있다.

표 10-9 미국 국립 물질 남용 치료 센터에서 제시한 여성을 위한 치료 지침

기본적 서비스 영역
• 의 · 식 · 주 및 교통편 • 자녀 보호: 유아 및 어린이 건강 서비스 • 직업 재활 및 훈련 • 법적 원조 • 사회적 지지 • 문해 훈련 및 교육 • 심리적 사정 및 정신건강 관리 • 가족계획 서비스 및 부모교육 • 가족치료 및 부부상담 • 자기주장훈련 • 의료적 돌봄: 간염, 폐결핵, HIV 및 성병 등과 같은 감염 질병의 검사 및 치료; 빈혈 및 영양실조, 고혈압, 당뇨, 암, 간질환, 섭식장애, 치과 및 안과 문제, 불결한 위생 상태 등을 포함하는 일반적 건강 문제; 피임, 유방암 검사, 정기적 자궁 검사를 포함한 일반적인 부인과적 서비스
포함되어야 할 교육 내용
• 알코올 및 약물 사용 그 자체에 대한 교육 • 낮은 자아존중감, 성별 문제, 장애 관련 문제, 가족관계, 친밀한 관계 및 폭력(근친강간, 강간, 기타 학대), 섭식장애, 성적 기호, 낙태 및 유산과 관련된 상실, 가족, 배우자, 수치심과 죄책감 및 분노와 같은 자신의 감정에 대한 책임 교육 • 아동 발달 정보 및 양육 상담, 아동 안전, 부상 예방 및 아동학대 방지 교육 • 재발 예방 교육 • 건강 교육 및 예방 활동: HIV/AIDS, 성병의 전염, 생식기관의 건강, 산전 관리, 태교, 임신, 여성의 성기능, 아동기의 신체적 · 성적 학대 예방, 영향, 금연 및 일반적 건강 유지 • 사회 기술 훈련: 실제적인 사회 기술, 직업 상담 및 훈련, 재정적 관리, 스트레스 관리, 대처 기술, 유아 및 아동 양육, 아동과 부모와의 관계, 부모교육 등 • 기타 사회적 서비스 제공: 탁아, 법적 원조, 거주시설의 제공 등

심리 상담의 내용
• 알코올 및 습관성 물질 없이 맺는 관계 성립 • 건강한 의존과 불건강한 의존의 차이 구별: 건강한 의존은 A.A. 및 후원자에게 의존하는 것, 불건강한 의존은 과거 의존적이었던 관계에 다시 의존하는 것 • 자신의 삶에 책임을 지는 것과 관련된 이슈들: 직업 기술, 독립적인 삶 및 자아존중감 향상

2) 노인

60세 이상의 노년층 중에는 알코올과 일반 의약품 및 처방된 약(전문의약품)을 남용함으로써 건강 문제를 갖게 된 노인들이 있다. 65세 이상의 노인은 다른 어떤 연령대보다 처방약 및 일반 의약품의 소비가 가장 많다. 이와 같이 노년층의 알코올과 판매약 및 일반 의약품의 남용과 의존이 높음에도 불구하고 그에 대한 연구나 대응은 상대적으로 미미하였다. 그 이유는 다음과 같은 편견 때문이다.

첫째, 노인의 약물 사용장애를 치료하는 것은 무가치하다. 둘째, 노인의 알코올 및 습관성 물질 문제는 노력에 비해 실패의 확률이 높다. 셋째, 이 인구 집단에 대해 치료적 개입을 하는 것은 치료 자원의 낭비다. 그러나 이러한 편견은 잘못되었을 뿐만 아니라 위험하기까지 하다. 노인의 알코올 및 습관성 물질 문제는 더 이상 간과해서는 안 되며, 노령화되어 가는 사회에서 건강한 주체로서 삶을 살아갈 수 있도록 이제부터 적극적인 개입을 하여야 한다.

(1) 노년층의 현안 문제

노인의 경우 약물 남용 문제 그 자체보다 알코올과 처방약과의 상호작용이 더 큰 문제다. 많은 의약품들이 알코올과는 물론이고 기타 약물 및 다른 처방약들과 부정적으로 상호작용한다.

인간 수명이 늘어나는 것은 알코올 사용 기간이 길어진다는 것을 의미하기 때문에 노인들이 경험하는 알코올과 관련된 문제는 매우 심각해질 전망이다. 노인이 알코올 의존이나 남용으로 진단을 받기에는 충분치 않을 만큼 음주를 한다고 해도 의료적으로는 위험할 수 있다. 진단받지 않은 정신과적 질환이나 의료 상태는 알코올 및 습관성 물질 문제가 있는 노인의 치료를 어렵게 할 수 있다. 노인을 치료할 때는 모든 영역에서 문제의 자세한 사정이 필수적이다.

(2) 노년층의 신체적 특징

임상가들은 노인 내담자들에게 나이와 관련된 변화로 알코올의 효과 변화에 대해 설명해야 한다. 다시 말해서, 나이가 듦에 따라 신체 내 수분이 감소하고 이로 인해 과거에 영향을 주지 않는 정도의 양에도 취할 수 있다는 점에 대해 명확히 이야기해야 한다. 이러한 신체 내 수분의 변화는 알코올에 대한 민감성을 높이고 내성을 감소시킨다. 또한 소화기 내장의 알코올 대사율의 저하로 인해 혈중에 알코올이 과거에 비해 장기간 남아 있고 이것은 간에 무리를 주게 된다. 즉, 젊은 시절의 음주량보다 훨씬 적은 용량의 음주로도 신체적 혹은 정신적 문제를 야기할 수 있다.

(3) 노년층의 알코올 및 습관성 물질 사용 위험

임상가는 내담자에게 알코올 사용과 관련하여 나이의 변화로 인해 나타날 수 있는 문제들을 알려 주어야 한다. 노년층들은 만성적인 알코올 혹은 습관성 물질 사용과 관련하여 심장질환, 중풍 등 뇌혈관 질환, 간경변과 기타 간 질환, 내장출혈 및 우울, 불안, 및 기타 정신건강 문제 등의 발생 위험이 높다.

(4) 의약품과 알코올과의 상호작용

많은 노인들은 일반의약품 혹은 전문의약품을 처방 내지 약국에서 자가로 구매하여 복용하고 있다. 의약품과 더불어 음주를 할 경우 처방약이 알코올과 부정적으로 상호작용할 수 있다. 노인들은 자신이 의존하는지도 모르는 채 향정신성 의약품(벤조디아제핀류 또는 아편류)에 의존한다. 이렇듯 의도하지 않았다 하여도 처방된 약을 지속적으로 사용하게 되면 약물 의존자가 될 수도 있다.

(5) 약물 의존 증상

정신 활성 물질의 사용은 비록 그것이 치료에 필요한 용량이라 할지라도 중추 신경계의 여러 부작용과 관련이 있다. 예를 들면, 정신운동 기능의 저하, 반응시간의 지연, 행동 및 감정 조절의 상실, 넘어짐, 지나친 낮 시간의 졸음, 혼돈, 잦은 짜증 등의 문제가 약물의 남용과 연관될 수 있으며, 이 같은 증상이 관찰되는 경우 임상가들은 약물과 관련된 상황인지를 파악해야 한다.

(6) 촉발 요인들

〈표 10-10〉과 같은 사항들이 노인들의 약물 남용 문제를 악화시키거나 촉발시킨다.

표 10-10 노인 약물 남용 문제의 촉발 요인

감정적 및 사회적 문제
• 애도 및 슬픔 • 상실: 배우자, 친구, 가족원, 사회적 지위, 직업 및 전문가적 정체성 상실, 미래에 대한 희망, 기능, 능력 • 사회적 소외 및 외로움 • 낮아진 자아존중감 • 가족 갈등 및 소원한 관계 • 여가시간 활용의 문제 및 권태 • 신체적 매력의 상실
의료적 문제
• 청력 및 시력의 상실 • 만성 통증 • 신체적 장애 및 장애 상태 • 운동성의 감소 • 수면장애 • 인지력 손상 및 변화
실제적 문제
• 자기관리 기능 저하 • 가족관계의 분리 혹은 해체 • 대처 기술의 감소 • 수입의 감소 및 의료비 지출 증가

(7) 노년층의 약물 사용 특징

① **자살**

우리나라의 경우 자살은 다른 연령층에 비해 노인 인구에서 유독 높다. 특히 부인과 사별한 남편인 경우 우울 및 알코올 문제가 발생하거나 악화될 수 있고 자살을 주의해야 한다.

② **의료기관에서의 접근**

노인인 경우 다양한 신체 질환을 가지고 의료기관을 주기적으로 방문하는 경우가 많다. 신체적 질환이 있는 경우 여러 의료기관에서 다양한 처방약을 받고 있으나 통합적인 관리가 되지 못하는 경우가 많다. 또한 질환으로 인하여 통증이나 기타 신체적 불편감이 존재할 때, 이를 해결하기 위한 방법으로 알코올이나 습관성 물질을 사용할 위험이 높아진다. 이 때문에 의료기관에서 알코올 및 습관성 물질 사용에 대한 주기적인 사정이 필요하다. 이상적으로는 60세 이상의 노인은 신체검사를 통하여 알코올이나 의약품의 남용을 정기적으로 선별하는 것이 바람직하다.

③ **약물과 관련된 기왕력**

과거 음주 문제의 존재는 노인 음주의 예측 가능한 강력한 표식이다. 젊은 시절부터 음주를 많이 한 사람의 경우에는 노인이 되어서도 알코올 혹은 습관성 물질을 사용할 확률이 증가한다. 노년기에는 주변 사람이나 재화 및 신체적 · 사회적 기능의 손상과 연관되어 우울증이 발생할 위험성이 높다. 여성 노인의 경우 음주 문제가 흔히 간과되나, 실제적으로는 위험 수준에 있는 경우가 많으며 우울증과 연관되는 경우도 흔하다.

(8) 약물 남용의 선별

노인에 있어 습관적 약물 사용의 문제는 특별한 의심 징후가 없더라도 주기적으로 평가하는 것이 좋다. 그러나 다음 예로 든 증상들이 보이는 경우 알코올 혹은 습관적 물질 사용의 문제를 우선적으로 선별하는 것이 바람직하다(예: 수면 장애, 인지 기능의 저하, 발작, 영양실조, 간 기능 저하, 기분의 기복이 심함, 우울, 불안, 만성 통증, 배뇨 곤란, 개인위생 불량, 평시와 다르게 불안하고 짜증, 시력이 침침하거나 구강 건조에 대한 불평, 구역질과 구토, 식습관의 변화, 언어의 둔마, 진전, 걸음걸이 이상, 자주 낙상하거나 원인이 분명하지 않은 멍 등).

(9) 단기 개입

많은 노인이 음주 문제에 노출되어 있지만 자신의 음주에 대해 수치심을 느끼거나 음주 문제에 대해 인지하고 있지 않기 때문에 노인들에게는 특히 비직면적이고 지지적인 개입 전략을 채택하여야 한다. 단기 개입에서는 선별 검사의 결과에 대해 설명하고, 대상자의 음주 이유에 대해 탐색하며, 심한 음주의 결과에 대한 피드백이 필요하다. 또한 금주를 위한 동기를 강화하며, 적정량의 음주에 대한 정의 및 절주(혹은 단주)를 위한 구체적인 전략을 마련하도록 돕는다. 그 외에도 위험 상황에 대처하는 다양한 방법들을 대상자와 상담자가 함께 강구하여야 하며, 이와 같은 상황을 종합하여 절주(혹은 단주) 계약서를 작성하는 것도 도움이 된다.

(10) 노인의 알코올 및 습관성 물질 문제 치료 초점

노인의 알코올 및 습관성 물질 사용 문제를 치료하는 데 있어서는 〈표 10-11〉에서와 같은 6개의 부분에 초점을 맞추어야 한다.

표 10-11 노인 알코올 및 습관성 물질 사용 문제 치료의 주요 고려 사항

- 연령에 적합(age-specific)하고, 지지적이고, 비직면적인 집단치료로 내담자의 자아존중감을 세우거나 재건하도록 노력함
- 우울, 외로움, 상실에 대해 효과적으로 대처하도록 함
- 내담자의 사회적 지지망을 새롭게 구성하도록 함
- 노인 대상자의 수용 및 변화에 맞추어 적절한 치료 속도 및 내용으로 진행함
- 노인을 치료하는 것에 관심이 있거나 경험이 있는 치료진이 서비스를 제공함
- 직접 서비스 치료 기관 이외에 유관 사례관리 기관들과의 연계를 통해 포괄적인 서비스를 제공함

3) 청소년

(1) 청소년 알코올 및 습관성 물질 사용자의 특징

청소년 시기는 불확실함과 혼란함의 시기다. 어린아이 상태로부터 벗어나려고 발버둥을 치지만, 그렇다고 어른으로써 인정받을 수는 없다. 이러한 혼란의 시기임에도 불구하고, 청소년에는 다양한 과업이 부여된다. 예를 들면, 직업이나 장래에 대한 결정, 삶의 방향이나 옳고 그름에 대한 가치 체계의 확립, 자신이 속한 성별 소속에 대한 공동체 의식 및 다른 성별에 대한 탐색과 친밀감 형성의 욕구 충족, 보호를 받는 대상에서 스스로의 독특함과 유일성을 키워 감으로써 자아존중감을 확보하는 등의 과업을 통해서 청소년은 독자적인 성인으로 성장한다. 하지만 이러한 과업은 저절로 달성되는 것이 아니라 불확실과 혼란을 극복하고 고통을 이겨 내는 과정에서 달성된다. 대부분의 청소년들은 역경을 극복하고 과업을 완수함으로써 자아존중감의 욕구를 충족시키고 현실감을 되찾는다. 그러나 일부 청소년들은 그 과정이 순탄하지 않으며, 경우에 따라서는 알코올이나 습관성 물질에 의존하기도 하고, 결국은 정서적 발달이 멈추어 정상적으로 자신에게 맡겨진 과업을 달성에 실패하는 경우도 있다.

청소년기에 알코올 및 습관성 물질을 사용하는 청소년들은 대부분 다양한 종류의 물질을 사용하는 것이 특징이다. 성장발달기에 알코올이나 습관성 물질을 사용하는 경우에 특히 청소년의 인지 기능 및 정서, 사회 기술 및 인간관계 등에 지대한 영향을 미친다. 청소년기에 알코올 및 습관성 물질을 사용하는 경우 성인기에도 지속적으로 사용하는 경우가 많다.

우리나라 청소년의 음주 경험률은 2009년 현재 약 21%로 2006년의 28.6%에 비교하면 최근 4년간 지속적으로 감소하고 있다. 그러나 고위험 음주율 및 문제 음주율은 약 33%와 40% 정도로 그 비율에 큰 변화가 없다. 기타 습관성 물질의 경우 약 0.7%의 청소년이 기분의 변화나 환각, 과도한 체중 감량 등의 목적으로 복용한 적이 있으며, 이는 미국 고등학생의 36.8%가 마리화나를, 6.4%가 코카인을 1회 이상 사용한 경험이 있다는 점과 비교하면 낮은 편이다. 다만, 인터넷 중독의 경우에는 전체 인터넷 사용자의 약 3.3%가 고위험 인터넷 사용자로 추정된다(질병관리본부, 2010).

이와 같이 외국에 비해 약물 남용의 비율이 낮다고는 하나 청소년의 알코올 및 습관성 물질 사용의 수준을 성인과 비교하여 그 심각성을 이야기하기는 어렵다. 청소년의 신체 및 두뇌는 알코올 및 습관성 물질에 대해 성인에 비해 훨씬 취약한 상태에 있다. 또한 이들 연령군에서 알코올 및 습관성 물질 사용은 임상적 문제 못지않게 학업 및 발달, 사회적 관계의 새로운 형성 등에 지대한 영향을 미친다. 이른 시기에 알코올에 반복적으로 노출되게 되면, 알코올 의존 문제가 더 일찍 발생하며, 증상 자체도 심각하고, 그 예후도 불량하다. 15세에 과도한 음주를 시작한 청소년이라면 45세에 이미 간이나 뇌에 심각한 손상을 초래할 가능성이 충분히 높은 30년의 음주력을 가지게 되는 셈이다.

알코올이나 습관성 물질의 절대적인 투약량이 현재에는 많지 않다고 하더라도 문제는 여전하다. 일부 청소년들은 외부의 시선이 상대적으로 뜸한 방과 후 혹은 주말 동안의 시간에만 알코올이나 약물을 사용하게 된다. 이때는 알코올 혹은 습관성 물질의 체내 농도에 따라 숙취 등 기분이나 행동의 변화가 생기게 되지만, 이내 정상적인 상황으로 돌아온다. 그러나 반복적인 이러한 행동은 점차 가정이나 학교생활 등에 책임감과 적응력을 떨어뜨리고, 변명과 거짓말이 늘며, 죄책감이 증가하고 자아존중감이 저하되며, 부적응적 행동을 반복하게 되고 결국은 점점 더 자주 더 많은 양의 알코올 혹은 습관성 물질을 사용하게 된다. 초기에는 노출되는 알코올 혹은 습관성 물질의 양이 적더라도 스스로의 삶을 파괴할 수 있는 정서적 문제나 중독 문제를 야기하게 되는 것이다.

(2) 치료 계획 수립에서 가족의 역할

청소년 문제에 있어서 가족을 치료의 자원으로 써야 하기 때문에 전문가 측에서 가족의 고유의 잘하는 측면을 존중하는 것과 자신의 전문적 기술을 사용하는 것과의 조심스런 균형이 필요하다. 알코올 및 습관성 물질을 사용하는 청소년을 치료하는 대부분의 치료자는 청소년의 치료에는 특히 가족의 관계가 중요한 자원이라는 것을 인식하고 있다. 알코올 및 습관성 물질을 사용하는 청소년이 속해 있는 가족을 다루는 데 있어서 다음과 같은 것을 이해하는 것이 중요하다.

첫째, 가족을 해결의 부분으로 인정해야 한다. 둘째, 가족 패턴의 일정 부분의 상황에서 문제가 발생한 것이지 가족이 이러한 문제를 발생시킨 것이 아니라는 것을 명심해야 한다. 셋째, 모든 가족 구성원이 포함된 발달적 상황 내에서 문제가 일어난다는 것을 이해해야 한다. 넷째, 가족관계 내에서 발달단계 혹은 다른 스트레스로 인해서 존재하는 이슈들이 있음을 이해해야 한다.

청소년의 알코올 및 습관성 물질 사용 문제는 외래 치료나 입원 치료 등과 같은 조건과 더불어 가족체계를 활용해야 한다. 가족뿐만 아니라 청소년 자신의 사회적 관계망 역시 평가되고 고려되어야 한다. 가족이 최우선이지만 가족이 그 청소년을 제대로 다루지 못할 경우에는 확대가족 구성원, 친한 친구 및 이웃과 가족과 가까운 사람들을 고려해 볼 수 있다. 치료자는 가족이 속한 조직화된 체계, 즉 교회나 지역 기관들도 참여시킬 수 있다. 종종 문제를 겪고 있는 가족들은 이러한 긴밀한 체계로부터 소외되거나 분리되어 있는 것처럼 보인다. 사실 이러한 분리는 그것 자체가 문제가 될 수 있다. 그러므로 가족들로 하여금 어려움을 겪고 있는 청소년을 위해 연결고리를 이어가도록 격려해야 한다. 정신 보건 시스템의 역할은 일상적인 가정에서 해줄 수 있는 양육을 대신하는 것이 아니라 보완하는 것이어야 한다. 만일 입원이나 장기 거주 치료가 치료의 방법으로 선택되었을 때에도 청소년의 삶에서 가족의 역할은 중심에 있어야 하며, 치료 기관의 역할은 부수적인 것이어야 한다. 그러므로 청소년 거주 치료 시설이라 하더라도 가족으로 하여금 안정적인 생활 및 교육 환경을 마련해 줄 수 있도록 가족을 원조해야 하며, 치료 계획 수립에 반영되어야 한다.

(3) 청소년 알코올 및 습관성 물질 사용자의 선별 및 사정

청소년 대상자에 대한 선별의 작업은 선별과정의 모든 영역에서 문화, 사회경제적 측면 및 성별에 민감하게 이루어져야 한다. 청소년들은 청소년들만의 또래문화가 있고, 이들이 소속된 문화에서 받는 환경적 영향이 있다. 또한 청소년기는 신체적 및 정신적인 측면 모두에서 성숙과 미성숙이 혼재되어 있으며, 이로 인한 정체성의 혼란이 있다.

알코올이나 습관성 물질을 사용하는 청소년을 선별이나 사정을 하는 데 있어서는 직접적인 물질 사용의 측면 이외에도 청소년기에 경험하는 주요 위험 요소들(주변 환경 및 정서적 혼란, 정신과적 증상 포함)을 종합적으로 측정하고 선별해야 한다. 이 과정에서의 정보는 부모, 형제, 친구, 교사 등 다양한 루트를 통해 모아져야 한다. 사정의 과정에는 직접 상담, 관찰, 청소년에 특화된 심리 평가 도구

표 10-12 청소년 약물 사용자에 대한 사정의 영역

- 알코올 및 습관성 물질 사용력
- 담배, 카페인 음료, 일반의약품 및 전문의약품의 구입 혹은 처방
- 의료 기록: 이전에 앓았던 질병, 감염 질환, 외상, 성병
- 가족력: 가족 내 알코올 및 습관성 물질 남용자, 만성 질환을 포함한 정신 및 신체 건강 문제를 가진 구성원
- 학교 경험: 학습능력과 관련된 문제, 학습태도, 품행 및 출석
- 일 경험: 아르바이트, 자원봉사
- 복지 수혜 경험: 위탁가정이나 거주시설의 경험, 횟수 및 기간
- 법 저촉 경험: 범죄 및 법 저촉 경험
- 성 경험: 성 학대, 성적 활동, 안전한 성 실행 여부, 성에 대한 현재 및 과거의 양태
- 가족 구성원: 가족은 청소년의 신체적 · 정서적 · 영적 · 문화적 필요를 충족시켜 주는 사람을 말한다. 아동양육 문제, 가족의 문화 및 사회경제적 배경의 이해
  - 부모 및 형제자매
  - 이전 및 현재 위탁 부모
  - 친척 및 가까운 친구
  - 교사 및 사회복지사
  - 조부모 등 전통적인 의미의 확대 가족 구성원
- 기타
  - 또래관계
  - 하위집단 소속 여부
  - 관계 기술
  - 여가시간 활동
  - 이웃 환경
  - 가정환경
  - 집의 구조, 노숙 경험 여부, 가출 경험 여부

및 신체검사, 이전에 실시한 검사의 결과, 이전 치료의 과정 및 사례관리 관련 서류 검토, 가족 및 기타 중요 인물과의 상담 등의 방법을 동원할 수 있다.

청소년의 알코올 혹은 습관성 물질 문제를 사정하는 데 있어서 다루어야 할 영역은 〈표 10-12〉와 같다.

(4) 청소년 알코올 및 습관성 물질 사용 유형 탐색을 위한 질문들

알코올 및 습관성 물질 의존 청소년들의 치료를 효과적으로 하기 위해서는 알코올 및 습관성 물질 사용에 대한 청소년의 관점을 자세히 살펴보는 것이 중요하다. 이는 청소년이 알코올 및 습관성 물질을 통하여 얻은 고양감과 만족감을 대체할 수 있는 것을 개발하기 위해서도 중요하고 기타 발달단계의 발달지체 현상에 대한 이해를 위해서도 필요하다.

- 어떤 종류의 알코올 혹은 다른 습관성 물질을 사용하였는가?
- 어떤 종류를 선호하고 가장 자주 사용하는가?
- 얼마나 자주, 얼마 동안 알코올 혹은 습관성 물질을 사용하였는가?
- 누구와 함께 하였는가?
- 친구들 관계가 마약 사용에 연관이 있는가?
- 알코올 및 습관성 물질 사용 이외에 연령에 적합한 활동을 하는가?
- 알코올 및 습관성 물질 사용이 대상자의 삶에서 중요한 초점이 되고 있는가?

(5) 청소년 알코올 혹은 습관성 물질 사용자 상담의 주의사항

청소년을 치료하는 데 있어서 자살 생각 혹은 시도, 반사회적 행동들, 알코올 및 약물 남용, 섭식장애, 사회적 철수, 학교생활의 어려움 등에 특히 주의를 기울여야 한다. 치료자는 청소년 문제를 사정할 때 특히 가족 구성원의 문제와 해결책에 대한 생각들을 사정하는 것이 필요하다. 치료자는 문제에 대한 자신의 해석 대신에 가족들에게 현재 상황에 초점을 둔 적절한 질문을 통해서 그들의 문제에 대한 견해나 생각을 알아보고 지지하는 것이 중요하다.

4) 다문화 가족

현재 우리나라에 상주하는 외국인은 약 100만 명에 육박하며, 그중 다수는 5년 이상 체류하고 있다. 게다가 출산율 저하와 인구 노령화로 노동 가능 인구가 점차 감소하면서 향후 국내에 거주하는 외국인은 지속적으로 늘어날 수밖에 없을 것이다. 우리나라가 단일문화권에서 다문화권으로 전환되고 있는 현실에서 중독영역에서도 다문화를 이해하기 위한 노력을 경주하여야 한다. 다문화 상황에서는 치료 스태프 구성원 중 일부가 다문화 출신이면 더욱 바람직하겠지만 그럴 수 없는 경우에 해당 인력이 문화적 실천과 각 집단의 가치지향에 있어서의 차이에 대한 기본적인 소양을 훈련받아야 한다. 문화 역량 프로그램은 태도, 실천, 정책 및 구조를 개발하는 것이다.

문화 역량 프로그램을 구성하는 데 있어서, 다문화 참여자들의 기본적인 언어에 대한 스태프의 지식, 다문화 참여자들의 문화적 뉘앙스에 대한 스태프의 민감성, 다문화 참여자의 문화적 가치를 반영하는 회복 프로그램 구성, 다문화 참여자의 의견 수렴 등은 기본적인 요소가 될 것이다.

문화 역량이 효과적으로 반영되는 치료 프로그램은 해당 문화의 성격, 규범, 가치 등을 반영하고 그와 상응하는 계획과 실천 및 지속적인 수정을 필요로 한다. 대부분의 치료 프로그램은 전통적인 동료 집단과 12단계 모델을 따르면서 문화적 차이를 인정하고 받아들이는 부분을 강조하는 모습으로 수정되는 것이 바람직하다.

제11장

재발 예방

1. 서론

재발 예방은 의존 환자 또는 중독 문제를 가진 내담자들이 단주 혹은 단약을 유지하거나 재발로부터 회복할 수 있도록 돕는 데 초점을 맞춘다. 재발 예방 집단은 단주 혹은 단약을 유지하고 있지만, 약물이 없는 상태를 유지하는 기술이 부족한 내담자들에게 적합하다. 즉, 재발 예방 프로그램은 위기 상황에 있거나, 다시 물질을 사용할 가능성이 있는 내담자들에게 도움이 되는 프로그램이다.

재발 예방 프로그램은 의존 환자들에게 온전하고 평온한 생활 균형을 유지하도록 돕고, 자신의 미래를 위해 안전하게 준비하도록 도우며, 물질 사용을 유발시킬 수 있는 '고위험 상황(high risk situation)'을 예상하여 확인하고, 이러한 고위험 상황을 관리하는 기술과 지식을 제공하여 내담자들이 온전함을 유지하도록 도와주는 프로그램이다. 따라서 위험 상황을 관리하는 내담자의 능력을 향상시키고 행동을 변화시켜서 내담자의 생활 유형을 안정화시키는 데 그 목적이 있다. 재발 예방 집단은 고위험 상황에 대한 인식, 문제해결 능력 그리고 기술 축적에 초점을 둔다. 이 접근 방법들은 자기통제감을 향상시켜 주며 의존자들이 스스로 의존의 재발에 잘 저항할 수 있다는 느낌을 갖도록 해 준다. 즉, 궁극적으로 자기효능감을 증진시킨다.

이 장에서는 의존의 재발에 대한 의미에서부터 의존의 재발에 영향을 미치는 다양한 변인들 및 의존의 재발 모형, 그리고 실제 재발 예방 프로그램에 대해 다루고자 한다.

2. 의존의 재발

다양한 물질이나 행위에 의존된 내담자들의 치료 영역에서 내담자 자신을 포함하여, 내담자의 가족 그리고 치료자 모두를 가장 힘들게 하는 것은 의존자들이 너무나 쉽게 재발한다는 것이다. 따라서 재발을 예방하는 것이 가장 중요한 치료의 목표임에도 불구하고, 실제 경험적 연구들에 의하면 치료된 알코올 의존 환자의 50~60%가 3개월 이내에 재발한다고 한다. 미국의 한 연구(Swift, 1999)에 의하면 알코올 의존 환자의 40~70%는 1년 이내에 재발한다. 국내의 한 연구(김종성 외, 1999)에서는 알코올 의존 환자 514명을 대상으로 추적 조사한 결과, 13%만이 1년 이상의 단주에 성공했으며, 재발한 사람들은 대부분 3~4개월 이내에 집중적으로 재발하는 양상을 보였다. 이러한 재발 양상은 임상 현장에서 흔히 볼 수 있으며, 전문적인 의존증 치료가 이루어지지 않는 병원이나 치료시설의 경우는 더 높은 재발률을 보일 것이다.

먼저 재발의 정의를 어떻게 하느냐를 잘 살펴볼 필요가 있다. 엄격하게 정의하는 경우, 음주를 직접 하지는 않았더라도 이미 심리적인 재발이 일어난 경우를 재발이라고 볼 수 있고, 좀 더 너그럽게 정의를 한다면, 일회성 음주(lapse)를 했지만 이후의 계속적인 음주로 이어지지는 않은 경우에는 재발로 보지 않고, 계속적인 음주로 이어졌을 때를 재발(relapse)로 정의할 수 있다. 한편 재발을 정확하게 정의하기 위해서는 재발 횟수, 재발한 기간, 사용한 알코올의 양, 재발의 결과 등의 변수를 모두 고려해야 한다는 견해도 있다. 하지만 일반적으로 가장 널리 사용되는 재발의 개념은 직접적인 음주가 이루어지는 시점이다. 즉, 알코올 의존으로 진단받고 치료받은 경험이 있는 환자가 다시 음주하는 것을 재발로 정의한다.

1) 의존의 재발에 영향을 미치는 요소

의존의 재발과 관련된 요인을 살펴보는 것은 치료 전략 개발 및 재발 예방을 위해 매우 중요하다. 지금까지 밝혀진 의존의 재발 요소로는 사회인구학적 변인, 환경적 변인, 유전적 취약성 변인 그리고 심리적 변인 등이 있다. 또한 날씨, 거주 지역, 이웃, 주변 환경 등이 재발에 원인을 제공하는 경우가 많다. 사회경제적 상태와 취업 상태를 포함한 사회적 안정성도 재발과 관련이 깊다. 많은 경우, 실직 문제 및 경제적 어려움은 직접적인 재발로 연결되는 경우가 많다. 또 다른 중요한 요소는 퇴원 후 가족관계 및 대인관계다. 특히 가족 간의 갈등은 직접적인 재발의 원인이 되는 경우가 많으며, 대인관계에서 오는 스트레스는 의존 환자들이 가장 다루기 힘들어하는 문제이기도 하다. 의존 환자들이 회복을 위해 노력할 때 주변 환경으로부터 받는 사회적 지지는 재발을 예방해 주는 보호막 역할을 한다. 환자 스스로가 지각하는 사회적 지지가 중요한 것 같다. 때로 사랑하는 주변 사람들의 관심과 조언을 부정적으로 해석하는 사례도 흔하다. 주변 사람들의 조심스러운 걱정이 오히려 환자의 부정적인 사고(예: 나를 믿지 않는구나!)를 촉발하는 경우도 있다. 결과적으로, 의존의 재발에 영향을 미치는 변인들은 유전적 요소, 사회 · 경제 · 문화 등 환경적 요소, 그리고 심리적 요소 등 다양하다.

2) 의존의 재발에 영향을 미치는 심리적 요소

의존의 재발에 영향을 미치는 다양한 요소들 중 변화 및 치료가 가능한 변인에 초점을 맞춘다면, 가장 중요한 것이 심리적 요인일 것이다. 의존의 효과적인 치료를 위해서는 의존증이 유발되기 쉬운 심리적 취약성에 대해 관심을 기울일 필요가 있다. 이는 치료의 핵심 과제이기 때문이다. 치료 효과를 추적한 많은 연구들은 알코올 의존의 예후에 환자의 개인적 성향 및 특성이 매우 중요함을 강조하고 있다.

알코올 의존을 지속시키는 성격적 요인으로 알려진 것은 충동성, 부정적 정서, 낮은 자존감, 그리고 행동 통제 능력의 부족 등이다. 의존 환자의 성격이 음주 정도 및 문제에 영향을 미친다는 국내 연구도 있다. 또한 알코올 사용이나 음주 문제는 다양한 음주 동기와 관련되어 있으며, 음주 동기는 기대, 정서, 대처 방식에 의해 영향을 받는다(Cooper et al., 1995). 음주 동기에는 대처, 사교, 고양, 동조 동기 등이 있다. 하지만 알코올 의존 환자들의 음주 동기는 일반인이나 문제음주자들의 음주 동기와 다소 차이가 있고, 알코올 의존 환자들의 경우 습관적인 음주가 대부분이다. 또한 부정적 정서, 신체적 고통, 사회적 상황 및 금단은 알코올 의존 환자들이 다시 음주하게 되는 가장 흔한 상황이고, 재발 동기라고 볼 수 있다.

(1) 의존의 재발과 신념

의존에 대한 심리치료 중 세계적으로 가장 보편적으로 사용되고 있는 것 중의 하나가 인지치료(cognitive therapy)다. 인지치료의 초점은 환자의 심리적 부적응과 장애를 초래하는 기저 신념을 변화시키는 것이다. 이런 기저 신념을 확인하고 변화시키지 않으면 내담자의 심리적 부적응과 장애는 변화하지 않는다는 것이 인지치료의 기본 전제다. 이런 맥락에서, Beck(1995)은 개인 생활의 거의 모든 영역에 영향을 미치는 가장 근원적인 수준의 신념, 즉 핵심 신념(core belief)의 수정이 인지치료의 궁극적인 목표임을 지적하였다. 즉, 아동기 때부터 발달되어 온 성격 특성 및 핵심 신념, 또는 도식(schema)이 평생 동안 나타나고, 생활에 심각한 장애 및 알코올 문제를 일으키거나 악화시킨다는 주장이다. 알코올 의존에 대한 인지적 발달 모델은 초기 경험 및 기본적 신념과 도식의 발달에 주의를 기울이며, 자기 자신, 세계, 타인 및 미래에 대한 도식과 믿음이 알코올에 대한 취약성을 결정하게 된다고 보고 있다.

세 가지 유형의 중독적 신념(addictive beliefs)이 있는데, 예기 신념, 구원 지향적 신념, 허용적 또는 촉진적 신념이다. 예기 신념은 보상에 대한 어떤 기대를 일컫는다. 즉, 음주를 통해 무엇인가 긍정적인 보상을 얻을 것이라는 신념으로, 예를 들면 '술을 마시면 즐거워질 거야.'와 같은 신념이다. 구원 지향적 신념은 알코올이 불편한 상태를 없애 주거나 경감시켜 줄 것이라는 가정에 근거한 신념이다. 허용적(촉진적) 신념은 자신의 음주 관련 문제에 대한 부인과 음주 행동에 대한 정당화와 관련된 것들이다. 이러한 중독적 신념과 대비되는 것이 통제 신념(control beliefs)인데, 통제 신념은 알코올을 포함한 약물 사용과 남용을 감소시키는 신념으로서 '알코올은 나에게 위험한 것이야.' '나는 충동을 참아 낼 수 있어.' '잠깐 동안 이 갈망을 참는다면 갈망이 사라질 거야.' 등이다. 따라서 환자들이 중독 신념을 통제 신념으로 바꿀 수 있을 때 재발이 줄어든다고 볼 수 있다. Beck 등(1993)이 제안한 알코올 의존의 재발에 관한 인지 모형에서는 알코올 의존 환자의 재발에 부정적 신념, 특히 음주 관련 신념, 자동 사고, 그리고 음주에 대한 허용적(촉진적) 신념이 중요한 역할을 함을 강조하고 있다. 현재 알코올 의존에 대한 대부분의 인지치료에서는 음주와 관련된 부적응적인 사고과정을 다룬다. 따라서 음주를 촉진시키는 예기 신념과 구원 지향적인 신념, 음주를 용인해 주는 중간 신념을 통제 신념으로 대치시킴으로써 금주를 유지하게 만든다.

음주에 대한 기대는 알코올 의존 환자들의 지속적인 음주에 중요한 인지적 변인으로 간주되어 왔다. 알코올 의존 환자는 술이 긴장, 불안 또는 기타의 부정적 정서를 감소시키고 이완을 증가시킬 것이라는 긍정적 기대를 갖고 있다. 또한 알코올 의존 환자들은 음주가 부정적 효과를 미칠 것이라고 기대함에도 불구하고 지속적으로 재발한다. 이에 대한 한 가지 원인은 의존자들이 음주의 부정적 효과를 인지하고 있으면서도 여전히 음주의 긍정적인 효과에 대해 강한 기대를 가지고 있기 때문이다. 특히 부정적인 효과에 대한 기대는 장기간에 걸쳐 서서히 나타나는 데 비해 긍정적인 효과는 즉각적으로 경험할 수 있기 때문에 알코올에 대한 긍정적인 기대가 부정적인 기대에 비해 우세하게 영향을 미칠 수 있다. 따라서 재발은 개인이 갖고 있는 음주 효과에 대한 긍정적인 기대 정도에 따라 더욱 영향을 받는 것으로 보인다.

(2) 의존의 재발과 부정적 정서

알코올 의존 환자들의 경우 평균적으로 임상 수준에 해당될 정도로 우울과 불안이 매우 높으며, 알코올 의존 환자들의 회복을 방해하는 음주 촉진 요인으로 가장 강력한 것 중의 하나가 부정적 정서로 알려져 있다. 또한 다양한 음주 동기 중 알코올 의존으로 발전할 위험성이 가장 높은 음주 동기가 부정적 정서를 처리하기 위해 술을 마시는 경우다. 재발의 상당 부분이 부정적 정서 상태와 관련되어 있다. 또한 의존 환자의 대부분이 첫 번째 재발 시기에 부정적 정서를 경험하였으며, 우울, 고독, 분노, 좌절 및 불안 등이 가장 빈번하게 보고되었다. 재발 집단과 비재발 집단의 비교 연구에서, 재발 집단의 부정적 정서가 비재발 집단에 비해 의미 있게 높았음이 보고되었다(Finney & Moos, 1991). 알코올은 스트레스로 인해 생긴 긴장을 감소시키기 위해 사용되며, 이때 스트레스 자체보다는 스트레스로 인해 야기된 부정적 정서가 음주 문제를 악화시키는 것 같다. 스트레스와 알코올 사용 간에는 구체적으로 우울이나 불안과 같은 정서적 불편감이 매개 역할을 한다는 것이다.

(3) 의존의 재발과 대처 방식 및 금주 효능감

정서적 불편감이 높은 상태에서 이에 대한 효과적인 대처 방안이 없을 때 음주 문제가 더욱 발생하기 쉽다. 즉, 스트레스에 대한 대처로서 술을 마실수록 알코올 관련 문제들의 위험성이 높아진다는 것이다. 스트레스 상황에서 적응적인 대처 기제(예: 문제해결, 사회적 지지 구하기)를 사용하기보다는, 문제를 덮어 두거나 불편한 상황을 피하려는 대처 방식(예: 회피, 부인)을 사용하는 사람들이 문제음주자로 발전하기 쉽다. 알코올 의존 환자들은 대인관계의 문제해결에 결함을 가지고 있는 것으로 밝혀졌고, 대인관계 기술을 향상시켜 주었을 때 알코올 문제에 대한 치료 결과도 좋아졌다. 재발 과정에 대한 Marlatt과 Gordon(1985)의 중독 행동 모형에서는 내적, 외적 고위험 상황에서 건강한 대처 반응을 할 수 있는지 여부에 따라서 자기효능감이 결정되고, 그로 인해 재발 가능성이 영향을 받는다. 즉, 재발에 결정적인 역할을 하는 것이 알코올 의존 환자들의 스트레스 대처 능력이라고 강조하고 있다.

문제 중심적 대처 방식은 개인이 스스로 문제되는 행동을 변화시키거나 또는 환경 조건을 변화시켜 스트레스 근원을 제거하려고 노력하는 것이다. 정서 중심적 대처 방식은 스트레스와 관련되거나 스트레스로부터 초래되는 정서 상태를 통제하려고 노력하는 것이다. Lazarus(1976)는 이러한 정서 중심적 대처 방식이 스트레스 극복에 일시적으로는 도움이 될 수 있으나, 본질적으로는 자기기만이나 현실 왜곡을 반영하는 반응이므로, 습관적으로 사용할 경우 오히려 스트레스를 극복하는 데 장애가 될 수 있다고 하였다. 사람들은 변화될 수 있는 상황에서는 문제 중심적 대처를 더 많이 사용하고, 변화되기 쉽지 않은 상황에 대해서는 정서 중심적 대처를 더 많이 사용한다(Folkman et al., 1986). 회복 중인 알코올 의존 환자들과 배우자들을 대상으로 한 연구에서, 회피적 대처를 많이 하는 사람들이 스트레스 상황에서 더 쉽게 음주하는 경향이 있었다. 그러나 적극적이고 문제 중심적인 대처를 하는 사람은 스트레스에 대한 반응으로 음주를 하지 않았다. 하지만 실제 상황에서 음주와 대처 반응 사이에는 음주 관련 신념, 부정적 정서 및 사회환경적 요소 등 보다 복잡한 요소들이 관여하고 있는 것으로 보인다.

사회학습이론으로 유명한 Bandura에 의해 알코올 의존과 자기효능감의 관계가 연구되기 시작하였다. Bandura는 자기효능감이 재발에 중요한 역할을 하는 인지적 매개 요소로서 효과적인 치료 및 유지 전략의 개발을 위해 적용될 수 있다고 하였다. 자기효능감은 재발에 아주 직접적인 역할을 하는 변인이라 할 수 있다. 또한 금주 효능감은 고위험 음주 상황에서 음주에 저항할 수 있는 유용한 대처 기술이다. 치료 후 1년 동안의 음주 상태에 대한 예견 인자로서 금주 효능감이 중요하다는 연구 결과가 있다(Chapman & Huygens, 1988).

3. 의존의 재발 모형

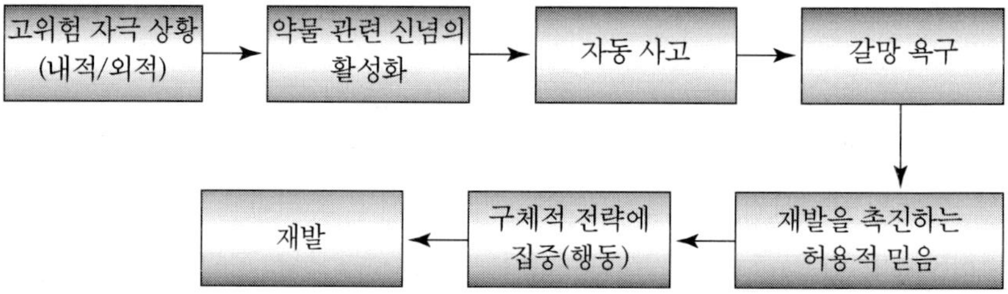

[그림 11-1] 알코올 및 약물 의존 재발의 인지 모형(Beck et al., 1993)

1) 인지 모형

알코올 및 약물 의존의 재발에 관한 인지 모형은 [그림 11-1]과 같다. 내적 · 외적 고위험 상황에 직면했을 때, 의존 환자들의 약물 관련 신념이 활성화되고, 자연스럽게 자동 사고가 일어난다. 이는 곧 약물에 대한 갈망 욕구로 이어지고, 대표적인 중독적 신념인 재발을 허용하거나 촉진시키는 신념이 활성화되고, 이는 재발로 이어지게 된다는 것이다. 인지치료에서는 환자들에게 '의존의 재발에 관한 인지 모형'을 충분히 학습시키고, 고위험 상황에서의 여러 가지 중독적 신념체계 및 부정적 신념들의 역할을 강조하고 있으며, 이 모델의 각각의 단계에 대한 치료적 대처법들을 상세히 가르친다.

2) 의존의 재발 과정에 대한 중독 행동 모형

의존 치료 영역에서 많이 쓰이는 또 다른 모형은 Marlatt과 Gordon의 중독 행동 모형이다. [그림 11-2]에서 보는 바와 같이, 고위험 상황에 대한 훌륭한 대처 기술이 있느냐 없느냐가 매우 중요한 출발점이 된다. 알코올 및 약물 사용을 촉

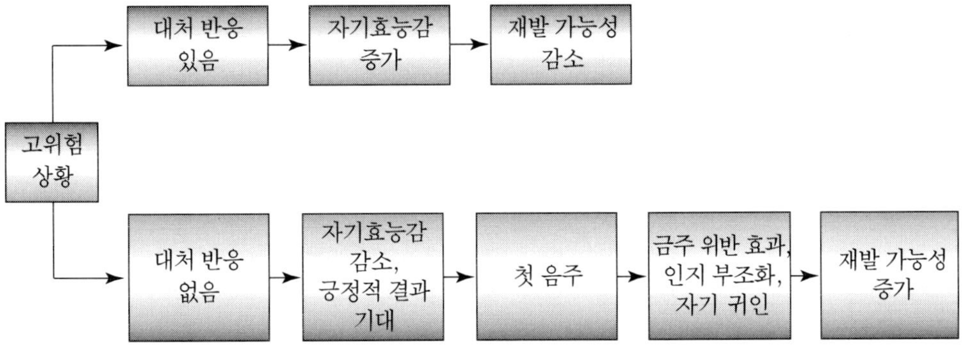

[그림 11-2] 재발 과정에 대한 중독 행동 모형(Marlatt & Gordon, 1985)

발시키는 고위험 상황에서 이에 대해 건강하게 대처할 수 있는 다양한 기술이 있을 때, 자기효능감이 증가하고, 따라서 재발 가능성이 감소한다는 것이다. 이에 비해 고위험 상황을 건강하게 다룰 수 있는 대처 능력이 부족할수록 자기효능감은 떨어지고, 대신 중독성 약물에 대한 긍정적 기대감이 더 커지게 되고, 첫 음주를 하게 된다는 것이다. 또한 첫 음주는 의존 환자에게 '금주 위반 효과'로서, 인지 부조화를 겪게 만들어 부정적 감정을 경험하게 만들고, 부정적 결과에 대해 자기귀인을 하고, 더욱 파국적인 결론에 이르게 하면서 완전한 재발로 가게 만든다. 이 모델에서는 고위험 상황에서의 대처 능력 향상에 대해 매우 강조하고 있으며, 특히 고위험 상황에서의 자기효능감이 매우 중요하게 다루어지고 있다. 따라서 각각의 단계에서 치료 개입이 일어날 수 있으며, 특히 일회성 음주(첫 음주)를 했을 때 완전한 재발로 가지 않고 멈출 수 있도록 유도하는 것이 매우 중요한데, 이는 실제 임상 장면에서 자주 일어나는 문제다.

3) 국내 연구 모형

알코올 의존의 재발 관련 선행 연구들을 바탕으로, 특히 Beck의 인지 모형 및 Marlatt과 Gordon의 중독 행동 모형을 기반으로 하여, 국내 알코올 의존 환자들

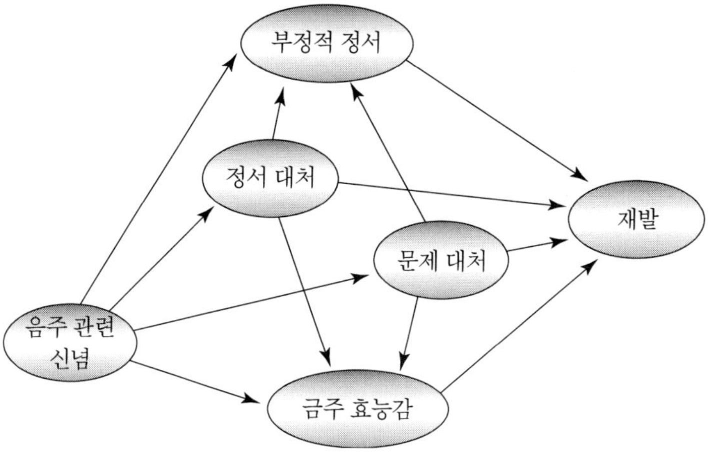

[그림 11-3] 알코올 의존의 재발 모형(채숙희, 2006)

을 대상으로 제안된 재발 모형이 있는데(채숙희, 2006), [그림 11-3]과 같다. 이 모형에서는 의존의 재발에 영향을 미치는 많은 요소 중 심리적 요소에 초점을 두고 있으며, 음주 관련 신념과 부정적 정서, 대처 방식, 금주 효능감이 모두 재발을 유의하게 예측해 준다는 것을 보여 주고 있고, 특히 음주 관련 신념이 직접 재발을 유도한다기보다는 정서, 대처 방식, 금주 효능감의 매개 역할을 통해 재발에 이르는 '완전 매개 모형'이라는 점에서 의의가 더 크다고 할 수 있다. 이 모형에 따르면 알코올 의존의 재발을 줄이기 위해서는 음주와 관련된 중독적 신념의 감소, 부정적 정서의 감소, 건강한 문제 중심적 대처 능력 및 금주 효능감을 키울 수 있는 프로그램 등이 반드시 고려되어야 한다는 것을 알 수 있다.

4. 고위험 상황

'고위험 상황(high risk situation)'이란 의존 환자가 다시 중독 물질을 사용할 가능성이 높은 상황을 말한다. 이러한 고위험 상황을 흔히 '촉발 상황'이라고 부

표 11-1 고위험 상황

다양한 원인에 의해서 생기는 부정적 감정	• 우울감 • 불안, 짜증, 분노 • 외로움, 소외감, 고독감
신체적 통증 및 음주 갈망	• 몸의 통증 • 신체적으로 기운이 없고 피곤할 때 • 배고플 때 • 특별한 이유 없이 그냥 마시고 싶을 때 • 음주 조절력을 시험하고 싶을 때 • 술병을 보거나 술 광고를 보거나, 술집 앞을 지날 때
사회적 압력	• 각종 모임, 회식, 사교적 모임 등 • 주변의 술친구 • 술을 권할 때
긍정적 생활 사건	• 하는 일이 잘 되어 갈 때나 기분이 좋을 때 • 주머니에 돈이 생겼을 때

르기도 하는데, 개인마다 다소 다른 양상을 보이지만 대부분의 의존 환자들이 공유하는 고위험 상황이 있다. 이러한 고위험 상황에 대해 환자들 스스로 충분히 인지할 수 있도록 해 주는 것이 필요하며, 이에 대해 대처 연습을 하는 것이 재발 예방의 핵심이다. 〈표 11-1〉에는 흔한 고위험 상황들이 제시되어 있다.

5. 재발의 과정

의존으로부터의 회복 과정을 아무 탈 없이 잘 밟아 가고 있는 사람이 갑자기 재발되는 일은 거의 없다. 물론 회복의 과정에서 언제든지 재발의 위험이 도사리고 있는 것은 사실이지만, 재발은 어느 날 갑자기 일어나는 것보다는 여러 가지 면에서 서서히 변화가 진행되어서 일어나는 과정이다. 재발은 단순히 술을 다시 마시는 행동만을 의미하는 것이 아니다. 이는 술을 마시고 싶은 욕구에 압도되는 진행 과정이라고 할 수 있다. 만성 금단증상(마른 주정)을 경험하면서도 이를 효과적으로 처리하는 데 필요한 노력을 기울이지 않으면 결국 '재발 증후군'이 발달해 간다. 그러나 우리가 재발 과정을 잘 이해하고 있으면 재발 경고 신호가 뚜렷해지기 전에 이러한 진행을 막을 수 있다. 환자가 재발하기까지의 재발과정에 해당되는 11가지 경고 신호들은 〈표 11-2〉와 같다(Gorski, & Miller, 1986).

표 11-2 재발 과정의 11단계

단계	경고 신호
1단계: 내적인 변화	• 스트레스의 증가 • 생각 · 감정 · 행동의 변화
2단계: 부정	• 자신에 대한 걱정 • 걱정이 된다는 것을 부정함
3단계: 회피와 방어적 태도	• 결코 술을 마시지 않을 것이라고 확신함 • 자기 자신 대신에 타인에 대해 걱정함 • 방어적인 태도, 강박적 · 충동적 행동 • 혼자 지내려고 하는 경향
4단계: 위기의 형성	• 좁은 시야 • 우울, 신경증 • 건설적인 계획의 상실, 계획이 실패하기 시작함
5단계: 수동적인 생활	• 백일몽과 희망적인 사고 • 아무것도 해결되지 않을 것 같은 느낌 • 행복해지고 싶은 미숙한 소망
6단계: 혼란과 과잉반응	• 올바른 생각을 하기 어려움 • 느낌과 감정을 처리하기 어려움 • 기억력 장애, 혼란 기간 • 스트레스를 처리하기 어려움 • 주위 사람들에게 짜증 냄 • 쉽게 화를 냄
7단계: 우울증	• 불규칙적인 식생활, 불규칙적인 수면 습관 • 적극적으로 행동하려는 마음이 없음 • 생활의 규칙성이 무너짐 • 심한 우울증

8단계: 자신의 행동을 제어하지 못함	• 치료 모임과 자조 모임에 규칙적으로 참석하지 않음 • '이제 신경 쓰지 않아.'라는 태도가 생김 • 도움을 드러내 놓고 거절함 • 생활에 대한 불만, 무력감과 절망감
9단계: 통제 능력의 상실을 깨닫게 됨	• 신체적인 불균형과 이로 인한 사고 • 자기연민 • 정상적인 음주나 약물 복용을 생각함 • 의식적인 거짓말을 함 • 자기확신의 완전한 상실
10단계: 선택 범위의 축소	• 부당한 분노 • 모든 치료 모임과 단주 모임을 중단함 • 자신을 압도하는 외로움, 좌절, 분노, 긴장 • 행동 통제 능력의 상실
11단계: 음주나 약물 복용	• 조절 음주 시작 • 좌절, 부끄러움, 죄책감 • 조절 능력의 상실 • 생활과 건강 문제

6. Gorski의 회복 과정

알코올 의존의 재발 예방의 대가인 Gorski는 알코올 의존 환자들의 재발 과정이 단계적으로 진행되는 것처럼 회복 또한 갑자기 진행되기보다는 몇 개의 단계를 거치는 연속적인 발달과정으로 보았다.

1) 시인하는 단계(전환기)

의존증이 진행되는 동안 의존 환자들은 '조절 음주'에 대한 희망을 버리지 않고 다양한 기도를 한다. 하지만 결국 음주 조절이 안 된다는 것을 인정하게 되면서, 자신의 심각한 음주 문제를 인정하게 된다. 이 시기는 회복으로 가는 전환기로서, 이 시기에 단주, 단약을 하지 못하는 이유는 조절해서 마실 수 있는 어떤 방법이 있을 것이라는 막연한 신념이 있기 때문이다.

2) 치료 초기, 배우는 단계(안정화 단계)

이 단계에서는 신체적인 금단증상과 질환을 치료한다. 또한 음주 갈망이 일어나는 심리적인 조건화를 끊어 가는 방법(역조건화)을 배우게 되며, 치료를 받게 했던 위기를 안정화시키게 되고, 뇌기능 저하 현상을 파악하게 된다.

3) 초기 회복기

이 단계는 '술이 없이도 건강하게 살 수 있는 생활 방식'을 수립할 필요를 느끼는 시기다. 술친구를 피하게 되고, 협심자들과의 관계를 돈독히 하게 된다. 이 시기에는 회복에 기초한 가치관, 사고방식, 감정 그리고 행동이 중독되었던 시기에 형성되어 있던 것들을 대체하게 된다.

4) 중기 회복기

이 단계에서는 '균형이 잡힌 생활 방식의 발전'이 일어난다. 과거의 중독적 행동 방식에 의해 피해를 보았던 측면들을 회복해 간다. 또한 가족과의 관계를 재형성하게 되고, 새로운 직업 목표를 세우게 되며, 즐거운 사회활동을 확대하게 된다.

5) 후기 회복기

이 시기는 회복을 지속적으로 방해하는 성격적인 문제들을 변화시키는 시기다. 전통적인 심리치료에서는 이를 '자기실현'이라 언급했다. 의존 환자들의 성격적인 약점에 대해 진정한 통찰을 할 수 있도록 하는 것이 필요하고, 가족이나 동료들, 문화로부터 채택된 가치관이나 목표들을 수정하는 것이 필요하기도 하다. 이 시기의 주요 재발 요인은 해결되지 않은 어린 시절의 문제로부터 비롯되는 스트레스이거나 건강한 성격으로 발전이 이루어지지 않는 경우일 것이다.

6) 유지기

이 시기는 지속적인 성장과 발전을 해 나가는 평생 동안의 긴 기간에 해당된다. 이 시기에는 생활의 위기를 잘 이겨 내고, 가벼운 생활의 문제와 스트레스들을 잘 해결하며, 쉽게 재발되지 않도록 비교적 대처를 잘해 나간다. 하지만 중독 재발에 대한 유혹은 평생을 통해 의존 환자에게 지속되는 것이므로, 이 시기에도 언제든지 재발이 가능하므로 꾸준한 자기관리가 필요하다. 이 시기의 주요 재발 요인은 지속적인 회복 프로그램을 유지하는 데 실패하거나 커다란 삶의 위기를 제대로 책임지지 못하는 것 등이다.

7. 재발 예방 프로그램

여기에서는 Gorski(2000)의 『재발예방 상담 워크북』에 실린 재발 예방 프로그램을 간략히 소개하고자 한다. 이 프로그램은 고위험 상황을 파악하고 대처 능력을 키우는 데 최대한 초점이 맞춰져 있는 7회기의 프로그램이다. 고위험 상황에 대해 다루는 것이 재발 예방에서 가장 핵심적인 부분임을 알 수 있다.

1) 단주 혹은 단약에 대해 서약하기

의존 환자들의 문제 목록을 작성하고, 이러한 문제들과 알코올이나 약물 사용과의 관계를 확인한다. 만약 의존 환자들이 계속해서 알코올이나 다른 약물을 사용한다면 각각의 문제들이 어떻게 될까에 대해 판단해 보고, 알코올 및 약물의 사용을 멈추겠다는 의식적인 서약을 하고, 단주 및 회복 계약서에 서명을 하게 한다.

2) 만약 재발이 일어난다면 신속하게 재발 중단을 계획하기

재발이 일어났을 때에는 신속하게 재발을 멈추는 데 도움이 되는 세 가지 기본적인 질문에 대한 해답을 구한다. 세 가지 질문은 다음과 같다.

- 회복 중인 사람으로서, 만약 당신이 알코올이나 다른 약물을 사용하기 시작했고, 당신이 바닥을 치기 전에 알코올이나 약물 사용을 멈추기로 결심했다면, 다시 회복의 길로 접어들기 위해 당신은 무엇을 하겠습니까?
- 당신이 만약 재발했고, 치료 회기에 참석하지 않거나 당신의 치료 서약을 따르지 못한다면 당신의 치료자나 상담사는 어떻게 하기로 되어 있나요?
- 당신이 만약 재발했다면, 당신의 회복을 지지해 줄, 당신의 삶에서 중요한 사람은 어떻게 하도록 되어 있습니까?

이러한 질문들에 구체적으로 답함으로써 환자들은 심각한 문제들이 발생하기 전에 재발을 멈추는 데 효과적인 계획을 세울 수 있을 것이다.

3) 고위험 상황을 확인하기

이 연습을 통해서 고위험 상황이 어떤 것인지를 배울 것이고, 재발을 야기시킬 수 있는 흔한 고위험 상황 목록을 검토할 것이다.

4) 고위험 상황을 떠올리고 관리하기

세 가지의 고위험 상황에서 어떻게 할 것인지에 대해 배운다.

- 결국 알코올이나 약물을 사용하는 것으로 끝이 났던 과거의 고위험 상황
- 알코올이나 약물을 사용하지 않고 지나갔던 과거의 고위험 상황
- 가까운 미래에 직면하게 될 것 같은 고위험 상황

5) 고위험 상황에 대한 개인적 반응을 관리하기

알코올이나 다른 약물을 사용하도록 환자들을 내몰고 있는 비합리적인 사고, 감당할 수 없는 감정, 자기파괴적인 충동, 자기패배적인 행동을 확인하는 방법을 배운다. 또한 고위험 상황을 관리하는 것을 돕는 새로운 사고 습관, 감정 및 충동 관리, 행동에 대한 자기조절, 그리고 다른 사람들과 관계를 맺는 방법을 배운다.

6) 회복 계획을 세우기

내담자들은 고위험 상황에 노출되는 것을 최소화하고, 자신이 당면하는 고위험 상황을 효과적으로 다루는 데 도움이 되는 습관적 생활 방식을 어떻게 만들어 가는지에 대해 배운다. 이러한 생활 방식은 가장 효과적인 회복 활동들을 배우고, 회복 활동을 위한 개인적 시간표를 만들고, 일일 계획을 사용함으로써 이루어진다.

7) 고위험 상황을 관리하는 기술을 평가하기

이 연습을 통해서 여섯 가지 기본적인 고위험 관리 기술을 사용하는 자신의 능력에 대해 자기평가를 할 것이다. 그 영역은 다음과 같다.

- 단주 혹은 단약에 대한 현재 서약의 강도
- 재발이 일어났을 때 신속하게 그것을 중단하는 계획의 효과성

- 고위험 상황을 확인해 내는 자신의 능력
- 고위험 상황을 떠올리고 관리하는 능력
- 자신의 사고, 감정, 충동, 행동 그리고 사회적 반응을 효과적으로 관리함으로써 고위험 상황에 대한 개인적 반응을 변화시키는 능력
- 고위험 상황을 관리하는 새롭고 더 효과적인 방법에 도움이 되는 회복 활동 계획을 세우고 유지하는 능력

8. 실수 후의 재실행

재발 예방은 일차적으로 일회성 음주(실수)를 막는 것이 목표이지만, 의존의 재발은 너무도 흔하기 때문에 일회성 음주 후에 완전한 재발로 가지 않도록 하는 치료 프로그램을 실시하는 것 또한 매우 중요하다. 프로체스카 등이 제안한 '변화의 단계 모델'에 따라 『알코올 및 약물 중독 환자를 위한 집단치료』(다사랑병원 알코올 중독연구소 역, 2003) 매뉴얼에는 '실수 후의 재실행'이라는 치료 회기가 들어 있다. 이러한 치료 회기는 재발 예방 치료 프로그램에 빠져서는 안 될 중요한 부분이다.

1) 이론적 근거

실수(lapse)와 재발(relapse)은 자기개념과 변화의 능력에 대한 신념의 관점에서는 아주 파괴적인 경험이다. 실수를 변화의 순환 과정에서 정상적 부분으로 보게 함으로써, 내담자는 경험으로부터 배우도록 격려받으며, 여전히 자기 자신을 긍정적인 모습으로 보게 된다.

2) 주요 내용

변화 중에 초기 단계를 다시 거치는 것은 정상적인 부분임을 설명하고 '실수가 실패를 의미하지 않는다.'라고 강조한다. 사람들은 성공적으로 변화하거나 변화를 유지하기 전에 여러 번 실수하면서 문제 행동을 다시 하게 된다는 것을 보여 준다. 내담자는 행동 변화를 시도할 때, 자신들(또는 자신들이 알고 있는 사람)이 변화의 단계에 대한 재순환이 있었는지의 예를 토론한다. 변화의 단계에 근거하여, 집단치료에서는 실수 후에 변화를 재실행하고 '궤도에 복귀하는' 방법에 대한 생각을 논의한다.

9. 잦은 재발 경향성

의존으로부터 회복되기 위해 가장 중요한 것이 스스로의 병에 대한 인식(병식, insight)을 형성하는 것이다. 이러한 병식이 없는 상태에서는 치료자 및 주변인의 어떠한 노력도 환자에게는 큰 의미가 없다. 하지만 때로는 자신의 문제에 대해 어느 정도 병식이 있고, 환자 스스로도 간절히 단주(단약)를 원한다고 하면서도 회복되지 못하고, 수차례 이상 계속해서 재발되는 경우가 있다. 이를 '변화의 단계 모델'에서는 '만성 숙고 단계' 환자라고 표현하다. 이 환자들이야말로, 환자 자신을 포함해서, 치료진 및 가족을 계속 무기력하게 만드는 가장 어려운 내담자들이다. 『어려운 중독 환자를 위한 치료 계획서』(Jongsma & Perkinson, 2001)에는 '잦은 재발 경향성' 환자군에 대한 내용을 따로 다루고 있다. 여기서는 잦은 재발 경향성의 의미에 대해 살펴보고, 그들을 위한 장기적인 목표를 간단히 소개하고자 한다.

1) 잦은 재발 경향성의 정의

- 여러 차례의 치료 및 재발의 과거력이 있음
- 종종 감정 상태로 인하여 재발의 위험이 증가되고 중독이 지속됨
- 친구들 혹은 가족 구성원들이 중독 행동에 관여하고 있음
- 대인관계의 갈등이 재발의 위험을 증가시킴
- 사회적 압력이 물질 사용을 부추김
- 단약을 유지할 수 있을 정도로 충분하게 회복 프로그램에 전념한 적이 없음
- 정신 질환이 재발의 위험을 증가시킴

2) 장기 목표

- 알코올이나 약물을 유혹하는 고위험 상황에 직면하거나 갈망감을 경험할 때, 사용할 수 있는 대처 기술을 발달시키기
- 회복 집단 모임에 정규적으로 참석하기
- 회복에 지지적인 새로운 동료 집단을 구성하기
- 대인관계의 갈등을 해결하고 건강한 의사소통 기술을 배우기
- 중독 행동의 유혹을 받을 때 사용하는 거절 기술을 배양하기
- 치료 약물을 복용하는 이유를 이해하고 의사의 처방대로 복용하기
- 중독 행동뿐 아니라 정신 질환에 대한 치료도 지속적으로 받기

제12장

중독 문제의 예방

알코올 등 중독 문제를 해결하기 위한 전통적 측면의 개입은 이러한 문제를 질병으로 간주하고 이러한 질병을 가지고 있는 대상에 대하여 치료 서비스를 제공하는 것이다. 그러나 알코올로 인하여 발생하는 문제를 치료 모델만으로 해결할 수는 없으며, 그러한 문제는 복잡하고 다양한 특징을 가지고 있다는 근거가 제시되면서, 보다 포괄적 형태의 예방적 개입의 필요성이 최근까지 지속적으로 제시되어 왔다. 이 장에서는 이러한 중독 문제(주로 알코올 문제를 중심으로 기술)에 대한 포괄적인 예방적 개입의 개념과 내용에 대하여 다루고자 한다. 중독 예방 정책을 이해하기 위해서는 개입하고자 하는 문제의 특징, 즉, 중독 문제와 알코올 문제의 개념을 이해할 수 있어야 한다. 다음으로 예방적 개입의 개념 및 이의 변화에 대하여 이해해야 한다. 즉, 건강 문제에 대한 보건학적 개입의 모델, 예방적 개입에 대한 전통적 모델과 새로운 모델, 인구 중심 건강증진 모델, 알코올 문제 개입 모델의 개념과 방법에 대하여 이해해야 한다. 또한 중독 문제에 대한 예방적 개입을 제공하기 위한 틀, 즉 예방 서비스가 대상으로 하는 문제의 범주와 서비스 연속선상의 역할을 이해해야 한다. 이 장에서는 다양한 예방적 개입 중에서 주로 정책 부분(주로 알코올 정책)에 대하여 다룰 것이다. 마지막 부분에서는 알코올 정책의 개념에 대한 이해를 바탕으로 하여 실제 시행되고 있는 정책에 대하여 그 구체적 내용과 효과성을 고찰해 볼 것이다. 중독에는 크게 물질 중독(알코올, 소위 마약 등 남용성 약물 등)과 행위 중독(도박, 인터넷 등)이 있는데, 현재까지 건강에 대한 유해성과 이에 대한 의료적 · 보건학적 · 정책적 개입 및 그 효과성에 대한 학술적 보고가 주로 알코올 문제에 집중되어 있으므로 이 장에 기술된 내용들은 대부분 알코올에 대한 내용이다. 그러나 개념적으로 물질 중독, 행위 중독이 크게 다르지 않은 바, 알코올에 대한 축적된 근거들은 몇 가지 조정을 통하여 여타 중독 문제에도 적용할 수 있으리라 판단된다.

1. 중독(알코올) 문제 개입의 역사

1960년대 이전까지 음주 문제를 바라보는 관점은 '죄와 처벌'의 관점이었다. 음주로 인한 문제는 자신의 행동에 대한 조절 능력을 상실한 것이므로, 이는 죄악시되었고, 문제가 생길 경우 감금 등의 처벌은 정당화되었다. 미국에서 시행되었던 금주령은 이러한 관점에서 가능한 일이었다. 한편 이러한 극단적 관점이 우리나라와 같은 상황에서는 오히려 아주 심각해지기 전까지 음주로 인한 문제를 허용하는 음주 문화를 조장하는 결과를 낳기도 하였다. 1970년대 들어 음주로 인한 문제가 질병과 같이 치료(증상을 호전시킬 수 있는 개입을 포괄적으로 지칭)를 통하여 회복될 수 있는 건강상의 문제라는 개념이 보편화되기 시작하였다. 의료적 개입보다는 영적인 변화와 자조적 도움을 강조하는 '익명의 알코올 중독자들(alcoholics anonymous: A.A.)'을 통하여 회복된 알코올 중독자가 사회적으로 알려진 것이 이러한 변화의 시발이 되었다는 것은 다소 역설적이다. 이 시기에는 알코올 중독이 치료 가능한 질환이라는 개념의 확산으로 인하여 다양한 치료 모델, 치료 방법이 개발되기 시작하였다. 그러나 이 시기에는 아직까지 음주로 인한 문제가 보건학적 개념보다는 의학적 범주에 머물러 있었다(Thom, 2005).

1990년대가 지나면서, 알코올 문제를 바라보는 시각은 두 가지 측면에서 획기적인 변화를 겪게 된다. 첫 번째 변화는 알코올 중독뿐만 아니라, 음주로 인한 다양한 사회경제적 손실이 보고되면서 알코올 문제를 보다 포괄적인 보건학적 문제로 바라보는 개념이 형성된 것이다. 이로 인하여 음주운전, 최소음주허용연령 등의 알코올 정책과, 알코올 중독자뿐만이 아닌 일반대중을 대상으로 한 예방 교육 등 보다 포괄적 예방 개입이 이루어지기 시작하였다. 이 시기의 두 번째 변화는 1990년대 이후 미국 등을 중심으로 생물학, 뇌과학 분야의 연구가 획기적으로 활성화되면서, 알코올 중독 등 중독성 질환이 특정 뇌구조의 병태 생리를 가지며 만성적 경과를 가지는 질환이라는 정신생물사회적(bio-psycho-social) 개념이 확립된 것이다. 이러한 개념의 정착으로 인하여 현재까지 보다 객관적이고 과학적인 연구 성과와 치료법들이 개발되고 있다(Stolberg, 2006).

우리나라의 경우는 현재 앞에서 언급한 세 가지 측면의 현상이 동시에 존재한다. 알코올 문제에 대한 보건학적 접근과 뇌과학 등이 제기되고 있으나 아직까지 일반화되지 못하고 있고 여전히 치료 접근성은 낮은데, 이는 알코올 중독이라는 개념자체에 대한 사회적 편견과 터부가 존재하기 때문이다.

2. 중독(알코올) 문제의 개념

1) 중독(알코올) 문제의 정의

첫째, 음주는 질환으로 규정되어 있는 알코올 중독뿐만 아니라, 직접적 · 간접적 영향으로 인한 다양한 행동상의 문제, 즉 알코올 관련 내과적 질환(췌장염, 상기도암, 출혈성뇌혈관질환, 출혈성심혈관질환 등), 알코올의 영향하에서 발생하는 폭력, 성 관련 폭행, 산업장 사고 등을 유발한다. 즉, 음주로 인하여 발생하는 문제 중 알코올 중독(알코올 사용장애, alcohol use disorder)은 '과도하고 반복적인 음주로 인하여 유발되는 음주에 대한 조절력의 상실'이라는 특정 병태 생리를 가지는 일차적인 생물정신사회적 질환으로 정의된다.

둘째, 음주로 인하여 발생하는 문제 중 알코올 관련 후유증(alcohol-related consequences)은 알코올 사용장애와 같은 특정 병태 생리와 관계없이(경우에 따라 동반하기도 하고 그렇지 않기도 함) 음주 자체로 인하여 유발되는 신체 질환, 폭력, 성 폭행 등 행동 문제, 안전사고 문제, 음주운전 등 기타 문제로 정의된다(Treno & Lee, 2002).

또한 알코올 문제(alcohol problem)는 앞에서 언급한 두 가지를 모두 포괄하여 알코올로 인하여 발생할 수 있는, 개인과 집단이 경험하는 모든 유해 · 손실로 정의된다. 이러한 정의는 기타 유해 약물이나 도박, 게임과 같은 중독성 행위에도 적용이 가능하다. 따라서 중독 문제라 함은 물질 사용장애, 행동 중독 자체뿐만 아니라, 중독성 물질과 행위로 인해 발생하는 문제를 포괄적으로 의미한다. 실제 음주로 인한 사회경제적 비용은 알코올 사용장애뿐만 아니라, 다양한 신체 질환, 알코올에 기인한 사고 등 다양한 알코올 관련 문제들에 사용되며, 그 규모는 국내총생산(GDP)의 4%에 이른다(정우진 외, 2006).

2) 중독(알코올) 문제의 특징

앞에서 정의한 중독(알코올) 문제는 전통적으로 정의된 알코올 사용장애와는 다른 특징을 가진다.

첫째, 알코올 문제는 일차적으로 문제를 나타내는 개인에게 피해를 유발할 뿐만 아니라, 그가 속한 가족에게도 동등하게 피해를 발생시킨다. 나아가 알코올 문제는 개인에서 발생하지만, 동시에 지역사회 차원에서도 경험된다. 음주운전은 개인의 책임이지만, 그 피해는 그가 속한 가족과 그가 생활하는 지역사회에도 영향을 미치는 것이 그 예다(Holder, 2002).

둘째, 알코올 문제는 다양한 요인의 작용에 의하여 발생하며 광범위하고 그 예측이 어렵다(Holder, 2002). 의존성 음주자에게 알코올 문제 빈도가 높지만, 그렇지 않은 다수의 비의존성 음주자에게도 알코올 문제는 발생한다. 역학 조사 결

표 12-1 합법적 사행업장의 도박 중독률

	알코올 비중독자				알코올 중독자			
	전체 인구 (1321)	백인 (1048)	흑인 (771)	히스패닉 (779)	전체 인구 (92)	백인 (57)	흑인 (76)	히스패닉 (83)
문제 없음	90	91	88	86	26	32	20	19
한 가지 문제	6	6	8	7	15	14	26	18
두 가지 문제	2.5	2	2	3	20	21	17	12
세 가지 문제	1	0.8	1	1.5	8	7	9	20
네 가지 문제	0.5	0.3	0.3	1.3	10	9	9	7
다섯 가지 문제 이상	0.4	0.1	0.3	1.2	22	16	18	23
한 가지 문제 이상	10	9	12	14	74	68	80	81

출처: National Alcohol Survey 1995(Caetano & Cunradi, 2000).

과에 의하면 70~80%의 알코올 중독자에게 한 가지 이상의 알코올 관련 문제가 발생하고, 10%의 비의존성 음주자에게 한 가지 이상의 알코올 관련 문제가 발생한다고 하며, 알코올 관련 문제의 총량을 분석할 경우, 비의존성 음주자로부터 발생하는 알코올 문제가 전체의 50%에 달한다(Caetano & Cunradi, 2002). 즉, 평소 음주량과 무관하게 어떠한 상황에 특정 위험 요인들이 중첩되어 작용할 경우 언제든 알코올 문제가 발생할 수 있다는 것이다.

결국 이러한 알코올 문제의 특징은 알코올 사용장애에 대한 의학적 치료 모델을 포괄하는 다른 차원의 개입을 필요로 한다. 즉, 여러 가지 영역의 문제가 포괄적으로 발생하고, 지역사회 차원에서 문제를 경험하며, 문제가 발생하기까지 음주 이외에 다양한 사회문화적 요인(socio-cultural context)이 복잡하게 작용하는 알코올 문제의 특성에 맞는 개입이 필요하다는 것이다. 이러한 개입은 필수적으로 다음과 같은 특징이 포함되어야 한다. 첫째, 개인보다는 일반 대중 집단, 둘째, 집단 자체보다는 그 집단이 속한 커뮤니티의 체계, 셋째, 특정 질환이나 정신 병리보다는 다양하고 광범위한 영역의 위험 요인, 넷째, 발병 후 치료뿐만 아니라 조기 선별, 조기 치료 등이 포함된 예방적 개입 등이 강조되어야 한다.

3. 중독(알코올) 문제에 대한 공중보건학적 개입

1) 중독(알코올) 문제의 이해를 위한 모델

중독(알코올) 문제의 개입은 문제의 특성을 어떻게 규정하고, 어떠한 방법을 강조하느냐에 따라 여러 가지 측면의 접근이 가능하다. 중독(알코올) 문제는 앞서 언급한 바와 같이 생물학적 · 환경적 · 개인적 · 집단적 요인이 복잡한 상호작용을 하여 발생하므로, 서로 다른 접근 모델이 상호 배제적이지 않으며 상호 보완적 개념을 가지는 것으로 이해하여야 한다. 따라서 중독(알코올) 문제에 대한 접근은 크게 사회학적 모델, 사법적 모델, 경제학적 모델, 의학적 모델, 공중보건학적 모델 등으로 나누어 볼 수 있다.

첫째, 사회학적 모델은 중독(알코올) 문제의 사회문화적 요인을 강조한 것으로, 음주 문화, 중독(알코올) 문제에 대한 편견, 사회적 터부 등을 문제의 주요 요인으로 인식하는 관점이다. 중독(알코올) 문제 예방 정책의 실행에 필요한 대중의 인식 변화, 문화적 배경 형성에 있어 중요한 부분이다.

둘째, 사법적 모델은 중독(알코올) 문제 해결의 주요한 도구로 법적 강제를 강조하는 입장이다. 술의 경우 음주허용최소연령, 음주운전허용기준을 정하고 강제하는 것이 이러한 예이며, 마약과 같이 아예 법적으로 특정 약물의 사용을 금지하는 것도 이에 해당한다. 우리나라의 경우 이러한 사법적 모델의 적용으로, 마약의 경우 그 유병률이 낮게 유지되고 있으나, 한편으로는 내국인 사행 산업이 허용됨으로써 도박 중독 등의 문제가 범람하는 등 사법적 모델은 직접적 기능에 한계가 있다.

셋째, 경제학적 모델은 경제적 동기, 접근성의 측면에서 중독(알코올) 문제에 접근하는 방법이다. 담배의 경우 가격을 올림으로써 흡연율이 떨어지는 효과를 볼 수 있었으나, 그 효과의 지속성이나 일반성 측면에서 한계가 있을 수 있다.

넷째, 의학적 모델은 병인, 발병, 치료, 재활의 개념으로 중독(알코올) 문제에 접근하는 방법이다. 중독(알코올) 문제는 알코올 사용장애와 같은 질환 자체뿐만 아니라, 여타의 문제 영역을 포괄하므로 공중보건학적 모델을 통하여 보완되어야 한다.

다섯째, 공중보건학적 모델은 중독(알코올) 문제를 중독 물질(또는 행동), 개인, 환경의 상호작용으로 이해하는 관점이다. 따라서 개인보다는 인구 집단을 대상으로 하며, 한 가지 병인보다는 다양한 위험 요인을 검토하고, 물질 자체뿐만 아니라 그 환경적 변화를 강조한다.

중독(알코올) 문제는 이러한 여러 가지 측면의 접근이 포괄적으로 이루어질 때만이 효과적으로 개입될 수 있다.

2) 공중보건학적 모델

일반적으로 공중보건학적 모델은 급성 감염성 질환의 예방과 관리를 계기로 발전되었으나, 이후 다양한 건강 문제의 개입을 위한 모델로 보완 · 발전되어 왔다. 공중보건학적 모델을 적용하면 중독(알코올) 문제는 숙주(host drug or alcohol user), 유발 물질(agent drug and alcohol), 환경(environment drinking context)의 세 가지 요인이 상호작용한 결과로 발생한다고 할 수 있다. 즉, 각기 다른 개인이 그가 속한 조직, 사회의 문화제도에 영향을 받아 중독성 물질(또는 행위)을 사용하고 중독으로 진행된다는 것이다. 개인의 저항력에 따라 중독성 물질에 대한 취약성이 달라지고, 사회/문화제도에 따라 중독성 물질(또는 행동)의 위험이 달라지는 등 공중보건학적 모델에서 세 가지 요인은 상호 밀접하게 영향을 준다. 중독(알코올) 문제의 예방은 이 세 가지 측면에서의 문제 발생을 줄이기 위한 노력을 수행하는 것이다.

첫째, 숙주의 측면에서 접근하는 방법은 가장 일반적으로 오래전부터 사용되어 오던 방법이다. 개개인들의 의사결정과 행동 결정 과정에 영향을 줌으로써 중독(알코올) 문제를 유발하는 행동을 변화시키는 방법이다. 다양한 수단(매스미디어, 캠페인, 책자 등)을 통하여 정보를 제공하고 교육하고 위험에 대한 인식을 증진시키는 것이 주된 방법으로 사용된다. 이는 일반 대중과 취약 집단(학교 등)에게 집중적으로 적용할 수 있다.

둘째, 유발 물질의 측면에서 접근하는 방법 중 가장 대표적인 것이 판촉, 광고 활동의 제한과 경고문의 부착이다. 유발 물질 및 행동 자체의 접근성을 감소시키는 방법으로, 그 정도에 차이는 있지만 일부 나라에서 주류, 담배 및 사행산업 등에 대한 광고를 법적으로 제한하고 있다.

셋째, 환경적 측면에서 접근하는 방법으로 최근 지역사회 차원에서 그 적용이 늘고 있는 알코올 정책의 대부분이 이 영역의 접근이다. 우리나라는 담배의 경우에는 시행하고 있지만 알코올의 경우에는 시행하고 있지 않는데, 소매점의 위치, 영업시간 등을 제한하는 것, 음주운전, 청소년 음주를 법적으로 금지하는 것, 주류 판매점의 직원을 교육하는 것, 중독성 물질(또는 행동)의 판매 가격을 조정하는 것 등 대부분의 중독(알코올) 문제 예방 정책이 이 영역에 해당된다.

3) 중독(알코올) 문제 예방의 분류와 관점

공중보건학적 모델을 통하여 우리는 중독(알코올) 문제를 보다 포괄적으로 이해할 수 있으며 각기 다른 개입 전략이 어떠한 영역의 요인을 대상으로 하고 있는가를 이해할 수 있다. 나아가 효과적 예방 개입을 위해서는 각각의 개입 전략이 어떠한 문제 영역을 대상으로 하며, 무엇을 예방할 것인가를 구체적으로 이해할 필요가 있다.

중독 문제는, 알코올의 예를 들면, 숙취와 같이 일시적인 신체적 불편함으로부터 제독치료 및 상당 기간의 재활치료가 필요한 반복성 재발성 알코올 사용장애와 같은 심각한 정신 질환까지, 심각도에 따른 스펙트럼을 가진다(담배나 여타 행위 중독도 초기 실험적 사용으로부터 진행되어 이후의 강박적, 집착적 사용 및 이로 인한 기능상의 심각한 장애까지의 스펙트럼을 가짐). 따라서 이에 대한 예방적 개입 또한 문제의 심각도에 따라 목표 및 대상을 체계적으로 정해야 한다.

공중보건학적 모델의 예방적 개입은 예방에 대한 체계적 접근, 즉 전통적인 일차, 이차, 삼차 예방에 맞추어 설명할 수 있다.

전통적 예방 모델에서 일차 예방은 질병의 발병을 줄이는 것이고, 이차 예방은 질병의 이환을 줄이는 것이며, 삼차 예방은 관련된 장애를 줄이는 것이다. 이러한 모델은 질병의 원인과 질병의 발병 사이의 관계가 명료하고, 원인에의 노출과 발병 사이에 기간이 짧은 신체 질환의 경우에 잘 설명된다(Commission on Chronic Illness, 1957). 즉, 오염원을 제거하여 발병을 줄이고, 감염이 확인되면 항생제를 복용하여 유병 기간을 줄이는 급성 감염성 질환의 예방에는 적절하나, 심장 질환과 같이 다양한 생활습관, 환경적 위험 요인과 연관된 만성 질환의 예방에는 그대로 적용하기 어렵다. 즉, 다양한 위험 요인이 축적되는 잠복기가 오랜 기간 동안 존재하고, 이러한 위험 요인의 상호작용으로 인하여 문제가 발생하는 만성 질환의 특징을 고려할 때 전통적 예방 모델의 적용에 한계가 있다는 것이다. 이는 우울증, 알코올 사용장애와 같은 정신 질환의 경우에도 마찬가지이며, 나아가 중독(알코올) 문제의 경우는 앞서 언급한 바와 같이 단지 알코올 사용장애뿐만 아니라 다양한 수준의 위험과 행동 문제를 포함하기 때문에 보다 세분화된 예방 모델이 필요하다.

Gordon은 정신 질환을 포함한 만성 질환의 특성을 반영할 수 있는 새로운 예방적 개입의 분류체계를 제시하였는데, 이는 전통적 모델의 일차 예방(정확히 표현하면 일부 이차 예방이 포함된다)을 세 가지, 즉 전반적 예방, 선택적 예방, 증상군 예방으로 나눈 것이다(Gordon, 1983, 1987).

전반적 예방(universal prevention)은 위험 요인이 특정화되지 않은 일반 대중 전체를 대상으로 하는 개입으로 그 집단 내에서의 발병을 줄이는 것을 목표로 한다.

선택적 예방(selective prevention)은 특정 질병이 발생할 위험이 평균보다 높은 일부 집단을 대상으로 개입하는 것을 말한다. 따라서 생물학적 · 심리적 · 사회적 측면의 위험 요인이 개인과 집단 차원에서 정의되며, 이러한 위험 요인을 가지고 있는 사람, 즉 위험군을 그 개입 대상으로 한다. 대학생, 알코올 중독자의 자녀, 충동성과 불안이 높은 성격 특성을 가진 사람, 스트레스성 생활 사건을 경

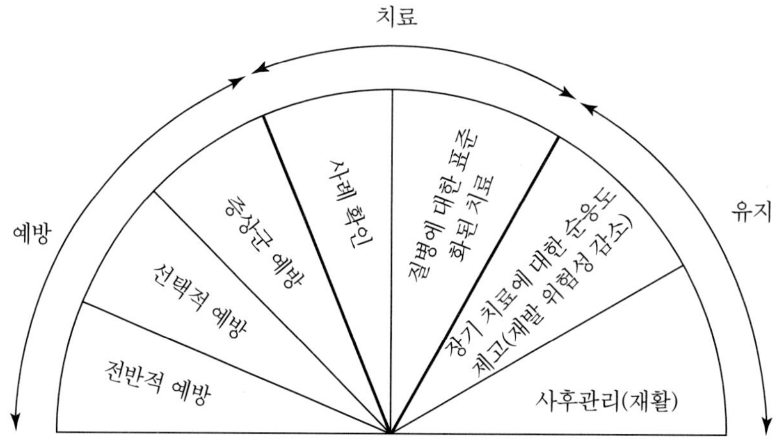

[그림 12-1] 정신 질환에 대한 정신보건 차원의 개입(Mrazek & Haggerty, 1994)

험한 사람 등을 대상으로 하는 개입이 그 예가 된다.

증상군 예방(indicated prevention)은 특정 질환의 진단 기준 전체를 만족시키지는 않지만, 발병을 예고하는 생물학적 검사 소견이나 일부 증상이 나타나는 집단을 대상으로 하는 개입을 의미한다. 음주운전자 등 음주 관련 범법행위자, 음주 관련 신체 질환이 있는 사람, 음주 관련 행동 문제를 보이는 사람 등에 대한 개입이 그 예다.

이러한 Gordon의 보완된 분류체계는 중독(알코올) 문제 예방 개입을 체계화하는 데 있어 몇 가지 측면에서 매우 유용하다. 첫째, 선택적 예방, 증상군 예방 등을 통하여 중독 질환(알코올 사용장애)뿐만 아니라 다양한 형태와 수준의 중독(알코올) 관련 문제가 개입의 대상과 목표에 포함되어 통합적 개입이 가능하다. 둘째, 질병의 발생 전 다양한 위험 요인을 구별함으로써 개인과 집단의 특징에 맞는 건강 증진 전략을 포함한 효과적 예방 개입 전략을 수립하고 시행하는 것이 가능하다. 셋째, 개입 방법과 전략을 개인, 집단, 위험 요인 등으로 구체화함으로써 예방 개입 전략의 효과를 평가하는 데 보다 유용하다.

표 12-2 예방 개입의 분류

전통적 개입	보완된 개입	대상
일차 예방	전반적 예방	일반 대중
	선택적 예방	고위험군
	증상군 예방	증상이 있는 집단
이차 예방	치료	확인된 사례
삼차 예방	유지	확인된 사례

4. 중독(알코올) 문제에 대한 지역사회 체계의 관점

건강 문제에 대한 개입은 대개 문제의 발생 위험이 높은 개인을 대상으로 하는 접근이 대개 주를 이루어 왔다. 이러한 관점은 질병 예방을 중심으로 한 임상적 접근의 관점으로부터 출발한 것이다. 이는 'catchment area' 관점이라고 명명되는데, 이러한 관점에서 지역사회는 단지 특정 위험 행동과 위험 요인을 가지고 있는 대상 집단의 집합체로 간주된다. 따라서 이러한 관점에서의 지역사회 접근은 한 지역사회 내에서 위험 요인을 가지고 있는 대상을 찾아내고 이들에 대하여 적절한 교육과 상담 및 치료를 통하여 위험 요인을 제거하고 위험 행동을 수정하는 것을 주 전략으로 사용한다. 심장병을 예방하기 위하여 비만자에 대하여 식습관의 수정과 적절한 운동을 교육하는 것, 폐암을 예방하기 위하여 흡연자를 선별하여 금연할 수 있도록 프로그램을 제공하는 것이 'catchment area' 관점을 바탕으로 한 개입 전략의 대표적인 예다. 이러한 개입 전략은 심장병, 폐암과 같이 위험 요인이 비교적 명확한 만성 질환의 예방에 효율적이다. 그러나 중독(알코올) 문제와 같이 위험 요인의 종류와 범주가 다양하고 위험 요인 간 복잡한 상호작용이 존재하는 문제를 예방하는 것에는 이러한 접근이 한계가 있다. 첫째, 심장병 및 등 심혈관계 질환의 예방에서 개인은 적어도 스스로 식사, 운동 등 생활습관을 조절할 수 있다는 것을 전제로 하나, 중독(알코올)성 질환의 경우 개인이 이를 스스로 조절하기 어려우므로 이러한 개인의 태도 변화를 목표로 접근하는 전략에는 한계가 있다(Treno & Lee, 2002). 둘째, 음주 등 중독 행위와 관련된 문제들은 다른 질병과 달리 지역사회에 보다 광범위한 영향을 준다. 셋째, 음주와 흡연, 도박 행위 등은 그러한 물질, 행위의 판매장, 위치, 영업시간, 가능한 장소 등 그 사회의 공급체계로부터 직접적인 영향을 받는다. 넷째, 중독(알코올) 문제는 여타 만성 질환에 비하여 그 행위에 대한 사회적 · 문화적 규범으로부터 많은 영향을 받는다. 결국 중독 행위와 관련된 다양하고 복잡한 환경적 문제에 대한 개입 없이 개인에 대한 개입만으로는 알코올 문제의 예방에 한계가 있다는 것이다. 따라서 이에 대한 대안적 접근으로서 제시된 것이 '지역사회 체계(community system)' 관점이다. 이 관점에서 지역사회는 사회 · 문화 · 정치 · 경제적 요인에 영향을 받는 개인의 집합체로 간주된다. Holder는 중독(알코올) 문제의 예방을 위하여 중독 물질(알코올)이 소비되는 과정을 제공하고 있는 지역사회의 구조를 변화시킴으로써 중독(알코올) 문제를 예방하는 모델을 제시하였다(Holder, 1998). '지역사회 체계' 관점은 중독(알코올) 문제를 특정 요인으로 예측하기 어려운 다양한 스펙트럼의 문제라고 본다. 또한 단지 고위험 집단에서 발생하는 것이 아닌, 사회적 · 문화적 · 경제적 요인이 복잡하게 작용하여 발생하는 문제로 바라본다. 따라서 중독(알코올) 문제는 지역사회 전체의 안전과 안녕에 영향을 주는 주요한 보건학적 문제이며 그 해결 또한 일부 개인이나 집단이 아닌

표 12-3 catchment area 관점과 지역사회 체계 관점의 차이점

catchment area 관점	차이점	지역사회 체계 관점
비슷한 지역에 사는 사람들의 집합체	지역에 대한 관점	사회경제적 요인의 역동적인 결합체, 체계
문제를 나타내는 개인	강조점	문제를 유발하는 체계
• 대중교육, 홍보 • 조기 선별	주요 수단	• 알코올 정책, 가격 조절 • 가용성 제한, 법적 규제
개인의 의사결정구조, 행동	개입 대상	개인과 지역사회 내 중독 물질 관련 환경적 요인, 제도

다양한 범위의 문화, 제도 등의 체계를 바꾸는 것이 되어야 한다고 제시하고 있다(Holder, 1998). 1990년대 이후 이러한 관점에 근거하여 지역사회 체계를 변화시키기 위해 다양한 지역사회 자원을 동원하는 환경적 · 포괄적 개입이 시행되기 시작하였고, 이에 대한 효과성이 입증되어 알코올 정책을 주 전략 수단으로 하는 환경적 개입이 점차 알코올 문제 해결에 주요한 전략으로 시행되기 시작하였다(Babor, 2002).

5. 중독(알코올) 문제 예방 개입의 체계

지역사회 체계 접근 이론에 근거한 개입은 목표로서 그 지역사회에 속한 개인뿐 아니라, 중독(알코올) 문제와 관련하여 영향을 줄 수 있는 다양한 사회문화적 요인을 포괄적으로 포함한다. 이러한 접근은 공급 감소 전략(supply reduction strategy), 즉 중독(알코올) 문제를 유발하는 요인의 공급을 줄이는 것을 강조하는 것으로 알코올 정책과 같이 제도적 · 법적 수단이 대부분 이러한 영역에 속한다. 한편 전통적 접근은 수요 감소 전략(demand reduction strategy), 즉 알코올 등 중독을 유발하는 물질을 소비하는 소비자의 욕구를 줄이고 조절하기 위한 방법을 주로 사용한다. 공급 감소 전략과 소비 감소 전략은 상호간에 밀접한 영향을 주기 때문에 이를 대상과 장소에 따라 적절히 병행하여 수행하여야만 성공적으로 중독(알코올) 문제를 예방할 수 있다. 한 지역사회를 놓고, 다양한 예방 개입 전략을 어떻게 배치할 것인가를 결정할 때 필요한 것이 바로 프레임워크(framework)다. 프레임워크를 구성하는 요인은 크게 네 가지로 나누어 볼 수 있다. 첫째, 개입 전략의 개념, 즉 공급 감소 혹은 수요 감소와 같이 개입 전략을 강조하는 부분, 둘째, 일반 대중 혹은 위험 집단과 같이 대상 집단이 가지고 있는 문제의 심각도, 셋째, 개입 전략이 대상으로 하는 집단의 종류, 즉 학교, 가정, 직장, 알코올 소비점, 매스미디어 등과 같이 대상이 되는 구체적 집단, 넷째, 개입 전략이 목표로 하는 대상의 크기 또는 범주, 즉 개인, 집단, 조직(제도) 등이다. 즉, 한 지역사회 내에서 적용하고자 하는 예방 개입 전략은 위와 같이 네 가지 요인의 측면에서 각각 설명될 수 있다. 적용하고자 하는 개입 전략을 네 가지 요인에 맞추어 프레임워크 내에서 설명함으써, 부족한 부분과 과도한 부분을 적절히 평가하고 지속적으로 예방 개입을 수행해 나갈 수 있도록 하는 것이 프레임워크의 역할이다.

단독 기여 이론(single distribution theory)와 유해 감소 이론(harm reduction theory)

중독(알코올) 문제를 접근하는 관점 또는 방향은 앞에서 언급한 바와 같이 공급 측면과 수요 측면에 따라 나뉠 수 있는데, 이를 각각 이론적으로 나타내는 것이 단독 기여 이론(Ledermann 이론)과 유해 감소 이론이다. 단독 기여 이론은 음주량에 따라 알코올 문제의 발생이 늘어난다는 역학 조사 결과에 근거한 것으로, 직접적으로 음주량을 줄이는 것을 목표로 하는 접근이다. 개념적으로는 수요자의 음주와 관련된 지식과 태도를 수정함으로써 음주량을 줄이는 수요 감소 전략의 관점, 알코올 중독 및 문제음주에 대한 치료 접근을 강조하는 전통적 개입의 관점이라고 할 수 있다. 이에 반하여 유해 감소 이론은 음주량 또는 문제음주자에 대한 직접적 개입보다는 알코올 관련 문제를 감소시키기 위한 환경적 요인의 변화를 강조하는 개념이다. 이는 단독 기여 이론의 한계에 대한 보완 또는 대체의 개념으로 1960년대부터 발전된 것이며, 문제음주자에 대한 개입만으로 알코올 문제를 예방할 수 없다는 견지에서 중독성 물질의 안전한 사용까지 포함하는 보다 넓고 포괄적인 스펙트럼을 가지는 개입의 개념이다(Duffy, 1993). 음주운전 규제나 음주 상황 변경과 같은 알코올 정책을 통한 개입과 약물 중독자에 대한 주사기 교환, 간접 흡연 예방, 메사돈 대체요법 등이 유해 감소 개념에 근거한 개입이라 할 수 있다(Thom, 2005).

6. 중독(알코올) 예방 정책의 실제

중독(알코올) 예방 정책은 중독(알코올) 문제를 감소시키기 위해 정부 또는 비정부 민간조직을 통하여 행해지는 조직화된 노력으로 정의할 수 있다. 이러한 정책은 중독(알코올) 문제 예방에 효과가 있는 특정 전략을 사용하기도 하며, 예방 또는 치료와 관련된 자원을 배치함에 있어 우선순위를 조정하는 과정을 포함하기도 한다. 중독(알코올) 예방 정책은 해당 지역사회의 사회문화와 환경에 영향을 준다는 측면에서 지역사회 체계 관점의 개입 전략이다. 이러한 정책은 대개 그 시행에 있어 법적인 뒷받침을 필요로 한다. 음주음전에 대한 금지, 미성년자 음주 및 흡연 금지, 미성년자에 대한 주류 및 담배 판매 금지, 학교 인근 지역에 유해업소 개설 금지, 주류 및 담배에 대한 광고 제한, 절주 및 금연에 대한 공익광고 등은 대부분 법적인 근거가 없으면 시행되기 어려운 정책이다. 이외에도 알코올 상담센터, 도박 중독 예방 치유센터의 설치 등도 다른 측면의 중독(알코올) 예방정책의 예다.

국가 정책으로서 공중보건에 큰 영향을 미치는 여러 가지 중독(알코올) 정책 중에 일곱 가지 영역, 즉 물리적 가용성 제한, 과세, 음주 상황 변경, 교육과 설득, 판매촉진 제한, 음주운전 통제, 치료와 조기 개입 등의 정책이 세계 각국에서 효과적으로 적용되고 있으며, 이는 그동안의 과학적 근거와 폭넓은 연구 결과들이 뒷받침해 준다(Babor & Caetano, 2005). 이러한 일곱 가지 영역에 속하는 다음의 32가지 세부 정책들은 서로 다른 문화권에서도 보편화될 수 있다.

1) 물리적 가용성 제한

알코올의 물리적 가용성은 알코올 음료를 구입하고 소비하는 접근성과 편리성과 관련된다. 그동안의 연구들에서 판매시간과 날짜의 제한, 주류 소매점포 수의 통제, 알코올에의 접근 제한 등의 정책은 알코올 사용과 알코올 관련 문제의 감소와 연관이 있다는 것이 밝혀졌다(Babor et al., 2003; Gruenewald, Miller & Roeper, 1996). 일반적으로 알코올의 물리적 가용성을 제한하는 데 드는 비용은 과음과 관련된 건강문제를 해결하는 데 드는 비용에 비해 저렴하다. 물리적 가용성을 제한하는 방법으로 다음과 같은 것들이 있다.

(1) 판매 완전금지

많은 국가에서 이미 시행된 증거에 의하면, 주류 판매 완전금지(total ban on sales)와 같은 극단적인 제한은 적어도 단기적으로는 음주 및 음주 관련 문제를 줄이는 데 도움이 된다(Levine, 1985). 하지만 이러한 제한은 불법 제조 및 암시장 형성과 같은 부작용을 일으키며(Room, Babor, & Rehrn, 2002), 이를 금지하는 데에 많은 비용이 든다. 많은 경우에 있어서 이러한 부정적인 효과는 공공보건에 미치는 긍정적인 영향보다 더 두드러지고, 엄격한 법 집행 없이는 효과가 없다.

(2) 주류 구매 허용연령 제한

법적으로 구매할 수 있는 최소연령을 높이는 것은 젊은 음주자에 대한 알코올 판매 및 음주 문제를 감소시킨다(Wagenaar et al., 1998). 하지만 이러한 규제에는 알코올 음료 판매 면허시스템이나 법률 위반자에 대한 면허 정지 또는 취소 등과 같은 법적 조치가 반드시 뒷받침되어야 한다.

(3) 주류 배급제

주류 배급제(rationing)는 과음자에게 특히 효과적인 방법이지만 적용하기 어렵다.

(4) 정부 독점 주류 판매

정부가 소유하는 주류 소매 시스템은 일반적으로 점포가 적고, 영업시간이 짧고, 미성년자나 취객에 대한 판매를 더 엄격하게 제한할 수 있기 때문에 알코올 소비량 및 알코올 관련 문제를 통제할 수 있다.

(5) 주류 판매 시간 제한

이 방법을 적용하는 데에는 비용이 적게 들며, 적용 환경에 따라서는 어느 정도의 효과도 있다.

(6) 주류 소매점 밀도 제한

이미 경제적인 기득권으로 인해 주점들이 모여 있는 경우에는 적용하는 데에 더 많은 시간이 든다.

(7) 주류 판매(유흥)업소 책임

유흥업소 주류 판매자들로 하여금 그들의 취객에 의한 손상을 법적으로 책임지게 하는 법률이 효과가 있다.

(8) 주류 도수에 따른 가용성 차별화

알코올 함량이 낮은 주류(예: 알코올 3% 이하)의 구매를 독주(higher-strength beverages)에 비해 보다 쉽게 하는 것이 전반적인 알코올 소비 및 문제를 줄이는 데 효과적이다(Skog, 1988).

2) 가격과 과세

다른 상품과 마찬가지로, 알코올 음료의 소비도 가격에 따라 증감한다. 일반적으로 가격이 내려가면 알코올 소비가 증가하고, 가격이 오르면 알코올 소비가 감소한다. 이는 경제적 불이익을 두려워하지 않을 것으로 생각되는 과음자나 알코올 중독자에게도 적용된다.

주세 알코올 정책에서 과세가 적절하게 사용된다면 중요한 공중보건의 우선순위가 될 수 있다. 주세(alcohol taxes)는 알코올 문제를 예방하는 데 매우 효과적이며, 적용 및 유지에도 비용이 많이 들지 않는 좋은 정책이다. 다만, 효과는 알코올 생산 및 유통에 대한 정부의 감독 및 통제에 따라 달라진다. 또한 높은 과세로 인해 밀수와 불법생산이 늘어날 수도 있다.

3) 음주 상황 변경

많은 예방 전략들은 술집이나 음식점과 같이 알코올이 팔리고 소비되는 대표적인 환경에서의 음주량을 제한하는 데에 초점을 맞춘다. 가장 효과적인 방법은 유흥업소 음주 판매규정의 시행과, 종사자 및 업주에게 취객들의 행동에 대한 법적인 책임을 지게 하는 법안이다.

(1) 취객대상 주류 판매 금지

훈련만으로는 부족하며, 외부적인 법의 강제가 이 정책의 효과를 나타내는 데에 필수적이다.

(2) 유흥업소 종사자 훈련

윤리성 강화의 일환이며, 중대한 사건들에 대한 지속적인 감시에 따라 효력이 좌우된다. 대표적인 것이 Responsible Beverage Service(RBS) 훈련인데, 허가받은 점포 내에서 주류를 판매하는 직원들의 태도 · 지식 · 기술 · 행위 등에 초점을 맞춘다(Toomey et al., 1998). RBS 훈련은, 면허 유흥업소의 주류 판매 정책의 실질적인 변화와 지역경찰력 강화에 의해 과음 및 고위험 음주를 줄일 수 있다(Howard-Pitney et al., 1991; Lang et al., 1998).

(3) 유흥업소의 자발적 규약

윤리강령의 제정 등을 일컫는데, 법의 실시 없이는 효과가 없다.

(4) 유흥업소에 대한 규정 및 법적 단속

유흥업소의 순응도는 이 정책이 얼마나 법적인 구속력을 가지느냐에 달려 있다.

(5) 술 없는 활동 및 이벤트 촉진

젊은이들의 대안 활동에서 대부분의 효과가 나타난다.

(6) 지역사회 동원

보다 포괄적인 접근법으로, 음주와 관련된 문제(예: 폭력, 음주운전 등)에 대한 공공의 인식을 높이는 데 사용되어 왔다. 또한 지역사회 문제의 특별한 해결책을 개발하는 일, 유흥업주들로 하여금 소음 및 파괴행동 등과 같이 유흥업소와 관련된 문제에 대해 지역사회에 책임감을 가진다는 것을 인식하도록 압박하는 데에도 사용되었다(Hauritz et al., 1998; Homel, Tomsen, & Thommery, 1992). 지역사회 동원은 허가된 유흥업소에서의 공격 및 음주와 관련된 다른 문제들을 줄일 수 있지만, 이러한 효과의 장기적인 지속 가능성은 아직 증명되지 않았다.

4) 교육과 설득

교육과 설득의 영향력은 그리 크지 않으며, 긍정적인 효과가 나타나는 경우에도 지속되지 않는 경향이 있다.

(1) 학교교육

학교를 기반으로 한 교육은 그동안 젊은 성인의 알코올 관련 문제를 예방하기 위한 가장 좋은 방법으로 알려져 왔다. 이러한 정책은 지식과 변화하려는 태도를 확대시킬 수는 있지만, 음주에 대한 지속적인 효과는 없다(Botvin et al., 1995; Hansen, 1994).

(2) 대학생 교육

음주에 관한 지식 및 태도 변화를 증진시킬 수 있지만, 역시 음주 자체에는 효과가 없다.

(3) 공공서비스 정보

알코올의 오용과 음주운전을 막기 위한 공공서비스 정보(Public service announcements: PSAs)는 비정부 조직, 건강 관련 정부기관, 광고업계 등에서 만들어졌다. 좋은 의도에도 불구하고, 이러한 메시지들은 음주 행동을 변화시키거나 알코올 관련 문제를 예방하는 데 효과적이지 못했다. 이는 아마도 훨씬 더 자주 등장하는 음주 조장 광고와 효과적으로 경쟁하지 못했기 때문일 것이다(Babor et al., 2003). 이러한 책임음주에 관한 메시지가 과음자들에게 음주를 그만두게는 하지 못하지만, 효과적인 정책에 대한 대중적인 지지를 강화하는 데에는 더 유리할 수 있다.

(4) 경고 문구

많은 사람들에게 경계심을 일깨우지만, 실질적으로 음주 행동을 변화시키지는 않는다(Agostinelli & Grube, 2002; Grube & Nygaard, 2001).

5) 판매 촉진 제한

알코올 음료의 판매는 주로 다양한 대중매체(예: TV, 라디오, 간행물, 매장판촉, 인터넷)에 등장하는 명확한 상업적 광고에 의해 촉진된다. 이뿐만 아니라, 영화나 TV 프로그램 등의 간접광고를 통해서도 시장에 알려지게 된다.

(1) 광고 금지

주류 제조업계의 강력한 반발이 있으며, TV나 영화 속에 주류가 등장하여 간접광고를 함으로써 이러한 정책을 빠져나갈 수 있다.

(2) 광고내용 통제

주류 제조업계 스스로 자율관리 협약을 하지만, 거의 시행 또는 감독되지 않는다.

6) 음주운전 대책

다양한 법적인 대책들이 음주운전을 방지하기 위해 개발되어 왔다. 가장 주목을 끄는 방법은 음주운전 위반자를 혈중 알코올농도(blood alcohol concentration: BAC) 제한에 근거하여 체포, 처벌하는 것이다.

(1) 음주검문소

경찰 캠페인의 효과는 단기적이다.

(2) 호흡 음주측정

가장 효과적인 방법으로 알려져 왔다(Henstridge, Homel, & Mackay, 1997; Shults et al., 2001). 적용하는 데에 비용이 많이 들며, 호흡 음주측정(random breath testing: RBT) 정책의 효과는 측정받은 운전자의 수에 비례한다.

(3) 혈중 알코올농도 기준 강화

음주운전 감소에 중요한 예방 정책으로, 합리적으로 낮은 BAC(예: 0.05%)를 정함으로써 알코올 관련 운전사망률을 상당히 감소시킨다(Shults et al., 2001).

(4) 면허정지

재판 없이 바로 신속한 처벌로 인해 음주운전을 억제하는 효과가 있다.

(5) 젊은 운전자 혈중 알코올농도 강화

'무관용의 원칙(zero tolerance)' 이 젊은 운전자들의 음주운전을 막는 것으로 알려져 있으며, 주로 호주와 미국에서 효과가 있다는 보고가 있다.

(6) 초보운전자에 대한 단계별 면허

면허를 취득한 첫 몇 년간 운전 조건을 제한하는 제도로서, 면허 취득 가능연령을 높이는 방법과 함께 음주운전 위험성이 높은 젊은 운전자들의 음주 관련 사고를 줄이는 데 가장 효과적인 방법이다(Babor et al., 2003).

(7) 지명운전자 및 운전서비스

음주운전의 위험성에 대한 인식을 확대시키고 소수의 음주운전자들에게 효과가 있지만, 음주 교통사고에는 전반적인 영향을 미치지 못한다.

7) 치료와 단기 개입

거의 모든 종류의 치료가 사용되는 개입의 종류와 관계없이 알코올 사용 및 알코올 관련 문제를 상당히 감소시킨다(Room, Babor, & Rehm, 2005). 많은 형태의 치료가 있는데, 상담, 행동 기술 훈련, 동기강화 및 몇 가지 약물치료 등이 그것이다.

(1) 고위험 음주자에 대한 단기 개입

알코올 전문치료와는 달리, 단기 개입은 알코올 중독자가 아닌 과음자들을 대상으로 일반적 의료 환경에서 이루어지는 상담이나 조언으로, 1~3회기로 구성된다. 효과적인 방법이긴 하지만, 일차 진료 의사들은 선별과 조기 개입을 시행할 시간과 훈련이 부족하다. 향후 의료기관 응급실, 사회복지기관, 직장, 학교 등 다양한 기구에서 고위험자에 대한 선별 및 개입이 이루어질 필요가 있다.

(2) 알코올 문제 치료

우리나라에서는 알코올 상담센터 혹은 정신보건센터를 통해서 많은 서비스가 이루어지고 있다. 향후 파랑새 플랜 등에서 알코올 상담센터의 확대를 추진하고 있으므로, 점차 더 많은 서비스를 제공하게 될 것이다.

(3) 상조/자조 모임 참석

A.A.와 같은 자조 모임은 정식치료로 생각되지는 않지만, 보조 치료, 대체 치료로 흔히 시행된다. 많은 나라에서 실행 가능하며 비용효과적인 측면에서도 정식 치료의 우수한 보완 또는 대안이 될 수 있다.

(4) 반복 음주운전 위반자 치료 명령 제도

반복된 음주 운전자들을 위한 치료 명령 제도는, 문제 개선의 동기가 부족한 대상자들에게 치료의 기회를 부여할 수 있다는 장점이 있다. 중요한 점은 치료가 단순히 처벌을 면하기 위한 대체 도구로서 활용되지 않고 실질적인 대상자의 삶의 태도를 개선시킬 수 있어야 한다는 점이다. 우리나라에서도 현재 제한적으로 적용되고 있지만, 향후 보다 전문 인력에 의해 보다 체계적인 프로그램을 운영하도록 하는 것이 필요하다.

Babor 등(2003)의 연구에서는 32가지 정책을 전반적인 효과와 적용 및 유지에 드는 비용을 감안하여 평가하고, 다음의 10가지를 가장 좋은 실천 과제로 보았다. ① 주류 구매 허용연령 제한, ② 정부 독점 주류 판매, ③ 주류 판매 시간 제한, ④ 주류 소매점 밀도 제한, ⑤ 주세, ⑥ 불심 호흡 음주측정, ⑦ 운전자 혈중 알코올농도 기준 강화, ⑧ 음주운전자에 대한 면허정지 행정처분, ⑨ 초보운전자에 대한 단계별 면허, ⑩ 문제음주자에 대한 단기 개입 등이다.

7. 요약

중독(알코올)으로 인한 문제들은 치료 모델만으로는 해결할 수 없으며, 복잡하고 다양한 특징을 가지고 있다는 근거가 제시되면서, 보다 포괄적 형태의 예방 개입의 필요성이 대두되었다. 과거 중독(알코올) 문제를 죄악으로 보던 관점은, 1970년대에 질병으로 보는 시각으로, 최근에는 정신생물사회적인 개념으로 발전하였다. 중독(알코올) 문제에 대한 접근 중 공중보건학적 모델에서는 숙주, 유발 물질 및 환경적 측면에서 포괄적으로 바라보았고, 예방 개입으로는 Gordon의 보완된 개념인 전반적 · 선택적 · 증상군 예방으로써 통합적 · 전략적 · 구체적 개입이 가능하게 되었다. 명확한 위험 요인을 평가 · 조절하기 힘든 중독 문제의 특징으로 인해 지역사회 체계로 바라보는 관점이 제시되었다. 예방 개입의 체계인 프레임워크를 구성하는 요인으로는 개입 전략, 문제의 심각도, 구체적 대상 집단, 대상의 범위 등 네 가지가 있다.

앞서 기술한 실질적인 32가지 예방 전략과 개입 중에서 가장 많은 경험적 근거를 가진 정책은 음주운전 혈중 알코올농도 기준 강화, 알코올 가용성 통제, 주류 구매 허용연령 제한 및 알코올 가격상승 등이다. 개발도상국가는 음주운전 대응책, 음주 상황 변경대책, 물리적 가용성 제한 등의 정책 노력에 초점을 맞추어야 하며, 선진국의 경우에는 현재의 음주 유형 악화를 방지하고 전반적인 음주량 감소에 목표를 두어야 한다. 지금까지의 연구 결과들에 따르면, 역설적으로 알코올에 대한 학교교육과 같이 널리 행해지는 전략은 거의 효과가 없고, 주세와 같이 잘 시행되지 않는 정책이 좋은 효과가 있음이 밝혀졌다. 따라서 근거를 바탕으로 한 많은 정책들은 알코올 소비와 관련된 질병 및 장애의 부담을 줄일 수 있다는 사실이 명확해졌다.

제13장

지역사회와 중독

1. 중독 질환의 지역사회 관리

알코올을 포함한 물질 사용장애, 물질 유발 장애 및 행위 중독 관리는 기초 교육과 예방, 상담, 전문적인 치료·재활까지 그 범주가 넓다. 이러한 범주에서 알코올을 포함한 물질 사용장애 및 행위 중독 질환은 만성적이고 진행적인 특성을 반영한 치료 연속성(continuum of care)을 유지하기 위한 지역사회 중심의 관리가 필요하다. 즉, 입원 치료, 외래 치료, 퇴원 후 재발 예방 및 사후관리를 포함하여 지역사회를 바탕으로 하는 중독 관리체계가 구축되어야 한다.

이 장에서는 현재 국내의 중독 관리체계와 서구 중 미국의 치료 수준에 따라 외래 치료, 집중 외래 치료, 부분입원 혹은 낮 치료, 거주 치료, 입원 치료 등의 서비스 제공을 파악한다.

1) 중독 질환 및 관리 현황

우리나라의 중독 분야와 관련하여 시대적 변화 과정을 살펴보면, 전 시기에 걸쳐 알코올이 분포하고 있으며, 구체적으로 1960년대에 아편류, 1970년대에 대마, 1980년대에 본드, 1990년대에 암페타민류와 비화학적 중독(행위 중독)인 인터넷 중독이 주요 쟁점 분야로 대두되었다. 현재는 알코올, 니코틴, 인터넷, 도박 및 경구용 약물 등이 혼합된 형태를 보이는 것을 볼 수 있다.

(1) 물질 관련 중독 질환

① 알코올 사용장애

〈표 13-1〉을 보면, 2007년 추계 인구 대비 추정 알코올 환자 수는 1,855,080명이었고, 이 중에서 정신의료기관(혹은 정신요양시설)에서 입원(또는 입소) 치료를 받은 사람은 13,993명으로 0.75%에 불과하다. 지역사회에서 서비스를 제공받고 있는 사람은 6,822명으로 전체 알코올 사용장애 중 0.37%에 불과한 상태다. 또한 지역사회 정신보건사업에서 알코올 사용장애에 대한 국가의 개입은 2003년 보건복지가족부에서 알코올 상담센터에 대한 예산지원(19개소)을 시작하면서 본격화되었고, 2009년 6월 기준 전국에 34개 알코올 상담센터가 운영되고 있으며, 서비스 제공 현황은 2007년 기준 4,088명으로 0.22%였다. 아울러 2008년도는 알코올 사용장애 추정 환자 수 1,795,397명 중에서 서비스를 제공받은 사람은 4,570명으로 0.25%였다(2008 알코올 상담센터 사업보고서).

표 13-1 알코올 중독자 추계 및 서비스 수혜 현황 (단위: 명, %)

구분	2002	2003	2004	2005	2006	2007
전체 추정 인구(단위: 천 명)	47,622	47,8593	48,0393	48,1383	48,2973	48,4563
18~64세 추정 인구(단위: 천 명)	32,184	32,413	32,576	32,666	32,808	32,9413
추정 알코올 환자 수	1,848,938	1,855,968	1,858,385	1,855,001	1,855,363	1,855,080
서비스 알코올 환자 수 (비율)	11,916 0.64	13,580 0.73	14,315 0.77	15,694 0.85	17,907 0.97	20,815 1.12

입원/입소 환자 수 (비율)	8,615 0.47	9,770 0.53	10,226 0.55	11,179 0.6	12,631 0.68	13,993 0.75
지역사회 관리 환자 수 (비율)	3,301 0.18	3,810 0.21	4,089 0.22	4,515 0.24	5,276 0.28	6,822 0.37
알코올 상담센터 등록자 수 (비율)	1,085 0.06	1,573 0.08	1,504 0.08	2,035 0.11	2,635 0.14	4,088 0.22
정신보건센터 등록자 수 (비율)	2,121 0.11	2,146 0.12	2,515 0.14	2,353 0.13	2,491 0.13	2,546 0.14
사회복귀 이용시설 등록자 수 (비율) 사회복귀 거주시설 등록자 수 (비율)	95 0.01 0 0.000	88 0.00 3 0.000	68 0.00 2 0.000	105 0.01 22 0.001	112 0.01 38 0.002	128 0.01 60 0.003

출처: 2008 알코올상담센터 사업보고서.

② **물질 사용장애**

니코틴 중독　우리나라의 흡연율은 조금씩 감소하고 있으나, 여전히 세계 최고 수준이며, 흡연에 의한 사회경제적 비용은 약 10조 정도로 추산되는 등 음주와 함께 주요 중독 문제가 되고 있다. 특히 최근에는 여자 청소년과 20대 여성의 흡연율이 높아지는 반면, 남학생의 경우에는 낮아지는 양상을 보이고 있다.

마약류 중독　1992년 국내 약물 사범 검거 인원은 2,968명이었으며 그 후 꾸준히 증가하고 있고, 2001년 10,102명으로 최근 10년간 약 3.4배 증가하였다. 2002년에는 10,673명으로 1999년 이후 3년 연속 마약류 사범이 1만 명을 상회하고 있다(국무조정실, 2002; 마약류대책협의회, 2003). 전체 약물 사범 중 사용 및 투약 사범이 차지하는 비율은 1992년 37.8%, 2001년 70.9%로 투약 사범의 증가율이 높다. 매년 약물 남용자의 재범률은 2000년 31.4%, 2001년 31.1%, 2002년 31.5%이며, 2000년도에 30%를 넘어선 이후 3년 연속 30%를 상회하는 것을 볼 수 있다.

(2) 비화학적 중독 질환

① 도박 중독

소위 '바다이야기' 등으로 사회 문제를 야기한 게임은 중독과 관련된 사항이지만 일반인들이 쉽게 접근할 수 있는 형태라고 할 수 있다. 이러한 게임과 관련된 유사도박업이 성행함으로써 도박 중독의 위험 범위가 증가되었고, 실제 한 지역 조사에서는 유사도박업 경험률이 6%로 조사되었다(이해국 외, 2007).

우리나라 만 18세 이상 성인 중 문제성 도박자와 병적 도박자가 각각 4.9%와 1.6%이며 합계 6.5%인 약 320만 명이 도박 중독 상태에 놓여 있다고 추정되고 있다. 여타 조사에서도 3.8~9.3% 수준을 나타내고 있는데, 이는 캐나다, 호주보다 4배 정도 높은 수치이며, 알코올 사용장애의 1년 유병률 5.6%보다 높은 수치다(한국문화관광정책연구원, 2005). 또한 사행산업 이용자 중 대략 60% 정도가 중독성 이용자인 것으로 나타났고, 사행산업의 이용 자체가 중독의 위험을 조장하는 것으로 판단된다. 즉, 우리나라의 도박 중독 실태는 선진국 5% 내외의 수준을 넘어 사회적으로 심각한 도박 중독률을 보인다.

한편 법령상의 근거하에 정부기관이 직접 운영하는 제도권 내의 사행산업은

표 13-2 합법적 사행업장의 도박 중독률 (단위: %)

	경마	경륜	경정	카지노	평균
위험성 도박	14.4	8.2	11.5	14.5	12.15
병적 도박	53.9	64.3	45.3	61.8	56.3
총계	68.3	72.5	56.8	76.3	68.4

표 13-3 도박 중독률 국제 비교 (단위: %)

구분	미국	캐나다	호주	한국	비고
도박 중독자		2.6	2.1	9.3	- SOGS 결과 - 캐나다 앨버타 주 5.4% - 미국 네바다 주 6~8%
문제 도박자		1.3	1.1	5.5	
병적 도박자	1~2	1.3	1.0	3.8	

출처: INCO Group(2002). 「병적 도박 실태조사 및 치료프로그램 연구용역 보고서」.

표 13-4 최근 5년간(2001~2005) 각 업장의 이용객 수 (단위: 만 명)

구분	2001	2002	2003	2004	2005
카지노	90	92	155	178	188
경륜	480	552	565	572	554
경정	-	45	122	143	191
경마	1,337	1,628	1,675	1,541	1,603
총 이용객	1,907	2,317	2,517	2,434	2,536

출처: 국무조정실(2006).

경마, 경륜, 경정, 카지노, 복권, 체육진흥투표권으로 한정되어 있다. 경마의 경우 경마장 3개소, 장외발매소 32개소, 2005년 매출액 5조 1,347억, 경륜의 경우 경륜장 3개소, 장외매장 17개소, 2005년 매출액 1조 7,556억 원, 경정의 경우 경정장 1개소, 장외매장 12개소, 2005년 매출액 4,127억 원에 달한다. 복권의 경우 온라인 복권, 인쇄복권, 전자복권 등 50여 종으로 2005년 매출액 2조 8,331억 원이고, 카지노의 경우 17개 업체(외국인 대상 16개소, 내국인 허용 1개소), 2005년 매출액은 1조 1,242억 원에 이른다. 사행산업 중 복권, 경륜, 경마의 경우는 점차 매출액 규모와 순이익금이 감소하는 추세이며, 경정과 카지노(강원랜드)의 경우는 매출액 규모와 순이익금의 규모가 증가하는 추세다. 이용객 수 역시 경륜, 경마의 경우는 이용객 수가 크게 변동이 없거나 감소하는 추세인 반면, 카지노와 경정은 이용객 수가 지속적으로 증가하며, 사행산업 총 이용객 수는 2005년 기준 2,536만 명으로 추정된다. 강원랜드의 경우 이용객 수는 2005년 188만 명으로 타 사업에 비해 가장 적은 편이나 순이익금은 약 2,900억 원으로 타 사업보다 월등히 높은 편인 것으로 파악된다.

② 인터넷(게임, 채팅 등) 중독

우리나라 전체 가구의 46%가 컴퓨터를 보유하고 있고, 인터넷 사용인구는 2천만 명을 넘어서고 있다. 연령층이 낮아질수록 인터넷 사용률이 급격하게 증가하는데, 청소년들의 인터넷 사용률이 성인의 2~3배에 해당될 정도다. 이 조사에 의하면 전체 일반 청소년 인구 700만 명 중 인터넷 과다 사용 인구는 10~30%에 달하며, 치료 개입이 필요한 중독 청소년은 3% 내외로 보고되고 있다. 한국정보문화진흥원(2007)의 조사에 의하면 9~19세 청소년 중 2.6%가 중독성 사용자이며, 12.7%가 잠재적 중독이 의심되는 사용자로 나타났으며, 성인은 2.3%가 중독성 사용자, 7.6%가 잠재적 중독성 사용자로 청소년보다 심각도가 덜한 결과를 보여 주고 있다. 일반인을 대상으로 한 인터넷 중독에 대한 조사 자체가 많지 않은데, 대개 고위험 사용자의 비율이 2% 내외로 보고되고 있다. 성인의 경우, 게임 자체보다도 채팅이나 인터넷 도박 등으로 인한 이차적인 문제가 발생하고, 이로 인하여 법적인 문제 또는 다른 정신건강상의 문제를 주호소 문제로 하여 서비스를 찾게 되는 바, 인터넷 사용으로 인한 문제의 규모를 가늠하는 것이 쉽지 않은 상태다.

(3) 중독 질환의 관리 현황

우리나라의 중독 관련 관리체계는 비효율적이다. 중독 관련 담당 정부 조직이 보건복지부, 교육과학기술부, 노동부, 청소년보호위원회, 국세청, 문화체육관광부 등으로 다원화되어 있고, 보건복지부의 경우 건강생활실천사업은 보건정책팀, 알코올 중독 사업은 정신보건팀이 담당하고 있다. 또한 지방자치단체인 시·도는 담당과 단위가 다양하며, 지역사회 정신보건의 기본 단위로 볼 수 있는 보건소의 경우도 건강증진계와 정신보건계 및 기타 부서가 담당하는 등 다원화되어 있는 것을 볼 수 있다. 이와 같이 중독 관리체계가 지나치게 다원화되어 있어 체계적이고 통합적인 중독 관리체계의 구축이 요구된다. 더불어 관련 단체인 시민단체, 업계 등을 포함하여 지역사회 참여가 부족한 것을 볼 수 있다.

한편 중독 질환의 서비스 제공에 대한 관리연계체계가 도입되어 있지 못하며, 응급 상황 혹은 정신과 외래에서 환자 발생 시, 환자 및 보호자와 상의 후 외래 치료나 입원 치료를 적용하는 것이 일반적이다. 즉, 국내에서는 중독 질환자들에 대한 적정 치료 수준의 정의도 빈약하고, 이를 뒷받침할 법적 제도도 마련되어 있지 못한 상태다. 또한 일차정신보건사업의 일부로 보건소 또는 내과와 가정의학과 등에서 중독 질환자들에 대한 조기 선별 사업도 취약하므로 이에 대한 전략적 방안을 모색하고 활발하게 진행하며 성공적으로 정착할 수 있도록 노력해야 한다.

(4) 중독 질환의 관리

① 지역사회 정신보건사업의 원칙(예방의학과, 2002; Caplan, 1967)

중독 질환은 만성적이고 진행적인 특성을 갖고 있으므로 관리에 있어서 지역사회 정신보건사업의 원칙을 적용하도록 권장한다. 지역사회 정신보건사업의 원칙은 Caplan(1967)이 제안한 것으로, 조정할 부분이 있긴 해도 그 유용성과 타당성을 인정하여 사용하고 있으며, 구체적으로 보면 다음과 같다.

- 지역 주민에 대한 책임
- 환자의 가정에 가까운 곳에서 치료
- 포괄적인 서비스
- 여러 전문직 간의 팀 접근
- 치료 연속성
- 지역 주민 참여
- 정신보건사업의 평가와 연구
- 예방
- 정신보건 자문
- 보건의료 서비스와 사회복지 서비스의 연결

② 지역사회 정신보건 서비스

중독 질환은 그 질환의 특성상 다양한 서비스의 개발과 제공이 있어야 환자들이 사회에 조기 복귀할 수 있으며, 과수용을 예방하고 의료비 등의 의료 자원의 효율적인 사용이 가능하다. 중독 질환 관리를 위한 지역사회 정신보건 서비스로 입원 치료, 부분 입원과 외래 치료, 집중 외래 치료와 주간 치료소(낮 병원), 거주 치료 등을 들 수 있다.

외래 치료 외래 치료(outpatient treatment)는 선택할 수 있는 서비스의 종류가 적고, 시간도 일주일에 단지 몇 시간에 불과하기 때문에 가장 집중 정도가 낮은 수준의 치료다. 외래 치료의 대상은 직업이 있거나 안정적이고 가족을 포함한 지지적인 사회적 환경이 있으며, 문제를 인식하고 있으며 도움을 받고자 하는 사람이다. 치료 서비스로는 일주일에 한 번의 개별치료나 집단치료를 받거나, 많아야 몇 가지 치료 서비스를 병행해서 일주일에 8시간 정도의 치료를 받게 된다. 예를 들어서, 의료적 검진, 해독, 정신과 진단, 교육, 개별치료, 집단치료, 가족치료 등이 외래 치료에 포함된다. 그러나 많은 외래 치료 프로그램들은 개별치료와 집단치료만을 제공한다.

집중 외래 치료 집중 외래 치료(intensive outpatient treatment)는 중간 정도의 치료 수준이다. 여러 치료 서비스가 제공되며, 일주일에 9~60시간에 걸쳐 제공된다. 저녁 프로그램은 주중의 저녁 몇 시간과 주말의 여러 시간 동안 치료 서비스가 제공된다. 낮 프로그램은 매일 8시간의 서비스가 주어진다. 대상자들은 6~12주 집중 외래 치료에 참여한다. 집중 외래 치료는 일반 외래 치료보다 더 구조적이며, 정해진 치료 시간이 더 길고, 같은 시설 안에서 다각적인 치료 서비스들이 제공된다. 교육시간이 더 많은데, 예를 들어 중독의 의료적 측면, 재발 예방, 스트레스 관리, 대인관계, 자기주장, 영양, 정서적 건강 등에 대한 교육집단 등이 운영된다. 또한 집중 외래 치료는 대상자들 사이의 연대감을 높여 줌으로써 약물에 의존하지 않는 삶을 중심 과제로 해서 모인 친구들로 이루어진 사회적 지지망의 형성을 가능케 한다. 치료자들이나 다른 대상자들과의 접촉 기회가 보다 많은데, 이는 약물 의존 치료에 있어서 중요한 부분이다. 왜냐하면 치료자가 대상자에게 일어나는 미묘한 변화들을 관찰할 수 있으며, 문제가 커지지 않은 초기에 개입할 수 있기 때문이다.

부분 입원 혹은 낮 치료 부분 입원 혹은 낮 치료(partial hospitalization or day treatment)는 집중 외래 치료의 일종으로서 입원 치료와도 비슷하지만 24시간 하루 종일 병원에서 지내지는 않는다. 대상자들은 수개월간 일주일에 5~7일 동안 하루 8시간씩의 치료에 참여한다. 대상자들은 낮 시간의 치료에 참가하고, 저녁에는 집으로 돌아가므로 입원 치료보다 비용이 훨씬 적게 든다. 저녁시간의 치료가 없다는 것 이외에는 거주 치료나 입원 치료에서와 같은 정신사회적인 재활서비스를 제공한다.

거주 치료 거주 치료(residential treatment)는 다른 약물 남용자들과 함께 생활하는 것을 전제로 하는 다양한 치료 프로그램들이다. 장기 거주의 치료 공동체(therapeutic community), 단기 거주의 비의료적인 해독을 위한 거주시설(사회적 모델), 중간처우시설 등이 있다. 거주시설에 부분 입원을 병행시킨 프로그램도 있다. 이 모델에서 거주자들은 낮에는 부분 입원 프로그램에 참여하고 저녁에는 주거지로 돌아간다. 주거지는 주택이거나 아파트이며, 일반인들은 함께 지낼 수 없다. 건강관리 전문가나 준전문가가 지도감독과 위기관리를 하는 거주관리자의 역할을 맡는 것이 이상적이다. 거주자들은 보통 일상생활에서 해야 하는 활동에 대한 책임이 있다. 거주자들은 식사를 준비하고 세탁을 하며, 청소를 하고 공동체의 규칙을 지킬 책임이 있다. 그러므로 거주 치료는 거주자들로 하여금 서로 의사소통을 하고, 타협하는 법을 배우고 상호 협조적이 되며, 자신의 행동에 대해서 책임을 지는 것을 배우게 한다. 다른 약물 의존자들과 함께 어울려 생활하는 것은 매우 중요하다. 자연스럽게 분노, 불일치, 불신 등을 경험하기 때문이다. 만일 그러한 문제들이 공동체 안에서 적절히 해결되지 않으면 집단치료 시간에 다루어지게 된다. 그러한 문제들이 다루어지고 해결된다면, 문제를 경험하는 것이 건강하지 못한 것은 아님을 배우게 된다. 문제를 회피하고, 감정을 마음속에 담아 두고, 아무런 잘못된 일도 없는 것처럼 가장하는 것이 오히려 건강하지 못한 것임을 배운다. 거주 치료는 자연스럽고 건강한 가족의 모습을 본 따서 고안된 것이다. 또한 A.A.나 N.A.의 12단계 프로그램 참여와 같은 습관을 가지게 될 기회를 준다. 거주 프로그램은 보통 거주시설 안에서 12단계 모임을 가지며, 거주자들은 외부 자조 모임에도 참여할 수 있다.

입원 치료 입원 치료(inpatient hospitalization)는 의료적 · 정신과적 진단, 해독의 의료적 관리, 중독과 관련이 있거나 없는 의료 문제의 관리, 정신과적 위기 등을 다룰 때 특히 유용하다. 병원은 집중적인 의료적 · 정신과적 · 정신사회적 평가를 위한 장소가 되며, 이러한 평가는 특히 어떤 사람의 중독 여부에 대한 의문이 있을 때 도움이 된다. 어떤 병원들은 다양한 수준의 치료를 제공한다. 예를 들어서, 하나의 프로그램 안에 약물의 해독과 정신적 위기를 다루기 위해서 해독 담당과 및 정신과가 함께 들어 있을 수 있다. 이 프로그램은 더 이상의 집중적인 의료적 · 정신과적 · 간호적 개입이 필요하지 않은 환자들을 위한 재활과를 설치할 수도 있다. 또한 많은 프로그램들이 병원 내의 다른 장소나 병원 밖의 시설에서 거주 치료나 낮 치료를 제공하기도 한다. 몇몇 프로그램은 한 가지 이상의 치료 서비스를 제공하면서 지속적인 치료 서비스를 제공할 수 있도록 다른 기관들이나 프로그램들과 협조하기도 한다.

③ 외국의 중독 질환의 관리

중독 질환 중 알코올 사용장애에 대한 외국의 일반적인 개입체계에서 지역사회 기관이 담당해야 하는 영역은 초기 개입에서부터 사후관리 등으로 구분지을 수 있다([그림 13-1] 참고).

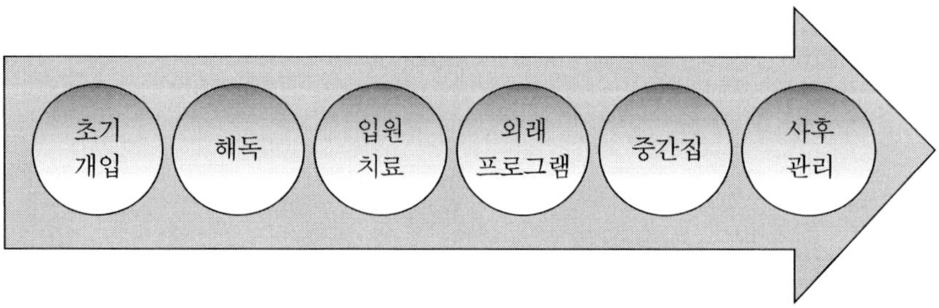

[그림 13-1] 알코올 사용장애 개입체계

한편 지역사회 중독 관리에서 문제성 음주자에 대한 연계체계는 영국에서의 Model of Care for Alcohol Misuse(MOCAM)와 호주 보건부의 Treatment Referral Program(TRP) 및 미국 중독의학회(American Society of Addiction Medicine: ASAM)에서 제시한 적정 수준 배치 기준(Patient Placement Criteria: PPC) 등을 대표적인 예로 들 수 있다. 이 장의 서두에 밝힌 것처럼 ASAM에서 제시한 PPC에 기반을 둔 연계체계를 소개한다.

일반적으로 치료가 필요한 대상자에 대한 접근 방식은 ① 합병증 중심 접근(complication-driven treatment), ② 진단 중심 접근(diagnosis-driven treatment), ③ 개인별 평가에 의한 접근(individualized assessment-driven treatment), ④ 결과 중심 접근(outcome-driven treatment)으로 크게 구분할 수 있다. 그중 합병증이나 진단 중심 접근은 환자의 상태 혹은 진단에 따라 사전에 계획된 순서와 내용으로 일방적인 치료가 진행되는 치료 방식이며, 결과 중심 접근은 아직 대부분의 치료 방법에 대해 과학적으로 객관화된 치료 결과에 대한 근거가 부족하기에 현실적으로는 개인별 평가에 의한 접근이 가장 바람직하다. 개인별 평가에 의한 접근이라는 철학을 명제로 제안된 문제성 음주자에 대한 접근 방식이 PPC이며, ASAM에서는 ① 개별화된 치료 계획 수립, ② 서비스에 대한 즉각적인 접근 가능성, ③ 다양한 치료 방식 요구에 대한 인지, ④ 치료 계획에 대한 지속적인 재평가와 수정 등을 적정 수준 배치 기준에서 갖추어야 할 기본적인 특성으로 제시하고 있다. ASAM의 PPC는 치료 수준(Level of Care)을 0.5단계에서 4단계까지의 다섯 단계로 구분하며(〈표 13-5〉 참고), 수준에 따른 배치 기준을 마련

표 13-5 ASAM에서 제시한 치료 수준

치료 수준	치료 내용
0.5단계	조기 개입
1단계	외래 치료
2단계	집중 외래 치료/부분 입원 치료
3단계	거주/입원 치료
4단계	의학적 집중 관리 입원 치료

함에 있어 각 수준에서의 치료 목적, 치료 계획의 개별화 방식, 치료 연속성(continuum of care) 개념, 치료 수준 변경에 따른 진행 사항의 평가와 치료 기간 등을 언급한다.

즉, 음주 문제가 의심되는 대상자가 있는 경우, 어느 단계의 치료 수준을 적용하는 것이 가장 바람직할 것인지를 개인별로 평가하고, 평가 결과에 따라 치료 계획을 수립하여 진행하며, 그 결과를 일정 기간 검토하여 이후 치료 수준을 조정하는 것이 PPC에 따라 구축된 연계체계이며, 치료 연속선 개념하에서 대상자가 충분히 회복되어 더 이상의 개입이 필요 없을 때까지 지속적으로 관리하게 되는 것이다. 이렇게 대상자를 개인별로 평가함에 있어 여섯 가지 차원에서 사정하게 된다. 첫째, 급성 중독 혹은 금단증상에 대한 평가, 둘째, 신체적인 상태 및 합병증에 관한 평가, 셋째, 정서, 행동, 인지기능 등에 관한 평가, 넷째, 동기 수준에 대한 평가, 다섯째, 재발 및 잠재적인 문제 유발에 대한 평가, 여섯째, 주변 지지 환경에 관한 평가가 그것이다. 이 여섯 가지 차원을 종합적으로 고려하여 대상자를 최종적으로 평가하게 되는데, 임상적으로는 가장 낮은 점수로 평가된 치료 수준의 단계를 적용하는 것이 일반적이다.

ASAM의 PPC를 지역사회에서 성공적으로 적용하고 있는 대표적인 예로, 뉴욕주를 들 수 있다. 뉴욕 주는 각종 약물에 대한 치료 예방 체계를 주관하는 담당 부서로 '알코올 의존 및 약물 남용 서비스 담당국(Office of Alcoholism and Substance Abuse Service: OASAS)'을 설치하고, '알코올 및 약물 남용 치료/의뢰를 위한 적정 치료 수준 지침(Level of Care for Alcohol and Drug Treatment Referral: LOCADTR)'이라 명명된 기준을 가지고 대상자에게 가장 적합한 수준의 치료를 제공하도록 한다. 뉴욕 주에서는 대부분의 알코올 및 약물 남용 치료기관들이 OASAS에 등록되어 있다. 그리고 OASAS의 기준에 따른 각 치료 수준 단계에 준해 치료자 혹은 의뢰자의 역할을 수행하도록 안내한다. 그리고 OASAS는 LOCADTR이 각 기관에서 적절하게 적용되고 있는지를 관리·감독한다.

2) 요약

이상에서 살펴본 바와 같이, 지역사회 중심의 중독 관련 서비스 제공과 같은 관리체계는 중독 문제가 악화되기 전, 초기에 개입하는 초기 개입에서 재발 예방 또는 사회 복귀 등의 지속적 관리까지 다양한 기관들이 연합하여 연속적으로 수행하여야 한다. 우리나라는 현실적으로 중독에 대한 제도적 환경이 취약하다. 이러한 현재 수준에 입각하여 다양한 인프라를 구축하기 위해 다음을 제안하고자 한다.

(1) 담당 정부 조직 간 협력 강화

현재 우리나라의 중독 문제는 보건복지부, 행정안전부, 문화체육관광부, 농림수산식품부, 교육과학기술부, 지식경제부 등에서 각 부처에 해당하는 문제들을 해결할 목적으로 분산되어 개입하고 있다. 이러한 업무의 분산은 업무의 비효율성을 증대시킨다. 그러므로 중독과 관련된 정신보건의 문제를 종합적으로 관리할 범정부적인 기구가 필요하다고 보인다.

- 보건복지부는 정신보건을 담당할 '국립정신보건원(가칭)' 을 설치 · 운영하고, 그 국립정신보건원 내 '중독연구센터(가칭)' 에서 국가중독정책 수립 및 활성화를 추진하도록 하여 중독 분야의 치료 및 재활에 있어 보다 전문적인 정책의 개발, 개입 체계의 구축, 서비스의 질 향상, 전문적 연구 사업의 증진 등을 위해 노력하여야 한다.
- 지방자치단체는 광역지방자치단체 내 전담부서를 설치하며, 광역 단위 중독관리사업지원을 위해 전문성을 가진 광역중독관리사업지원단을 설치 · 운영해야 한다. 이를 통해 소속 기초자치단체에서 수행하기 어려운 광범위한 대중홍보, 교육안 개발 확산, 조기 선별 프로그램 개발 및 교육, 응급연계서비스 등을 수행, 지원해야 한다. 또한 기초자치단체 내에는 보건소에 전담직원을 두고 지역 내 중독에 대한 서비스 제공기관에 대해 행정지원을

담당하도록 해야 한다.

(2) 지역사회 참여 강화

- 시민단체 육성 지원으로 '대한보건협회'를 비롯하여 지역사회 내에 다양한 관련 단체가 형성되고 원활한 활동을 하도록 한다.
- 지역 내 업계와 국가 중독 예방 정책에 재정적 기여, 사업 참여 등의 연대활동 참여와 관련 사회협약 체결을 권장하도록 한다.

2. 지역사회 재활 치료

1) 치료 공동체

Maxwell Jones에 의해 시작된 치료 공동체(therapeutic community: TC)는 일반적인 거주 치료 프로그램보다 더 제한적이고 구조화되어 있다. 치료 공동체는 사회학습 모델로 운영되고 있고, 시설에 따라 다양한 종류의 치료 공동체가 있으며 주요 활동은 집단치료, 개인상담, 가족 상담, 대인관계 개선 집단, 공식적 교육, 학습, 시설 내 직업기능(요리, 청소, 페인트, 칠, 수선) 및 실습으로 이루어져 있다. 치료 기간은 2~24개월 정도이며 중독자의 상태에 따라 과정이 다르다. 치료 공동체는 부정적인 행동을 하지 못하도록 통제하기 위해 강조되는 규범과 규칙을 가지고 있으며, 이러한 규범과 규칙이 제한적인 구조 속에서 자기 능력에 대해 파악하고 처리할 수 있도록 도와준다. 프로그램 운영의 특징 중 하나는 약물 중독에서 회복 중인 사람들을 직원으로 적극 활용하고 회복 중인 직원의 중독에 대한 경험과 그들이 회복해 나가는 과정 그 자체가 좋은 모델이 되기도 한다는 점이다.

치료 공동체는 사회정신의학과 지역사회에 기반을 둔 중독자 거주형 치료 프로그램이며(De Leon, 2000), 1963년 미국 뉴욕의 Daytop village(이하 Daytop)

를 중심으로 발전해 온 방법으로서 이미 세계적으로 발전하고 있다(Kressel et al., 1999; William et al., 2003). 치료 공동체에서의 '회복'은 교육, 훈련, 재활을 통하여 신체적 · 정서적 건강을 재획득하는 것뿐만 아니라 긍정적 생활을 유지하기 위한 능력을 개발하고 학습을 통해 삶에 대한 태도를 재형성하는 것까지를 포함한다(De Leon, 2000). 치료 공동체 프로그램은 장애, 사람, 회복, 올바른 생활에 대한 독특한 관점을 가지고 있으며 공동체적 치료를 위한 전인적 접근 방법들을 이용하고 있다(William et al., 2003). 대상자들은 치료 공동체 프로그램을 통해 건강한 행동양식을 형성하며, 지식적인 면뿐만 아니라 정서적인 자기통찰을 통해 단주생활을 유지하고, 보다 나은 삶으로의 변화를 촉구하며 자조(self-help)와 상호자조(mutual self-help)를 통해서 변화가 이루어진다(서울특별시립동부아동상담소 역, 2002; De Leon, 2000).

치료 공동체 프로그램의 적용은 전문가와 회복자를 포함한 초학제적인(trans-multidisciplinary) 접근 방법으로 권위 있는 역할 모델, 물리적 환경, 행동 형성 도구, 공동체 규칙, 치유 도구, 자기 능력 향상 활동의 치료 공동체 환경과 철학, 생활철학, 가치체계, 치료 공동체 기법이나 방법에 내재된 초월 원리, 치료 공동체의 영적 발달단계인 치료 공동체 영성에 있다(차진경, 2008). 궁극적으로 치료 공동체에서의 회복은 건강한 가족, 경제활동, 대인관계, 사회적 관계(규범 준수) 및 영적 측면의 회복을 지향한다.

치료 공동체 프로그램에 입소하여 수료까지 여러 단계를 수행하게 되는데, 즉 오리엔테이션, 프로그램에 뿌리내리기인 공동체와의 일치의 기간, 재수행, 재교육 및 수료 준비기를 거치게 된다. 그리고 프로그램들은 주간 시간표대로 운영되며, 네 가지 핵심 치료 도구인 행동 형성 관리도구(behavior-shaping management), 지적 · 영적 형성도구(spiritual and intellectual management), 감정 · 정서 형성도구(feelings and emotions management), 생존기술 형성도구(vocational and survival skills management)가 횡적 · 종적으로 매우 잘 구조화되어 있다.

우리나라에서는 입소시설을 중심으로 한 치료 공동체 프로그램의 환경에 노숙인 시설인 2002년 비전트레이닝 센터와 늘 푸른 자활의 집을 중심으로 알코올 의존자 회복을 위해 치료 공동체 프로그램을 적용하기 시작하였다. 2005년도에는 한국음주문화연구센터에 '카프남성거주시설'을 시작으로 여성거주시설과 중간집 등이 개소되었고, 2008년도에 남성거주시설 1개소, 2009년도에는 인천에 1개소를 운영하고 있으며, 이용시설로도 수원 1개소, 인천 1개소, 일산 1개소가 운영되고 있다. 또한 전국의 알코올 상담센터에서도 치료 공동체 프로그램을일부 적용하는 기관이 점차적으로 늘어나고 있는 추세다. 앞으로 치료 공동체 프로그램은 알코올 중독 분야뿐만 아니라 약물 중독을 포함한 여러 중독 분야를 중심으로 확산될 것으로 본다.

2) 자조집단

자조집단이란 중독의 어려움을 겪고 있는 본인과 그들의 가족들의 자조 모임(예: A.A, N.A, G.A, Al-anon, Al-ateen)이다. 자조집단은 유사한 경험을 가지고 있는 중독자 자신과 타인을 돕는 것으로, 지역사회 내의 자조적인 모임을 통해 운영되고 있다. 모임은 대부분 1시간 전후로 진행되고 있으며, 모임의 운영을 위한 사회자는 모임에 참여한 구성원 중에 자발적으로 혹은 추천으로 뽑는다. 봉사를 사회자의 임무로 보므로 사회자는 봉사자라고 불린다. 일반적으로 저녁 7시 30분에 가장 많은 모임이 열리고 있으며, 공휴일에도 쉼 없이 진행되고 있다. 이와 같이 자조 모임은 매일 열리는 모임이 있고, 분기 혹은 반기에 열리는 라운드업이라는 지역 모임이 있으며, 전국을 포함하여 우리나라 인근 외국의 중독자들이 함께 모이는 국제컨벤션이라는 국제 모임이 1~2년마다 개최되고 있다. 이 모임들은 매우 다양한 주제로 이루어지는 소모임, 1박 2일간 진행하고 있는 마라톤 모임, 전문가 초대 세미나 그리고 맑은 정신으로 유흥을 즐기는 모임 등으로 구성되어 있다. 각각의 모임은 그해에 다루고자 하는 주제가 있다. 예를 들어, '첫 열망' '감사하는 마음을 갖자' '진정한 회복이란' 등과 같은 주제를 중심으로 경험담을 나누기도 한다. 자조집단은 중독된 모든 것들에 대한 자조 모임으로 운영될 수 있으며, 대표적인 자조 모임은 다음과 같다.

(1) 알코올 중독자를 위한 자조 모임

① 익명의 알코올 중독자들의 모임(Alcoholics Anonymous: A.A.)

A.A. 모임은 1935년에 문제음주자 두 사람이 만나 서로의 경험을 나누어 술을 끊을 수 있다는 것을 발견하면서, 자신의 경험을 나누는 것을 통해 술에 관한 문제가 있는 사람을 돕고 단주를 하면서 정상적인 생활을 할 수 있다는 것도 알게 되면서 시작되었다. A.A. 모임에서 사용하고 있는 빅북은 단주생활을 유지한 첫 100명의 협심자들이 자신들의 경험을 모아 많은 알코올 중독자들을 돕기 위해 1939년 미국에서 발행한 것이다. 1985년 현재 120여 개국 150만 명의 알코올 중독자들이 빅북에서 제안하는 방법에 따라 회복되고 있다. 한국에서는 1977년 빅북에서 안내하고 있는 프로그램에 따라 회복하고 있던 알코올 중독자 한 사람이 술로 인하여 고통을 받고 있는 사람들에게 이 메시지를 전하려고 애를 썼으며, 좀 더 많은 사람을 돕고자 1982년 12월에 A.A. 모임을 시작하게 되었다(A.A., 1986).

A.A. 모임에서의 기본적인 실천을 위한 가장 중요한 지침으로는 12단계와 12전통이 있으며, 12단계는 5장에서 설명하였다. 12전통의 내용은 A.A. 모임이 건강하고 성숙한 모임으로 유지되도록 하는 지침이며 A.A. 모임의 기본적인 윤리강령들이 수록되어 있다.

A.A.에는 보통 공개 모임과 비공개 모임 등 두 가지 형태의 모임이 있다. 공개 모임은 알코올 중독자들과 그들의 가족 그리고 술 문제 해결에 관심을 갖고 있는 개인과 타인을 도우려는 사람들을 위한 모임이다. 공개 모임은 대부분 지역별로 약간 변형해서 진행하지만 몇 가지 유형을 따르고 있다. 사회자는 새로 나온 구성원의 편의를 위하여 A.A. 프로그램을 간략하게 소개하고 또한 그들을 모임에서 소개한다. 그리고 2~3명의 발표자가 그들의 음주 경험담을 이야기하도록 한다. 모임 중간에 지역 A.A.에 정기적인 안내를 하고, 회계는 기부금 함을 돌려 모금을 하는데 이는 모임 사용료, 책자, 잡비 지출 등에 충당한다. 모임이 끝나고 다과나 음료를 들면서 비공식 회합을 갖기도 한다.

비공개 모임은 알코올 중독자에게만 해당된다. 그들은 음주로 인해 발생한 모든 행동과 공개 모임에서 밝히지 못한, 감추고 싶은 자신의 경험과 음주 문제들에 대한 의견을 교환하고 맑은 정신으로 살 것을 다짐한다. 또한 회복 프로그램 안에서의 여러 가지 요소에 대해 보다 자세한 토의를 하기도 한다.

알코올 중독자들의 재발을 방지하고 회복을 유지하기 위해 전국의 알코올 상담센터, 정신보건센터, 알코올전문병원, 정신과 병원 및 여러 상담 장면에서 각 지역의 A.A. 모임에 알코올 중독자들을 의뢰하고 있다. 현재 서울 44개, 경기 · 인천 34개, 대전 · 충청 14개, 전주 · 전북 4개, 광주 · 전남 19개, 대구 · 경북 12개, 부산 · 경남 40개, 강원 9개를 포함하여 전국에 196개의 모임이 진행되고 있다.

② **Al-anon**

Al-anon은 알코올 중독자 가족을 위한 자조 모임으로 80년이 넘도록 운영되어 온 세계적인 모임이다. 미국에 세계본부가 있고, 영국, 캐나다, 일본 등 선진국에서 활발하게 활동하고 있으며, 한국은 1982년에 시작하여 34개의 전국 모임이 운영되고 있다. Al-anon의 프로그램은 A.A. 모임의 12단계와 12전통에 기초를 두고 있으며, 하루하루 적용하는 '구호'와 '평온함을 청하는 기도'를 생활에서 함께 실천하고 있다. 모임의 진행방식은 A.A. 모임과 동일한 방법으로 운영되고 있다.

③ **Al-ateen**

Al-ateen은 알코올 중독자 자녀들의 모임으로, Al-anon 협심자, A.A.에 나가는 부모, 성직자 또는 10대 청소년 한두 명의 Al-ateen 협심자가 후원(모임 진행)을 한다. 한국 Al-ateen 본부에서는 1997년 『Al-ateen에서 하루에 살자』라는 도서가 발간되었고, 『알코올 중독에 걸린 부모와 생활하는 청소년』이 복사본으로 발간되어 배포되고 있다. Al-ateen 모임의 진행방식은 Al-anon 모임과 동일하게 운영되고 있고 전국에 4～5개의 모임이 운영되고 있다.

④ **ACOA(adult children of alcoholics)**

ACOA는 알코올 문제 가정이나 알코올에 관련하여 어려움이 있는 가정에서 성장하여 공통적인 특성을 보이고 유사한 어려움을 가지고 있는 사람들의 자조 모임이다. 모임의 목적은 각자의 경험, 힘과 희망을 나누는 것이며, 모임의 소속원은 그들 삶에서 무의미한 감정, 자기혐오, 혼란스럽던 습관들에 대한 변화를 도모하며 배운다. 모임을 통해, 생활하면서 당혹스러웠던 상황들을 어떻게 다루어야 하는지를 스스로 알게 되며, 자신을 위해 스스로 할 수 없던 일들을 할 수 있도록 하고 자신의 가치를 향상시킬 수 있도록 서로 돕는다. 전국에 4~5개의 모임이 운영되고 있다.

(2) 익명의 도박 중독자들의 모임(Gambling Anonymous: G.A.)

① **단도박 모임**

'단도박 모임'은 1957년 1월 두 남자의 우연한 만남으로 시작되었고 그들은 도박 중독으로 인한 근심과 고통의 괴로운 과거를 가지고 있었다. 그들은 정기적으로 만나기 시작했고 시간이 지남에 따라 도박도 하지 않게 되었다. 그들은 토론을 통하여, 다시 도박에 빠지지 않기 위해서 그들의 내면에 어떤 성격 변화를 일으켜야 한다는 결론을 내렸다. 이 목적을 달성하기 위해 그들은 다른 중독성 질환에 빠졌다가 회복된 수많은 사람들이 활용해 왔던 영적인 원칙들을 지침으로 채택했다. 영적이란 말은 사랑, 희망, 평화, 친절, 관대함, 정직, 겸손 등과 같은 지고하고 훌륭한 자질을 나타내는 인간 심성의 특성들을 말한다. 그들은 자신의 절제력을 계속 유지하기 위해 다른 도박 중독자들에게도 이러한 희망의 메시지를 전달하는 것이 매우 중요하다고 생각했다.

익명의 도박 중독자 모임은 저명한 신문 컬럼니스트와 TV 해설가들이 호의적으로 선전해 준 결과, 최초의 '단도박 모임'이 1957년 9월 13일 미국 캘리포니아주 로스앤젤레스에서 시작되었다. 그 후 이 모임은 꾸준히 성장하여 세계 도처로 확산되었다.

한국의 '단도박 모임'은 도박 중독자였던 한 외국인 신부에 의해 1984년 6월

13일 경기도 부천시 심곡동에서 최초로 시작되었으며, 전국적으로 확산되어 현재는 많은 도박 중독자들이 새로운 삶을 되찾고 있다. 단도박 모임은 익명의 도박 중독자들의 모임으로서, 도박으로부터 생긴 문제를 극복하기 위해 서로의 공동 문제를 해결하고 다른 사람들도 도와줄 수 있는 경험과 힘, 희망 등을 함께 나누는 목적을 가지고 있다.

② **가족 모임**

가족 모임이란 도저히 이해할 수 없는 도박자들의 횡포로 인해 정신적·육체적으로 고통받고 있는, 도박 중독자의 가족들이 모여서 서로 이해하고 위로받고 도울 수 있는 방법을 찾고자 모인 것이며, 12단계 프로그램을 실천하는 모임이다. 이러한 모임을 통하여 도박 중독자 가족들은 삶의 용기와 희망을 얻고 평온함을 찾을 수 있다. 그러나 도박 중독자들의 상태가 나쁘면 가족들의 상태도 악화되고 감정적인 병에 시달리게 되어 다시 나락으로 추락해 버리는 경우가 많다. 아무튼 가족 모임은 도박 중독자의 가족이 어떤 경우에도 절망하지 않고 살아갈 수 있도록 힘을 주는 중요한 모임이다.

(3) 익명의 약물 중독자들의 모임(Narcotic Anonymous: N.A.)

N.A.는 1953년 6월에 형성되었고, 남부 캘리포니아 주에서 첫 번째 모임이 있었다. N.A.의 성장을 위해서는 회복에 관한 책이 절실히 필요했고, 화이트북, 즉 『익명의 약물 중독자들』이란 책이 1962년에 출간되었다. 하지만 모임은 안정적이지 못했고, 1960년대는 발버둥치는 기간이었다. 이런 과정을 거치면서 모임은 어떤 특별한 방향 제시가 필요했다. N.A.는 1972년에 이르러 모임의 방향을 성장으로 바꾸게 되었고, 그때 로스앤젤리스에서 세계봉사기구(W.S.O.)가 문을 열었다. W.S.O.는 모임에 필요한 일치감과 목적의식을 가져다주었다. W.S.O.가 시작됨으로써 모임의 성장은 어느 정도 보장되었다. 오늘날 미국 전역과 여러 나라에서 수천 명의 회복 중인 약물 중독자들의 모임이 열리고 있다. 또한 오늘날 W.S.O.는 진정한 동료애를 갖고 세계적으로 봉사하고 있다.

N.A.에서 사용하는 12단계 프로그램과 12전통은 A.A.의 12단계 프로그램과 12전통에 기초하고 있다.

우리나라에서 현재 운영되고 있는 N.A. 모임은 마약퇴치운동본부 내 송천 쉼터에서 실시되고 있는 모임, 이화 모임, 외국인들을 위한 U.S.O. 모임 등이 있는 것으로 알려져 있다. 우리나라는 마약 중독자들에 대해서 강력한 규제를 하고 있고, 현재까지 치료 재활로 연계되는 것이 매우 어렵다. N.A. 모임이 지역사회에 뿌리내리기 어려운 실정이나 앞으로 이 부분의 변화가 예상된다. 과거에 외국에서도 N.A.의 지역사회 모임이 활성화가 될 때까지는 오랜 시간이 소요되었다고 한다.

3) 직업 재활

회복 중인 중독자들에게 있어 직업은 자기 존재의 가치를 부여받는 수단이며, 가족을 지지하고, 친구관계를 비롯한 인간관계를 맺는 활동이다. 또한 직업 재활은 가족 이외의 자원으로부터 의미 있고 즉각적인 도움을 받을 수 있는 서비스 체계가 되기도 하며 인간의 삶을 가치 있게 유지하기 위해서도 필요하다(Menninger, 1984). 중독자들의 직업 재활이 어려운 이유는 중독으로 인한 만성적 실업이 중독자의 사회 적응을 저해하고 잦은 재발을 유발하기 때문이다(Roman & Reichman, 1986). 중독자들이 회복되기 위해서는 많은 장애를 해소해야 하고, 이를 위해서는 직업을 갖게 하는 것이 매우 중요하다. 현재 지역사회에서는 알코올 문제가 있는 중독자들에 대한 직업 재활이 시도되고 있으나 여의치 않은 실정이다. 특히 음주 문제를 가진 저소득층은 근로무능력자로 구분되어 일반 수급자로서 생계보조를 제공받고 있는 형편이며, 자활사업에 참여한다 할지라도 참여자 중 정신건강상의 문제나 음주의 문제로 지속적인 참여가 어렵고 탈락되는 경우가 많다. 이들에 대해서는 우울 · 음주 문제, 가족관계, 사회적 관계, 긴급한 재정문제의 해결 등의 직접적 복지 서비스도 요구되고 있다(이용표, 2001).

직업 재활의 발전을 위해서는 향후 직업의 다양성, 직업 재활을 위한 조직적이고 체계적인 모형이 필요하다. 알코올 중독자의 고용을 위해서는 고용 이전에 사전준비와 구직 지원 프로그램이 제공되어야 한다(Trudeau, 1999). 또한 직업 배치와 직업 유지 외에도 구직 활동 내지 취업에 따른 장애 요인의 제거를 통한 구직 행동의 유지가 요구된다. 구직 준비 프로그램에는 자존감의 형성, 직업윤리의 형성 및 직업을 갖기 위한 장애 요인 해결 등이 필요하다. 이러한 프로그램들은 직장에 배치되었을 때를 대비한 다양한 실습과 훈련 프로그램으로 직장생활에 대한 효능감을 갖도록 지원하여야 하고 뉴스레터 발송, 지지 집단 모임, 개인 및 가족을 위한 특별행사의 초대 등을 통해 구직과 관련된 정보의 조직망을 유지하도록 하는 지원이 필요하다(조현순, 2005). 그리고 지역사회를 기반으로 한, 회복 중인 알코올 중독자를 위한 직업 준비 프로그램(Employment Program for Recovering Alcoholics: EPRA)과 같이 조직적이고 체계적인 직업 재활 프로그램이 필요하다. EPRA는 미국과 영국에서 실시되고 있는 프로그램으로 음주 문제로 인해 어려움을 경험한 사람으로서 절주를 시작하였거나 회복을 원하는 사람에게 제공되는 직업 재활 프로그램이다. EPRA의 주요 과정은 다음 〈표 13-6〉과 같다.

보건복지가족부의 파랑새플랜 2010에 의하면 2010년까지 알코올 의존자 전용 사회복귀시설 18개소를 운영하여 알코올 중독자의 재활을 돕고자 하는 국가적 관심을 표명하고 있다. 2009년 6월 현재 우리나라 알코올 의존자 전용 사회복귀시설은 총 8개로 입소시설 3개소, 주거시설 2개소, 이용시설 3개소가 운영되고 있다. 알코올 중독자들을 위한 직업 재활은 사회복귀시설에서 이용시설 중심으로 운영되고 있으며, 지금 현재까지 운영되고 있는 몇몇의 직업 재활 시설은 치료 공동체 모델 중심의 회복을 전제로 한 직업 재활을 목표로 하고 있다. 2001년 수원 알코올 상담센터에서는 알코올 의존자들을 위한 직업 재활 프로그램을 지역사회 내 여러 기관들의 네트워크를 통하여 공동으로 운영한 바 있었다. 당시에 치료 재활 모델로는 기본적으로 치료 공동체 모델을 적용하였고, 참여자들을 위한 직업 재활을 위해 자활후견기관 내에 공동작업장을 두었으며, 동사무소 사회복지 담당자가 알코올 문제가 있는 수급권자들에게 조건을 부여하여 프로그램에 참여하도록 하는 제도를 적용하였다. 당시 직업 재활에 활용하였던 작업은 쇼핑백 마무리 공정 작업이었는데, 이러한 단순작업들은 알코올 의존자들의 흥미를 이끌어 내는 데 한계가 있다고 보인다. 이와 같은 직업 재활 프로그램은 사회복귀시설을 운영하게 되는 디딤돌이 되었으며, 이때의 사회복귀시설은 '경기다사모'이고 경기다사모는 '빵빵주차장 운영' '구직활동 지원' '취업자 사례관리' '취업장 방문'과 같은 형태로 발전하였다.

표 13-6 EPRA의 6단계

단계	활동
오리엔테이션, 인테이크	
1단계: 평가와 사정	4주 동안 실시
	구직 목표 사정
	검사 도구: 능력검사, 태도, 기초 교육 및 의사소통 기술
2단계: 직업 전환 프로그램	4주 동안 실시
	긍정적 직업 태도 및 가치 형성
	고정직 얻기
	직업 관련 스트레스 대처
	자기 신뢰하기
	직업 관련 문제 다루기 교육
3단계: 구직 기술과 훈련	4주 동안 실시
	이력서 쓰기
	면접 실시
4단계: 구직활동	8주 동안 실시
	희망하는 직장 방문 및 스태프와의 접촉
	취업을 위한 전략 구성
5단계: 지속적인 자기개발	직업 유지를 위해 필요한 문제해결 능력 배양
	직업 관련 경험의 공유
	실망한 점 논의, 다른 근로자와의 네트워크 형성
6단계: 네트워크 활동	네트워크 회원으로서 활동
	뉴스레터, 세미나, 기금 모금의 활동에 참가 기회 제공

또 한편 한국음주문화연구센터의 카프이용센터에서 운영해 온 직업 재활 프로그램은 2005년부터 시행되어 왔는데, 당시에는 주간 재활 프로그램에서 샌드위치를 만드는 간식사업과 구두를 닦는 일을 중심으로 시작하였다. 이 일은 2006년에 '노동부 사회적 일자리' 사업을 받게 되면서 탄력이 붙게 되었다. 카프이용센터의 직업재활 사업은 노동부 사회적 일자리를 통하여 운영된 직업 재활 프로그램으로 운영한 것은 '카페' '화원' '매점' '지하철 택배' 사업들이었다. 이후 2009년도 4월에 노동부 사회적 일자리가 사회적 기업으로 변모한 것은 한 단계 도약한 것이었다고 할 수 있다. 알코올 의존자들을 위한 직업 재활은 매우 중요하며, 회복을 유지하는 데 반드시 필요한 활동이므로 앞으로 중독자들을 돕고자 하는 모든 이들에게 매우 중요한 과제라 할 수 있다.

제14장

중독 상담사의 역할과 핵심역량

1. 중독치료에 있어서 초학제간 팀 접근 및 역할

중독 분야의 치료적인 접근에 있어서 각 분야의 임상전문가로 구성된 팀 접근이 가장 효율적이며, 이를 위해 다학제적(多學制的) 배경을 가진 의사, 심리학자, 사회사업가, 간호사 등의 적절한 구성 및 전문적인 역할 배분과 협력이 필요하다. 중독 상담사가 갖추어야 할 핵심역량은 실로 전문적이면서도 광범위하다. 그 대표적인 핵심역량은 다음과 같이 요약될 수 있다. 임상 평가, 치료 계획 수립, 의뢰, 서비스 조정, 상담, 내담자-가족-지역사회 교육, 문서기록, 전문직업적 및 윤리적 책임 등이다.

1) 중독치료에 있어서 팀 접근의 효율성

중독 질환에 대한 원인이 정신생물사회적 모델 및 영적인 영역까지 망라하여 설명되듯이 이 분야에 대한 치료 접근 역시 의학적인 접근뿐만 아니라 심리학적인 이해를 바탕으로 성격 교정이 뒤따라야 되며, 관계상에서나 경제적으로 독립적인 사회 적응을 유도하여야 하고, 마침내 영적인 성장이 이루어지도록 도와야 한다. 이러한 각각의 역할을 수행하기 위해 각 분야의 전문가로 구성된 팀 접근은 필수적이며 가장 효과적이라 할 수 있다.

실제로 의존자의 회복은 적절한 평가 및 문제 인식을 위한 정신교육, 신체 질환 및 공존하는 정신과적 질환에 대한 치료, 회복 동기를 극대화시키는 작업과 문제 행동을 교정하는 훈련, 향후 재발을 방지하는 훈련, 현실 내에서 고위험 상황을 극복하며 현실에 재적응하도록 하는 재활 훈련 등 일련의 목표가 연속적으로 발전되어야 가능하며 이를 위해 적절한 임상 치료진이 배치되고 서로 협력하여 돕도록 구성되어야 한다.

2) 중독치료 분야의 임상 요원 구성

(1) 학제 배경에 따른 구성

① 내과 의사

신체적인 모든 문제에 대한 의존자의 진단과 치료를 담당한다. 완전한 병력을 청취하고 신체검사 및 정밀검사를 통해 진단하고 약물 처방 등의 처치를 수행하며 필요한 경우 외진을 결정하고 자문을 시행한다.

② 정신과 의사

중독 문제에 대해 생물심리학적으로 통합하여 평가하고 치료 내용을 결정할 수 있는 수련을 쌓은 전문가다. 동반된 정신과적 문제와 성격 문제를 다룰 것이며 약물 처방도 내리게 된다. 일반적으로 병원체계의 치료 환경에서는 정신과 의사가 총괄적인 책임을 지게 된다.

③ 임상심리학자

의존자를 평가하는 기능을 수행한다. 이 과정 중에 정신과적/심리학적 문제들을 주의 깊게 선별해야 한다. 체계화된 정신상태 검사, 신경심리 검사, 인지기능 검사를 시행할 수 있고 이를 통해 동반된 정신 병리 및 자신이나 타인에 대한 위험 정도를 결정할 수 있으며 학습기능 손상을 평가하여 치료 계획에 반영한다. 이들은 또한 효과적으로 개발된 정신사회적인 치료법들을 선도적으로 수용하여 치료팀에 이식할 수 있도록 노력하고 그 결과를 객관적으로 평가하여야 한다.

④ 사회사업가

의존자의 문제에 대해 사회환경적 요인을 파악하고 가족 구성원들이 겪는 어려움을 조사하여 대처한다. 특히 치료를 이행한 이후의 재활 과정에 관여하게 되며 향후 건강한 개인적 · 사회적 · 경제적 적응을 돕고 관리하는 기능을 수행한다. 이를 위하여 환자와 연계할 수 있는 자원들을 조사하고 효과적으로 연계할 수 있도록 한다.

⑤ 간호사

치료 환경에서 환자와 24시간 밀접하게 관계를 맺고 이들의 신체뿐만 아니라 심리적 변화에 효과적으로 대처하는 의학적 간호를 수행한다. 어떠한 변화도 가장 먼저 파악하는 위치에 있어 이를 의사나 상담사에게 알리고 치료 계획을 실제적으로 실행하도록 유도한다. 전문적인 간호사와 이들의 업무를 보조하는 간호조무사로 구성된다.

(2) 역할 분담에 따른 초학제적 팀 접근 및 구성

① 임상 책임자

임상 책임자(clinical director)는 치료팀이 좋은 치료를 제공할 수 있도록 모든 정책과 프로그램의 변화를 결정한다. 또한 팀이 적절한 치료를 수행할 수 있도록 치료 목표를 설정하도록 돕고 누가 담당하고 어떻게 수행할 것인지를 결정한다.

약물 의존 치료 분야에서 고도의 수련과 경험을 해 온 사람이 이 역할을 맡는다. 통상적으로 병원 의료 체계에서는 정신과 전문의가 담당하며, 거주시설에서는 경험이 많은 약물상담사가 담당할 수 있다.

② 상담 슈퍼바이저

상담 슈퍼바이저(clinical supervisor)는 중독 상담사들의 치료 활동과 프로그램 수행에 관하여 조언과 지도를 하는 역할을 맡는다. 그들에게 지속적인 교육을 제공하며, 치료행위를 수행하면서 생기는 의문점을 해결해 준다. 대개 수년간 숙련된 경험을 가져 왔던 약물 의존 상담사나 정신과 전문의 혹은 임상심리학자 등이 이 역할을 수행할 수 있을 것이다.

③ 중독 상담사

사회복지학이나 임상심리학 혹은 간호학을 전공한 사람 중에서 정해진 규범에 맞게 학업을 수행하고 실습을 이수한 사람에게 중독 상담사의 자격이 주어지며 알코올 및 약물 의존자의 회복을 일선에서 이끌어 가는 역할을 수행한다. 임상 평가, 치료 계획 수립, 의뢰, 서비스 조정, 상담, 교육, 문서기록 등의 핵심 기능을 주로 담당하게 된다. 다학제적 배경의 전문가들로 구성된 팀이 임상 책임자의 지휘하에 치료 활동을 진행하며, 상담 슈퍼바이저에게 지속적인 점검을 받는다.

④ 간호사 및 간호조무사

간호학을 수료한 공인 간호사는 신체적인 문제를 간호하는 역할을 기본으로 수행하며, 24시간 환자와 함께 활동하며 그들의 심리적 변화까지 파악하고 이를 임상책임자와 상담사에게 보고하여 대책을 세우는 데 참여한다. 병동에서의 입원 활동을 관장하며, 환자들의 회복 활동이 적절히 진행되는지 점검하고 조언한다.

정해진 기간의 훈련을 마친 후 간호사의 업무를 돕는 활동을 하는 간호조무사는 최일선에서 환자의 불편함 및 회복을 돕는 역할을 하면서 환자들의 건전한 회복 활동을 이끌어 낸다.

⑤ **재활 전문가**

직업 활동을 통한 재활을 적절히 수행할 수 있도록 재활 전문가를 별도로 둘 수도 있으며, 중독 상담사나 사회복지사가 이러한 기능을 전문적으로 수행할 수 있다.

(3) 팀 접근의 구체적 방법

① **효율적인 팀을 구성하고 유지하기**

다학제적 출신 배경을 가진 전문가들의 연합으로 치료팀이 구성되면, 의존자에 대한 평가와 치료 계획을 세우고 그 목표를 달성하기 위한 각 구성원들의 역할 분담이 명확히 이루어진다. 치료 계획에는 치료적 중재, 즉 무엇이 행해질 것인가, 언제 행해질 것인가, 누구에 의해 행해질 것인가 등이 기록된다. 환자의 요구 사항과 각 문제에 대한 대응 방법을 회의를 통해 명료하게 결정해 간다.

각각의 구성원들은 팀의 결속을 위해 능동적으로 서로를 격려하고 다른 사람의 전문적 경계를 존중하고 알아야 할 필요가 있다. 서로 간에 의사소통이 잘되어야 하며, 진실을 공유할 수 있어야 한다. 만약 개인적인 문제가 치료팀 구성원들 사이에서 발생한다면, 임상 책임자에 의해 조정되어야 한다.

이들은 또한 자신들의 심신의 건강을 위해 노력해야 하며, 성장·발전할 수 있는 프로그램에 지속적으로 참여하도록 하여 업무로 인해 탈진되는 일을 방지하도록 한다.

② **임상 스태프 회의**

치료팀은 보통 환자의 현재 상태를 토의하고 적절한 치료 계획을 세우기 위해 매일 한 번 모임을 갖게 된다. 여기에서 환자의 상태가 자세히 논의될 것이다. 환자에게서 일어나는 모든 일을 모든 임상 스태프들이 함께 공유하고 있어야 하며, 이때 결정되어 합의된 치료 계획에 대해서도 모두 공유하고 있어야 한다.

체계 내에서 임상 스태프들과의 별도의 모임이 정해진 빈도에 맞춰 이루어질 수 있다. 이 모임은 문제 환자 사례발표회나 주간 치료팀 전체회의 등 각각 특성 있게 구성할 수 있다. 또한 각 직능별 소모임을 통해 자신들의 진행사항이나 고충을 함께 나누고 토의할 수 있을 것이다.

2. 중독 상담사의 역할과 핵심역량

중독 상담사(약물 의존 상담사)는 그 특수 분야에 걸맞게 전문적인 기능을 수행할 수 있는 조건을 갖추어야 한다. 우선 학문적인 역량을 갖추어 의존자들의 병리를 정확하게 파악 · 이해할 수 있어야 한다. 또한 이를 기초로 의존자를 위해 전문적인 회복 활동을 수행해 나가야 한다. 이들 중독 상담사가 수행해야 할 핵심적인 실무능력은 실로 광범위하며 전문적이며, 이러한 실무능력을 중독 상담사가 갖춰야 할 핵심역량이라 정의한다. 다음 내용은 미국 보건국 산하의 ATTC (Addiction Technology Transfer Center)에 소속된 국립교육과정위원회에서 '중독 상담사가 반드시 갖추어야 할 표준적인 능력'으로 제시한 것(전영민 외 역, 2006)이다.

1) 초학제적 기초 지식 이해하기

치료자들은 전문직업적 정체성이나 학문적 배경이 무엇이든, 중독에 대한 기본적인 이해를 갖추어야 하는데, 여기에는 오늘날 널리 사용되는 모델 및 이론에 대한 지식, 물질 사용이 발생되는 다양한 상황에 대한 인식, 향정신성 약물사용이 미치는 영향에 대한 인식 등이 포함된다. 더불어 보호의 연속성에 대한 지식과 치료 과정에 영향을 미치는 사회적 상황에 대해 잘 알고 있어야 하며 또한 개별 내담자의 욕구에 맞출 수 있는 다양한 도움 전략들을 찾아낼 수 있어야만 한다.

표 14-1 중독 상담의 전문적 실무 8개 차원

1. 임상 평가
2. 치료 계획 수립
3. 의뢰
4. 서비스 조정
5. 상담
6. 의존자, 가족, 지역사회 교육
7. 문서기록
8. 전문직업적 및 윤리적 책임

2) 중독 상담의 전문적 실무 8개 차원

미국 국립교육과정위원회는 21세기 중독 상담사에게 적절한 전문적 실무를 8개 실무 차원으로 규정하였다.

(1) 임상 평가

임상 평가란 선별과 평가에 대한 체계적 접근을 포함한다.

① 선별

- 치료적 동맹(rapport) 형성하기
- 연령, 발달 수준, 문화, 성별에 민감한 선별 도구와 기타 도구들을 이용해 의존자 및 중요 지인들로부터 정보를 체계적으로 수집하기
- 향정신성 물질의 독성, 급성 중독 및 금단증상, 타인에 대한 공격성이나 위험성, 자해나 자살 가능성, 공존하는 정신건강 문제 등에 대해 선별하기
- 의존자의 현재 생활 문제에 미치는 물질 사용의 영향과 지속적인 물질 사용이나 남용의 영향을 내담자가 인식하도록 돕기
- 현재 상황에 관여되어 있는 다른 사람들의 요구뿐 아니라 치료 및 변화에 대한 의존자의 준비도를 파악하기

- 의존자의 요구, 특성, 목표 및 경제적 자원에 적합한 치료 선택 대안들을 검토하기
- 치료에 대해 제안할 때 물질 사용장애 진단 기준을 적용하기
- 의존자의 욕구, 선호도 및 가용한 자원에 기초해서 최초 실행 계획을 내담자 및 중요 지인들과 협상하여 수립하기
- 최초 실행 계획에 기초해서, 입원이나 의뢰를 시작하고 끝까지 치료받도록 하기 위한 구체적인 조치를 취하기

② **평가**

- 아래의 사항들을 포함하며, 연령, 성별, 인종 문화 문제, 민족 문화 문제 및 신체장애를 포괄하는 평가를 시행한다.
  - 알코올 및 기타 약물 사용 경력
  - 신체건강, 정신건강 및 중독에 대한 치료 경력
  - 가족문제
  - 직업력과 경력 문제
  - 범죄력
  - 심리적 관심사, 정서적 관심사, 세계에 대한 관심사
  - 신체건강, 정신건강 및 물질 사용의 현재 상태
  - 영성
  - 교육 및 기본 생활 기술
  - 사회경제적 특성, 생활방식, 현재의 법적 상태
  - 지역사회 자원 이용
- 치료적 제안 사항을 결정하기 위해 정보를 분석하고 해석하기
- 적절한 지도감독과 자문받기
- 평가 결과와 치료적 제안사항을 문서기록하기

(2) 치료 계획 수립

이는 상담사와 의존자가 서로 협력하여 원하는 치료 결과를 규정하고, 합의된 치료 결과를 성취하기 위한 전략을 찾아내는 과정이다. 치료 계획에서는 최소한 이미 확인된 물질 사용장애뿐 아니라 치료 경과와 관련된 다양한 문제들, 즉 가족 및 중요 지인들과의 관계, 고용, 교육, 영성, 건강 문제, 법적인 문제 등도 검토해야 한다.

- 모든 관련 평가 정보를 수집하고 해석하기
- 평가 결과를 내담자 및 치료에 관여할 중요 지인에게 설명하기
- 의존자 및 중요 지인의 말을 명료화시켜 주고 필요하다면 추가적인 정보를 제공하기
- 의존자 및 중요 지인들과 협력하여 치료 선택 대안들의 장단점에 대해 검토하기
- 의존자 및 중요 지인의 치료 참여에 대한 준비도를 확인하기
- 다루고자 하는 순서에 따라 의존자 욕구들의 순위를 정하기
- 각 요구에 대해 상호 동의하고 각 욕구를 측정 가능한 치료 결과 진술문으로 정의하기
- 각 치료 결과를 성취하는 데 적절한 전략들을 확인하기
- 의존자 진단 및 배치 기준과 일치되는 형태로 치료 활동과 지역사회 자원을 내담자의 우선적인 욕구에 맞추어 조정하기
- 치료 경과를 점검하고 평가하기 위한 방법과 실행 계획을 의존자와 합의하여 수립하기
- 의존자에게 비밀보호 권리, 권리를 보호하는 프로그램 절차, 그리고 규정에 맞는 예외 사항에 대해 알려 주기
- 상황 변화에 따라 필요한 때에 혹은 일정한 간격으로 치료 계획을 재평가하기

(3) 의뢰

의뢰란 임상 평가와 치료 계획 수립에서 확인된 요구들을 충족시키기 위해 사용 가능한 지지체계와 지역사회 자원을 활용하도록 촉진시키는 과정이다.

- 적절한 의뢰를 보장하고, 서비스의 빈틈을 찾아내고, 지역사회 자원을 확대시키며, 그리고 충족되지 않은 욕구를 다루는 데 도움이 되도록 하기 위해 시민단체, 민간기관, 다른 전문가, 정부기관 및 지역사회 대표와 관계를 맺고 유지하기
- 의뢰 자원의 적절성을 결정하기 위해 의뢰 자원을 지속적으로 평가하기
- 의존자 자신이 의뢰하는 것이 적절한 상황과 상담사가 의뢰할 필요가 있는 상황을 구별하기
- 의존자의 욕구에 맞추어 다른 전문가, 기관, 지역사회 프로그램이나 기타 자원들에 대한 의뢰를 준비하기
- 의존자가 의뢰에 대해 이해하고 끝까지 따르도록 하기 위해 의뢰 필요성과 의뢰 과정을 명확하고 구체적으로 설명하기
- 비밀보호 규정과 전문가의 윤리강령을 지키면서 의뢰기관이나 전문가와 정보를 교환하기
- 의뢰 결과를 평가하기

(4) 서비스 조정

이는 치료 계획 단계에서 확인된 의존자가 호소하는 문제와 욕구에 초점을 맞추기 위해 의존자, 치료 서비스, 지역사회 기관 및 기타 자원들을 서로 연결시켜 주는 행정적 · 임상적 · 평가적 활동들이다.

사례관리와 의존자 권리옹호를 포함하는 서비스 조정에서는 치료 목표를 달성하기 위한 실행 틀을 수립한다. 이 작업에는 의존자 및 중요 지인들과의 협력, 치료 및 서비스에 대한 조정, 지역사회 자원과 의료보험체계와의 연계활동, 의존자 권리옹호, 치료 경과 및 의존자 욕구에 대한 지속적인 평가가 포함된다.

① **치료 계획 실행**

- 의뢰 자원과의 협력을 시작하기
- 모든 선별 및 평가 정보와 최초 치료 계획 정보를 수집하고, 검토하고, 해석하기
- 의존자의 기관 입소 적격성과 치료 및 변화에 대한 지속적 준비도를 확인하기
- 치료기관 입소에 필요한 행정절차를 처리하기
- 의존자 및 중요 지인과 함께 치료 및 회복에 대한 기대와 다음 사항에 대해 정확하게 확립하기: 서비스 특징, 프로그램 목표, 프로그램 절차, 내담자의 행동을 규제하는 규칙, 치료 활동 일정표, 치료 비용, 치료 기간에 영향을 미치는 요인, 내담자 권리와 책임
- 다른 치료 자원에서 의존자에게 제공되는 서비스에 맞추어서 모든 치료 활동을 조정하기

② **자문**

- 보호의 질을 보장하고, 피드백을 얻고, 치료를 통한 변화를 계획하기 위해 내담자의 개인적 · 문화적 배경, 치료 계획, 회복 경과, 경과를 방해하는 문제점들을 요약하기
- 물질 사용장애의 치료와 관련되는 타 학문 분야의 전문용어, 절차 및 역할을 이해하기
- 다학제적 치료팀의 구성원으로서 기여하기
- 비밀보호 규정을 적절하게 적용시키기
- 지역사회 전문가 및 기관과의 접촉 시 의존자에 대한 존중과 비판단적 태도 보이기

③ **지속적인 평가와 치료 계획 수립**

- 치료 계획에 순응하도록 하기 위해 의존자 및 중요 지인과 지속적인 접촉을

유지하기

- 변화 단계 및 기타 치료 경과 신호들을 이해하고 인식하기
- 치료 목표가 확실히 진척되도록 하기 위해 치료 및 회복의 경과를 평가하고 의존자 및 중요 지인들을 상담하여, 치료 계획을 적절하게 변화시키기
  - 갈등해소, 문제해결 및 중재에 참여하기
  - 의존자의 치료 및 회복 경과를 관찰하고, 인식하고, 평가하고, 문서기록하기
  - 치료 및 회복 경과에 대한 의존자의 견해를 이끌어 내기
  - 문서와 구두로 정확하고, 명료하고, 간결하게 의사소통하기
  - 개인, 집단 및 가족 면담하기
  - 관련된 치료 정보를 수집하고 우선순위 매기기
  - 의존자의 변화 동기 유지를 돕기
  - 의존자, 의뢰기관 및 중요 지인과의 접촉을 유지하기
- 치료의 과정, 경과 및 결과를 설명하고 기록하기
- 신뢰성 있는 치료 결과 측정도구 사용하기
- 의존자 및 중요 지인과 함께 연속적 보호와 재발 예방을 위한 퇴원 계획을 수립하기
- 보호의 연속선상의 모든 과정에서 발생하는 서비스 조정활동을 기록하기
- 보호의 연속선상에 있는 각 치료 양식에 대한 배치 기준, 연속 입소기간 기준 및 퇴소 기준 적용하기

(5) 상담

상담이란 상호 합의된 치료 목표를 향해서 나아가는 의존자의 경과를 촉진시키는 협력적 과정이다. 상담에는 의존자의 문화적 · 사회적 맥락은 물론이고 각 의존자의 특성 및 중요 지인들의 영향을 고려한 상담 방식이 포함되어 있다. 상담 능력은 개인, 집단, 가족, 부부 및 중요 지인들에 대한 다양한 중독 상담 모델들에 대한 지식, 각 모델들을 이용하는 능력 및 각 모델들의 가치에 대한 이해를

기초로 해서 형성된다.

① **개인 상담**

- 온정, 존중, 진실성, 구체성 및 공감을 특징으로 하는 도움관계를 확립하기
- 치료 및 회복 과정에 대한 의존자의 개입을 촉진시키기
- 회복 및 회복 유지와 일치되는 방향으로 현실적이고 성취 가능한 목표를 의존자와 함께 수립하기
- 물질 사용 행동의 긍정적인 변화에 도움이 되는 의존자의 지식, 기술 및 태도를 증진시키기
- 치료 목표를 향해 나아가는 데 이득이 되는 의존자의 행동을 격려하고 강화하기
- 치료 목표에 역행하는 모든 행동을 의존자가 인식하고 억제할 수 있도록 의존자와 협력 작업하기
- 치료 계획을 향상시키거나 지원하는 작업에 중요 지인들을 개입시키는 방법, 시기 및 이유에 대해 인식하기
- 건강 유지와 AIDS, 결핵, 성병, 기타 전염성 질병의 예방에 대한 내담자의 지식, 기술 및 태도를 증진시키기
- 회복과 관련된 기본 기술 및 생활 기술의 발달을 촉진시키기
- 상담 전략을 다음과 같은 내담자의 개인적인 특성에 맞추기: 장애, 성별, 성적 지향성, 발달단계, 문화, 인종, 연령, 건강 상태
- 의존자의 행동이 회복 목표와 불일치할 때 건설적으로 치료적 반응을 하기
- 위기 관리 기술 적용하기
- 지속적인 치료 경과와 재발 예방에 필요한 지식, 기술 및 태도를 유지시키는 데 도움이 되는 전략들을 의존자가 확인하고 선택하여, 실행하도록 촉진시키기

② **집단 상담**

- 물질 사용장애 환자에 대한 집단 상담에서 일반적으로 수용되는 모델들의 전략을 설명하고 선택하여 적절하게 사용할 수 있어야 한다.
- 집단을 형성하는 데 필요한 다음과 같은 조치들을 수행한다: 집단의 형태, 목적, 크기 및 리더십 결정하기, 집단원 모집과 선발, 집단 목표를 정하고 집단 참여 기본 규칙을 명료화하기, 집단의 결과를 확인하기, 집단 종결에 대한 기준과 방법 결정하기
- 집단 유형에 맞는 상담 방법을 적용한다.
- 집단 과정과 내용 등을 숙지하고 집단의 초점 이동이 적절하게 이루어지도록 한다.
- 집단 내에서 일어나는 모든 언행을 요약・기술한다.

③ **가족, 부부 및 중요 지인 상담**

- 물질 사용으로 영향을 받고 있는 가족 등의 특성과 역동을 이해하도록 한다.
- 그들에 대해 진단 내리고 적절한 개입 모델을 선택하여 개입한다.
- 치료나 회복 과정에 그들의 개입을 촉진시키고 적응하도록 돕는다.
- 물질 사용 행동으로 인한 가족체계의 변화를 이해시킨다.

(6) 의존자, 가족, 지역사회 교육

물질 사용과 관련된 위험 정보를 제공하고, 이용 가능한 예방・치료・회복의 자원에 대한 정보를 내담자, 가족, 중요 지인들과 지역사회에 제공할 수 있어야 한다.

- 물질 남용 예방 및 회복 과정에 대한 인식을 증진시키고 지원하는 교육 프로그램을 제공한다.
- 개인, 지역사회 혹은 어떤 집단이 향정신성 물질 사용장애의 위험에 처할 수 있는 가능성이나 그러한 장애로부터 회복될 수 있는 가능성을 높여 주는

요인들에 대해 설명해 준다.

- 예방, 치료 및 회복에 있어 문화적 정체성, 민족적 배경, 연령이나 성별에 관한 특이성을 알려 준다.
- 물질 사용장애의 증상 및 진행 과정, 경고 신호를 설명해 준다.
- 물질 사용장애가 가족 및 주변 사람들에게 미치는 영향에 대해 설명한다.
- 가족들이 이용할 수 있는 자원들을 설명하고, 그들의 적응에 도움이 될 수 있는 생활 기술들을 가르친다.

(7) 문서기록

이는 선별과 접수면담, 평가, 치료 계획, 임상 보고, 임상 경과 기록, 퇴원 요약문 및 기타 내담자와 관련된 자료 등에 대한 기록을 하는 일이다.

(8) 전문직업적 및 윤리적 책임

중독 상담사는 윤리적이고 행동적인 규범과 지속적인 전문성 개발에 충실해야 할 의무가 있다. 보다 자세한 내용은 이 책의 15장에서 다룰 것이다.

- 전문가 규범을 유지하고 내담자를 보호하기 위해 상담사의 전문적 실무 범위를 규정하는 전문가 윤리강령을 준수한다.
- 물질 사용장애의 치료에 대한 법과 기관규정을 준수한다.
- 전문직업적 성장을 향상시키기 위하여 최신 상담법 및 향정신성 물질 사용에 대한 연구 자료를 해석하고 적용하도록 한다.
- 의존자의 행동에 영향을 미치는 개인차의 중요성을 인식하고 이러한 이해를 실무에 적용한다.
- 의존자에 대한 개인적 감정과 관심을 처리하기 위해 다양한 지도감독 방법들을 활용한다.
- 자기인식과 실무 수행 능력을 향상시키기 위해 윤리적 · 법적 · 전문직업적 규정을 적용하여 전문직업적 실무 수행에 대해 자기평가를 한다.

- 적절한 보수교육을 지속적으로 받는다.
- 지도감독과 자문에 지속적으로 참여한다.
- 자기 자신의 신체적 · 정신적 건강을 위한 전략을 개발하고 활용한다.

제15장

중독 관련 윤리 및 법규

중독 전문가들은 전문직 윤리 기준과 관련 법규를 지키는 실천을 하도록 기대된다. 윤리는 옳은 행위의 지침이며, 법은 옳은 행위의 실행이라고 할 수 있다. 법은 대체로 윤리적 사고에 기반하고 윤리적 행위는 일반적으로 법과 일치하지만, 때로는 윤리와 법이 상충하기도 한다. 따라서 윤리적·법적 규정들은 계속 도전받고 검토되고 개정된다. 또한 전문직의 주요 가치에 기반하고 있는 의무들이 상충하는 경우도 있다. 그러므로 어떤 상황에나 적용되는 절대적인 윤리적·법적 지침이 제공될 수는 없으며, 윤리적 딜레마를 야기하는 상황에서 전문가가 내리는 결정이 내담자와 공공의 복지에 중대한 영향을 미치게 된다. 이와 같은 맥락에서 중독 전문가는 윤리적 책임과 법적 의무에 대한 지식을 갖추고 윤리적 쟁점이 제기되는 상황에서 윤리적 결정을 할 수 있어야 한다. 이 장에서는 중독 전문가와 내담자에게 영향을 미치는 윤리 기준과 관련 법규, 그리고 윤리적 쟁점들에 대해 살펴본다.

1. 중독 재활 분야에서의 윤리 기준

행동의 규범적 기준을 대표하는 가치가 행위로 나타날 때 윤리가 된다. 즉, 가치는 무엇이 좋고 바람직한지에 관심을 두는 반면, 윤리는 무엇이 옳고 바른지에 관심을 둔다(Lowenberg & Dolgoff, 1996). 레비(Levy)는 윤리를 '가치의 행위화'라고 표현했다(Levy, 1979). 사람들은 대인관계에서 정직, 성실, 약속 이행, 사생활 보호, 아동보호 등의 규범적 가치에 따라 행동하도록 기대되며, 그에 어긋나면 비윤리적 행동을 하는 것이 된다. 어떤 행동은 너무나 분명하게 비윤리적이고 수용하기 어려우나, 어떤 행동은 세밀히 살펴보지 않는 한 모호할 수도 있다. 전문직 윤리도 일반 윤리와 유사하며 전문가가 전문직 가치를 실천 활동으로 옮기도록 돕는 지침이 된다. 또한 전문직 윤리는 법의 처벌이나 소송의 두려움보다는 옳고 그름에 대한 깊이 있는 기준에 기반을 두고 있다.

중독 분야는 여러 전문직의 이론 및 실천 개념들과 가치들이 통합된 초학문 분야(transdisciplinary field)로서, 중독 전문가들은 윤리적 딜레마에 직면했을 때 간호학, 사회복지학, 심리학, 의학 등 자신이 일차적으로 교육 훈련을 받은 전문직의 윤리강령에 따라 문제를 다루어 왔다. 그러나 중독 분야가 발전되어 가면서 공통의 윤리 원칙을 수립하고자 하는 노력들이 이루어져 왔으며, 미국 알코올 중독 및 약물 남용 상담자 협회(National Association of Alcoholism and Drug Abuse Counselors: NAADAC, 1995)의 윤리강령 제정은 그러한 노력의 한 가지 예다. 〈표 15-1〉은 NAADAC에서 채택한 12가지의 기본 윤리 원칙을 요약한 것이다.

한편 한국중독전문가협회의 윤리강령은 상담 시의 관계 형성, 비밀유지, 전문가의 책임, 다른 중독 전문가들과의 상관관계, 평가 · 사정 및 판정, 교육 · 훈련 및 슈퍼비전, 연구 및 출판, 윤리의 문제점 해결방안 등에 대한 윤리 기준으로 구성되어 있으며, 다학문 분야 중독 전문가들의 윤리 지침을 제공하고 있다(http://www.kaap.kr/).

표 15-1 알코올 중독 및 약물 남용 상담자의 윤리 기준

원칙	내용
1. 비차별	인종, 종교, 연령, 성별, 장애, 국가, 성적 지향, 경제상태 등의 이유로 내담자나 전문가를 차별하지 않는다.
2. 책임성	객관성과 성실성을 지킨다. 서비스 제공에 있어서 최고의 기준을 유지한다.
3. 역량	역량에 대한 국가 기준을 인식한다. 보수교육의 필요성을 인식한다.
4. 법적 · 도덕적 기준	전문가의 행동에 관한 법적 · 도덕적 강령을 따른다.
5. 공적 진술	알코올 중독과 약물 남용에 관한 공적인 진술을 함에 있어서 현재 지식의 한계를 고려한다.
6. 출판 업적	자료의 출판과 관련 작업에 기여한 모든 사람들의 업적을 인정한다.
7. 내담자 복지	공공의 건강, 안전 및 복지를 보호하고, 내담자의 최선의 이익을 증진시킨다.
8. 비밀보장	내담자의 비밀보장 권리를 보호한다. 적합한 동의 없이 비밀 정보를 공개하지 않는다.
9. 내담자와의 관계	상담관계의 성실성을 지키고, 내담자가 효과적인 치료를 온당하게 받을 수 있도록 보장하고, 내담자에게 전문적 관계에 대한 정보를 제공한다.
10. 전문가 간의 관계	동료를 존중하며, 예의를 지키고, 공평하며, 신뢰로서 대한다.
11. 서비스 이용료	내담자의 최선의 이익을 우선적으로 보호하는 전문직 기준에 부합되는 재정 제도를 마련한다.
12. 사회적 의무	알코올 중독과 약물 남용으로 손상을 입은 사람들을 위한 가능한 서비스 기회와 방법을 창출해 내기 위해서 입법과정, 교육기관, 그리고 일반 공공과 관계한다.

출처: Levin et al.(2001), p. 332 재인용.

2. 국내 중독 관련 법규

우리나라의 중독 관련법들은 단속 통제와 치료보호를 주요 목적으로 제정되어 왔으며, 최근에 제정되거나 개정된 법들은 두 목적을 동시에 추구하는 국제적 입법 동향을 반영하고 있다. 중독자의 치료보호를 중심으로 관련 법규들을 살펴보면 다음과 같다.

1) 정신보건법

「정신보건법」은 정신 질환의 예방과 정신 질환자의 의료 및 사회 복귀에 관하여 필요한 사항을 규정함으로써 국민의 정신건강 증진에 이바지함을 목적으로 제정되었다. 대표적인 중독치료 관련법인 이 법에서는 '정신 질환자'를 정신병(기질적 정신병을 포함)·인격장애·알코올 및 약물 중독 기타 비정신병적 정신장애를 가진 자로 정의하고 있다(제3조). 또한 중독자 재활시설은 알코올, 약물 등 유해약물이나 도박, 인터넷 게임 등 유해행위에 의존하거나 그 유해약물이나 유해행위를 남용하여 중독된 정신 질환자를 치료하거나 재활을 돕는 시설로 명시하고 있어서(시행령 제4조의2), 물질 중독과 행위 중독을 포함한 중독의 치료에 대한 법적 근거를 제시하고 있다.

「정신보건법」은 그 밖에도 국가와 국민의 의무, 정신보건전문요원, 정신보건시설, 보호 및 치료, 퇴원의 청구·심사, 권익보호 및 지원 등에 대해 규정하고 있다. 최근 개정법은 정신 질환자에 대한 인권침해를 예방하고 권익을 강화하기 위해서 입원 요건을 강화하고 신체적 제한 등에 대한 근거를 명확히 했다(법률 제8939호, 2008.3.21 일부개정, 2009.3.22 시행).

2) 치료감호법

「치료감호법」은 심신장애 상태, 마약류 · 알코올이나 그 밖의 약물 중독 상태, 정신성적 장애가 있는 상태 등에서 범죄행위를 한 자로서 재범의 위험성이 있고 특수한 교육 · 개선 및 치료가 필요하다고 인정되는 자에 대하여 적절한 보호와 치료를 함으로써 재범을 방지하고 사회 복귀를 촉진하는 것을 목적으로 제정되었다. 이 법에서는 마약 · 향정신성 의약품 · 대마, 그 밖에 남용되거나 해독을 끼칠 우려가 있는 물질이나 알코올을 식음 · 섭취 · 흡입 · 흡연 또는 주입받는 습벽이 있거나 그에 중독된 자로서 금고 이상의 형에 해당하는 죄를 지은 자를 치료감호대상자로 정의하고 있다.

이 법은 치료감호사건의 절차, 치료감호의 집행, 피치료감호자의 처우와 권리, 보호관찰, 치료감호심의위원회 등에 관한 내용을 규정하고 있다. 최근 개정법에서는 현행 심신장애자에 대하여만 필요한 변호 및 국선변호 규정을 준용하도록 함으로써 합리적 근거 없이 대상자를 차별하였던 문제를 개선하여 약물 · 알코올 중독자에 대하여도 필요한 변호 및 국선변호 등을 차별 없이 보장받도록 함으로써(제15조) 모든 피치료감호청구인의 적법 절차를 보장하고 인권보호 기능을 강화했다(법률 제9111호, 2008.6.13 일부개정, 2008.12.14 시행).

3) 마약류관리에 관한 법률

2000년 7월 1일부터 기존의 「마약법」「향정신성의약품관리법」「대마관리법」 등이 「마약류관리에 대한 법률」로 통합되어 시행되고 있다. 이 법은 마약, 향정신성의약품, 대마 및 원료물질의 취급 · 관리를 적정히 함으로써 그 오용 또는 남용으로 인한 보건상의 위해를 방지하여 국민보건 향상에 이바지하고자 제정되었다. 허가, 마약류의 관리, 마약류 취급자, 마약류 중독자, 감속과 단속 등의 내용을 규정하고 있으며, 제40조에서 마약류 중독자의 치료보호를 개괄적으로 규정하고 있다. 세부적으로는 치료보호기관의 설치, 운영, 지정, 마약류 중독 여부의 판별검사, 마약류 중독자의 치료보호 및 치료보호심사위원회의 구성과 운영 등에 관한 조항들을 포함하고 있다(법률 제9024호, 2008.3.28 일부개정, 2008.9.29 시행). 이 법의 제정으로 치료기관의 신고의무가 삭제되어 중독자는 법적 제제 없이 치료를 받을 수 있게 되었고, 의료보험의 혜택을 받을 수 있게 되었다.

4) 사행산업통합감독위원회법

「사행산업통합감독위원회법」은 사행산업통합감독위원회를 설치하여 사행산업으로 인한 부작용을 최소화하고 사행산업이 건전한 여가 및 레저산업으로 발전해 나가도록 함으로써 국민의 복지증진에 이바지함을 목적으로 제정되었다.

제2조의 '사행산업' 정의에서는 카지노업은 「관광진흥법」과 「폐광지역개발 지원에 관한 특별법」의 규정에 따른 카지노업, 경마는 「한국마사회법」의 규정에 따른 경마, 경륜 · 경정은 경륜 · 경정법의 규정에 따른 경륜과 경정, 복권은 「복권 및 복권기금법」의 규정에 따른 복권, 체육진흥투표권은 「국민체육진흥법」의 규정에 따른 체육진흥투표권으로 정의하고 있어서 각종 사행행위와 관련법들과의 관계를 밝히고 있다.

치료재활과 관련하여 이 법은 위원회와 사행산업사업자는 사행산업으로 인한 중독의 예방과 치유 등을 위하여 적극 노력해야 하고, 위원회는 사행산업에 의한 중독의 예방과 치유 등을 전담하는 중독예방 · 치유센터를 설치하여 운영해야 한다고 명시하고 있다(제14조). 또한 중독예방 · 치유센터와 알코올 등에 대한 치료전문기구 등과의 연계에 대해서도 언급하고 있다(법률 제8852호, 2008.2.29 타법개정, 2008.2.29 시행).

5) 국가정보화기본법

「국가정보화기본법」은 국가정보화의 기본 방향과 관련 정책의 수립 · 추진에 필요한 사항을 규정함으로써 지속 가능한 지식정보사회의 실현에 이바지하고 국민의 삶의 질을 높이고자 제정되었다. 이 법은 국가정보화 정책의 수립 및 추진체계, 국가정보화의 추진 및 역기능 방지, 연차보고, 정보통신 기반의 고도화 등에 대한 내용을 규정하고 있다. 중독과 관련해서는 행정안전부장관이 관계 중앙행정기관의 장과 협의하여 인터넷 등의 지나친 이용으로 이용자가 일상생활에서 쉽게 회복할 수 없는 신체적 · 정신적 · 사회적 기능의 손상을 입는 것(이하 '인터넷 중독' 이라 한다)을 예방 · 해소하기 위하여 필요한 계획을 수립하고 시행하여야 한다고 명시하고 있어서(제30조), 인터넷 중독에 대한 개념 및 대처에 대해 규정하고 있다(법률 제9705호, 2009.5.22 전부개정, 2009.8.23 시행).

이 밖에 「아동복지법」(법률 제9122호, 2008.6.13 일부개정, 2008.12.14 시행) 제10조 5항과 「성매매방지 및 피해자보호 등에 관한 법률 시행령」(대통령령 제21289호, 2009.2.3 타법개정, 2009.2.3 시행) 제6조에서는 보호대상자의 '알코올 중독 또는 약물 중독의 치료' 를 규정하고 있다. 한편 1990년 8월 1일 제정된 「유해화학물질관리법」(법률 제8951호, 2008.3.21 일부개정, 2008.6.28 시행)은 본드, 시너와 같은 환각물질을 섭취 또는 흡입하거나 이러한 목적으로 소지한 자는 3년 이하의 징역 또는 1천만 원 이하의 벌금에 처한다고 규정함으로써 남용자들의 법적 강제치료 여지를 제공하고 있다.

이상과 같이 약물 중독, 도박 중독, 인터넷 중독 관련법은 단속통제와 치료보호에 관한 규정들을 포괄하고 있다. 그러나 중독의 폐해를 예방하고 경감시키기 위한 엄격하고 구체적인 법적 제도에는 이르지 못하고 있으며, 알코올의 경우에는 관련 방송과 광고를 제한하는 법적 규제조차 없는 실정이다.[1] 우리나라에도 여러 중독 행위를 포괄하는 '중독법' 이 제정됨으로써 중독치료 재활 서비스 전달체계 구축과 서비스 제공이 법적으로 보장될 필요가 있다.

---

1) OECD 국가들은 알코올 관련 방송과 광고에 대해서 제한하는 엄격한 법적 · 제도적 규제를 갖추고 있다 (Bennett, 2003).

3. 윤리적 쟁점

중독 전문가들은 다른 건강 및 원조 전문직과 마찬가지로 윤리적 실천에 세심한 주의를 기울이고 있다. 그러나 중독 전문가들은 내담자의 불법적인 약물사용 및 도박행동, 그리고 범죄행위 관여 등으로 인해 다른 원조 전문가에 비해 상대적으로 윤리적 딜레마에 직면하기 쉽다. 그러나 윤리적 지침은 특정 전문가가 특정 상황에서 취해야 하는 올바른 행위에 대해 절대적으로 확실한 지침을 제공할 수 없으며, 일반화했을 때 위험할 수 있다. 중독 전문가는 독특한 실천 상황에서 제기되고 있는 복잡한 윤리적 쟁점에 대한 인식이 필요하다.

1) 비밀보장

(1) 사생활보호와 비밀보장

건강 및 원조전문직의 가장 기본적인 윤리적 의무 중 하나가 내담자로부터 알게 된 정보에 관한 사생활보호(privacy)다. 사생활보호 쟁점은 개인의 정보에 접근하고, 수정하고, 제한하고, 개방함으로써 정보를 통제할 내담자의 권리에 대한 것이다(Substance Abuse and Mental Health Services Administration, 2004).

대한민국 「헌법」(헌법 제10호, 1987.10.29 전부개정, 시행 1988.2.25)은 "모든 국민은 사생활의 비밀과 자유를 침해받지 아니한다."(제17조)고 하여 개인의 사생활보호권을 인정하고 있다. 또한 「정신보건법」은 "개인 정보에 접근할 환자의 권리에 대해 정신보건시설의 장은 정신 질환자나 그 보호 의무자가 입원 당시 대면진단, 계속입원심사 청구 및 결과, 투약 등 치료 내용, 치료 프로그램의 내용 및 결과, 격리 강박의 사유 및 내용, 통신 면회 제한의 사유 및 내용 등에 따른 기록의 열람 사본 교부 등 그 내용 확인을 요구한 때에는 이에 응하여야 하며"(제18조), "그 내용 확인을 거부한 자는 300만 원 이하의 벌금에 처한다."(제57조의3)고 명시하고 있다.

비밀보장은 사생활보호와 자율성의 가치에 기반하는 윤리 기준으로서, 내담자의 이야기와 행동, 그리고 전문가와의 의사소통 등이 치료관계 안에서 비밀정보로 지켜지는 것을 의미한다. 비밀보장은 전문가에 대한 내담자의 신뢰와 효과적인 치료관계를 유지하는 데 필수적인 윤리 규칙이다. 중독 문제는 지역사회의 낙인이 따르는 문제이기 때문에 사생활보호와 비밀보장이 특히 중요하며, 중독자의 서비스 접근과 이용에 미치는 영향이 클 수밖에 없다.

사례 1

인테이크 면접에서 ○○○은 이 기관에서 알코올 중독 치료를 받고자 하는 이유는 현재 이 기관에서 치료를 받고 있는 이웃 친구의 추천 때문이라고 했다. 상담자는 ○○○의 결정을 격려하기 위해서 ○○○의 친구가 치료를 시작한 이래 단주상태를 유지하고 있으며, 여러 성과들을 보여 주고 있다는 이야기를 했다. 그리고 ○○○도 프로그램에 들어오면 그와 같은 결과를 얻을 수 있을 것이라 믿는다고 했다.

위의 사례에서 상담자는 ○○○의 치료 요청을 격려하는 이야기를 하고 있다. 그러나 상담자의 좋은 의도에도 불구하고, 상담자는 비밀보장의 윤리 기준에 어긋나는 행동을 하고 있다. 무엇이 윤리적으로 문제가 되는가? 첫째는 ○○○에게 그의 이웃 친구가 상담자가 근무하고 있는 기관의 내담자임을 인정한 것 자체가 비밀을 보장하지 못한 것이다. 또한 내담자의 치료 진전 상황에 대한 정보를 공개하여 윤리 기준을 어기고 있다. 상담자는 내담자의 신원 확인이 가능한 정보를 공개하거나, 내담자 외의 다른 사람이 보거나 들을 수 있는 곳에 메시지를 남기거나, 유효한 법정명령 없이 경찰에게 내담자의 기록을 보여 주어서는 안 된다 (Claus & McGuire, 2007).

비밀보장 의무는 전문직 윤리에 근거한 법적 의무이기도 하다. 「정신보건법」에는 "이 법에 의하여 정신 질환자에 관련된 직무를 수행하였던 자 또는 수행하는 자는 이 법 또는 다른 법령에서 특히 규정된 경우를 제외하고는 그 직무의 수행과 관련하여 알게 된 타인의 비밀을 누설하거나 발표하여서는 아니되며"(제42조), "이를 위반한 경우에는 3년 이하의 징역 또는 1천만원 이하의 벌금에 처한다."(제56조)고 명시하여 비밀누설 금지의무를 규정하고 있다. 이 밖에 「사행산업통합감독위원회법」(제23조), 「사회복지법」(제47조), 「가정폭력 방지 및 피해자 보호 등에 관한 법률」(제16조) 등 관련법에도 비밀보장 의무가 규정되어 있으며, 이를 위반하는 경우에는 벌칙이 부과되거나 내담자로부터 소송을 당할 수도 있다. 그러나 법에 의해 규정된 비밀보장의 예외 상황들이 있고 비밀보장과 관련된 법정의 판결들도 상충하는 경우가 있기 때문에 윤리적 쟁점이 제기된다.

(2) 비밀유지 특권

비밀보장 원칙에 기반해서, '공공은 모든 사람의 증언에 대한 권리를 가진다.' 는 법의 일반적 원칙에서 예외를 인정받아 법적 소송과정에서 증언할 의무가 면제되는 것이 비밀정보유지 특권(privileged communication)이다. 「형사소송법」(법률 제8730호, 2007.12.21 일부개정, 2007.12.21 시행)[2]과 「민사소송법」(법률 제9171호, 2008.12.26 일부개정, 2008.12.26 시행)[3]에 의해 전문가는 내담자의 비밀정보에 관한 증언을 위해 출석을 명령받은 경우에 원칙적으로 내담자의 비밀누설 금지의무를 이유로 출두하지 않아도 되고, 법정에서 증언을 거부할 수 있다.

증언거부권을 행사하지 않고 내담자의 비밀정보에 관한 증언을 하는 것은 국

---

2) 「형사소송법」 제149조(업무상 비밀과 증언거부): 변호사, 변리사, 공증인, 공인회계사, 세무사, 대서업자, 의사, 한의사, 치과의사, 약사, 약종상, 조산사, 간호사, 종교의 직에 있는 자 또는 이러한 직에 있던 자가 그 업무상 위탁을 받은 관계로 알게 된 사실로서 타인의 비밀에 관한 것은 증언을 거부할 수 있다. 단, 본인의 승낙이 있거나 중대한 공익상 필요 있는 때에는 예외로 한다.

3) 「민사소송법」 제315조(증언거부권): ① 증인은 다음 각호 가운데 어느 하나에 해당하면 증언을 거부할 수 있다.

1. 변호사 변리사 공증인 공인회계사 세무사 의료인 약사, 그 밖에 법령에 따라 비밀을 지킬 의무가 있는 직책 또는 종교의 직책에 있거나 이러한 직책에 있었던 사람이 직무상 비밀에 속하는 사항에 대하여 신문을 받을 때, 2. 기술 또는 직업의 비밀에 속하는 사항에 대하여 신문을 받을 때

② 증인이 비밀을 지킬 의무가 면제된 경우에는 제1항의 규정을 적용하지 아니한다.

가의 사법제도에 협력하는 행위이므로 윤리적으로 정당하다는 견해가 있을 수 있다. 그러나 중독 전문가에게 증언거부권이 인정되고 있고,[4] 그 증언이 공공의 이익과 관계가 없는 이상 내담자의 동의 없이 증언을 하는 것은 원칙적으로 비밀누설 금지의무의 위반이 될 수 있다. 양육자지정 청구소송에서와 같이 부부 내담자가 상이한 이해관계를 가지고 연루되어 있을 경우나 공공의 이익과 관계가 있을 경우에는 관계자 및 공공의 이익과 내담자의 사생활보호권의 비중을 검토하여 윤리적 판단을 해야 한다(김상균 외, 2003).

증언을 거부하는 경우에는 거부 이유를 소명해야 하며(「형사소송법」 제150조, 「민사소송법」 제316조), 중독 전문가는 정보가 공개되지 않아야 할 이유를 법관들에게 납득시키기 위해서 최선을 다해야 한다. 전문가는 공개가 요구된 정보가 비밀을 전제로 공유되었으며 내담자의 동의 없이 공개할 때 상당한 피해를 초래할 수 있음을 설득시킬 수 있다. 그리고 가능하다면 법원이 필요로 하는 정보를 구할 수 있는 대안적 방법이나 자료원을 제시해야 한다(Reamer, 1999). 그럼에도 불구하고 증언 거부가 이유 없다고 재판에서 확정된 후 정당한 사유 없이 재판에 출석하지 않은 때에는 법원이 과태료 및 감치시설 유치 벌칙을 부과할 수 있다(「형사소송법」 제151조, 「민사소송법」 제311조). 이처럼 내담자의 개인정보를 공개할 의무 면제가 절대적이지는 않다는 점에서 비밀정보 유지 특권과 관련된 윤리적 쟁점이 제기된다.

(3) 비밀보장의 예외 상황

비밀보장은 중독 전문직의 기본적 윤리 원칙이지만 절대적이지는 않으며 예외 상황이 존재한다. 아내와 친구의 부적절한 관계를 알게 된 알코올 중독 내담자가 두 사람은 살려 두어서는 안 될 인간들이라고 분노를 터뜨리며 상담자에게 이야기하는 상황이 그 예가 될 수 있다. 이 경우에 상담자는 내담자가 자기 자신

4) 「형사소송법」 제160조는 증언거부권의 고지에 대해 규정하고 있는데, 증인이 제149조에 해당하는 경우에는 재판장은 신문 전에 증언을 거부할 수 있음을 설명하여야 한다.

이나 타인들에게 심각한 해를 끼칠 것이 분명하면서 긴급한 위험이 있는지 판단해야 하며, 내담자가 한 이야기에 대해 비밀을 지킬 것인지 아니면 경찰이나 잠재적 피해자에게 정보를 제공함으로써 비밀보장 원칙을 어기고 제삼자를 보호해야 할 것인지에 대한 윤리적 결정을 해야 한다.

일반적으로 비밀보장과 비밀유지 특권에는 다음과 같은 예외 상황이 있으며, 이러한 상황에서 정신보건 전문가는 환자와의 상호작용에서 얻게 된 정보를 공개할 법적 의무가 있다(Levin, Culkin, & Perroto, 2001).

- 정보 공개에 대한 내담자의 유효한 서면 동의
- 법적 의무 수행, 비자발적 입원, 내담자의 역량 조사
- 내담자의 아동학대 보고
- 내담자가 제기한 자신의 정신건강 문제에 대한 민사소송
- 내담자가 자신이나 타인들에게 가할 수 있는 긴박한 위험
- 의료적 응급 상황

따라서 일반적으로 상담자는 상담 중에 이야기된 내용들에 대한 비밀이 보장되지만 예외 상황이 있다는 사실을 상담이 시작될 때 내담자에게 알려 주어야 한다. 그리고 상담자는 내담자가 유효한 비밀정보 공개 동의서에 서명을 하여 공개 권한을 위임한 경우에만 정보를 공개해야 한다. 내담자는 다양한 동기에서 자신에 대한 정보 공개에 동의하는데, 배우자나 부모에게 치료의 진전 상태를 알리고 싶은 동기가 하나의 예다. 그러나 내담자는 종종 사법체계나 고용주로부터 정보 공개에 동의하라는 압력을 받기도 한다. 일반적으로 사법체계로부터 의뢰받은 내담자의 정보 공개 동의는 강제 치료의 의무적인 선행조건이라고 할 수 있다. 한편 내담자에게 치료 서비스를 제공하는 데 필요한 정보는 치료기관의 전문가들 사이에 공개가 허용될 수 있으나, 서비스 제공과 직접 관련이 있는 정보에 한하여야 한다(Levin, Culkin, & Perroto, 2001).

동의서는 비밀정보의 공개를 허락하는 기록으로서, 동의서의 양식은 기관에

따라 다양하지만 다음과 같은 요소들을 기본적으로 갖추어야 한다. ① 정보를 공개하는 사람이나 기관명, ② 공개된 정보를 받는 사람이나 기관명, ③ 정보가 공개되는 내담자명, ④ 정보 공개 목적, ⑤ 공개 범위(예: 진단, 치료 계획, 치료 일정 등), ⑥ 동의 취소 가능성에 관한 진술, ⑦ 동의 만료일자, ⑧ 동의하는 내담자의 서명, ⑨ 동의 일자(Brooks, 1997).

우리나라의 「형법」(법률 제7623호, 2005.7.29 일부개정, 2005.7.29 시행)에서도 "처분할 수 있는 자의 승낙에 의하여 그 법익을 훼손한 행위는 법률에 특별한 규정이 없는 한 벌하지 아니한다."(제24조)고 하여 내담자의 동의가 있는 경우에 비밀누설 금지의무를 면제하고 있다. 그러나 고지된 동의에 대한 내담자의 인식이 부족하거나 자발적 판단 능력이 손상된 경우 취득된 고지된 동의는 윤리적 문제를 일으킬 수 있다. 또한 긴박한 위험에 대한 판단은 전문가의 재량에 속하며, 비밀보장이 제한되는 법적 상황에 대해서도 전문가들의 합의를 이루기가 어렵기 때문에 내담자의 비밀보장은 자기결정권 존중과 잠재적 피해자의 보호와 관련하여 윤리적 딜레마를 야기한다.

2) 보호 의무

내담자가 자해나 자살과 같은 자기 파괴적인 행위를 하려 하거나, 상담자나 집단 구성원을 해치겠다고 위협하거나, 가족이나 직장 동료 혹은 이웃 주민을 위험에 처하게 하는 행동을 하려는 것을 알게 되는 경우가 있다. 또한 상담 회기 중에 내담자로부터 들은 이야기가 어쩌면 내담자가 자신이나 타인에게 해를 입힐지도 모르겠다는 우려를 하게 만드는 애매한 경우도 있다. 이와 같은 상황에서 중독 전문가는 내담자를 포함한 잠재적 피해자의 보호 의무와 비밀보장 의무 사이에서 윤리적 딜레마에 처하게 된다.

1976년의 '태러소프 대 캘리포니아 대학 평의원 위원회(Tarasoff v. Regents of the University of California)' 사례는 비밀보장과 보호 의무의 윤리적 쟁점과 관련된 대표적인 미국의 판례다. 캘리포니아 대법원은 보호 의무를 지지하는 판결을 내림으로써 제삼자의 심각한 위험을 막기 위해서 비밀정보를 공개하고 잠재적 희생자를 보호할 합당한 절차들을 수행할 의무가 전문가에게 있음을 시사했다. 이 판례는 잠재적으로 위험한 내담자로부터 제삼자를 보호할 의무와 관련된 전문가의 윤리적 결정에 영향을 미치는 미국의 여러 법규 제정이나 법정 판결의 지침이 되었으며, 제삼자를 보호할 의무가 비밀보장 의무에 우선한다는 것이 널리 받아들여지고 있다(Appelbaum, 1994).

일반적으로 잠재적 위험으로부터 제삼자를 보호하기 위한 비밀정보의 개방은 다음과 같은 네 가지 필요조건에 의하여 정당화된다(Reamer, 1999).

- 내담자가 제삼자에게 폭력의 위협을 했다는 증거를 갖고 있어야 한다.
- 폭력 행위가 예측 가능하다는 증거를 가지고 있어야 한다.
- 폭력 행위가 임박하다는 증거를 갖고 있어야 한다.
- 잠재적 희생자를 밝힐 수 있어야 한다.

중독 전문가의 보호 의무와 관련된 법적, 윤리적 의무로서 아동학대 신고의무가 있다. 아동복지법에서 신고의무가 있다고 규정하고 있는 직무에 종사하고 있는 중독 전문가가 직무상 아동학대를 알게 된 때에 즉시 아동보호전문기관 또는 수사기관에 신고하여야 한다(제26조 2항, 2007.10.17 개정). 즉, 아동의 복지 보호가 비밀보장에 우선하며, 중독 전문가는 대상 아동이 명백한 위험에 처해 있다고 확인되거나 추정될 때, 내담자의 아동학대를 신고할 의무가 있다. 그러나 이 경우에도 아동의 보호에 필요한 정보만을 공개하는 것이 원칙이며, 내담자의 동의나 법정명령이 없이 내담자의 기록을 아동보호전문기관에 공개해서는 안 된다(Claus & McGuire, 2007).

제삼자에게 위협이 되는 비밀정보 공개를 내담자가 동의하지 않는 경우에 중독 전문가는 더욱 어려운 윤리적 딜레마에 직면하게 된다. 중독 전문가는 비밀정보 공개가 원조관계에 입힐 손상과 잠재적 피해자의 위험 정도를 고려해야 하며, 위협 사실을 공개함으로써 내담자가 당면하게 될 법적 문제나 사회적, 경제적 손실도 고려해야 한다. 또한 내담자나 피해자가 비밀공개나 보호 의무 불이행 등을 이유로 윤리적 제소나 법적 소송을 제기할 수 있음도 고려해야 한다.[5)]

3) 고지된 동의

내담자는 치료 서비스의 종류, 대안치료, 치료자의 자격 등에 대해 충분히 알고 나서 서비스에 대한 고지된 동의(informed consent)를 할 권리가 있다. 「정신보건법」에도 특수치료에 대해서는 고지된 동의에 대한 규정이 있는데, 전기충격요법, 인슐린혼수요법, 마취하 최면요법, 정신외과요법 등 특수치료 행위는 본인 또는 보호 의무자에게 특수치료에 대한 필요한 정보를 제공하고 그 동의를 얻어야 한다고 명시하고 있다(제44조 1항).

그러나 중독자인 내담자는 고지된 결정을 할 상태나 조건이 아닐 때 치료 서비스를 요청할 수 있기 때문에 윤리적 쟁점이 제기된다. 중독자는 약물이나 알코올에 취해 있거나 도박으로 전 재산을 잃고 극심한 심리적 고통을 받고 있는 상태에서 치료 서비스를 받게 될 수 있다. 그러한 경우에 중독 전문가는 잠재적 내담자가 치료를 받는 데 대한 결정을 할 능력이 있는가를 확인해야 한다. 구조화된 임상면접, 정신 상태 조사, 음주 측정기 등이 취약한 상태에 있는 내담자를 보호해 주는 객관적 사정 방법들이다.

또한 해독과 같은 초기 치료가 끝났을 때에 치료를 계속하거나 중단할 내담자의 권리를 존중할 의무가 있다. 접수 시에 받는 일괄적이며 구체적 내용이 없는 동의서는 문제가 생길 때 전문가와 기관을 보호하기 위한 것으로 볼 수 있으며, 내담자의 고지된 동의 권리를 보장한다고 보기는 어렵다. 내담자나 보호자는 서

5) 「정신보건법」에 의해 정신과전문의나 정신보건전문요원은 내담자가 자신이나 타인을 해할 위험이 있다고 의심될 때 시장·군수·구청장에게 진단 및 보호를 신청할 수 있으며(제25조), 위험이 크고 상황이 매우 급박하나 자의입원이나 보호 의무자에 의한 입원, 시장·군수·구청장에 의한 입원 등의 규정에 의한 입원을 시킬 수 없는 때에는 발견한 자가 의사와 경찰관의 동의를 얻어 정신의료기관에 응급입원을 의뢰할 수 있다(제26조).

비스를 받기 위한 전제조건으로 여겨 동의서에 무조건 서명할 수 있으며, 실천적인 의미가 없기 때문이다. 윤리적 측면에서 전문가는 이해가 가능하고 충분히 구체적이며 내담자에게 위압감을 주지 않는 동의서 양식을 개발할 필요가 있다. 또한 전문가와 내담자 사이에는 전문성이나 지위에서 비롯되는 불평등이 존재하기 때문에 내담자의 고지된 동의에 대한 지속적인 검토가 필요하다. 「정신보건법」에서는 정신의료기관이나 정신요양시설의 장은 자의입원을 한 환자로부터 퇴원의 신청이 있는 경우에는 지체 없이 퇴원을 시켜야 하며, 1년에 1회 이상 퇴원을 할 의사가 있는지 여부를 파악하여 이를 진료기록부에 기재한 후 환자 본인의 확인을 받아야 한다고(제23조) 하여 지속적인 고지된 동의에 대한 법적 의무를 명시하고 있다.

한편 중독 전문가는 음주운전 수강명령, 가정폭력 중독자의 보호관찰, 마약중독자의 치료보호, 범죄를 저지른 중독자의 치료감호 등 강제로 간주되는 의뢰를 받게 되며, 기소유예나 가석방의 조건으로 중독치료를 의뢰받기도 한다. 중독 전문가는 이와 같은 상황에서도 대상자에게 치료를 거부할 권리가 있음을 이해할 필요가 있다. 강제치료를 받도록 보내진 내담자에게 반드시 계속 치료를 받아야 한다고 설득할 책임은 없으며, 내담자가 조기 종료를 선택한다면 그에 따를 잠재적 결과와 대안을 탐색하는 것이 적절하다. 그리고 중독 전문가는 내담자의 동의하에 의뢰체계에 내담자의 치료 시작 여부나 치료 중단 사실을 보고해야 한다. 따라서 치료가 시작될 때 내담자의 치료 진전 상황에 대한 정보 공개 동의를 얻는 것이 필요하다(Claus & McGuire, 2007).

4) 책임성

중독 전문가는 내담자의 복지에 대한 책임이 있으며, 객관성과 성실성을 지키며 서비스 제공에 있어서 최고 수준을 유지하도록 최선을 다해야 한다. 「정신보건법」에도 모든 정신 질환자는 최적의 치료와 보호를 받을 권리를 보장받는다고 명시되어 있으며(제2조), 정신보건시설의 설치 · 운영자, 종사자는 인권에 관한 교육을 받아야 한다고 규정하고 있다(제6조의2 제1항). 구체적인 권익보호 내용으로는 불공평한 대우 및 부당한 노동 강요 금지(제41조), 수용 및 가혹행위 등의 금지(제43조), 행동제한의 금지(제45조), 환자의 격리 제한(제46조), 비용 징수 한도액의 범위 안에서의 소요비용 징수(제51조) 등을 규정하고 있으며, 조항에 따라서는 위반 시 벌칙을 부과하고 있다. 한편 「치료감호법」에서는 피치료감호자나 법정대리인 등은 법무부장관에게 피치료감호자의 처우개선에 관한 청원을 할 수 있다고 규정하고 있다(제30조 제1항).

한편 중독 전문가는 책임성 있는 서비스를 제공하더라도 의도한 목적을 달성하지 못하는 경우가 있음도 인식해야 하며, 내담자가 도움을 받지 못하는 경우에는 치료를 종료하거나 다른 전문가나 치료기관이 제공하는 적절한 서비스에 의뢰할 책임이 있다.

책임성과 관련된 윤리적 쟁점은 중독 전문가의 여러 책임들이 서로 상충하거나 우선순위를 정해야 할 때 제기된다. 전문가의 책임성에는 내담자의 복지가 최우선이 되지만, 한편으로는 자신의 고용주와 전문직에도 책임을 다할 의무가 있으며, 내담자와 제삼자(사법체계, 고용주, 서비스 기관 등) 사이에서 중독 전문가의 책임에 갈등이 있을 수 있기 때문이다. 예를 들어, 법원으로부터 내담자의 치료를 의뢰받은 전문가는 내담자의 상담 욕구(need)를 다루고, 비밀보장을 지키며, 동시에 내담자의 진전 상황에 관심을 가지는 사법 담당자와 적절한 의사소통을 해야 하는 과정에서 윤리적 딜레마에 직면할 수 있다. 전문가는 내담자의 복지를 최대화하는 방향으로 갈등을 해결하기 위해 노력해야 한다.

5) 내담자와의 관계

(1) 이중관계

내담자와 전문가의 관계는 내담자를 위한 치료 목표에 초점을 맞추는 실천 현장 안에서만 형성되는 것이 이상적이다. 그러나 내담자와 전문가가 이웃이거나 동창이거나 같은 교회에 다니거나 같은 사회단체의 회원이어서 인간적인 유대

관계를 엄격하게 제한하기가 쉽지 않은 상황에 처할 수 있다. 전문가가 내담자와 계약을 맺은 치료관계 이외의 역할을 하는 이중관계(dual relationship)에 처할 때 윤리적 문제가 발생하게 된다. 왜냐하면 전문가는 흔히 내담자보다 실질적으로 많은 힘을 가지고 있어서, 어떤 관계들은 내담자에게 분명히 부적절하고 해로운 결과를 초래하며 치료관계와 그 과정에 돌이킬 수 없는 손상을 입히기 때문이다.

이중관계에는 친구나 사교 관계, 동업 관계, 슈퍼비전 관계 등이 있으며, 가장 심각한 이중관계 문제는 내담자와 전문가 사이의 성적인 관계다.[6] 대부분의 원조 전문직 윤리강령들은 치료 기간 중 혹은 치료 종료 후 5년까지의 성적인 접촉을 금하는 규정을 하고 있다. 이를 어긴 경우에는 전문직의 제재를 받을 뿐 아니라 민사소송이나 형사소송의 대상이 될 수도 있다. 그러나 잠재적인 치명적 결과에도 불구하고, 치료자의 성적인 부당행위는 가장 일반적으로 일어나는 윤리적 문제 가운데 하나다(American Psychological Association, 1993).

중독 전문가는 개인적 이득을 위해 현재나 과거의 내담자를 이용하거나, 치료관계 이외의 역할을 수행하는 이중관계를 맺음으로써 내담자에게 해를 입혀서는 안 된다. 전문가는 이에 대하여 임상 슈퍼비전을 받거나 전문가 동료들의 자문을 받아야 한다.

(2) 회복자인 전문가

중독 전문가 자신이 회복자(recovering addict)인 경우에 치료관계에 대한 중독 분야의 독특한 윤리적 쟁점이 제기된다. 전문가는 가능하면 내담자가 속해 있는 자조집단의 회원이 되는 것을 피해야 한다. 그러나 불가피하게 같은 자조집단에 참여해야 한다면 분명한 경계를 지키도록 주의를 기울여야 하며, 내담자와의 상담 작업의 연장인 것처럼 행동해서는 안 된다(Levin et al., 2001 재인용). 이 경우

6) 치료자와 부적절한 성적인 관계를 맺게 된 내담자들은 죄책감, 우울, 낮은 자존감, 고립감을 느끼는 것이 일반적이며, 외상 후 스트레스 장애와 유사한 증상을 보이기도 한다(Levin et al., 2001 재인용).

에 전문가는 내담자의 치료 욕구(need)를 인식하고, 상담관계를 고려하며, 전문가 자신의 회복 욕구 역시 인식할 수 있어야 한다. 그리고 가능하면 다양한 자조모임과 회복을 위한 행사 등에 대한 정보들을 얻어서 이중관계가 발생할 가능성을 최소화해야 한다. 회복자인 중독 전문가들의 자조집단이 특별히 운영되는 지역도 있다(Doyle, 1997).

6) 전문가 간의 관계

중독 분야에서는 대부분의 전문가가 치료팀이나 협력 네트워크를 형성하여 치료보호 서비스를 제공하기 때문에 전문가 간의 관계에서 윤리적 쟁점이 제기된다. 중독 전문가는 간호사, 사회복지사, 심리학자, 의사 등 다른 전문직들과 효과적인 협력관계를 형성하고 유지해야 하며, 이를 위해서는 전문적 실천의 명확한 경계 설정이 중요하다. 특히 이중장애를 가진 내담자를 치료하는 데 있어서는 여러 유관 전문직에서 다양한 경력과 경험을 쌓은 전문가들의 개입이 필수적이며 중요한 역할을 하기 때문에, 중독 전문가는 자신의 전문적 경계를 넘지 않도록 특히 주의를 기울여야 한다.

7) 역량

전문가의 역량과 관련된 가장 일반적인 윤리적 문제로 실천과오(malpractice)를 들 수 있다. 실천과오는 전문가가 어떤 활동을 하거나 활동을 하지 않음으로써 내담자나 환자에게 폐해를 초래하는 상황을 가리키는 법적 용어다. 일반적으로 실천과오에 관한 법규들은 치료자가 행동 기준을 고수할 책임을 가지며, 이 책임을 간과할 때 환자에게 손상이나 손실을 초래하게 된다고 가정한다(Reisner & Slobogin, 1990).

가장 전형적인 실천과오 사례들은 다음과 같다(Levin et al., 2001).

- 무자격: 전문성이나 훈련 영역 밖의 활동을 함
- 동의 결여: 고지된 동의를 적합하게 얻지 못함
- 과실: 내담자 욕구에 부합되는 서비스 제공을 하지 않음
- 권리 침해: 비밀보장 등 내담자의 권리를 침해함

중독 전문가는 실천과오를 이유로 윤리적 제소나 소송을 당할 수 있다. 그러한 일을 예방하기 위한 일차적인 방법은 윤리적, 법적 원칙의 준수다. 이와 함께 내담자와 치료 과정에 대해 정직하고 정확한 기록을 해야 하고, 윤리적 쟁점을 이해할 수 있는 동료, 슈퍼바이저, 기관행정가, 변호사, 윤리 전문가 등에게 자문을 구해야 한다. 윤리적 제소가 들어오거나 법적 소송이 제기되는 경우에는 윤리적 결정과정이 기록된 문서가 구비되어 있는 것이 특히 중요하다. 중독 전문가의 윤리적 결정을 위한 노력이 면밀하게 기록된 문서는 부정행위나 불법행위 또는 부주의 등 실천과오에 대한 제소로부터 전문가를 보호할 수 있다.

마지막으로 중독 전문가들의 소진 문제가 있는데, 소진을 예방하기 위해서는 자기 자신의 한계와 스트레스 수준을 잘 인식하고 있어야 한다. 만일 중독 전문가가 내담자의 변화에 조급해 하거나 경직된 실천을 반복하고 있음을 인식하였다면 적절한 슈퍼비전, 전문단체와의 연계, 보수교육, 그리고 업무의 조정이나 휴식과 같은 회복 방법을 모색해야 한다.

중독 전문가는 전문 지식과 실천 역량을 갖추고, 중독 분야에 적용되는 윤리 기준과 관련 법규에 대해 잘 알며, 복잡한 윤리적 쟁점에 대해 이해하고 있어야 한다. 그러나 동일한 윤리적 쟁점 상황에 동일한 결정 모델을 적용하여 면밀하고 체계적인 분석을 해도 상이한 결론에 이를 수 있다. 이러한 점이 윤리적 결정의 본질적인 속성이다. 윤리적 결정 과정에서 선택된 행동이 절대적으로 옳다고 확신하면서, 불확실성으로 가득한 윤리적 쟁점 상황에 대해 문제 제기를 허용하지 않는 것이 오히려 위험하다. 합리적인 사람들이라도 서로 의견이 일치하지 않을 수 있다는 인식을 전제로 사려 깊은 윤리적 결정을 하는 것이 무엇보다도 중요하

다. 윤리적 결정에서 중요한 부분은 과정으로서, 윤리적 쟁점에 대한 전문가들의 다양한 견해들을 교환하고 윤리적 책임 및 법적 의무에 대한 인식을 증진시킬 수 있다.

참고문헌

김교헌, 이홍표, 권선중(2004). 한국 사회의 병적 도박 유병률에 대한 연구: KNODS, KMAGS, KSOGS의 추정치 비교. 한국심리학회지: 건강, 10, 227-243.

건국대 충주병원 정신과(2007). 알자모임. (알코올 인지행동치료 매뉴얼, 미출판).

김경민(2007). 남성 알코올의존 환자에서 병식과 변화를 위한 준비 단계. 충남대학교 대학원 석사학위논문.

김경빈, 윤명숙(1997). 알콜중독자 청소년 자녀특징에 관한 연구-실업계 고등학생들을 중심으로. 중독정신의학, 제1권 1호, 92-107.

김광기, 제갈 정, 송선미(2005). 청소년 문제성 음주자 선별도구 개발 연구. 청소년 위원회.

김만두 편역(1993). 사례관리 실천론. 서울: 홍익제.

김미례, 장환일, 김경빈(1995). 한국어판 알코올중독자 자녀 선별검사(The Korean Version of the Children of Alcoholics Screening Test: CAST-K)의 개발: 신뢰도 및 타당도 연구. 신경정신의학, 34(4), 1182-1193.

김상균, 오정수, 유채영(2003). 사회복지 윤리와 철학. 서울: 나남출판.

김성이(2002). 약물중독총론. 서울: 양서원.

김성재(1996). 알코올리즘의 재발에 관한 이론적 모형 구축: 정신병원에 입원한 남성 알코올리즘 환자를 대상으로. 서울대학교 박사학위논문.

김영훈, 최삼욱, 신영철(2007). 병적 도박자의 스트레스, 대처방식 및 우울증에 관한 연구. 신경정신의학, 46, 171-178.

김용석(1999). 청소년의 문제성 음주와 정신증상에 관한 연구. 정신보건과 사회사업, 7, 27-45.

김용진(2005). 알코올중독자 자녀를 위한 상처치유프로그램에 관한 연구. 2005년 한국정신보건사회복지학회 추계학술대회 자료집.

김용진(2009). 알코올중독가정 성인자녀의 사회적응에 영향을 미치는 요인에 관한 연구. 숭실대학교 대학원 박사학위 청구논문.

김종성, 오미경, 박병강, 이민규, 김갑중, 오장균(1999). 한국에서 Alcohol Use Disorders Identification Test(AUDIT)를 통한 알코올리즘의 선별 기준. 가정의학회지, 20(9), 1152-1159.

김한오(2005). A.A. 12단계의 다 학제적 비교연구. 대한신경정신의학회 2005년 추계학술대회(2005년 10월 21~22일) 자료집. 서울: 대한신경정신의학회.

김한오(2008). 12단계의 이해와 체험. 서울의료원 신경정신과의국 강의. (2008년 3월 31일).

김현수 역(2000). 인터넷 중독증. 서울: 나눔의 집.

김혜련, 최윤정(2003). 아버지의 문제음주와 자녀의 적응. 한국아동복지학, 16, 37-69.

노충래, 허지인(2003). 알코올중독자 자녀의 일상생활스트레스와 심리적 적응에 관한 연구: 스트레스 대처방식의 매개효과를 중심으로. 한국아동복지학, 16, 99-133.

다사랑병원 알코올중독연구소 역(2003). 알코올 및 약물중독 환자를 위한 집단치료. 서울: 하나의학사.

다사랑병원 역(2006). 재발방지 상담 워크북. 서울: 하나의학사.

다사랑중독연구소(2007). 알코올의존 환자와 가족을 위한 회복교실. 서울: 하나의학사.

대한신경정신의학회(2005). 신경정신의학(2판). 중앙문화사.

문화관광부(2006). 사행산업 이용실태 조사분석 연구.

박병강(2000). 알코올리즘 선별 검사 도구들의 진단 효율 비교. 충남대학교 대학원 석사학위 청구논문.

박현선, 이상균(2001). 문제성 음주가정자녀의 성인아이성향이 심리사회적 문제행동에 영향을 미치는 연구. 한국사회복지학, 46, 118-144.

배민진(1995). 만성정신질환대상자를 위한 사례관리연구. 이화여자대학교 석사학위논문.

보건복지가족부(1999). 지역사회 정신보건사업을 쉽게 할 수 있는 안내서.

보건복지가족부(2006). 알코올 문제 없는 행복한 가정을 위한 파랑새플랜 2010. 2006.

보건복지가족부(2008). 정신보건사업안내.

보건복지가족부(2009). 정신보건사업안내.

복지와 사람들(2005). 알코올문제부모를 둔 성인자녀의 특성과 가족통합적 접근. 복지와 사람들 제7회 워크샵 자료집.

사행산업통합감독위원회(2008). 중독예방·치유센터 중장기 발전계획 연구보고서.

사행산업통합감독위원회(2008). 사행산업 관련 통계자료.

서울특별시립동부아동상담소 역(2002). 치료공동체. 서울: 가톨릭출판사.

신성만, 권정옥, 손명자 역(2007). 동기강화상담 변화 준비시키기(제2판). 서울: 시그마프레스.

신성만, 권정옥(2008). 알코올 중독자를 위한 동기강화 상담. 한국알코올과학회지.
신영철(2001). 병적도박의 약물 치료 및 인지행동치료. 대한정신약물학회지, 12, 287-293.
신영철, 최삼욱(2006). 우울, 불안, 스트레스와 병적 도박. 대한불안의학회지, 2, 86-93.
신재정, 황인복, 김석산, 채숙희 역(2002). 알코올 중독 전문치료자가 되는 길. 서울: 하나의학사.
신재정 외 역(2003/2008). 알코올 및 약물중독환자를 위한 집단치료. 서울: 하나의학사.
신재정, 황인복, 채숙희, 이무형 역(2004). 어려운 중독 환자를 위한 치료 계획서. 서울: 하나의학사.
신행우, 한성열(1999). 음주동기 척도 개발을 위한 예비연구. 한국심리학회지: 사회문제, 5(1), 77-92.
심진현, 신영철, 최삼욱, 민경준, 방석찬, 김영훈(2006). 병적 도박 환자 배우자의 스트레스 지각 및 대처. 중독정신의학, 10, 99-103.
알코올과학회(2009). 2009년 춘계학술대회 자료집.
알코올사업기술지원단(2008). 음주폐해 예방 및 관리에 대한 국가5개년 계획 연구.
이영식, 이재우, 서정석, 남범우(2003). 약물중독의 인지행동치료. 서울: 하나의학사.
양혜진(2007). "문제음주부모를 둔 청소년의 성인아이성향과 심리사회적 특성". 한국가정관리학회, 25(2), 1-12.
유채영(2000). 문제음주자의 변화동기에 관한 연구: 변화전략 수립을 위한 동기유형 분석을 중심으로. 서울대학교 박사학위논문.
윤명숙(1997). 알코올중독남편의 단주가 부부관계에 미치는 영향. 이화여자대학교 대학원 박사학위 청구논문.
윤명숙(1999). 알코올중독자의 회복과정(recovering process) 원조를 위한 지역사회 재활프로그램에 관한 연구. 정신보건과 사회사업, 8, 135-159.
윤명숙(2000). 문제음주자 자녀에 대한 개입전략과 실천기법. 복지와 사람들 워크샵 자료집, 27-40.
윤명숙, 조혜정(2009). 부모의 문제음주가 청소년 자녀의 음주행위에 미치는 영향—부모애착과 학대경험의 조절효과중심으로—. 정신보건과 사회사업, 32, 248-284.
윤수정, 김대진(2005). 니코틴 의존의 생물학적 이해. 대한정신약물학회지, 16, 351-360.
이길홍(1982). 정신장애의 원인과 대책. 아산 사회복지사업재단, 12권.
이덕기 역(2002). 온전한 마음. 서울: 하나의학사
이덕기, 이경한, 김시근, 김종철, 조진석, 변원탄(1998). 알코올 의존 환자에서의 알코올사용검사(Alcohol Use Inventory)의 신뢰도와 타당도 연구. 중독정신의학, 2(2), 165-182.
이덕기, 장우석, 설석구, 윤숙자, 조진석, 변원탄(1997). 알코올의존 환자에서의 중독평가지수에 대한 신뢰도 및 타당도 연구. 신경정신의학, 36(6), 1033-1040.
이미형(2000). 집단상담이 문제음주자 가족의 정신건강에 미치는 영향. 정신간호학회지, 9(3), 315-321.
이병욱, 이충헌, 이필구, 최문종, 남궁기(2000). 한국어판 알코올 사용장애 진단검사(AUDIT:

Alcohol Use Disorders Identification Test)의 개발: 신뢰도 및 타당도 검사. 중독정신의학, 4, 83-92.

이숙자, 채숙희 역(2008). 물질남용의 집단치료. 서울: 하나의학사

이시형, 이세용, 정현희, 좌현숙(1999). 현대인의 사회적 부적응(I): 도박성향에 관하여. 연구보고서 제99-1호. 삼성공익재단 사회정신건강연구소 연구보고서, 99(1), 1-32.

이영식, 이재우, 서정석, 남범우 역(2003). 약물중독의 인지행동치료. 서울: 하나의학사.

이용표(2001). 알코올중독 기초생활보장 수급자와 일반수급자의 정신건강 특성, 주관적 삶의 질 및 서비스 욕구에 관한 비교연구: 자활사업의 재활프로그램 대상자를 중심으로. 한국알코올과학회지, 2(2), 5-12.

이윤로, 성규탁(1993). 사례관리-효과적 서비스 전달을 위한 방법. 사회복지, 통권 118호.

이홍표(2003). 도박동기와 병적 도박의 관계. 한국심리학회지: 건강, 8(1), 169-189.

전영민(2005a). 알코올 의존자의 변화동기 평가: 변화단계척도(SOCRATES) 개발연구. 한국심리학회지: 임상, 24(1), 207-223.

전영민(2005b). 자발적으로 입원한 알코올 의존자의 변화동기 하위유형. 한국심리학회지: 임상, 24(2), 311-326.

전영민(2006). 알코올 사용장애 선별 및 단기개입. 고양시: 한국음주문화연구센터.

전영민(2009). 대학생 폭음집단에서 한국어판 변화동기척도(SOCRATES-K)의 요인구조. 한국심리학회지: 임상, 심사중.

전영민, 조성민(2009). 한국어판 변화동기척도(SOCRATES-K)의 교차타당화. 한국건강심리학회 학술대회.

전영민, 조성민, 강경화, 송수진 역(2006). 중독상담연구시리즈-1 중독상담능력. 고양: 한국음주문화 연구센터.

정순돌(2005). 사례관리 실천의 이해. 서울: 학지사.

정신보건과 사회사업(2003). 회복중인 알코올중독자의 부부관계증진을 위한 집단치료프로그램 효과성 연구. 정신보건과 사회사업, 12, 119-155.

정우진(2006). 음주의 사회경제적 비용추계. 연세대학교보건대학원.

정우진, 전현준, 이선미(2006). 음주의 사회경제적 비용 추계. 예방의학회지, 39(1), 21-29.

정헌배(2000). 주류 전문소매점 제도 도입방안에 관한 연구. 국무총리 청소년보호위원회.

정헌배, 김성천, 김희철(2001). 주류전문소매점 제도의 실천적 도입방안. 청소년보호위원회.

조근호(2008). 니코틴 의존의 약물치료. 중독정신의학, 12, 3-9.

조근호, 김대진(2009). 중독성 질환으로써 흡연. 신경정신의학, 48, 213-219.

조성희, 신수경 편역(2007). 중독과 동기면담. 서울: 시그마프레스.

조현순(2005). 음주문제를 가진 저소득 실업자를 위한 구직전 준비프로그램 사례연구, 한국알코올과학회지, 69-151.

질병관리본부(2006). 청소년건강행태 온라인조사. 보건복지부.

차진경(2008). 치료공동체 프로그램이 알코올의존자의 회복과정, 변화단계 및 혈청 Cortisol 농도에 미치는 효과. 가톨릭대학교 대학원 박사학위 청구논문.

채숙희(2006). 알코올의존의 재발 모형 개발: 심리적 위험요소 중심으로. 한국심리학회지: 일반, 25(2), 121-142.

채숙희 외(2008). 술 없는 인생 후반전을 꿈꾼다. 서울: 신정.

천성수 등(2005). 알코올소비량 감소를 위한 알코올통제정책에 관한 연구. 건강증진기금사업단.

천성수(2003). 한국과 미국의 알코올정책 비교연구. 한국의료법학회지, 제11권 제1호.

청소년위원회(2005). 청소년 유해환경접촉종합실태조사.

최경익(1992). 사례관리(Case management)의 개략적 연구. 사회복지연구 20권. 대구대학교 사회복지연구소.

최문종, 이은, 이병욱, 이필구, 오병훈, 이충헌, 남궁기(2002). 한국어판 강박음주갈망척도의 표준화 연구: 신뢰도와 타당도. 신경정신의학, 41, 98-109.

최삼욱, 신영철, 신은정, 김현수, 이재헌, 김범조(2007). 도시 쉼터 남성 노숙자에서 병적 도박의 실태와 심리사회적 특성. 중독정신의학, 11, 29-35.

최승희(2002). 문제음주자 자녀들의 4가지 유형에 따른 특성 및 개입지침. 평택대학교 논문집, 제16집, 93-116.

최영희, 이정흠(1998). 공황장애의 인지행동치료. 대한신경정신의학회지, 37, 603-619.

최웅지, 조수형, 조남수, 김광석(2005). 응급실 폭력의 실태와 폭력 예방교육의 효과. 대한 응급의학회지.

카프마포알코올상담센터(2006). 알코올의존 사례관리와 지역사회 연계 방안. 5주년워크샵 자료집.

통계청(2001). 2001년 국가별 알코올관련 질환 사망률. 통계연감.

통계청(2007). 2006년 사망 및 사망원인통계결과.

한국문화관광연구원(2008). 사행산업 이용실태 조사분석 및 총량조정연구. 사행산업통합감독위원회.

한국 A.A. GSO 역(2002). 12단계와 12전통. 서울: 한국 A.A. GSO.

한국보건사회연구원(2006). 국민건강영양조사 2005.

한국정보문화진흥원(2007). 인터넷 중독 실태조사.

황성동(1992). 정신보건영역의 사례관리(Case management in mental health). 건국대 사회과학연구소, 2, 93-97.

황성철(2000). 부천시 장애인복지관 사례관리 교육교재.

N.A. (1998). 익명의 약물중독자들. N.A. 연합단체 한국지부.

국가법령정보센터. http://www.law.go.kr/LSW/Main.html

한국마약퇴치운동본부. http://www.drugfree.or.kr/

한국중독 전문가협회. http://www.yakmul119.com
http://aakorea.co.kr/
http://www.alanon.co.kr/index.html
http://www.dandobak.co.kr/
http://www.dandobak.or.kr/index.html
http://www.eprag.uk/process.htm./ · Alice Goodloe whipple, 19991, page 6~7.
http://www.kgdasamo.com/html/introduction
http://www.karf.or.kr
http://www.alcohocsc.or.kr
http://www.kaap.or.kr
http://www.niaaa.nih.gov
http://www.blutouch.net

A.A. (1986). *Alcoholic Anonymous* (4th ed.). NewYork: A.A.

Aasheim, L. L., & Wallace, H. (2008). Motivational Interviewing. In D. Capuzzi, & M. D. Stauffer (Eds.), *Foundations of Addictions Counseling* (pp. 131-172). Boston, MI: PEARSON.

Addiction Research Foundation (1993). *Directory of client outcome measures for addictions treatment programs.* Toronto: Author.

ADP Bulletin: Substance Abuse-Crime prevention Act of 2000 Budget and Cost Reporting Requirements for Fiscal year 2001-2.

Agostinelli, G., & Grube, J. (2002). Alcohol counter-advertising and the media: areview of recent research. *Alcohol Research and Health, 26*, 15-21.

Alcoholics Anonymous World Service, Inc. (1981). *Twelve Steps And Twelve Traditions.* New York.

Alcoholics Anonymous World Service, Inc. (2001). *Alcoholics Anonymous* (4th ed). New York: Author.

Allen, J. P., & Mattson, M. E. (1993). Psychometric instruments to assist in alcoholism treatment planning. *Journal of Substance Abuse Treatment, 10*, 289-296.

American Educational Research Association (1985). *Directory of client outcome measures for addictions treatment programs.* Toronto: Author.

American Psychiatric Association (1980). *Diagnostic and Statistical manual of mental disorders* (3th edition). Washington, DC: Author.

American Psychiatric Association (1994). *Diagnostic and Statistical manual of mental disorders* (4th edition). Washington, DC: Author.

American Psychiatric Association (2000). *Diagnostic and Statistical manual of mental disorders* (4th edition, text revision). Washington, DC: Author.

American Psychological Association (1993). Report of the ethics committee 1991 and 1992. *American Psychologist, 48*, 811-820.

Amrhein, P. C., Miller, W. R., Yahne, C. E., Palmer, M., & Fulcher, L. (2003). Client commitment language during motivational interviewing predicts drug use outcome. *Journal of Consulting and Clinical Psychology, 71*, 862-878.

Annis, H. M., Graham, J. M., & Davis, C. S. (1987). *Inventory of Drinking Situations(IDS): User's guide.* Toronto: Addiction Research Foundation.

Anthony, W. A., Cohen, M. & Farkas, M. (1988). The chronically mentally ill case management: More than a response to a disfunctional system. *Community Mental Health Journal, 24*(3), 219-228.

Anton, R. F., Moak, D. J., & Latham, P. (1995). The Obsessive Compulsive Drinking Scale: A self-rated instrument for the quantification of thoughts about alcohol and drinking behavior. *Alcoholism: Clinical and Experimental Research, 19*, 92-99.

Appelbaum, P. S. (1994). *Almost a revolution: Mental Health Law and the limits of change.* New York: Oxford University Press.

Appleton, W. S. (1980). Mistreatment of patients' families by psychiatrists. *Am J psychiatry 137*, 1023-1031.

Arkowitz, H., Westra, H. A., Miller, W. R., & Rollnick, S. (2008). Motivational Interviewing in the treatment of psychological problem. New York: Guilford.

ATTC National Curriculum Committe (1998). *Addiction counseling competencies: The knowledge, skills, and attitudes of professional practice. Technical Assistance* Publication Series, No. 21. Rockville, Maryland: Center for substance abuse treatment. SAMSA, Department of Health and Human Services.

Austin, C. D. (1990). Case management: Myths and Realities. *Social casework, 71*, 520-521.

Azrin, N. (1976). Improvements in the community-reinforcement approach to alcoholism. *Behav Res Ther, 14*, 339-348.

Babor, T. F. (2002). Linking science to policy. The role of international collaborative research. *Alcohol Research and Health, 26*(1), 66-74.

Babor, T. F., & Caetano, R. (2005). Evidence-based alcohol policy in the Americas: Strengths, weakness, and future challenges. *Pan American journal of public health, 18*(4/5), 327-337.

Babor, T. F., Caetano, R., Casswell, S., Edwards, G., Giesbrecht, N., Graham, K. et al. (2003). *Alcohol: No ordinary commodity: research and public policy.* Oxford: Oxford

University Press.

Babor, T. F., de la Fuente, J. R., Saunders, J. B., & Grant, M. (1989). *AUDIT-The Alcohol Use Disorders Identification Test: Guidelines for Use in Primary Health Care*. Geneva: World Health Organization.

Ballew, J., & Mink, J. (1986). *Case management in the human services*. Springfield, IL: Charles C. Thomas Publisher.

Barker, R. L. (1987). Maryland: National Association of Social workers. In *The social work dictionary* (pp. 20-38).

Begley, C. (1992). *Today's promise: A treatment Program for Families*. Meridian, Mississippi: Laurel Wood Center.

Beletsis, S., & Brown, S. (1981). A developmental framework for under-standing the children of alcoholics, Focus on women. *Journal of Health and the Addictions*, *2*, 1-32.

Bennett, J. (2003). Investment in population health in five OECD countries. OECD Health Working Papers, 2.

Billing, N. S. (1989). Social Work Student as Case Managers: A Model of service-delivery and training. *Hospital and Community Psychiatry*, *40*(4), 411.

Black, C. (1981). Innocent bystanders at risk: The children of alcoholics. *Alcoholism*, *Jan-Feb*, 22-26.

Black, D. W. (2007). Compulsive buying disorder: A review of the evidence. *CNS spectrums*, *12*(2), 124-132.

Blaszczynski, A. P., Winter, S, W., & McConaghy, N. (1986). Plasma endorphin levels in pathological gamblers. *Journal of gambling behaviors*, *2*, 289-295.

Blaszczynski, A., & McConaghy, N. (1989). Anxiety and/or depression in the pathogenesis of addictive gambling. *International Journal of Addiction*, *24*, 337-350.

Bleuler, E. (1911). Alcohol and the neuroses, in Jahrbuch fur psychoanalytische und psychopathologische Forshungen: *Jahrbuche der Psychoanalyse*, 3, 848. Abstracted by L. Blungart *Psychoanal Rev*, 443-444, 1921.

Blum, K. E., Sheridan, P. J. et al. (1990). Alletic Association of human Dopamine D2 Receptor Gene in Alcoholism. *Journal of the American Medical Association*, *263*, 2055-2060.

Blum, K., Sheridan, P. J., Wood, R. C. et al. (1995). Dopamine D2 receptor gene variants: Association and linkage studies in impulsive-addictive-compulsive behavior. *Pharmacogenetics*, *5*, 121-141.

Bondolfi, G., Osik, C., & Ferrero, F. (2000). Prevalence estimates of pathological gambling in Switzerland. *Acta Psychiatrica Scandinavica*, *101*, 473-475.

Botvin, G. J., Baker, E., Dusenbury, L., Botvin, E. M., & Diaz, T. (1995). Long-term follow-up results of an randomized drug abuse prevention trial in a white middle-class population. *JAMA, 273*, 1106-1112.

Brodman, K., Erdman, A. J., Lorge, I., & Wolff, H. G. (1949). The Comell Medical Index: An adjunct to medical interview. *Journal of the American Medical Association, 140*, 530-534.

Brooks, M. K. (1997). Ethical and legal aspects of confidentiality. In J. H. Lowinson, P. Ruiz, R. B. Millman, & J. G. Langrod(Eds.), *Substance abuse: A comprehensive textbook* (3rd ed., pp. 884-899). Baltimore: Williams and Wilkins.

Brown, S. (1985). *Treating The Alcoholic-A Developmental Model of Recovery.* John Wiley & Sona, Inc.

Brown, S. A. (1985). Reinforcement expectancies and alcoholism after a one-year follow-up. *Journal of Studies on Alcohol, 48*, 483-491.

Brown, S. A., Goldman, M. S., Inn, A., & Anderson, L. R. (1980). Expectations of reinforcement from alcohol: Their domain and relation to drinking pattems. *Journal of Consulting and Clinical Psychology, 48*, 419-426.

Brown, S., & Lewis, V. (1999). *The Alcoholic Family in Recovery: A Developmental* Model. New York: The Guilford Press.

Caetano R., & Curani, C. (2002). Alcohol dependence: A public health perspective. *Addiction, 97*, 633-645.

Cahalan, D. (1970). *Problem drinkers: A national survey.* San Francisco: Jossey-Bass.

Cahalan, D., Cisin, I., & Crossley, H. (1969). *American drinking practices: A national study of drinking behavior and attitudes.* New Brunswick, NJ: Rutgers Center of Alcohol Studies, Monograph no. 6.

Canadian Centre on Substance Abuse (2005). National framework for action to reduce the harms associated with alcohol and other drugs and substances in Canada.

Castaneda, R., Galanter, M., & Franco, H. (1991). Relapse prevention strategies for the treatment of cocaine abuse. *American Journal of Drug and Alcohol Abuse, 17*, 249-265.

Cermak, T. (1984). Children of alcoholics and the case for a new diagnostic category of co-dependency. *Alcohol, Health and Research World, 8*, 38-42.

Cermak, T., & Brown, S. (1982). International group psychotherapy with the adult children of alcoholics. *International Journal of Group Psychotherapy, 32*, 375-389.

Chun, Y. M., Cho, S. M., & Shin, S. M. (2009). Factor structure of a Korean-language version of the Stages of Change Readiness and Treatment Eagerness Scale in inpatient and outpatient with alcohol use disorder. *Psychology of Addictive Behaviors* (in progress).

Claus, R. E., & McGuire, S. (2007). Addiction counseling. In R. R. Cottone, & V. M. Tarvydas (Eds.), *Counseling ethics and decision making* (3rd ed., pp. 335–346). Pearson.

Coleman, E. (1992). Is your patient suffering from compulsive sexual behavior? *Psychiatry Annals, 22*, 320–325.

Coleman, E., Raymond, N., & McBean, A. (2003). Assessment and treatment of compulsive sexual behavior. *Minnesota medicine, 86*(7), 42–47.

Collins, R. L., Lapp, W. M., Emmons, K. M., & Issac, L. M. (1990). Endorsement and Strength of Alcohol Expectancies. *Journal of Studies on Alcohol, 51*, 336–342.

Commission on Chronic Illness (1957). *Chronic illness in the United States*, Vol. 1. Cambridge, MA: Harvard University Press.

Cox, W. M., & Klinger, E. (1988). A motivational model of alcohol use. *Journal of Abnormal Psychology, 97*(2), 168–180.

Crockfold, D. N., & El-Guebaly, N. (1998). Naltrexone in the treatment pathological gambling and alcohol dependence. *Canadian Journal of Psychiatry, 43*, 86.

Custer, R. L. (1984). Profile of the pathological gambler. *Journal of Clinical Psychiatry, 45*, 35–38.

Dannon, P. N., Lowengrub, K., Gonopolski, Y., Musin, E., & Kotler, M. (2005). Topiramate versus fluvoxamine in the treatment of pathological gambling: A randomized, blind-rater comparison study. *Clinical Neuropharmacology, 28*, 6–10.

De Leon, G. (2000). *The therapeutic Community: Theory, Model, and Method.* NY: Spring Publishing Company, Inc.

DiClemente, C. C. (2003). Addiction and change. New York: Guilford.

DiClemente, C. C., Carbonari, J. P., Montgomery, R. P. G., & Hughes, S. O. (1994). The Alcohol Abstinence Self-Efficacy Scale. *Journal of Studies on Alcohol, 55*, 141–148.

Dittmar, H. (2005). Compulsive buying–a growing concern? An examination of gender, age, and endorsement of materialistic values as predictors. *British Journal of Psychology, 96*(4), 467–491.

Dodes, L. M. (1990). Addiction, helplessness, and narcissistic rage. *Psychoanal Q, 59*, 398–419.

Dodes, L. M. (1996). Compulsion and addiction. *J Am Psychoanal Assoc, 44*, 815–836.

Doyle, K. (1997). Substance abuse counselors in recovery: Imprecations for the ethical issue of dual relationships. *Journal of Counseling and Development, 75*, 428–432.

Duffy, J. C. (1993). Alcohol consumption and control policy. *JR Statist Soc A, 156*, Part 2, 225–230.

Edwards, G., Marshall, E. J., & Cook, C. C. H. (2003). *The Treatment of Drinking Problems: A*

Guide for the Helping Professions (4th ed.). Cambridge: Cambridge University Press.

Edwards, W., Guttentag, M., & Snapper, K. (1975). A decision-theoretic approach to evaluation research. In E. L. Struening & M. Guttentag (Eds.), *Handbook of evaluation research* (pp. 139-181). Beverly Hills: Sage.

Egan, G. (1998). *The skilled helper: A problem-memagement approach to helping* (6th ed.). Pacific Grove, CA: Brokks/Cole.

Faraone, S. V., & Tsuang, M. T. (1994). Measuring diagnostic accuracy in the absence of a "gold standard". *American Journal of Psychiatry, 151*(5), 650-657.

Farbring, C. A., & Johnson, W. R. (2008). *Motivational Interviewing in the Correctional system: An Attempt to Implement Motivational Interviewing in Criminal Justice.* New York: Guilford.

Fenichel, O. (1945). *The Psychoanalytic theory of neurosis.* New York: W.W. Norton.

Ferenczi, S. (1911). On the part played by homosexuality in the pathogenesis of Paranoia. *First contributions to Psycho-analysis.* (London: Hogarth, 1952)

Festinger, L. (1957). *A theory of cognitive dissonance.* Stanford, CA: Stanford University Press.

Fields, A. (2004). Motivational enhancement therapy for problem & pathological gamblers, Hollfield Association.

Fischer, K. E., Kittlleson, M., Ogletree, R., Welshimer, K., Woehike, P., & Benshoff, F. (2000). *Journal of American College Health, 48*(4), 151-156.

Forcehimes, A. A., Tonigan, J. S., Miller, W. R., Kenna, G. A., & Baer, J. S. (2007). Psychometrics of the Drinker Inventory of Consequences(DrInC). *Addictive Behaviors, 32*(8), 1699-1704.

Freud, S. (1905). *'Three Essays on the Theory of sexuality.'* S.E 7

Friel, J. C. (1985). Co-dependency Assessment Inventory: A Preliminary Research Tool. *Focus on Family, May/June*, 20-21.

Galanter, M., & Kleber, H. (2008). *Textbook of Substance Abuse Treatment* (4th ed.). American Psychiatric Publishing Inc.

Giannini, A. J., & Miller, N. S. (1989). Drug Abuse: A Biopsychiatric Model. *American Family Physician, 40*, 173-182.

Gilman, A. J., Goodman, L. S., Rall, T. W., & Murad, E. (Eds.). (1991). *The pharmacological Basis of Therapeutics.* Macmillan: New York.

Glover, E. (1932). On the aetiology of drug-addiction. *Int J Psycho-Anal, 13*, 298-328.

Gold, M. S., & Slaby, A. E. (1991). *Dual diagnosis in substance abuse.* New York: Marcel Dekker.

Goldberg, A. (2000). *Errant selves: A casebook of misbehavior.* Hillsdale, NJ: The Analytic

Press.

Golden, T. (1970). Parent effectiveness training. New York: Wyden.

Goodman, A. (1992). Sexual addiction: Designation and treatment. *Journal of Sex and Marital Therapy, 18*(4), 303-314.

Gordon, R. (1983). An operational classification of disease prevention. *Public Health Reports, 98*, 107-109.

Gordon, R. (1987). An operational classification of disease prevention. In J. Steinberg & M. Silverman(Eds.), *Preventing mental disorders: A research perspective* (pp. 20-26). Rockville, MD: Department of Health and Human Services.

Gottesman, L. E., Ishizaki, B., & Macbride, S. M. (1979). Service management plan and concept. *Gerontologist, 19*(4), 379-385.

Grant, J. E., & Potenza, M. N. (2005). Tobacco use and pathological gambling. *Annals of clinical Psychiatry: Official Journal of the American Academy of Clinical Psychiatrists, 17*, 237-241.

Grant, J. E., Potenza, M. N., Hollander, E., Cunningham-Williams, R., Nurminen, T., Smits, G. et al. (2006). Multicenter investigation of the opioid antagonist nalmefene in the treatment of pathological gambling. *American Journal of Psychiatry, 163*, 303-312.

Grant, K. A., Tonigan, J. S., & Miller, W. R. (1995). Comarison of three alcohol consumption measures: A concurrent validity study. *Journal of Studies on alcohol, 56*, 168-172.

Griffith, E. (2003). *The Treatment of Drinking problems: A guide for the helping professionals.* UK Cambridge: Cambridge University press.

Grube, J. W., & Nygaard, P. (2001). Adolescent drinking and alcohol policy. *Contemporary Drug Problems, 28*, 87-131.

Gruenewald, P. J., Millar, A. B., & Roeper, P. (1996). Access to alcohol: Geography and prevention for local communities. *Alcohol Health and Research World, 20*, 244-251.

Hansen, D. J. (1994). Prevention of alcohol use and abuse. *Preventive Medicine, 23*, 683-687.

Hauritz, M., Homel, R., McIlwain, G., Burrows, T., & Townsley, M. (1998). Reducing violence in licensed venues through community safety action projects: The Queensland experience. *Contemporary Drug Problems, 25*, 511-551.

Hayano, D. (1992). *Poker Faces: The life and work of professional card players.* Berkeley, CA: University of California Press.

Health Communications (2002). *The Complete ACOA Sourcebook: Adult Children of Alcoholics at home at work and in love.* Health Communications, Inc.

Heather, N., Stallard, A., & Tebbut, J. (1991). Importance of substance cues in relapse among heroin users: Comparison of two methods of investigation. *Addictive Behaviors, 16*,

41–49.

Henderson, W. G., Eisen, S., & Goldberg, J. et al. (1990). The vietnam era twin registry: A resource for medical research. *Public Health Reports, 105*, 368–373.

Henstridge, J., Homel, R., & Mackay, P. (1997). *The long-term effects of random breath testing in four Australian states: A time series analysis*. Canberra: Federal Office of Road Safety.

Hepworth, D. H., & Larsen, J. (1986). *Direct Social Work Practice*. Homewood, IL. The Dorsey Press.

Hester, R. K., Smith, J. W., & Jackson, T. R. (1980). Recovery of cognitive skills in alcoholics. *Journal of Studies on Alcohol, 41*(3), 363–367.

Hill, S. Y., Shen S., Lowers L., Locke-Wellman, J., Mattews A. G., & McDermott, M. (2008). Psychopathology in offspring from multiplex alcohol dependence families with and without parental alcohol dependence: A prospective study during childhood and adolescence. *Psychiatry Research, 160*, 155–166.

Hodgins, D., & Diskin, K. M. (2008). *Motivational Interviewing in the Treatment of Problem and Pathological Gambling*. New York: Guilford.

Hodgins, D. C., Currie, S. R., & el-Guebaly, N. (2001). Motivational Enhancement and Self-Help Treatment for Problem Gambling. *Journal of Consulting and Clinical Psychology, 69*(1), 50–57.

Holden, C. (2001). Behavioral addictions: Do they exist? *Science, 294*, 980–982.

Holder, H. D. (1998). *Alcohol and the community: A system approach to prevention*. Cambridge, UK: Cambridge University Press.

Holder, H. D. (2002). Prevention of alcohol and drug "abuse" problems at the community level: What research tells us. *Substance Use and Misuse, 37*(8–10), 901–921.

Hollander, E. (1998). Treatment of obsessive-compulsive spectrum disorders with SSRIs. *British Journal of Psychiatry, 35*, 7–12.

Hollander, E., & Allen, A. (2006). Is compulsive buying a real disorder, and is it really compulsive? *American Journal of Psychiatry, 163*(10), 1670–1672.

Hollander, E., Pallanti, S., Allen, A., Sood, E., Baldini Rossi, N. (2005). Does sustained-release lithium reduce impulsive gambling and affective instability versus placebo in pathological gamblers with bipolar spectrum disorders? *American Journal of Psychiatry, 162*, 137–145.

Holloway, F. (1991). Case management for the mentally ill: Looking at the evidence. *The International Journal of social psychiatry, 37*(1), 3–8.

Homel, R., Tomsen, S., & Thommeny, J. (1992). Public drinking and violence: Not just and alcohol problem. *Journal of Drug Issues, 22*, 679–697.

Horn, J. L., Wanberg, K. W., & Foster, F. M. (1974). *The Alcohol Use Inventory.* Denver: Center for Alcohol Research and Evaluation.

Horn, J. L., Wanberg, K. W., & Foster, F. M. (1987). *Guide to the Alcohol Use Inventory.* Minneapolis, MN: National Computer Systems.

Howard-Pitney, B., Johnson, M. D., Altman, D. G., Hopkins, R., & Hammond, N. (1991). Responsible alcohol service: A study of server, manager, and environmental impact. *American Journal of Public Health, 82*, 197–199.

Hyman, S. E. (1994). Why does the brain prefer opium to broccoli? *Harvard Review of Psychiatry, 2*(1), 43–46.

Hyman, S. E., & Nestler, E. J. (1993). *The molecular foundations of psychiatry.* Washington, DC: American Psychiatric Association.

Institute of Medicine (1990). *Broadening the base of treatment for alcohol problems.* Washington, DC: National Academy Press.

Intagliata, J. (1982). Improving the quality of community care for the chronically mentally disabled: The role of case management. *Schizophrenia Bull, 8*, 655–674.

Intagliata, J., Willer, B., & Egri, G. (1986). Role of the family in case management of the mentally ill. *Schizophrenia Bull, 4*, 699–708.

Jackson, J. G (1989). Hazard of Smokable Methamphetamine. *New England Journal of Medicine, 321*, 907.

Jacobs, D, F., Marston, A. R., Singer, R. D. et al. (1989). Children of gamblers. *Journal of Gambling Behavior, 5*, 261–268.

Jaffe, S. L. (1990). *Step Workbook for Adolescent Chemical Dependency Recovery: A Guide to the First Five steps.* American Psychiatric Press, Washington, D.C.

Jarvis, T. J., Tebbutt, J., Mattick, R. P., & Shand, F. (2006). *Treatment Approaches for Alcohol and Drug Dependence and Introductory Guide* (2nd ed.). England: Wiley.

Jellinek, E. M. (1960). *The disease conception of alcoholism.* New Brunswick, NJ: Hillhouse.

Johnson, B. (1999). Three perspectives on addiction. *J Amer Psychoanal Assn, 47*, 791–815.

Johnson, B. (2001). Durg dreams: A neuropsychoanalytic hypothesis. *J Amer Psychoanal Assn, 49*, 75–96.

Johnson, B. (2003). Commentary on Understanding addictive vulnerability. *Neuro-Psychoanalysis, 5*, 29–34.

Johnson, J., & Leff, M. (1999). Children of substance abusers: Overview of research finding. *Pediatrics, 103*, 1085–1099.

Johnson, P., & Rubin, A. (1983). Case management on mental health: A social work do main?

Social work, 28(1), 49–54.

Jones, A. S., Miller, D. J., & Salkever, D. S. (1999). Parental use of alcohol and children's behavioural health: A Household production analysis. *Health Economics, 8*, 661–683.

Jones, J. W. (1981). *Children of Alcoholics Screening Test.* Chicago: Family Recovery Press.

Kanter, J. (1982). Clinical case management: Definition, principle, components. *Hospital and Community Psychiatry, 40*, 361–368.

Kaufamn, E. (1985). *Substance abuse and Family therapy.* New York: Grune & Stratton.

Kernberg, O. (1975). *Borderline conditions and pathological narcissism.* New York: Jason Aronson.

Khantzian, E. J. (1978). The ego, the self and opiate addiction: Theoretical and treatment consideration. *Int Rev Psychoanal, 5*, 189–198.

Khantzian, E. J. (1982). Psychological(structural) vulnerabilities and the specific appeal of narcotics. *Ann N Y Aca Sci, 398*, 24–32.

Khantzian, E. J. (1990). Self-regulation and self-medication factors in alcoholism and the addictions: similarities and differences. In Galanter (Ed.), *Recent developments in alcoholism* (8th ed., pp. 255–270). New York: Plenum.

Kim, S. W. (1998). Opioid antagonists in the treatment of impulse-control disorders. *Journal of Clinical Psychiatry, 59*, 159–164.

Kim, H. O. (2006). A.A.'s 12 steps and the reversed 12 steps. In: Proceedings of the 12th Pacific Rim College of Psychiatrists Scientific Meeting; 2006 Oct 5–8, 109. Taipei, Taiwan.

Kim, S. W., Grant, J. E., Adson, D. E., & Shin, Y. C. (2001). Double-blind naltrexone and placebo comparison study in the treatment of pathological gambling. *Biological Psychiatry, 49*, 914–921.

Kim, S. W., Grant, J. E., Adson, D. E., Shin, Y. C., & Zaninelli, R. (2002). A double-blind placebo-controlled study of the efficacy and safety of paroxetine in the treatment of pathological gambling. *Journal of Clinical Psychiatry, 63*, 501–507.

Kohut, H. (1971). *The Analysis of the Self.* New York: International Universities Press.

Koran, L. M., Faber, R. J., Aboujaoude, E., Large, M. D., & Serpe, R. T. (2006). Estimated prevalence of compulsive buying behavior in the United States. *American Journal of Psychiatry, 163*(10), 1806–1812.

Korr, W. S., & Cloninger. (1991). Assessing models of case management: An empirical approach. *Journal of social service research, 14*, 131.

Kressel, D., De Leon, G., Palij, M., & Rubin, G. (2000). Measuring client clinical progress in therapeutic community treatment The therapeutic community Client Assessment Inventory, Client Assessment Summary, and Staff Assessment Summary. *J Subst Abuse*

Treat, 19, 267-272.

Kritsberg, W. (1986). *The Adult Children of Alcoholics Syndrome*. New York: Bantam Books.

Krystal, H. (1974). The genetic development of affects and affect regression. *Annu. Psychoanal, 2*, 98-126.

Krystal, H. (1978). Trauma and affects. *Psychoanal Study Child, 33*, 81-116.

Krystal, H. (1998). *Integration and self-healing: Affect, trauma, alexithymia*. Hillsdale, NJ: Analytic Press.

Lang, E., Stockwell, T., Rydon, R., & Beel, A. (1998). Can training bar staff in responsible serving practices reduce alcohol-related harm? *Drug and Alcohol Review, 17*, 39-50.

Latimer, W. W., Winter, K. C., & Stinchfield, R. D. (1997). Screening for Drug Abuse Among Adolescents in Clinical and Correctional Settings Using the Problem-Oriented Screening Instrument for Teenagers. *American Journal of Drug and Alcohol Abuse, 23*(1), 79-98.

Leave, G. J., & King, A. S. (1997). Effect of counselor expectations on alcoholic recovery. *Alcohol Health and Research World, 11*(3), 16-22.

Lejoyeux, M., Adés, J., Tassain, V., & Solomon, J. (1997). Phenomenology and psycho-pathology of uncontrolled buying. *American Journal of Psychiatry, 153*(12), 1524-1529.

Lesieur, H. R., & Rosenthal, R. J. (1985). Pathological Gambling: A Review of the literature. *Journal of Gambling Studies, 7*, 5-39.

Levin, J. D. (1987). *Treatment of alcoholism and other addictions*. Northvale, NJ: Jason Aronson.

Levin, J. D., Culkin, J., & Perrotto, R. S. (2001). *Introduction to chemical dependency counseling*. Lanham, Maryland: Jason Aronson, Inc.

Levine, H. G. (1985). The birth of American alcohol control: Prohibition, the power elite, and the problem of lawlessness. *Contemporary drug problems, 12*, 63-115.

Levine, I. S., & Fleming, M. (1984). *Human resource development: Issues in case management*. Baltimore: University of Maryland.

Levy, C. S. (1979). *Values and ethics for social work practice*. Washington, DC: NASW Press.

Loewenberg, F. M., & Dolgoff, R. (1996). *Ethical decisions for social work practice* (5th ed.). Itasca, IL: F. E. Peacock.

Maddux, J. F., & Desmond, D. P. (2000). Addiction or dependence? *Addiction, 95*, 661-665.

Maisto, S. A., & Connors, G. J. (1990). Clinical diagnostic techniques and assessment tools in alcohol research. *Alcohol Health & Research World, 14*, 231-238.

Markham, M. R., Miller, W. R., & Arciniega, L. (1993). BACCuS 2.01: Computer software for quantifying alcohol consumption. *Behavior Research Methods, Instruments, and Computers, 25*, 420-421.

Marks, I. (1990). Behavioural(non-chemical) addictions. *British Journal of Addiction, 85*, 1389-1394.

Marlatt, G. A., & Gordon, J. R. (1985). *Relapse prevention.* New York: Guildford Press.

McConnaughy, E. A., Prochaska, J. O., & Velicer, W. F. (1983). Stages of change in psychotherapy: Measurement and sample profiles. *Psychotherapy: Theory, Research and Practice, 20*, 368-375.

McConnell, P. (1986). *A workbook for healing-Adult Children od Alcoholics.* Harper & Row, Publishers, San Francisco.

McCord, J. (1999). Alcoholism and crime across generations. *Criminal behavior and mental health, 9*, 107-117.

McCracken, S. G., & Corrigan, P. W. (2008). *Motivational Interviewing for Medication Adherence in Individual with Schizophrenia.* New York: Guildford.

McCrady, B. S., & Hay, W. (1987). Coping with problem drinking in the family. In W. R. Miller, & G. A. Marlatt (1984). *Manual for the Comprehensive Drinker Profile.* Psychological Assessment Resources, INC.

McCrady, B.S., Noel. N. E., & Abrams, D. B. (1986). Comparative effectiveness of three types of spouse involvement in outpatient behavioral alcoholism treatment. *Journal of Studies on Alcohol, 47*, 459-467.

McGill, C. W., & Surber, R. W. (1989). Case management. In A. S. Bellack (Ed.), *A clinical guide for the treatment of schizophrenia* (pp. 82-99). New York: Plenum Press.

McLellan, A. T., Lewis, D. C., Obrien, C. P. et al. (2000). Drug Dependence a chronic medical illness: implications for treatment, insurance and outcomes evaluation. *Journal of the American Medical Association, 284*, 1689-1695.

McLellan, A. T., Alterman, A. I., Cacciola, J., Metzger, D., & O'Brien, C. (1992). A new measure of substance abuse treatment. *Journal of Nervous and Mental Disease, 180*, 101-110.

McLellan, A. T., Kushner, H., Metzger, D., Peters, R., Smith, I., Grisson, G., Pettinati, H., & Argeriou, M. (1992). The fifth edition of the Addiction Severity Index. *Journal of Substance Abuse Treatment, 9*, 199-213.

McLellan, A. T., Luborsky, L., Woody, G. E., & O'Brien, C. P. (1980). An improved diagnostic evaluation instrument for substance abuse patients. *The Journal of Nervous and Mental Disease, 168*, 26-33.

Meehl, P. E. (1954). *Clinical versus statistical prediction: A theoretical analysis and a review of the evidence*. Minneapolis: University of Minnesota Press.

Menninger, W. C. (1984). Intrduction: The meaning of work in western society. In H. Boroe (Ed.), *Manina world of work*. Boston: Houghton Mifflin Co.

Mick, T. M., & Hollander, E. (2006). Impulsive-compulsive sexual behavior. *CNS spectrums, 11*(12), 944-955.

Mihorn, H. T. (1990). *Chemical Dependence: Diagnosis, Treatment and Prevention*. New York: Springer-Verlag.

Mihorn, H. T. (1991). Adolescent and Drugs: Part I. Mississippi State Medical Association, Recovering Physicians, Newsletter, August.

Mihorn, H. T. (1991). Diagnosis and Management of Phencyclidine Intoxication. *American Family Physician, 43*, 1293-1302.

Miller, W. R. (1985). Motivation for treatment: A review with special emphasis on alcoholism. *Psychological bulletin, 98*, 84-107.

Miller, W. R. (1996). *Manual for Form 90: A structured assessment interview for drinking and related behaviors* (Volume 5, Project MATCH Monograph Series). Rockville, MD: National Institute on Alcohol Abuse and Alcoholism.

Miller, W. R. (1999). *Enhancing Motivation for Change in Substance Abuse Treatment*. Rockville, MD: Substance Abuse and Mental Health Serveces Administration.

Miller, W. R., Heather, N., & Hall, W. (1991). Calculating standard drink units: International comparisons. *British Journal of Addiction, 86*, 43-47.

Miller, W. R., & Marlatt, G. A. (1984). *Manual of the Comprehensive Drinker Profile*. Odessa, FL: Psychological Assessment Resources.

Miller, W. R., & Marlatt, G. A. (1987). *Manual supplement for the Brief Drinker Profile, Follow-up Drinker Profile, and Collateral Interview form*. Odessa, FL: Psychological Assessment Resources.

Miller, W. R., & Moyers, T. B. (2007). *Eight Stage in Learning Motivational Interviewing*. New York: Haworth Press.

Miller, W. R., & Rollinck, S. (1991). *Motivational interviewing: Preparing people to change addictive behavior*. New York: Guilford.

Miller, W. R., & Rollnick, S. (2002). *Motivaitonal interviewing: Preparing people for change*. New York: Guilford.

Miller, W. R., & Saucedo, C. F. (1983). Assessment of neuropsychological impairment and brain damage in problem drinkers. In C. J. Golden, J. A. Moses, Jr. J. A. Coffman, W. R. Miller, & F. D. Strider (Eds.), *Clinical neuropsychology: Interface with neurologic and psychiatric disorders* (pp. 141-195). New York: Grune and Stratton.

Miller, W. R., Tonigan, J. S., & Longabaugh, R. (1995). *The Drinker Inventory of Consequences(DrInC): An Instrument for Assessing Adverse Consequences of Alcohol Abuse(Test Manual), 4. NIH Pub. No. 95-3911.* Washington, DC: U.S. Government Printing Office.

Miller, W. R., Westerberg, V. S., & Waldron, H. B. (2003). Evaluating alcohol problems in adults and adolescents. In Hester. R. K., & Miller, W. R. (Eds.), *Handbook of alcoholism treatment approaches* (3rd ed., pp. 78-112).

Miller, W. R., Zweben, A., DiClemente, C. C., & Rychtarik, R. G. (1992). *Motivational Enhancement Therapy manual: A clinical research guide for therapists treating individuals with alcohol abuse and dependence* (Volume 2, Project MATCH Monograph series). Rockville, MD: National Institute on Alcohol Abuse and Alcoholism.

Minneapolis (1986). *Diagnosing and Treating Co-dependence.* Minneapolis: Johnson Institute Books.

Monk, A. (1985). Handbook of genetological services. New York: Van Nostrand Reinhold Company.

Montgomery, H. A., Miller, W. R., & Tonigan, J. S. (1995). Does Alcoholics Anonymous involvement predict treatment outcome? *Journal of Substance Abuse Treatment, 12*, 241-246.

Morgenstern, J., Bux, D., Labouvie, E. et al. (2002). Examining mechanism of action in 12-step treatment: The role of 12-Step cognition. *J Stud Alcohol, 63*, 665-672.

Moss, H. B., Kirisci, L., Gordon, H. W., & Tarter, R. E. (1994). A neuropsychologic profile of adolescent alcoholics. *Alcoholism: Clinical and Experimental Research, 18*, 159-163.

Moxley, D. P. (1989). *The practice of social work.* NASW

Mrazek, P. J., & Haggerty, R. J. (Eds.). (1994). *Reducing risks for mental disorders: Frontiers for preventive intervention research.* Washington, DC: National Academy Press.

Murphy, R. T. (2008). *Enhancing Combat Veterans' Motivation to Change Post traumatic Stress Disorder Symptoms and Other Problem Behaviors.* New York: Guilford.

Nace, E. P. (2005). Alcoholics Anonymous. In J. H. Lowinson et al. (Eds.), *Substance Abuse: A Comprehensive Textbook* (4th ed., pp. 587-588). Philadelphia: Lippincott Williams & Wilkins.

National Association of Alcoholism and Drug Abuse Counselors (1995). *Ethical standards of alcoholism and drug abuse counselors.* NAADAC Code of Ethics. Online at www.naadac.org.

National Institute on Alcohol Abuse and Alcoholism (2000). *Alcohol and health: Tenth special report to the U.S. Congress.* Bethesda, MD: National Institutes of Health.

Netting, F. E. (1992). Case management service or system. *Social work, 37*(2).

Nowinski, J., Baker, S., & Carroll, K. (1995). Twelve Step Facilitation Therapy Manual. Rockville, MD: National Institute on Alcohol Abuse and Alcoholism.

O'Farrell, T. J. (1995). Marital and Family Therapy. In R. K. Hester & W. R. Miller (Eds.), *Handbook of Alcoholism Treatment Approachment* (2nd ed., pp. 195-220). Allyn and Bacon.

Ocean, G., & Smith, G. J. (1998). Social reward, conflict, and commitment: A theoretical model of gambling behavior. *Journal of Gambling Studies, 14*, 111-134.

Oetting, E. R., & Beauvais, F. (1990). Adolescent Drug Use: Findings of National and Local Surveys. *Journal of Consulting and Clinical Psychology, 58*(4), 385-394.

Office for Substance Abuse Prevention. (1991). What You Can Do About Drug Use in America. U.S. Department of Health and human Services. Rockville, Maryland.

Orford, J. (1985). *Excessive appetites: A psychological view of addictions*. New York: Wiley.

Osterman, F., & Grubic, V. N. (2000). Family functioning of recovered alcohol-addicted patients: A comparative study. *Journal of Substance Abuse Treatment, 19*, 475-479.

Ouimette, P. C., Finney, J. W., & Moos, R. H. (1997). Twelve-step and cognitive-behavioral treatment for substance abuse: a comparison of treatment effectiveness. *J Consul Clin Psychol, 65*, 230-240.

Panksepp, J. (2003) Coommentary on: Understanding addictive vulnerability. *Neuro-psychoanlaysis, 5*, 21-29.

Parker, M. W., Winstead, D. K., & Willi, F. J. P. (1979). Patient autonomy in alcohol rehabilitation: I. Literature review. *International Journal of the Addictions, 14*, 1015-1022.

Patterson, G. R., & Forgatch, M. S. (1985). Therapist behavior as a determinent for client noncompliance: A paradox for the behavior modifier. *Journal of Consulting and Clinical Psychology, 53*, 846- 851.

Petry, N. M., & Roll, J. M. (2001). A behavioral approach to understanding and treating pathological gambling. *Seminar in Clinical Neuropsychiatry, 6*, 177-183.

Petry, N. M., Stinson, F. S., & Grant, B. F. (2005). Comorbidity of DSM-IV pathological gambling and other psychiatric disorders: Results from the National Epidemiologic Survey on Alcohol and Related Conditions. *Journal of Clinical Psychiatry, 66*, 564-574.

Potenza, M. N. (2006). Should addictive disorders include non-substance-related conditions? *Addiction, 101*(Suppl 1), 142-151.

Potenza, M. N., Steinberg, M. A,, Skudlarski, P., Fulbright, R. K., Lacadie, C. M., Wilber, M. K. et al. (2003). Gambling urges in pathological gambling: A functional magnetic resonance imaging study. *Arch Gen Psychiatry, 60*, 828-836.

Prime Minister's Strategy Unit (2004). *Alcohol harm reduction strategy for England.*

Project MATCH Research Group (1993). Project MATCH: Rationale and methods for a multisite clinical trial matching patients to alcoholism treatment. *Alcoholism, Clinical and Experimental Research, 17*, 1130-1145.

Project MATCH Research Group (1997). Matching alcoholism treatments to client heterogeneity: Project MATCH posttreatment drinking outcomes. *J Stud Alcohol, 58*, 7-29.

Project MATCH Research Group (1998). Matching alcoholism treatments to client heterogeneity: Project MATCH three-year drinking outcomes. *Alcohol Clin Exp Res, 22*, 1300-1311.

Pub Welsh Office Social Service Inspectorate (1990). *Community Care: Draft Guidance on Assessment and Case Management.* Welsh Office.

Quitkin, F. M., Rifkin A., Kaplan. J., & Klein, D. F. (1972). Phobic anxiety syndrome complicated by drug dependence and addiction. *Archives of General Psychiatry, 27*, 159-162.

Rapp, C. A., & Chamberlain, R. (1985). Case management service for the chronically mentally ill. *Social work, 30*(4), 417-422.

Reamer, F. G. (1999). *Social work values and ethics* (2nd ed.). New York: Columbia University Press.

Reinke, B., & Greenley, J. F. (1986). Organizational analysis of three community support program models. *Hospital and Community Psychiatry, 37*, 624-629.

Reisner, R., & Slobogin, C. (1990). *Law and the mental health system* (2nd ed.). St. Paul, MN: West.

Renshaw, J. (1988). Care in the community: Individual care planning and case management. *British Journal of Social Work, 18*, 79-105.

Roberts-DeGennaro, M. (1987). Developing case management as a practice model. *Social casework, 71*(7), 522-527.

Robinson, T., & Berridge, K. (1993). The neural basis of drug craving: An incentive-sensitization theory of addiction. *Brain Research Review, 18*, 247-291.

Robinson, B. E. (1989). *Working with Children of Alcoholics.* New York: Lexington Books.

Rockville, M. D. (2008). *Results from the 2007 National Survey on Drug Use and Health: National Findings* (Office of Applied Studies, NSDUH Series H-34, DHHS Publication No. SMA 08-4343). Substance Abuse and Mental Health Services Administration.

Rodriguez-Jimenez, R., Avila, C., Jimenez-Arriero, M. A., Ponce, G., Monasor, R., Jimenez, M.

et al. (2006). Impulsivity and sustained attention in pathological gamblers: Influence of childhood ADHD history. *Journal of Gambling Studies, 22*, 451-461.

Roelofs, S. M. (1985). Hyperventilation, anxiety, craving for alcohol: A subacute alcohol withdrawal syndrome. *Alcohol, 2*, 501-505.

Rogers, P. (1998). The cognitive psychology of lottery gambling: A theoretical view. *Journal of gambling studies, 14*, 111-134.

Rohsenow, D. J. (1983). Drinking habits and expectancies about alcohol's effect for self versus others. *Journal of Consulting and Clinical Psychology, 51*, 752-756.

Rollnick, S., Heather, N., Gold, R., & Hall, W. (1992). Development of a short "readiness to change" questionnaire for use in brief, opportunistic intervention among excessive drinkers. *British Journal of Addiction, 87*, 743-754.

Rollnick, S., Miller, W. R., & Butler, C. C. (2008). *Motivational Interviewing in Health Care.* New York: Guilford.

Roman & Reichman. (1986). Back to work: Vocational recovery. *Alcohol Health and Research world, 2*(1).

Room, R. (2002). *The Effects of Nordic Alcohol Policies: What happens to drinking and harm when alcohol controls change?* Helsinki, Finland: Nordic Council for Alcohol and Drug Research.

Room, R., Jernigan, D., Carlini-Marlatt, B., Gureje, O., Mäkeläk., & Marshall, M. et al. (2002). *Alcohol in developing societies: A public health approach.* Helsinki: Finnish Foundation for Alcohol Studies.

Room, R., Babor, T., & Rehm, J. (2005). Alcohol and public health. *Lancet, 365*, 519-530.

Rosenhan, D. L. (1973). On being sane in insane places. *Science, 179*, 250-258.

Ross, H. (1979). *Proceedings of the conference on the evaluating of case management programs, 3*, 5-6.

Roy, A., Adinoff, B., Roehrich, L. et al. (1998). Pathological gambling: a pscyhobiological study. *Archives General Psychiatry, 45*, 369-373.

Rubin, A. (1987). Community-based care of the mentally ill: A research review. *Health and Social Work, 2*, 165-177.

Russel, M., Martier, S., Sokol, R. J., Jacobson, S., Jacobson, J., & Bottom, S. (1991). Screening for pregnancy risk drinking: Tweaking the test. *Alcoholism: Clinical and Experimental Research, 15*(2), 638.

Ryglewicz, H. (1981). Working with the family of the psychiatrically disabled young adult. Presented at The Young Adult Chronic Patient Conference, Albany, NY, June 3-5.

Sadock, B., & Sadock, V. (2007). *Synopsis of Psychiatry Tenth edition, The Patient-Doctor*

Relationship, 1-11.

Schwartz, R. H., & Smith., D. E. (1988). Hallucinogenic Mushrooms. *Clinical Pediatrics, 27*, 70-73.

Shaffer, H. J. (1994). Considering two models of excessive sexual behaviors: Addiction and obsessive-compulsive disorder. *Sexual Addiction & Compulsivity, 1*(1), 6-18.

Shaffer, H. J. (1996). Understanding the means and objects of addiction: Technology, the Internet, and gambling. *Journal of Gambling Studies, 12*(4), 461-469.

Shaffer, H. J. (1997). The most important unresolved issue in the addictions: Conceptual chaos. *Substance Use & Misuse, 32*(11), 1573-1580.

Shaffer, H. J. (1999). On the nature & meaning of addiction. *National Forum, 79*(4), 10-14.

Shaffer, H. J. (1999). Strange bedfellows: A critical view of pathological gambling and addiction. *Addiction, 94*, 1445-1448.

Shaffer, H. J., & Albanese, M. J. (2005). *Addiction's Defining Characteristics*. In R. H. Coombs (Ed.), *Addiction counseling review: Preparing for comprehensive, certification and licensing examinations* (pp. 4-9).

Shaffer, H. J., & Robbins, M. (1991). Manufacturing multiple meanings of addiction: Time-limited realities. *Contemporary Family Therapy, 13*, 387-404.

Shaffer, H. J., LaPlante, D. A., LaBrie, R. A., Kidman, R. C., Donato, A. N., & Stanton, M. V. (2004). Toward a syndrome model of addiction: multiple expressions, common etiology. *Harvard Reveiw of Psychiatry, 12*(6), 367-374.

Sharpe, L., & Terrier, N. (1993). Towards a cognitive behavioural theory of problem gambling. *British Journal of Psychiatry, 162*, 407-412.

Shaw, J. M., Kolesar, G. S., Sellers, E. M., Kaplan, H. L., & Sandor, P. (1981). Development of optimal treatment tactics for alcohol withdrawal. I. Assessment and effectiveness of supportive care. *Journal of Clinical Psychopharmacology, 1*, 382-388.

Shedler, J., & Block, J. (1990). Adolescent drug use and psychological health. *Am Psychol, 45*, 612-630.

Shin, Y. C., Lim, S. W., Choi, S. W., Kim, S. W., & Grant, J. E. (2009). Comparison of Temperament and Character Between Early-and Late-Onset Korean Male Pathological Gamblers. *Journal of gambling studies, Feb 27*, Epub ahead of print.

Shults, R. A., Elder, R. W., Sleet, D. A., Nichols, J. L., Alao, M. O., Curande-Kulis, V. G. et al. (2001). Reviews of evidence regarding interventions to reduce alcohol-impaired driving. *American Journal of Preventive Medicine, 21*, 66-88.

Sisson, R. W., & Azrin, N. H. (1986). Family member involvement to initiate and promote treatment of problem drinkers. *Journal of Behavior Therapy and Experimental*

Psychiatry, 17, 15-21.

Skinner, H. A., & Horn, J. L. (1984). *Alcohol Dependence Scale (ADS) user's guide*. Toronto: Addiction Research Foundation.

Skog, O. J. (1988). Effects of introducing a new light beer in Norway: Substitution or addiction? *British Journal of Addiction, 83*, 665-668.

Smets, A. C. (1982). Family and staff attitudes toward family involvement in the treatment of hospitalized chronic patients. *Hospital and Community Psychiatry, 33*, 573-575.

Snow, M. G., Prochaska, J. O., & Rossi, J. S. (1992). Stages of change for smoking cessation among former problem drinkers: A cross-sectional analysis. *Journal of Substance Abuse, 4*, 107-116.

Sobell, L. C. (1993). *Motivational interventions with problem drinkers*. Paper presented at the Sixth Meeting of the International Conference on treatment of Addictive Behaviors, Santa Fe, NM, January 1993.

Sobell, L. C., & Sobell, M. B. (1992). Timeline follow-back: A technique for assessing self-reported alcohol consumption. In R. Z. Litten & J. P. Allen (Eds.), *Measuring alcohol consumption: Psychosocial and biochemical methods* (pp. 41-72). Totowa, NJ: Humana Press.

Stahl, S. M. *Stahl's Essential psychopharmacology* (3rd ed.). New York. Cambridge University Press.

Steinglass, P., Bennent, L., Wolin, S., & Reiss, D. (1987). *The Alcoholics Family*. NY: Basic Books.

Stockwell, T. R., Hodgson, R. J., Edwards, G., Taylor, C., & Rankin, H. (1979). The development of a questionnaire to measure severity of alcohol dependence. *British Journal of Addiction, 74*, 79-87.

Stockwell, T. R., Murphy, D., & Hodgson, R. (1983). The Severity of Alcohol Dependence Questionnaire: Its use, reliability and validity. *British Journal of Addiction, 78*, 145-155.

Stockwell, T., Sitarthan, T., McGrath, D., & Lang, E. (1994). The measurement of alcohol dependence and impaired control in community samples. *Addiction, 89*, 167-174.

Stolberg, V. B. (2006). A review of perspectives on alcohol and alcoholism in the history of American health and medicine. *Journal of Ethnicity in Substance Abuse, 5*(4), 39-106.

Substance Abuse and Mental Health Services Administration (2004). *The confidentiality of alcohol and drug abuse patient records regulation and the HIPAA Privacy Rule: Imprecations for alcohol and substance abuse programs*. Rockville, MD: U.S. Department of Health and Human Services.

Szasz, T. (1987). *Insanity: The idea and its consequence.* New York: Wiley.

Szasz, T. (1991). Diagnoses are not diseases. *Lancet, 338*, 1574-1576.

Tavares, H., Zilberman, M. L., Beites, F. J., & Gentil, V. (2001). Gender differences in gambling progression. *Journal of Gambling Studies, 17*, 151-159.

Test, M. (1979). *Continuity of care in community treatment.* San Francisco, CA: Jossey-Bass, Inc.

Thom, B. (2005). From alcoholism treatment to the alcohol harm reduction strategy for England: An overview of alcohol policy since 1950. *American Journal on Addictions, 14*(5), 416-425.

Thomas, E. J., Santa, S. A., Bronson, D., & Oyserman, D. (1987). Unilateral family therapy with spouses of alcoholics. *Journal of Social Service research, 10*, 154-163.

Thornicroft, G. (1990). Case manager for the mentally ill. *Social Psychiatry and Psychiatric Epidemiology, 25*(3), 141-143.

Tolin, D. E., & Maltby, N. (2008). *Motivation Treatment-Refusing Patients with Obsessive-Cumpulsive Disorder.* New York: Guilford.

Toneatto, T. (1999). Cognitive psychopathology of problem gambling. *Substance use and misuse, 34*, 1593-1604.

Tonigan, J. S., Connors, G. J., & Miller, W. R. (1996). The Alcoholics Anonymous Involvement(AAI) scale: Reliability and norms. *Psychology of Addictive Behaviors, 10*, 75-80.

Tonigan, J. S., Miller, W. R., & Brown, J. M. (1997). The reliability of Form 90: An instrument for assessing alcohol treatment outcome. *Journal of Studies on alcohol, 58*, 358-364.

Toomey, T. L., Kilian, G. R., Gehan, J. P., Perry, C. L., Jones-Webb, R., & Wagenaar, A. C. (1998). Qualitative assessment of training programs for alcohol servers and establishment managers. *Public Health Reports, 113*, 162-169.

Treno, A. J., & Lee, J. P. (2002). Approaching alcohol problems through local environmental interventions. *Alcohol Research and Health, 26*(1), 35-40.

Trudeaee, J. H. (1999). *The impact of job retention and career mobility services on welfare to work participants, phD.* Temple university.

Tsuang, J. W. (1993). Psychiatric Complications Dependence Potential of Anabolic Steroids. *Family Practice Recertification, 15*, 67-73.

Tsuang, M. T., Lyons, M. L., Beites, F. J. et al. (1996). Genetic influence on DSM-III-R drug abuse and dependence: A study of 3, 32 twin pairs. *American Journal of Medical genetics, 67*, 473-477.

U.S. Public Health Service (1988). *Report of the Surgeon General: Nicotine Addiction.*

Rockville, Maryland: U.S. Department of Health and Human Services.

Ungerleider, J. T., & Siegel, N. J. (1990). The Drug Abusing Adolescent: Clinical Issues. *Psychiatric Clinics of North America, 13*(3), 435-442.

United States Department of Health and Human Services(USDHHS) (1998). The health consequences of smoking: Nicotine addiction. US Department of Health and Human Services, *Office of Surgeon General*, Washington DC.

Vaillant, G. E. (1984). Alcohol abuse and Dependence. In L. Grinspoon (Ed.), *Psychiatry Update: The American Psychiatric Association Annual Review Vol. III*. Washington, D.C.: American Psychiatric Press, Inc.

Vereby, K., & Gold., M. S. (1988). From Coca Leaves to Crack: The Effects of Dose and Routes of Administration on Abuse Liability. *Psychiatric Annals, 19*, 513-520.

Volberg, R. A. (1996). *Gambling and prolem gambling in New York: A 10-year replication study, 1986 to 1996*. New York: New York Council on Problem Gambling.

Volberg, R. A. (1996). Prevalence studies of problem gambling in the United States. *Journal of Gambling Studies, 12*, 111-128.

Wagenaar, A. C., Gehan, J. P., Jones-Webb, R., Wolfson, M., Toomey, T. L., Forster, J. L. et al. (1998). *Communities mobilizing for change on alcohol: experiences and outcomes from a randomized community trial*. Minneapolis: University of Minnesota.

Walters, G, D. (1992). Behavior genetic research on gambling and problem gambling: a preliminary meta-analysis of available data. *Journal of Gambling Studies, 17*, 255-271.

Wegscheider-Cruse, S. (1981). *Another Chance*. Palo Alto: Science and Behavior Books.

Weil, M., & Karls, J. M. (1991). *Case management in human service practice*. Jossy-Bass.

Westerberg, V. S., Miller, W. R., & Tonigan, J. S. (1998). Reliability of Form 90D: An instrument for quantifying drug use. *Substance Abuse, 19*, 179-189.

What Works: Schools Without Drugs. U.S. Department of Education. National Clearing House for Alcohol and Drug Information. Rockville, Maryland, 1989.

White, W. L. (1998). Slaying the Dragon. *The History of Addiction Treatment and Recovery in America*. Blooming, IL: Chestnut Health Systems/Lighthouse Institute.

Wikler, A. (1973). Dynamics of drug dependence: Implications of a conditioning theory for research and treatment. *Arch Gen Psychiatry, 28*, 611-616.

Wilford, B. B. (Ed.). (1990). Review Course Syllabus. *American Society of Addiction Medicine*. New York.

William, B. O., & Fernado, B. P. (2003). *The therapeutic community: Section* VI *Treatment Approaches* (chapter 38).

Wilson, C. (1982). The impact on children. In J. Orford, & J. Harwin (Eds.), *Alcoholics and the*

Family (pp. 151-166). New York: St. Martin's Press.

Winters, K. C., & Henly, G. A. (1989). *Personal Experience Inventory test and manual.* Los Angeles: Western Psychological Services.

Wipple, A. G. (1991). A comparison of the self-concept and career maturity of recovering alcoholics before and after participation in the employment program for recovering alcoholics(EPRA). *Avocational rehabilitation program.* New York University.

Woititz, J. (1983). *Adult children of alcoholics.* FL: Health Communications.

Wood, G. G., & Middleman, R. R. (1989). *The structural approach to direction practice in social work.* Columbia University Press.

World Health Organization (1992). *The international classification of diseases, 10th revision (ICD-10).* Geneva: World Health Organization.

World Health Organization (2003). *WHO International Statistical Classification of Diseases and Related Health Problems: 10th revision.*

Wray, I., & Dickerson, M. (1981). Cessation of high frequency gambling and "withdrawal" symptoms. *British Journal of Addiction, 76*, 401-405.

Wurmser, L. (1987). Flight from conscience: Experiences with the psychoanalytic treatment of compulsive drug abusers-part two: Dynamic and therapeutic conclusions from the experiences with psychoanalysis of drug users. *J. Subst. Abuse Treatment, 4*, 169-179.

Wurmser, L. (1974). Psychoanalytic considerations of the etiology of compulsive drug use. *J Am Psychoanal Assoc, 22*, 820-843.

Wurmser, L. (1978). *The hidden dimension: psychodynamics in compulsive drug use.* New York: Jason Aronson.

Wurmser, L. (1984). The role of superego conflicts in substance abuse and their treatment. *Int. J. Psychoanal. Psychother, 10*, 227-258.

Wyatt, R. J., Karourn, F., Suddeth, R., & Hitri, A. (1988). The Roll of Dopamine in Cocaine Use and Abuse. *Psychiatric Annals, 18*, 531-534.

Yess, J., & Spring, B. (1977). Vulnerability: A new view of schizophrenia. *Journal of Abnormal Psychology, 86*, 103-126.

Young, K. S. (1996). Psychology of computer use: XL. Addictive use of the Internet: a case that breaks the stereotype. *Psychological reports, 79*(3 pt 1), 899-902.

Ziskin, J. (1970). *Coping with psychiatric and psychological testimony* (2nd ed.). Beverly Hills: Law and Psychology Press.

Zuckoff, A., Swartz, H. A., & Grote, N. K. (2008). *Motivational Interviewing as an Integrative Framework for the Treatment of Depression.* New York: Guilford.

찾아보기

인 명

내용

저자 소개

〈대표 저자〉

조근호 을지대학교 중독재활복지학과

〈공저자〉

권도훈 국립부곡병원 정신과

김대진 가톨릭대학교 서울성모병원 정신과

김선민 한성대학교 대학원 마약학과

김한오 계요병원 정신과

노성원 국립서울병원 정신과

박애란 카프마포알코올상담센터

서정석 건국대학교 정신과

신성만 한동대학교 상담심리사회복지학과

신재정 다사랑중앙병원 및 다사랑병원

유채영 충남대학교 사회복지학과

윤명숙 전북대학교 사회복지학과

이계성 국립서울병원 정신과

이해국 가톨릭대학교 의정부성모병원

전영민 경기도 도박중독예방치유센터

전용준 다사랑중앙병원

차진경 한국음주문화연구센터

채숙희 을지대학교 중독재활복지학과

최삼욱 울산대학교 정신과

한우상 서울의료원 정신과

중독재활총론

2011년 3월 15일 1판 1쇄 발행
2025년 3월 25일 1판 8쇄 발행

지은이 • 조근호 · 권도훈 · 김대진 · 김선민 · 김한오 · 노성원 · 박애란
서정석 · 신성만 · 신재정 · 유채영 · 윤명숙 · 이계성 · 이해국
전영민 · 전용준 · 차진경 · 채숙희 · 최삼욱 · 한우상

펴낸이 • 김 진 환

펴낸곳 • (주) 학지사

04031 서울특별시 마포구 양화로 15길 20 마인드월드빌딩 5층

대표전화 • 02) 330-5114 팩스 • 02) 324-2345

등록번호 • 제313-2006-000265호

홈페이지 • http://www.hakjisa.co.kr
인스타그램 • https://www.instagram.com/hakjisabook

ISBN 978-89-6330-511-0 93180

정가 22,000원

저자와의 협약으로 인지는 생략합니다.
파본은 구입처에서 교환하여 드립니다.